LES INSTRUMENTS D'ACTION PUBLIQUE ET LA GOUVERNANCE URBAINE AU CAMEROUN

Logiques Juridiques

Fondée par Gérard Marcou

Dirigée par Jean-Claude Némery et Thomas Perroud

Le droit n'est pas seulement un savoir, il est d'abord un ensemble de rapports et pratiques que l'on rencontre dans presque toutes les formes de sociétés. C'est pourquoi il a toujours donné lieu à la fois à une littérature de juristes professionnels, produisant le savoir juridique, et à une littérature sur le droit, produite par des philosophes, des sociologues ou des économistes notamment.

Parce que le domaine du droit s'étend sans cesse et rend de plus en plus souvent nécessaire le recours au savoir juridique spécialisé, même dans des matières où il n'avait jadis qu'une importance secondaire, les ouvrages juridiques à caractère professionnel ou pédagogique dominent l'édition, et ils tendent à réduire la recherche en droit à sa seule dimension positive. À l'inverse de cette tendance, la collection « Logiques juridiques » des éditions L'Harmattan est ouverte à toutes les approches du droit. Tout en publiant aussi des ouvrages à vocation professionnelle ou pédagogique, elle se fixe avant tout pour but de contribuer à la publication et à la diffusion des recherches en droit, ainsi qu'au dialogue scientifique sur le droit. Comme son nom l'indique, elle se veut plurielle.

Dernières parutions

Athoumani YHOULAM, *Le contentieux administratif en droit de l'Union des Comores,* 2022.

Élise FRAYSSE, L'Etat dans la construction doctrinale du droit administratif, Tome 1, 2022.

Élise FRAYSSE, L'Etat dans la construction doctrinale du droit administratif, Tome 2, 2022.

Nabil MOUNIR, *La liberté d'expression publicitaire, Réflexions critiques*, 2022.

Jacques DELGA, *L'association syndicale libre (ASL). Un mode de gestion alternative de la copropriété,* 2022.

Mon-espoir MFINI, *Droit des affaires : instruments de crédit et de paiement*, 2022.

William Bissou II

LES INSTRUMENTS D'ACTION PUBLIQUE ET LA GOUVERNANCE URBAINE AU CAMEROUN

Préface de Jean Mercier

L'Harmattan

***

5-7, rue de l'École-Polytechnique – 75005 Paris
www.editions-harmattan.fr
ISBN : 978-2-343-24986-5
EAN : 9782343249865

DÉDICACE

À mon regretté papa, artisan principal de mon parcours.

PRÉFACE

L'ouvrage que j'ai le plaisir de vous présenter ici est une étude fouillée de l'évolution des instruments de politique publique utilisés dans l'histoire urbaine de deux villes du Cameroun, Douala et Yaoundé. C'est donc, en quelque sorte, une histoire de la planification et des différents instruments utilisés au niveau foncier et urbain pour suivre l'évolution plus large de ces deux cités importantes. Il faut dire que l'étude se veut panoramique, et qu'elle situe donc l'histoire de l'évolution des instruments utilisés à travers l'histoire du Cameroun, en passant par la présence allemande, puis l'influence française, puis l'affirmation de l'État national, pour se rendre aux instruments multi-niveaux et plus participatifs (ou collaboratifs), ce qui confirme en quelque sorte une certaine universalité de l'évolution des instruments dans le monde, puisqu'on note une ressemblance certaine avec l'évolution des instruments ailleurs.

L'ouvrage se penche non seulement sur les aspects de science politique et de politique publique, mais démontre bien comment les instruments de politique publique ne peuvent ignorer les fondements juridiques des interventions publiques.

On a donc un ouvrage qui peut intéresser tout autant les juristes que les politologues, d'autant qu'il est bien écrit et se lit avec plaisir.

Pour ceux qui s'intéressent aux instruments de politique publique, à la gouvernance, mais aussi à l'évolution des cités africaines, il s'agit d'un ouvrage qui apportera des éléments empiriques et analytiques très pertinents.

Jean Mercier
Professeur associé
Département de science politique
Université Laval
Québec.

ÉPIGRAPHE

« Concevez toujours une chose en la considérant dans un contexte plus large – une chaise dans une pièce, une pièce dans une maison, une maison dans un quartier, un quartier dans une ville. »

Eliel Saarinen, architecte, artiste (1873-1950).

SIGLES ET ABRÉVIATIONS

ACP : Afrique Caraïbe et Pacifique
ADLP : Actions Directes de Lutte contre la Pauvreté
AEF : Afrique Equatorial Française
AFD : l'Agence Française de Développement
ALCAM : Assemblée Législative du Cameroun
ARCAM : Assemblée Représentative du Cameroun
ASSEJA : Association Enfants, Jeunes et Avenir
ASSOAL : Association pour les Amoureux du Livre
ATCAM : Assemblée Territoriale du Cameroun
BIRD : Banque Internationale de Reconstruction et de Développement
BM : Banque Mondiale
BP : Budget Participatif
CA : Communes d'Arrondissement
CU : Communauté Urbaine
CDE : Camerounaise Des Eaux
CADEL : comités d'animation et de développement local
CAMWATER : Cameroun Water
CARPA : conseil d'appui à la réalisation des contrats de partenariat
CAPP : Centre d'Analyse des Politiques Publiques
CCAP : contrôle citoyen de l'action publique
CDS: City Development Strategy
CFC : Crédit Foncier du Cameroun
CFLN : Comité français de Libération Nationale
CPE : Commune de Plein Exercice
CMV : Centre des Métiers de la Ville
CMTOM : Commission de Modernisation des Territoires d'Outre-Mer
CNPS : Caisse Nationale de Prévoyance Sociale
CTD : Collectivités territoriales Décentralisées
CU : Communauté Urbaine
CUD : Communauté Urbaine de Douala
CUY : Communauté Urbaine de Douala
C2D : Contrat de Désendettement et de Dette
CRDI : Centre de Recherche et de Développement International du Canada
DGSN : Délégation Générale à la Sureté Nationale
DEPUDD : Direction des Etudes de la Planification Urbaine et du Développement Durable

DSRP : Document de Stratégie pour la Réduction de la Pauvreté
DSCE : Document de stratégie pour la Croissance et l'Emploi
ECOSOC : Conseil Economique et Social des Nations-Unies
FIDES : Fonds d'Investissement pour le Développement Economique et Social
FMI : Fond Monétaire International
GAP : Grande Assemblée Populaire
IAP : Instruments d'Action Publique
ISF : Ingénieur Sans Frontière
JEUCAFRA : Jeunesse Française Camerounaise
MAETUR : Mission d'Aménagement et d'Équipement des Terrains Urbains et Ruraux
MAGZI : Mission d'Aménagement et de Gestion des Zones Industrielles
MINATD ministre de l'Administration territoriale et de la Décentralisation
MINEPAT : ministère de l'Économie, de la Planification et de l'Aménagement du Territoire
MINDDEVEL : ministère de la Décentralisation et du Développement Local
MINDCAF : ministère du domaine, du cadastre et des affaires foncières
MINHDU : ministère de l'urbanisme et de l'habitat
NMP : Nouveau Management Public
ONG : Organisation Non Gouvernementale
OPNI : objets politiques non identifiés
ONU : Organisation des Nations Unies
ONAC : Ordre National des Architectes du Cameroun
ONUC : Ordre National des Urbanistes du Cameroun
OIG : Organisation Internationales Gouvernementales
OCDE : Organisation de Coopération et de Développement Economique
PADUDY : Programme d'Appui au Développement Urbain de Douala et Yaoundé
PAD : Port Autonome de Douala
PAEPYS : projet d'adduction en eau potable de la ville de Yaoundé
PAS : Programmes d'Ajustement Structurel
PCRD : Programme-Cadre de Recherche et de Développement Technologique
PDU : Plan Directeur d'Urbanisme
PDUE : Projet de Développement des Secteurs Urbain et de l'Approvisionnement en Eau
PDVIR : Projet de Développement des Villes Inclusives et Résilientes
PGU : Programme de Gouvernance Urbain
PIB : Produit Intérieur Brut
PME : Petites et Moyennes Entreprises
PMUS : Plan de Mobilité Urbaine Soutenable
PNUD : Programme des Nations Unies pour le Développement 4
PNFMV : Programme National de Formation aux Métiers de la Ville

POS : Plan d'Occupation des Sols
PPP : Partenariat Public-Privé
PPAB : Programme participatif d'amélioration des bidonvilles
PPTE : Pays Pauvre Très Endettés
PSU : Plan Sommaire d'Urbanisme
PS : Plan Secteur
PUN : Politique Urbaine Nationale
RNHC : Réseau National des Habitants du Cameroun
SABC : Société Anonyme des Brasseries du Cameroun
SAD : Société d'Aménagement de Douala
SDAU : Schéma Directeur d'Aménagement et d'Urbanisme
SDN : Société Des Nations
SFI : Société Financière Internationale
SIC : Société Immobilière du Cameroun
SCOT : Schémas de Cohérence Territoriale
TOM : Territoires d'Outre-Mer
OIT : Organisation Internationale du Travail
UE : Union européenne
UFT : Université Fixe Technique
UIC : Université Itinérante Citoyenne
UPC : Union des Populations du Cameroun
VRD : voiries et réseaux divers
ZUP : Zones à Urbaniser en Priorité

INTRODUCTION GÉNÉRALE

Le 26 mai 2018, la toile est en ébullition au Cameroun : la vidéo des chefs du canton Bell de Douala détruisant la barrière de sécurité construite dans le cadre de l'érection d'un monument en l'honneur de Ruben Um Nyobè[1], devient virale. Il s'ensuit un long débat sur les motivations et les conséquences de ce geste que certains trouvent justifié, pendant que d'autres le condamnent. En effet, ce chantier, entamé par la Communauté Urbaine de Douala à travers le magistrat municipal nommé par le président de la République, n'aurait pas reçu le consentement des populations autochtones. Plus grave encore selon certains, ces dernières disent n'avoir pas été préalablement informées de la réalisation d'un tel projet dans leur village, sur leur terre. Cette situation nous a permis de faire deux constats. Premièrement, la construction d'un monument à la gloire du héros de la lutte pour l'indépendance est un fait nouveau, plus de cinquante années après la « libération » du pays. Dans l'Ancien Régime et quelques années plus tôt dans l'actuel, une telle initiative n'aurait certainement pas vu le jour. Deuxièmement, assister à des scènes d'opposition face à un projet implémenté par les autorités publiques aboutissant à la destruction de cet ouvrage public était impossible sous le règne de l'ancien président, et même il y'a quelques années avec l'actuel président. Ces observations mettent en avant l'idée de changement dans les politiques publiques au Cameroun. Ces changements concernent aussi bien les référentiels de l'action publique, que ses modalités d'organisation, et le rapport entre les gouvernants et les gouvernés.

Régime autoritaire dès son accession à l'indépendance, la nature de cet Etat et la légitimité de ses dirigeants, monopoliseront l'essentiel de la littérature de l'analyse des politiques publiques durant de nombreuses années. Ce n'est que dans les années 1990, à la faveur de l'ouverture démocratique, que seront abordées les questions fondamentales liées à l'analyse des politiques publiques, à savoir l'Etat et ses modes de fonctionnement, le rôle du politique dans la définition des priorités, l'allocation des ressources entre groupes sociaux, etc. (Laurie Boussaguet et Al. 2014). Les politiques publiques camerounaises ont ainsi évolué avec le régime politique comme le mentionne Alvaro Artigas dans Dictionnaire des politiques publiques : *« Les politiques publiques de ces nouveaux terrains d'étude ont évolué main dans la main avec l'évolution de leurs systèmes politiques, dans la mesure où elles étaient*

[1] Nationaliste et l'un des fondateurs de l'Union des Populations du Cameroun (UPC), un parti ayant pris les armes pour revendiquer l'indépendance du Cameroun.

sollicitées dans ce processus de normalisation institutionnelle des pays en transition ». C'est dans cette logique que s'est développée la gouvernance urbaine et plus particulièrement l'action publique de planification urbaine qui nous intéresse dans le cadre de cet ouvrage. Une entrée par ses instruments en vue de questionner ses modalités d'irruption et de transformation est l'approche qui nous intéresse ici. Deux territoires dans cet ensemble national nous servent de cadre d'étude : Douala et de Yaoundé. Ces territoires, sont choisis en raison de leur histoire qui a grandement influencé celle du pays tout entier, mais aussi des dynamiques qui rendent compte d'un secteur en perpétuelle mutation.

Il est établi dans la littérature sur les instruments d'action publique que leur création peut servir de révélateur des transformations profondes, parfois invisibles de l'action publique, son sens, son cadre cognitif et normatif et de ses résultats. Les instruments sont selon Belley et Saint-Pierre (2017), potentiellement, sinon toujours l'objet de rapports et de jeux, qui se déroulent plus ou moins en marge de l'Etat et de ses appareils. Ceux-ci sont définis par Charlotte Halpern, Pierre Lascoumes et Patrick le Galès, comme « *un dispositif à la fois technique et social qui organise les rapports sociaux spécifiques entre la puissance publique et ses destinataires en fonction des représentations et des significations dont il est porteur* ». Dans une approche plus large, les auteurs parlent de l'instrumentation de l'action publique que Pierre Lascoumes définit comme « *l'ensemble des problèmes posés par le choix et l'usage des outils (des techniques, des moyens d'opérer, des dispositifs) qui permettent de matérialiser et d'opérationnaliser l'action gouvernementale* ». Adopter cette approche répond à un besoin d'investigation synoptique sur le politique au Cameroun à travers un secteur particulier. Ce travail de sociologie politique, mais aussi historique permettra d'appréhender l'action publique dans une perspective multiniveaux en étudiant ses acteurs et les idées qu'ils portent. C'est aussi une étude de l'urbanisme réglementaire au prisme de l'anthropologie du droit et de la sociologie du droit.

L'objectif ici est d'analyser l'instrumentation de la gouvernance urbaine et particulièrement les instruments d'action publique de planification urbaine. L'idée est de participer à une étude du politique au Cameroun en adoptant une approche qui tranche avec celles désormais classiques centrées sur l'État, ses dirigeants, ou son fonctionnement. Cette étude permettra d'enrichir la littérature sur l'analyse des politiques publiques en Afrique tout en ouvrant une brèche pour la constitution d'une littérature sur les instruments d'action publique en Afrique. Pour trouver les raisons qui justifient la mobilisation de certains instruments ou leur choix dans la planification urbaine de l'époque coloniale à nos jours, on a formulé une hypothèse. Celle-ci suppose que les instruments d'action publique de planification sont liés à la nature de l'Etat et renseignent sur le rapport gouvernants/gouvernants en vigueur au moment de leur élaboration. L'évolution de la planification urbaine permet de saisir les liens que les autorités publiques entretiennent avec les différents acteurs prenant part au processus et les instruments mobilisés renseignent sur le mode de gouvernance ou de gestion adopté par les pouvoirs publics sur l'ensemble du pays. L'espace compris entre, 1884 à 2021 permet de saisir la capacité d'orientation par les pouvoirs publics de l'instrumentation en fonction de leurs intérêts et des obstacles auxquels ils font face : des ambitions économiques, à la sauvegarde des intérêts politiques, les instruments de planification urbaine servent aujourd'hui à la régulation sociale dans les villes de Douala et de Yaoundé. L'instrumentation de l'action publique en tant que ressource politique permet de mettre en exergue les différents aspects de la légitimité que les autorités publiques se sont construite depuis la création des villes de Douala et de Yaoundé jusqu'à nos jours. La prééminence des autorités publiques dans ce processus d'instrumentation tire sa source des enjeux complexes de la planification urbaine. Dans ce processus, les acteurs non-étatiques notamment les autochtones occupent une place importante et participent de manière active à l'instrumentation de cette action publique.

L'étude de cas choisie ici est abordée dans une perspective moins comparative, que celle de mise en parallèle visant aussi à dégager les styles locaux de variation et de réappropriation des instruments de planification urbaine. Cette méthodologie nous a permis en effet d'adopter une attitude de rigueur afin de mieux mettre en valeur la part du général et du spécifique tout comme les différents styles propres à chaque ville.

Cet ouvrage se divise en trois parties. La première s'intéresse au cadre théorique et conceptuel de l'étude. La deuxième et la troisième partie sont consacrées à l'analyse de l'action de planification urbaine par ses instruments au Cameroun, et reviennent sur les différentes étapes de l'évolution de cette politique, ainsi que son instrumentation. Portée par une ambition conclusive, la dernière partie de cet ouvrage fait des propositions d'amélioration de l'action publique et propose des instruments innovants mieux adaptés au contexte actuel et futur de même qu'à la situation politique. Il revient sur la tendance actuelle de la planification urbaine portée par un recours aux instruments collaboratifs.

PREMIÈRE PARTIE

APPROCHE DIACHRONIQUE ET CADRAGE THÉORIQUE ET DE L'INSTRUMENTATION DE L'ACTION PUBLIQUE AU CAMEROUN

À ce niveau, il est question de présenter le cadre d'analyse qui guidera cette étude. Celui-ci a pour ambition de développer les fondements théoriques et analytiques sur lesquels s'appuie notre questionnement. Cette présentation nous permettra d'entrer dans l'étude de l'action publique de planification urbaine au Cameroun ainsi que les changements qui la traversent depuis sa création en l'abordant dans une perspective instrumentale. Cette approche de l'analyse de l'action publique est issue d'une tradition de recherche qui tire ses sources des terrains occidentaux. Si la discipline semble avoir fait un chemin appréciable sur les terrains extra occidentaux notamment africains, l'approche par les instruments reste cependant peu ou pas assez explorée. Depuis l'introduction de la discipline en Afrique, il s'est constitué une impressionnante littérature sur l'étude du politique. Les dynamiques internes à la structuration de la recherche dans le champ de l'analyse des politiques n'ont pas été sans effet sur la science politique africaniste. Ces dynamiques ont souvent évolué avec les mutations des systèmes politiques internes. Le chemin parcouru par la discipline est long et l'intérêt des chercheurs pour le terrain africain a contribué à doter ce domaine de recherche d'un important corpus dont nous ferons dans cette partie, un résumé succinct. Telle est la teneur du chapitre premier qui dresse un bilan des recherches sur l'analyse de l'action publique en passant en revue les étapes parcourues depuis les politiques publiques jusqu'à l'entrée par les instruments. Le deuxième chapitre fait le point sur les concepts essentiels mobilisés dans cet ouvrage. Il analyse la planification urbaine et ses approches paradigmatiques que sont le plan et le projet.

CHAPITRE 1 :
DE L'ANALYSE DES POLITIQUES PUBLIQUES A L'APPROCHE PAR LES INSTRUMENTS : CADRAGE THÉORIQUE DE LA RECHERCHE

Comment comprendre et donner du sens à l'action publique de planification urbaine au Cameroun et en saisir l'origine, les effets, la conception et la mise en œuvre ? Quels éléments théoriques mobiliser pour appréhender l'instrumentation de cette action publique en lien avec la trajectoire étatique ? Comment construire une analyse pertinente de l'action publique en lien avec notre objet de recherche ? La pluralité de choix qui s'offre ne doit pas nous faire perdre de vue la nécessaire définition d'une approche théorique et la réalisation de choix conceptuels au sein du corpus qui nous est offert en vue de pouvoir réaliser un travail de qualité. Cette recherche qui s'inscrit dans une approche de sociologie politique emprunte à Van Campenhoudt & al (2005) sa schématisation du travail sociologique s'élaborant au « centre d'une triangulation entre théorie mobilisée ou construite, méthode mise en œuvre et phénomènes sociaux abordés » (p. 15).

Ainsi, les approches classiques de l'analyse de l'action publique en Afrique, l'approche par les instruments, les questions de notre recherche tout comme le travail empirique nous ont conduit à mobiliser des ressources théoriques appropriées à notre objet de recherche. Ce chapitre est consacré aux théories mobilisées, et revient sur la trajectoire de l'étude du politique en Afrique, depuis l'introduction de la discipline sur le terrain africain jusqu'à l'entrée par les instruments. Il sera composé de deux sections qui présenteront tour à tour l'approche classique de l'analyse des politiques publiques en Afrique en général et au Cameroun en particulier, ensuite, l'entrée par les instruments et ses approches typologiques.

SECTION 1 : LES APPROCHES CLASSIQUES DE L'ANALYSE DES POLITIQUES EN AFRIQUE

Si l'analyse des politiques relève de la science politique, l'étude de la planification urbaine, quant à elle, englobe un ensemble varié de domaines de recherche allant de l'anthropologie à la sociologie, en passant par le droit, l'urbanisme, la géographie et l'économie. Toutefois, la science politique, et plus précisément l'analyse des politiques publiques, reste la discipline au cœur de cette recherche et celle-ci comme le note Alvaros Artigas se caractérise dès ses origines par sa dimension pluridisciplinaire et par l'intégration de la démarche comparative dans l'étude des politiques « ailleurs ». Né aux États-Unis et migré en Europe notamment en France dès 1980, ce champ disciplinaire fera des terrains occidentaux son cadre de prédilection. En Afrique, c'est à travers l'étude des phénomènes relatifs à la construction des États nouvellement indépendants que la science politique fera son entrée dès 1960. Ensuite, à la faveur de l'édification des politiques émises par les institutions internationales notamment les bailleurs de fonds à travers les programmes et projets de développement participant à l'implémentation desdits politiques, la discipline fera du terrain africain un cadre particulier d'étude. Les problématiques liées à la mise en œuvre de ces politiques de développement ont conduit les chercheurs à se consacrer sur l'élaboration des réflexions et des propositions épistémologiques et heuristiques visant à rendre compte des enjeux sociaux, économiques et culturels générés par la confrontation de ces politiques internationales avec les dynamiques sociales qu'ils étudiaient concrètement (Enguéléguélé, 2005). La science politique africaniste sera marquée par un voisinage disciplinaire notamment avec l'anthropologie qui occupera une place importante dans le cadre de cette étude. Depuis son entrée dans l'africanisme, l'analyse des politiques publiques en Afrique est partagée entre les controverses théoriques et méthodologiques liées à l'importation d'un modèle d'étude du politique vers les terrains extra-occidentaux. Entre les tenants du particularisme d'un terrain africain symbolisé par une absence d'institutionnalisation du pouvoir, une administration qui ne s'inscrirait pas dans les normes légales rationnelles wébériennes et les partisans d'une banalité du cadre d'étude extra-occidental, le débat semble s'éterniser (Enguéléguélé, 2005). Ces deux approches ont longtemps rythmé les analyses de politiques publiques en Afrique, contribuant ainsi à enrichir une discipline dont l'évolution est plus marquée au Nord. Selon Enguéléguélé, le développement de cette discipline sur le continent suivra des tendances très différentes sous l'influence des traditions anglophone et française de l'analyse des politiques publiques. Si les travaux anglophones inspirés des *policy sciences* ont une orientation opérationnelle très forte, ceux-ci s'appuient aussi sur les outils et les débats de l'analyse des politiques publiques ainsi que par les approches managériales mettant l'accent sur le rôle et le fonctionnement de l'administration. Ce positionnement permet de s'interroger sur des thématiques comme la gouvernance, la théorie du changement, les modalités de construction des réseaux de politiques publiques, la mise en œuvre des programmes, la participation citoyenne, la mise sur agenda, etc.

De l'autre côté, la tradition de recherche marquée par les approches par le bas d'inspiration anthropologique et de science politique portant tant sur les jeux de pouvoir que sur des aspects sectoriels menant à des réflexions à portée générale, sera l'apanage des travaux francophones. Nous ferons l'économie d'une comparaison entre les traditions anglophone et francophone ici pour se consacrer à la seule tradition francophone et à la différenciation entre ses deux principaux courants à savoir l'anthropologie et la science politique. Mais avant, il est important de noter que l'analyse des politiques publiques en Afrique a d'abord porté sur l'État dans toutes ses formes avant de procéder à des analyses sectorielles.

1- Les analyses stato-centrées

Développées au début de l'introduction de la discipline sur les terrains africains, ces analyses font de l'État l'objet central de leurs recherches. Une démarche qui va dans le sens de la recommandation de Dominique Darbon et Olivier Provini (2018), qui postulent que l'étude d'une configuration de politique publique doit se lire au regard de la trajectoire politique et historique de la construction de l'État dans lequel elle s'insère. Cette articulation entre l'analyse des politiques publiques et sociologie de l'Etat vise selon ces auteurs à répondre à deux enjeux : participer aux débats sur la construction de l'Etat, et d'autre part, proposer des résultats novateurs à la littérature généraliste européenne et nord-américaine, tant en termes d'apports empiriques que de discussion des outils, des méthodes et des interprétations acquises. C'est dans cette perspective que les chercheurs vont orienter leurs études sur le terrain africain en faisant de l'État leur objet d'analyse du point de vue de sa théorisation. Cette dernière se fonde sur une approche socio-historique et vise à mettre en perspective le particularisme du terrain africain.

1-1- Une socio-histoire de l'État africain : La théorisation de l'État et l'impossible transfert du mode particulier de celui-ci

Parler de l'analyse des politiques publiques en Afrique, c'est d'abord questionner les modalités de transfert d'un outil méthodologique et conceptuel né en Occident et éprouvé sur des terrains occidentaux vers des terrains extra-occidentaux. Pour le cas africain, l'analyse des politiques publiques trouve sa source dans la réflexion sur l'origine et la construction de ces États. L'étude des processus complexes ayant contribué à la « construction » de ces États, leur consolidation territoriale et leur affirmation politique a permis de déterminer pour certains qu'ils sont le résultat d'un transfert de modèle marqué par une absence de continuité historique et institutionnelle entre l'expérience pré-coloniale du politique et le Léviathan de Hobbes)Enguéléguélé, 2005). « Greffe de l'Etat », « Etat importé »,

« occidentalisation de l'ordre politique », le constat est quasi unanime : il y a échec de transfert du mode d'organisation de la société occidentale en Afrique. Cet échec aura comme conséquence une absence de l'État qui à son tour induit automatiquement une absence de politique publique donc pas d'analyse. « L'universalisation manquée » que décrit Jean-François Bayart en 1996 dresse le portrait d'un État post-colonial construit contre la société civile sur un mode mimétique. Le discours sur la construction de l'Etat à travers des spécialistes du droit notamment constitutionnel tout comme celui ayant pour seul angle d'analyse la vie politique à partir justement de la seule construction étatique se sont très vite avérés insuffisants pour épuiser les dynamiques politiques d'un continent en mouvement. L'effort d'investigation systématique favorisera la réussite d'un syncrétisme entre les formes de gouvernementalité endogènes précoloniales et les contextes de sorties de la postcolonie propres à certains États (Enguéléguélé, 2005).

Ces analyses stato-centrées ont permis de faire le distinguo entre « la construction » de l'Etat et « la formation » de l'État. Cette distinction, introduite par Berman et Londsale (cités par Bayart, 2006), rend compte de la nature dialectique de ces deux notions tout comme de l'incidence de la seconde notion. Ainsi, il apparaît que la formation de l'État est associée à un processus historique conflictuel, involontaire et largement inconscient, comme ce fut le cas au Cameroun et dans l'ensemble des pays d'Afrique noire. Cette formation est un processus qui obéit à des logiques sociales faisant intervenir des micro procédures, des modes populaires d'action politique, et surtout l'adhésion déroutante à la fois des indigènes et autres autochtones à des cadres importés et passablement artificiels. L'analyse de l'Etat permettra donc de saisir les logiques d'acculturation (de la société par l'Etat) et d'inculturation (de l'Etat par la société) tout en interrogeant le sens des pratiques et des innovations en termes d'indigénisations et de modernités.

À côté d'une lecture processuelle, dynamique, de la formation de l'Etat, se développera également une interprétation développementaliste, éminemment statique voire ethnocentrique, de la construction de l'État. Dans un effort de conceptualisation de la notion de post-colonie qui renvoie à une pluralité des temporalités proposant des formes inédites de « l'assujettissement et de son corollaire, l'indiscipline ou pour ainsi dire, de l'émancipation du sujet », Achille Mbembe (2000) explore une approche par la structuration historique et économique des champs du politique et de l'État. Les différentes recherches dressent le portrait d'un type particulier d'État dans lequel le transfert du mode particulier d'étude du politique qui est l'analyse des politiques publiques ne peut prospérer. D'un autre côté, un certain courant bien qu'admettant la particularité de l'État africain, va rejeter la thèse de l'impossibilité du transfert méthodologique et théorique de ce mode particulier de l'étude et appeler à se concentrer sur l'économie de ce mimétisme n'ayant pas abouti à la duplication des modèles occidentaux de *policy*. Ce courant défendu par des auteurs africains à l'instar de Maurice Enguéléguélé, Fred Eboko, voit dans ce particularisme une aubaine pour le développement d'une science politique africaine dont les résultats permettront d'enrichir la discipline dans son ensemble.

À la fin des années 1980, la compréhension des mécanismes de production de l'État en Afrique tout comme la reproduction de ses spécificités feront l'objet de plusieurs recherches. Ces problématiques classiques seront mieux développées dans deux principaux ouvrages dont l'un de Jean-François Bayart, intitulé *l'Etat en Afrique* (1989) et l'autre *Etats d'Afrique noire* (1991) de Jean-François Médard. Ces études sont menées au moment où l'État africain en général et camerounais en particulier commence à subir de profondes mutations internes liées aux effets des ajustements structurels, à la transition démocratique et autres décompressions autoritaires, ce qui rend les problématiques abordées peu sensibles aux effets drastiques de ces mouvements. Ces derniers vont transformer de manière radicale le fonctionnement de l'Etat en Afrique au point où certains n'hésiteront pas à parler d'une *criminalisation de l'Etat (*Bayart et *al,* 1997) débouchant sur *une privatisation de ses services et de ses fonctions* (Hibou, 1999 ; Politique africaine, 73, 1999 ; Mbembe, 1999). C'est à partir de cette analyse politiste que se déploiera la discipline sur le terrain africain dès les années 1990, d'autant plus que les dynamiques liées aux conditionnalités de l'aide vont fournir au chercheur un vaste terrain de recherche. La décentralisation qui accompagne cette ouverture démocratique sera saisie à travers une analyse socio anthropologique visant à voir de très près le fonctionnement à la fois des appareils et institutions de l'Etat (Bierrschenk et Olivier de Sardan, 1998). La privatisation par le bas, mise en lumière par la corruption qui gagne tous les domaines de l'État notamment les services bureaucratiques (Blundo, 2001).

Pour Bruno Jobert et Pierre Muller (1987) l'étude de l'action de l'État consiste à concilier l'analyse des politiques publiques à celle de la théorisation de l'État. Le but étant d'analyser dans une société donnée les transformations produites par les interventions publiques et d'aborder les politiques publiques comme une méthode pour comprendre l'action de l'État (Grégoire Emmanuel et Marie-France Lange, 2018). C'est vers cette approche que s'orienteront dès le départ, la majorité des études sur les politiques publiques en Afrique. Ces recherches, qui se concentrent sur l'État, mettent en lumière le particularisme du terrain africain s'appuyant sur les thèses relatives à la nature de son État et à son administration. Celles-ci visent à rendre compte du fonctionnement des administrations africaines afin d'améliorer leur rendement et d'accroître leur efficacité[2], mais aussi réfléchir sur la place de l'État pour mieux maîtriser le développement des politiques de développement indispensables pour ces sociétés (Jobert et Muller, 1987). Ainsi, pour Pathé Diagne (1983), l'espace politique africain, et négro africain, singulièrement relève une expérience sociale, économique, politique, qui a ses

[2] Voir Sharkansky, Edwards, 1981.

spécificités. Pour lui, le pouvoir et l'État africain relèvent de l'histoire. Les spécificités de cet État abritent les conflits d'intérêts matériels ou immatériels, les luttes de sujétion de préséance ou de classe.

La problématique de l'État africain moderne ne pourrait faire l'économie de la leçon léguée par une tradition politique négro-africaine dont les quêtes et les pratiques pour les libertés et les droits spécifiques de l'individu ou du peuple sont on ne peut plus actuelles. La nature d'un État africain à « faibles capacités institutionnelles », « lourdement endettés », à « forte hétérogénéité sociologique » ou encore un Etat qui est « Etat-réseaux » (Lénard Jamfa, 2005) a été au cœur de l'africanisme politique. Cette caricature de l'Afrique constitue une forme de blocage pour le transfert de la discipline de l'analyse des politiques publiques. L'interrogation de Alvaros Artigas dans le *Dictionnaire des politiques publiques* (4e édition) est révélatrice de cet état de choses, dans la mesure où il se demande si « l'analyse des politiques publiques, ses outils, ses concepts et sa démarche, sont-ils pertinents pour rendre compte des dynamiques de l'action publique « ailleurs »… » (Artigas, 2014 : 452).

Cette interrogation récente rejoint une position bien lointaine sur l'étude du politique en Afrique qui, pour certains, ne saurait avoir lieu car : *« l'État néo-colonial, particulièrement dans le cadre des colonies africaines de la France, n'est pas un sujet politique et ne pourra jamais l'être »* (P. Rey, 1985). Ils dénoncent une hypertrophie qui trouverait son explication sur l'édification de l'État sur les fondations coloniales aux dépens d'une croissance organique dans les entrailles de la société civile (P. Chabal, 1986), faisant de l'État africain un « ballon suspendu en l'air » (G. Hyden, 1983). À côté de ces remarques, d'autres arriveront à la conclusion selon laquelle l'étude du mode de gestion des sociétés africaines caractérisées par une absence d'institutionnalisation du pouvoir, non incarné dans le modèle type wébérien (T. Michalon, 1984) et le désordre (P. Chabal et J-P Daloz, 1999) devenu un mode de régulation, constituent un problème pour la pertinence de ce mode particulier de l'étude de l'État (M. Enguéléguélé, 2006). L'ensemble de ces éléments liés au particularisme de l'État africain né de l'échec de duplication du modèle étatique occidental permet d'aboutir à la conclusion de l'impossibilité de raisonner en termes d'action publique dans ces entités. Pour ces auteurs, l'absence de *policies* sur le terrain africain est liée à l'incapacité de l'État qui elle-même résulte d'une absence de représentation de ce qu'est l'État ; or, s'il n'y a pas d'État, il ne saurait y avoir d'action publique (M. Enguéléguélé, 2006).

Surfant à contre-courant, les travaux de Georges Balandier permettront la découverte d'une Afrique historicisée prenant en compte le passé de l'Afrique noire à travers, par exemple, l'évocation des grands empires du moyen-âge, mais également les transformations du continent résultant de la colonisation (Amselle, 2012). Pour l'anthropologue, il est évident que si l'Afrique était historicisée, elle était également politisée aussi bien dans ses aspects traditionnels que modernes. S'appuyant sur des travaux fondateurs du Rhodes Livingstone Institute (devenu école de Manchester dirigé par le sud-africain Max Gluckman) sur les migrations entre 1940 et 1950, Balandier fit une greffe de l'anthropologie sociale britannique dans sa version la plus progressiste sur le plan scientifique et la plus engagée sur le plan politique, sur l'ethnologie africaniste française. Ce mixage théorique lui valut une mise à l'écart du *mainstream* de l'anthropologie et d'être qualifié comme un sociologue. L'anthropologie de Balandier est centrée sur le concept de *« situation coloniale »,* car disait-il, on ne peut comprendre les sociétés africaines sans les replacer dans le contexte colonial qui les a durablement marqué et éprouvé.

La situation coloniale apparaît comme révélatrice des contradictions des sociétés africaines « traditionnelles », laissant dans l'ombre tous les facteurs de dynamisme précoloniaux de ces ensembles sociaux. Dans son ouvrage intitulé, *anthropologie politique,* Balandier s'emploie à montrer qu'il est du « politique » partout y compris dans les sociétés dites « segmentaires » à base de clans et de lignages. L'auteur accorde ainsi une attention particulière au politique dans les sociétés définies précisément comme « sans État ». Cette théorisation du politique dans les sociétés dites acéphales s'appuie sur une typologie figée des systèmes politiques établie à partir de la « paix coloniale », c'est-à-dire en assumant une vision « refroidie » de l'opposition entre sociétés sans État et société à État.

1-2- Des politiques publiques à l'action publique : faire l'économie du particularisme d'un terrain africain

Les études ayant produit une abondante littérature sur la marginalisation du sous-continent ou de sa « déconnexion », fut-ce « par défaut » (D.C. Bach, 1991), reprennent le poncif hégélien de « l'enclavement » de cette partie du monde. Selon ce célèbre penseur, *« l'Afrique, aussi longtemps que remonte l'histoire, est restée fermée, sans lien avec le reste du monde ; c'est le pays de l'or, replié sur lui-même, le pays de l'enfance, qui, au-delà du jour de l'histoire consciente, est enveloppé dans la couleur noire de la nuit »* (F. Hegel, 1965). Ce courant de pensée sera battu en brèche par un autre qui a mis en exergue la dépendance comme mode d'action en Afrique (F. Bayart, 1999). Pour ce dernier, l'Afrique n'a cessé d'échanger avec l'Europe et l'Asie ainsi qu'avec les Amériques. Pour certains auteurs comme A.G. Frank, l'expansion marchande et capitaliste de l'Occident a été précédée par une économie mondiale systémique dans laquelle l'Afrique était bien un élément de l'ensemble. L'organisation politique interne des sociétés africaines était ainsi constitutive du rapport que celles-ci entretenaient avec leur environnement extérieur. Ce rapport va culminer en 1870 avec l'occupation militaire des territoires de l'Afrique marquant ainsi le début d'une nouvelle ère qui est celle de la colonisation dont la fin dans les années 1960 marquera la constitution des États modernes sous un mimétisme avec le modèle occidental. Cette évolution des sociétés africaines nous éclaire largement sur leur particularisme qui a occupé une place importante dans les approches classiques de l'analyse des politiques publiques en Afrique.

Pour Emmanuel Grégoire, Jean-François Kobiane et Marie-France Lance (2018), l'Afrique occupe une place à part dans l'évolution de l'étude du phénomène étatique. Dans l'introduction de l'ouvrage collectif qu'ils ont dirigé, ils démontrent que les phénomènes propres à l'Afrique ont poussé certains à conclure qu'il ne pourrait y avoir d'action publique dans ces entités étatiques, alors que ces cadres sont en réalité un terrain d'étude privilégié. Partant de cette hypothèse, les recherches vont s'atteler à l'appréhension du redéploiement des interventions de l'État et en proposer une nouvelle vision à partir d'études de cas sectorielles. Cette approche permettra ainsi de retracer l'évolution du rôle de l'État en Afrique ainsi que ses modalités d'intervention. Les études qui abordent l'analyse de l'action publique sous cet angle identifient des séquences d'action correspondant à une forme particulière d'intervention de l'État qui détermine aussi ses rapports avec ses partenaires étrangers. Ainsi, l'ère des politiques publiques qui va de 1960 à 1980 sera celle de la promotion des politiques éducatives visant à favoriser l'émergence des cadres et une élite capables d'assurer la gestion du nouvel État. Cette période sera également marquée par l'adoption d'une série de mesures visant à faciliter le contrôle de l'économie nationale à travers des nationalisations de secteurs d'activités entiers et d'entreprises stratégiques (Suret-Canale, 1987).

Le modèle uniforme du secteur public hérité de la colonisation va céder la place à une pluralité de modèles dépendant de chaque pays en fonction de ses caractéristiques propres. Cette période sera essentiellement caractérisée par une omniprésence étatique et un faible poids des secteurs privés nationaux. À partir des années 1980, l'ensemble des pays, notamment ceux d'Afrique francophone, s'étaient vus imposer des Programmes d'Ajustement Structurel (PAS)[3] avec pour conséquence, un désengagement de l'État central de certaines de leurs prérogatives au profit des acteurs économiques privés et surtout une rupture idéologique radicale marquée par la substitution des politiques d'étatisation par le libéralisme dans l'ensemble des domaines à l'exception des domaines régaliens. À la fin des années 1980, l'effondrement du bloc soviétique favorisera une autre injonction de la part des partenaires étrangers en imposant aux États africains une ouverture démocratique. Avec celle-ci, c'est une prolifération d'études sectorielles qui s'ensuivront portant en général sur les politiques de décentralisation, les politiques de libéralisation

---

[3] C'est un ensemble de programmes de réformes économiques mis en place par le Fond Monétaire International (FMI) ou la Banque Mondiale (BM) pour permettre aux pays touchés par de grandes difficultés de sortir de leur crise économique.

économique, les politiques de privatisation des économies africaines ainsi que les secteurs sociaux ou l'échec des politiques néolibérales de mondialisation.

Les recherches dans ce dernier domaine tout comme les recommandations des experts et chercheurs vont favoriser le retour de l'État au centre de l'action publique, un processus qualifié de *réhabilitation des politiques publiques* (E., Grégoire, J-F., Kobiane et M-F., Lance, (2018). Le phénomène de mondialisation va entraîner des bouleversements dans les relations économiques mondiales. Les études sur l'action des autorités étatiques africaines vont alors se concentrer sur les relations entre l'État et la société civile dont le rôle est de plus en plus important.

La recherche scientifique, et les travaux des professionnels sur le développement, ont été marqué par les études en politiques publiques à travers la convergence de trois phénomènes sur les terrains occidentaux à savoir : les nouvelles lectures des organisations et de la décision qui se généralisent dès 1970, l'expansion dans le secteur public d'une idéologie managériale dès les années 1970 et l'adoption des formes de gestion dites rationnelles à cause d'une réduction des moyens publics. Pour le cas spécifique du terrain africain, la popularité de l'analyse des politiques publiques peut s'expliquer par un quatrième facteur qui est la relecture stratégique des politiques et de l'action publique suite au constat des performances limitées des programmes d'aide au développement et des actions administratives qui se heurtent à une diffusion accélérée des principes managériaux (Banque mondiale, 2017).

2- La sociologie de l'action publique comme approche analytique de l'action publique en Afrique

L'approche en termes de sociologie de l'action publique a été fortement adoptée dans l'étude des politiques publiques en contexte africain et plus globalement en science politique. La sociologie de l'action publique selon Patrick Hassenteufel permet de saisir

« le poids accordé aux interactions d'acteurs au sein de l'analyse des politiques publiques [qui] découle de leur multiplication, de l'interpénétration des différents niveaux d'action (infranationaux, nationaux et supranationaux), de l'érosion des frontières entre public et privé, du changement des modes d'intervention étatique (libéralisation, régulation, contractualisation, délibération) et du rôle croissant des politiques procédurales et incitatives [...]. La sociologie de l'action publique repose sur l'analyse contextualisée d'interactions d'acteurs multiples et enchevêtrés à plusieurs niveaux, du local à l'international [...], permettant de penser les transformations des États contemporains » (2011, p. 25).

L'analyse des trajectoires étatiques depuis les indépendances a permis de mettre en exergue une interaction entre plusieurs acteurs dans une perspective multiniveaux lors de l'élaboration de l'action publique. Convoquer une approche aussi bien connue comme la sociologie de l'action publique qui avait déjà fait ses preuves sur les terrains occidentaux permettra de mieux appréhender les dynamiques du haut, du bas, du dedans et du dehors de Georges Balandier (1970, 1971), dans ces États en situation de co-construction de l'action publique. La mise en évidence de la présence des acteurs infranationaux, nationaux et supranationaux en situation de construction et de négociation partagées des problèmes et des solutions a permis de saisir la configuration tout comme la transformation des Etats sur le temps long.

Ces États, y compris le Cameroun, seront placés sous le régime d'aide au lendemain des indépendances. Sur le plan des politiques publiques, on observera une multiplication d'acteurs intervenant à toutes ses étapes de la conception jusqu'à l'évaluation en passant par la mise en œuvre. Cette approche confirmera à travers une série d'études, la production multi-acteurs et multiniveaux des politiques, tout comme la remise en cause d'une logique linéaire, consacrant le lien étroit entre les politiques publiques et la gouvernance. L'on observera dès lors une « action publique éclatée » (Lascoumes, 1996, p. 334) dans laquelle la marge de manœuvre de l'Etat à l'égard des autres acteurs principalement supranationaux sera reconsidérée à cause de ce que Enguéléguélé, a nommé « la liberté sous contrainte ». Sans disparaitre au profit des acteurs aux ressources bien plus importantes, l'État se transforme, il est « toujours là, mais autrement » (Massardier, 2003, p. 9), résistant ainsi aux négations dans la littérature comme on a pu le démontrer dans la section précédente à cause de son incapacité et de sa faiblesse. Ainsi, une approche en termes de sociologie de l'action publique va mettre l'accent sur l'étude des acteurs tout comme sur la circulation des politiques publiques en Afrique.

2-1-Les approches en termes d'acteurs dans l'action publique en Afrique

L'évolution des politiques publiques à la suite des mutations de l'État contemporain a abouti au renouvellement des approches théoriques permettant de les analyser (Hassenteufel, 2007). Le fait le plus saillant de ce renouvellement étant le passage de nombreux travaux d'une analyse des *« politiques publiques »* à une analyse de *« l'action publique ».* Cette nouvelle approche met l'accent sur la multiplicité des acteurs dans le processus de production de l'action publique, la construction d'un problème politique et la remise en cause de la nature du politique (Thoenig, 1998). La diversité et l'hétérogénéité des acteurs de l'action publique se sont renforcées dans les deux dernières décennies, avec l'accroissement des acteurs externes (les ONG et les fondations qui se sont multipliées, l'arrivée de nouveaux bailleurs de fonds, les pays émergents, les nouvelles institutions spécialisées, etc.). Sous l'impulsion des politiques de l'aide et grâce à leurs ressources, le paysage institutionnel des acteurs de l'action publique s'est diversifié et complexifié (Delville, 2016). Cette situation a consacré la « co-construction » (Merino, 2007) de l'action publique en Afrique, poussant plusieurs chercheurs à s'intéresser à l'étude de cette dynamique des acteurs dans l'analyse de l'action publique en Afrique. Une tendance qui va consacrer la perte du monopole de l'État dans les politiques publiques.

2-1-1- Une érosion du monopole de l'État

La fin du monopole étatique sur plusieurs secteurs que l'on observera à partir du milieu des années 80 dans les États africains s'explique par l'inefficacité de ses administrations et l'étendue de ses domaines de compétence. Ceci aura comme conséquence une libéralisation de plusieurs secteurs avec le soutien des institutions de Bretton Woods dans le cadre des Programmes d'Ajustements Structurels (PAS). Cette dynamique va entraîner l'apparition dans le champ des politiques publiques de plusieurs autres acteurs. Si l'Etat dans un premier temps verra son pouvoir diminuer, celui de certains acteurs sociaux sera quant à lui renforcé notamment les propriétaires ou dirigeants d'entreprises privées qui vont profiter de cette situation pour accumuler des capitaux. Loin de disparaître, l'État continue d'exister à travers son instrumentalisation par des acteurs privés qui, en privatisant les services offerts par ses démembrements continuent de le faire exister pour mieux l'exploiter.

Depuis lors, la crise et la recomposition de l'État postcolonial en Afrique sont des thèmes d'analyse privilégiés par des chercheurs en sciences sociales. L'émergence de plusieurs autres acteurs dans l'action publique a concentré l'attention de bon nombre d'entre eux qui essayent, à travers leurs analyses, de saisir l'État au quotidien dans sa « gouvernementalité » et ses dysfonctionnements, ou de poser la question de son rôle ainsi que de l'émergence de rationalités sociales inédites (Niane, 2003). Quels sont les rapports qu'entretiennent l'État et les acteurs émergents en Afrique ? Telle est la préoccupation principale de Yann Lebeau, Boubacar Niane et Anne Piriou Monique de Saint Martin (2003). À cette question, Jean-Pierre Chauveau, Marc Le Pape et Jean-Pierre Olivier de Sardan (2001) analysant les relations entre les institutions internationales, les bailleurs de fonds et les États, affirment que celle-ci, à cause de la trop forte implication de ces acteurs extérieurs à l'État, est un facteur général de pluralisme des normes. Selon eux, l'ingérence du système international dans les formes nationales d'organisation sociale et politique et dans les enjeux politiques nationaux se traduit par l'injection des consignes, imposées sous contrainte financière, qui ajoute une strate supplémentaire de normes, de règles et d'institutions à la pluralité des normes préexistantes, sans toutefois les faire disparaître. Cet aspect a intéressé beaucoup plus les chercheurs de l'approche de l'anthropologie juridique qui ont mis en exergue le caractère pluriel des cadres juridiques.

Confrontée à cette situation dès la moitié des années 1980, l'analyse de l'État dans sa matérialité a permis de déceler l'existence « d'agendas cachés » de la part des gouvernements, confrontés à une double exigence de réponse aux conditionnalités externes relatives à la gouvernance, la décentralisation, la démocratisation, le dérèglement, etc. et en même temps à la gestion des conditions de reproduction de leur pourvoir et de leur autorité selon les normes politiques très différentes. Cette coopération entre les acteurs extérieurs le plus souvent détenteurs de moyens financiers et informationnels importants et l'État n'est pas sans impact sur l'action publique. Les tentatives des bailleurs de fonds pour dépolitiser l'action publique ne sont pas toujours aisées et l'Etat en dépit de sa faiblesse demeure tout comme ses agents un centre de distribution de pouvoirs et de ressources. Ceux-ci n'hésitent pas à récupérer de manière indirecte certaines politiques portées par les acteurs internationaux et bailleurs de fonds qui tendent à les affaiblir. C'est le cas par exemple avec la décentralisation.

En outre, la multipositionnalité de certains agents étatiques qui cumulent à la fois des postes de fonctionnaire dans l'appareil d'État, certains postes dans les systèmes de pouvoir locaux, et même dans les projets d'aide extérieure en qualité de cadre originaire d'une région par exemple, favorise l'imbrication entre le dispositif étatique et la société civile. Cette problématique trouve tout son sens dans le cadre de recherches, notamment dans la mobilisation de la notion d'appropriation qui fait référence à un double processus (De Bruijn, 2009). Les pratiques des acteurs dont certains ont plusieurs fonctions tout comme les procédures administratives au sein des États sont transformées par les instruments, mais en retour ces instruments sont également affectés par les pratiques de ces acteurs. Ces dynamiques ouvrent ainsi la voie à une autre approche de l'étude du politique en Afrique centrée cette fois sur les acteurs.

2-1-2-Une entrée par le bas dans l'analyse du politique

L'étude de la société civile dans sa structuration tout comme dans ses rapports avec le pouvoir ou son poids dans la dynamique des politiques publiques a également été au centre des préoccupations de certains auteurs. Autrement dit, l'étude des rapports État-société, donc la politique par le bas constitue l'un des cadres d'analyse ayant intéressé les chercheurs dans l'étude du politique en Afrique. Dès 1980, plusieurs approches seront adoptées pour mieux cerner la politique africaine. Ces approches, qualifiées de modèles d'analyse de relève (Gazibo, 2006) tentent une approche par le bas qui tranche avec les études de l'État et les objets politiques classiques. Ce changement de registre peut s'expliquer comme le relève Mamoudou Gazibo par deux transformations sur le plan épistémologique et empirique.

Sur le plan épistémologique, les années 1990 marquent un bouleversement important dans le monde avec la fin de l'antagonisme idéologique entre les puissances occidentales marquée notamment par l'effondrement du marxisme. Ce qui a favorisé le désintérêt sur des travaux relatifs au développementalisme ainsi que les théories de dépendance au profit de théories de proximité. Sur le plan empirique, la décennie 1980-1990 voit émerger en Afrique un ensemble de phénomènes nouveaux tels que les guerres civiles et régionales, les tentatives de démocratisation, et les dynamiques d'intégration économique et politique.

Pour sa part, Fred Eboko défend la thèse selon laquelle l'action publique en Afrique s'appuie sur une matrice d'acteurs semblables quel que soit le secteur. Ses travaux sur les politiques publiques de lutte contre le Sida au Cameroun lui permettent de mettre en évidence une nouvelle manière de définir et de mettre en œuvre l'action publique dans un contexte de partenariats multiples et multiniveaux précédé par l'ajustement structurel. L'auteur adopte une approche dont le but est d'offrir un cadre d'analyse à l'étude des politiques publiques sur un terrain longtemps appréhendé avec les outils de l'anthropologie. L'action publique comme produit de l'interaction entre une pluralité d'acteurs aux intérêts divergents en Afrique. Telle est l'idée défendue par plusieurs chercheurs dont Jean-François Bayart. En présentant une typologie des acteurs et de leurs activités sur le continent africain en général et au Cameroun en particulier, l'auteur veut ouvrir une réflexion plus générale sur l'action publique et surtout questionner la place de l'État en Afrique. L'idée étant que malgré la diversité des pays et des secteurs de l'action publique, l'ensemble des acteurs au processus, leurs statuts, leurs stratégies et les relations qu'ils entretiennent s'uniformisent. Cette récurrence de la configuration d'acteurs pousse l'auteur à questionner ses effets dans les différents secteurs, en s'appuyant sur l'idée de la mise sur agenda des politiques publiques. S'inspirant de Patrick Hassenteufel, il établit que la mise sur agenda d'une politique ne correspond pas à l'existence d'un problème social, mais elle répond aux intérêts et aux mobilisations de divers acteurs dans un contexte spécifique (Hassenteufel, 2010). Son analyse des secteurs de la santé, de l'éducation ou encore de l'environnement l'amène à conclure que l'engagement des acteurs internationaux contribue largement à définir les problèmes publics et à y répondre. La réduction du pouvoir de l'État africain avec les Politiques d'Ajustement Structurel (PAS) l'a poussé à agir au sein de cette matrice d'acteurs tout en bénéficiant de l'encadrement des partenaires internationaux par le biais des mécanismes du nouveau management public et du financement, basés sur la « performance ». Dans ces modèles d'analyse de relève, l'étude des rapports qu'entretiennent l'État et la société ainsi que l'approche de l'analyse par le bas ont été les plus fécondes. Les chercheurs franco-africains de la revue *Politique africaine* à l'instar de Jean-François Bayart, Achille Mbembe et Comi M. Toulabor[4], à travers les dossiers comme *Politique par le bas* et des *Modes populaires d'action politique* font office de précurseurs dans cette approche. Ces travaux qui adoptent une approche différente de l'étude de l'Afrique par le haut ont permis de renouveler les travaux sur l'Afrique à travers l'étude des dynamiques sociales, les formes de participation à la politique par des gens ordinaires dans des systèmes politiques plutôt autoritaires n'offrant pas de canaux traditionnels de participation comme l'élection, les manifestations publiques ou le débat et de mettre à jour ce que Denis Constant Martin qualifie d'« *objets politiques non identifiés » (OPNI).* Pour ces auteurs, la société participe au jeu politique sous plusieurs formes allant de la dérision pour Comi M. Toulabor à la *zombification mutuelle* ou la *connivence* pour Achille Mbembe (2000). Ce dernier essaye de montrer ainsi que les gens du bas ou la plèbe et ceux du haut ou le pouvoir ne s'opposent pas toujours, car ceux-ci sont parfois susceptibles de faire la même lecture du jeu politique.

Cette approche d'étude des modes populaires d'action politique vise un objectif déjà présent dans les travaux des sociologues des totalitarismes comme Hannah Arendt et qui consiste à démontrer que même en contexte autoritaire, la société n'est pas inerte. Il ne s'agit donc pas de montrer la résistance de la société, bien que Bayart parle d'une revanche de celle-ci. Au-delà de ce cercle de chercheurs, on peut aussi mentionner l'intérêt pour l'étude des relations sociales africaines chez les chercheurs outre-Atlantique, notamment Naomi Chazan et Donald Rothchild (1988) qui bien avant la vague de démocratisation des États africains se sont intéressés à cet aspect de l'étude politique en Afrique. Les travaux de ces auteurs ont permis de mettre en exergue l'existence d'organisation dans la société civile même si celles-ci avaient selon eux, une autonomie précaire par rapport au pouvoir d'État. Cet intérêt pour les relations sociales sera également au cœur des travaux de Michael Bratton (1989). En Afrique, l'ouvrage édité par Peter Anyang Nyong'o (1987) est précurseur des études centrées sur la société civile. Les auteurs réunis dans cet ouvrage ayant constaté la crise dans laquelle était plongée l'Afrique dans les années 1980, ont très tôt relevé la montée des revendications démocratiques annonçant ainsi l'ouverture politique qui suivra dans les années 1990 sur le continent.

[4] Lire en guise d'exemple Comi M. Toulabor, « jeu de mots, jeu de vilains : lexique de la dérision politique au Togo », *politique africaine,* vol. 1, n° 3, 1981, p. 55-71 ; Jean-François Bayart, « la revanche des sociétés africaines », *politique africaine,* n°11, 1983, p.95-127.

2-1-3- Les processus démocratiques comme objet d'analyse de l'État

L'autre modèle d'analyse que l'on a pu relever est l'étude des processus de démocratisation des États africains. En effet, les mouvements de revendications démocratiques et le déclenchement des processus de transition politique ont favorisé un repositionnement de l'Afrique au cœur de la science politique si l'on se réfère au nombre de travaux européens et américains sur ce cadre géographique (Bratton et Van de Walle, 1997). Même si des modèles véritablement endogènes n'ont pas été proposés, ces dynamiques ont le mérite d'avoir placé les politistes africains à une place plutôt importante dans ce renouvellement épistémologique. Ce modèle connaîtra plusieurs phases correspondant à la périodicité de la démocratisation. Ainsi, l'euphorie de départ a vite cédé la place à des travaux plus équilibrés, voire pessimistes à cause des reflux démocratiques. Les premières expériences en Amérique du sud et en Europe de l'est ont renforcé une vision triomphaliste qui a conforté les adeptes de l'universalité et de la linéarité dans leurs convictions. Dans une vision pessimiste, Achille Mbembe évoque « le brouhaha sur les transitions vers la démocratie et le multipartisme » arguant que : *« C'est à la mise en place d'une autre économie politique, à l'invention d'autres systèmes coercitifs et d'autres stratégies d'exploitation que l'on assiste en Afrique ».* (Mbembe, 1993).

Dans la même logique pessimiste, certains parlent de « l'aventurisme démocratique » tout en mettant un accent sur « les limites structurelles à l'acclimatation de la démocratie » (Akindès, 1996). Cet avènement de la démocratie s'accompagne d'un ensemble de réformes dans le mode de gestion interne des États africains. Réformes portées par les bailleurs de fonds internationaux, qui mettront la gouvernance au cœur de l'action publique africaine. Celle-ci a donné lieu à une approche dans l'analyse de l'action publique comme construction collective d'acteurs en interaction. C'est dans ce registre que l'anthropologie du développement fera son entrée dans le domaine de l'étude du politique en analysant le jeu des acteurs dans les interfaces locales entre espaces sociaux et interventions externes. En effet, la réforme des États qui intervient au même moment que celle des politiques sectorielles fait basculer le regard des chercheurs sur la question des politiques et de leur production, qui a été une boîte noire à travers la socio anthropologie. Cette dernière s'emploiera à ouvrir cette boîte par deux approches dont celle dite « par le bas » à travers une étude des services publics et des administrations (Anders, 2010 ; Bierschenk et Olivier de Sardan, 2014 ; Olivier de Sardan et Ridde, 2014), et celle dite « par le haut », à travers une ethnographie des institutions et des professionnels (Hidman et Fechter, 2011 ; Mosse, 2011).

2-2- La socio anthropologie du développement

Selon Olivier de Sardan, cette orientation scientifique encore appelée « nouvelle anthropologie du développement » a pris forme dans les années 1980 et a évolué pour déboucher sur une perspective plus large appelée « socio anthropologie des espaces publics africains ». Dans le cadre de cette étude, toutes ces variantes seront analysées sous le prisme de la nouvelle anthropologie du développement qui constitue avec l'étude des dynamiques administratives, les principales articulations de cette sous-partie.

2-2-1- La nouvelle anthropologie du développement

Parlant de la nouvelle anthropologie du développement, il est important de rappeler que cette orientation scientifique tire sa source de l'ethnologie africaniste. Cette dernière est née dans les années 1950 et s'est inspirée elle-même inspirée de l'ethnologie qui avait pour thèmes de recherche la parenté, les rituels, les organisations politiques traditionnelles, la production et la circulation des biens, etc. l'ethnologie africaniste bénéficie *de facto* d'un savoir méthodologique relativement stabilisé avec un double niveau de structuration, à savoir une approche par l'ethnie notamment sous forme monographique, et le recours à l'enquête ethnographique de terrain avec l'observation participante. Les critiques formulées à cette discipline font état de ce que les chercheurs africains seraient restés, jusque dans les années 1990, à l'écart des transformations de la scène anthropologique mondiale (Olivier de Sardan, 2007). Pourtant, en Europe dans les années 1970, on a assisté à l'émergence d'une approche « néo-classique » ayant gardé les thèmes et les méthodes classiques de la discipline, tout en renouvelant les approches conceptuelles et les interprétations. Ceci par le recours à des perspectives constructivistes, processuelles, ou transactionnistes tout en s'éloignant des présupposés culturalistes (Olivier de Sardan, 2007). En réaction à certains excès positivistes de l'ethnologie classique, une approche post-moderne dont l'objet sera de tenter d'apporter une réponse aux nombreuses critiques formulées sur la discipline se développera. On assistera notamment à l'émergence au cours des années 1980, d'un courant socio anthropologique au sein des études africaines, lequel puise sans complexe ses thèmes dans les disciplines connexes comme la sociologie et la science politique, s'emploie à fructifier l'héritage méthodologique de l'ethnographie, notamment l'enquête de terrain, et aborde sa partie improductive dont l'ethnie et le culturalisme. Cette émergence dans le courant des années 1980, un courant socio anthropologique au sein des études africaines. Cette émergence s'effectuera en deux étapes : en premier, la focalisation sur les phénomènes sociaux liés au développement (nouvelle anthropologie du développement), et en second, l'élargissement de la perspective à l'ensemble des modes de délivrance de biens publics ou collectifs (passage à une sociologie des espaces publics africains).

La nouvelle anthropologie du développement est la résultante de la prise en compte de nouvelles réalités dans le champ de l'ethnologie classique. Ces thèmes de recherche plus sociologiques et liés au contexte économique et politique moderne comme les migrations vers les villes, le travail dans les mines et d'une manière générale la situation coloniale, ont permis à l'ethnologie classique de dépasser l'approche « ethnique » et « monographique » classique. C'est ainsi que plusieurs chercheurs de l'école de Manchester vont commencer à s'intéresser aux thématiques telles que : les interactions entre acteurs appartenant à des mondes sociaux différents (Gluckman, 1958), l'analyse des réseaux (Mitchell, 1969), l'étude des conflits (Gluckman, 1956), etc. Ces innovations contribueront à enrichir la méthodologie de l'anthropologie africaniste dont Georges Balandier sera le vulgarisateur dans l'espace francophone et en France, orientant ses recherches vers le marxisme pour constituer ce que l'on appelle l'anthropologie économique marxiste. Dès les années 1980, l'épuisement des thématiques marxistes liées à l'articulation des modes de production, mais aussi à ce qui fut qualifié d'un « retour vers l'acteur » dans les sciences sociales européennes favorisera une avancée dans le développement de la discipline. Ceci d'autant plus que le développement est devenu depuis quelques années un thème omniprésent en Afrique et un contexte incontournable pour toute action collective. Les analyses empiriques des phénomènes sociaux liés au développement en Afrique vont alors se multiplier comme l'atteste l'abondante littérature recensée jusqu'ici (Bierschenk, 1988 ; Chauveau, 1985 ; Mongbo, 1995 ; Blundo, 1998 ; Lund, 1998 ; Jacob et Lavigne, 1994 ; Bierschenk, Chauveau et Olivier de Sardan, 2000). Ces recherches qui accordent une place importante à l'enquête tout en refusant autant que possible les *a priori* moraux ou idéologiques vont s'intéresser simultanément à l'étude des institutions de développement et les populations auxquelles elles s'adressent, les interactions entre « développeurs » et « développés », et les stratégies d'acteurs appartenant à des mondes sociaux très variés mis en relation par les pratiques et les politiques de développement (Olivier de Sardan, 2007).

La socio anthropologie des espaces publics africains est souvent présentée comme l'un des acquis principaux de ces innovations ayant débouché progressivement sur une perspective plus large. Laquelle prend en compte les institutions, les acteurs et politiques de développement, le secteur associatif (société civile), les administrations locales et leurs relations avec les usagers. Il en est de même de l'Etat local et de l'Etat au quotidien, les professions nouvelles du secteur public ou privé. Cet élargissement vise à explorer la modernité africaine loin des approches classiques de l'ethnologie de l'époque coloniale et postindépendance en se gardant de préserver la même trajectoire méthodologique par un recours systématique et rigoureux à la recherche empirique de terrain. Contrairement à l'anthropologie politique africaniste qui s'est longtemps cantonnée à l'analyse des structures « traditionnelles » de pouvoir, laissant l'État moderne et ses appareils à la science politique (Confère Bayart, 1989 ; Médard, 1991), la socio anthropologie des espaces publics africains a appréhendé les formes modernes du pouvoir à travers des analyses directes et les enquêtes sur la corruption, la décentralisation, les pouvoirs locaux, le système de santé, le système judiciaire, etc. (Blundo, 2001 ; Blundo et Olivier de Sardan, 2006 ; Jaffré et Olivier de Sardan, 2003 ; Bierschenket Olivier de Sardan, 1998a ; Tidjani Alou, 2001 ; De Sardan, 2004). Les thèmes de la socio-anthropologie des espaces publics ont la caractéristique d'être à la fois des enjeux intellectuels débouchant sur des discussions académiques ou érudites, mais aussi des enjeux sociaux. Pour Olivier de Sardan et Bierschenk, l'originalité de cette démarche réside aussi dans le fait que ses sujets ne sont pas traités idéologiquement, normativement, mais selon une démarche qui veut privilégier la rigueur de l'enquête, sans céder aux dérives populistes ou dénonciatrices. Sur le plan méthodologique, l'auteur précise que cette approche a introduit quelques innovations tout en conservant l'enquête de terrain classique qui est son noyau. Le recours à des phases collectives d'enquête alternant avec les phases individuelles de moyenne ou longue durée, tout comme l'importance accordée au travail d'équipe approfondi tant pour la définition de la problématique que pour la production et l'interprétation des résultants constitue une rupture avec la tradition hyper-individualiste de l'ethnologie et de l'anthropologie. En plus de cela, il faut noter que la réalisation d'enquêtes multi-sites dans des espaces sociaux inhabituels ou incongrus pour l'ethnologie classique constitue une révolution épistémologique pour certains chercheurs comme Georges Marcus (1995), Akhil Gupta et James Ferguson (1997). Une position relativisée par Olivier de Sardan pour qui loin d'être une révolution, ces réalisations constituent simplement un éloignement des anciennes monographies villageoises.

La socio anthropologie du développement appréhendée comme action publique (Lavigne Delville, 2011a) a pour objectif d'ouvrir la boîte noire des processus de formulation des politiques et des projets, en vue d'apporter un regard nouveau sur les questions de mise en œuvre (Lavigne Delville, 2017). Celle-ci étudie les interventions de développement à l'échelle locale, c'est-à-dire les projets de développement ou intervention de développement à cette échelle, les services publics et collectifs, etc. Pour Lavigne Delville, on peut énumérer deux objets de la socio anthropologie : les objets anciens ou projets et les objets nouveaux ou politiques de développement. Dans ce dernier registre, il est question également d'étudier la façon dont sont produites et négociées les politiques d'aide et les politiques publiques nationales. Lavigne Delville précise par ailleurs que ces objets peuvent être lus en termes d'action publique. Ce qui permettra de (ré)articuler les deux objets de la socio anthropologie tout en apportant des regards nouveaux sur les formes originales de gouvernance globalisée que ces politiques et ces projets traduisent, permettant de voir au-delà de l'État en Afrique ainsi que l'aide et ses pratiques. Cette approche a privilégié l'analyse empirique des confrontations de logiques et des jeux d'acteurs à l'interface entre espaces sociaux et interventions externes (Delville, 2007).

Pour sa part, Olivier de Sardan soutient que les recherches en socio-anthropologie du développement peuvent être rétrospectivement considérées comme des *implementation studies,* des études sur la mise en œuvre des politiques publiques, mettant en avant les contradictions, les écarts entre intentions et pratiques, inhérents à l'intervention. La socio anthropologie comme nous le mentionnons ci-haut a donc eu pour principal champ de recherche le projet de développement qui depuis l'époque coloniale est le mode privilégié d'intervention publique. L'intervention coloniale est une intervention archipel, qui se concentre sur les espaces jugés utiles comme les centres urbains, les zones aménagées pour l'irrigation, etc. (Blundo, 2011). Ce modèle de projets coloniaux de « mise en valeur » (pour reprendre l'expression de Lavigne Delville) s'inspire de la Tenesse Valley Authority, qui est l'archétype des projets d'aménagement régional intégré (Garel, 2003), lancé à l'époque du New-Deal aux États-Unis. Les nouveaux États indépendants d'Afrique vont s'y inspirer et multiplier ces projets qui seront confiés à des sociétés régionales de développement. Ce mode de projet sera disqualifié pour leur inefficacité et leur coût pour la puissance publique au moment où sous la pression des bailleurs de fonds internationaux, les États africains se voient imposer des ajustements structurels. L'avènement des Programmes d'Ajustement Structurel va entraîner une marginalisation de l'État dans les politiques publiques à cause d'un mélange de volonté techniciste de rationalisation des sociétés et de la nature, et de pouvoirs autoritaires. Une approche qualifiée de « haut modernisme » par James Scott (1998). Celle-ci favorisera la multiplication de toute sorte de projets de développement. Ces derniers se substituent à des politiques nationales (Naudet, 1999) avant d'être eux aussi mis en cause dès les années 2000, à cause des effets pervers de cette multiplication de projets et de la « fatigue de l'aide » qui s'ensuivra après la chute du mur de Berlin. À partir de cet instant, les États sont mis en avant et les institutions d'aide disent agir en appui aux politiques. L'accent est mis sur des notions comme l'appropriation, l'ownership (Raffinot, 2010). Certains mécanismes tels que l'aide-programme, les financements groupés (« basket funding en appui aux politiques sectorielles), l'aide budgétaire sectorielle ou non (Arnal, 2017) sont mis en avant. La coordination s'organise au niveau des bailleurs de fonds avec l'élaboration des programmes pluriannuels qui poursuivent des objectifs à la fois stratégiques et institutionnels, et des objectifs quantitatifs en termes de résultats. Le financement des ONG est également réduit dans le cadre de la mise en œuvre de leurs projets de terrain et ceux-ci sont orientés vers des missions de plaidoyer ou d'implémentation dans le cadre de la sous-traitance au sein des programmes nationaux.

Il est à noter que le retour des politiques se fera toutefois sous de fortes contraintes. Le respect des cadrages macro-économiques et l'approbation préalable par les bailleurs de fonds devenant indispensables dans ce que Bergamaschi (2008) appelle « *a donor-driven ownership* ». Dans ce contexte, il est à noter une responsabilisation importante des acteurs nationaux fortement internationalisés et multipositionnés dans la définition des politiques publiques ou dans leur mise en œuvre (Diallo, 2012). Le financement de ces politiques continue à suivre des procédures spécifiques poussant les bailleurs de fonds à exiger une restructuration des modalités de la gestion publique, ce qui va accentuer leur ingérence dans le fonctionnement même des États (Raffinot et Samuel, 2006). Le projet ne disparaît pas dans ce modèle, et demeure une modalité d'implémentation des politiques élaborées dans le cadre de programmes d'envergure nationale. La coproduction assumée de l'action publique entre États et bailleurs de fonds (et parfois ONG internationales) sera actée depuis le début des années 2000, entérinant et institutionnalisant de ce fait la souveraineté limitée des États dans des formes ambiguës de gouvernance internationalisée (Delville, 2017). De cette coproduction, naît une relation voire des configurations variables (Fraser et Whitfield, 2009). Parlant de la gestion de cette dépendance à l'aide, Bayart, estime que celle-ci relève de stratégies d'extraversion, qui sont historiquement un mode d'articulation des élites africaines au reste du monde (Bayart, 1999). Le débat sur la capacité des bailleurs de fonds à imposer leurs conceptions est ouvert. Lavigne Delville estime que ceux-ci sont prisonniers d'un jeu où ils sont forcés de dépenser pour exister, et où les temporalités ne sont pas en leur faveur. D'autres réfutent l'idée selon laquelle les politiques publiques seraient uniformément imposées aux États africains par les bailleurs de fonds internationaux en s'appuyant sur l'idée selon laquelle bien qu'extravertis avec des capacités institutionnelles faibles, les circulations de ces politiques publiques passent par des processus complexes de réinterprétation et d'adoption sélective (Darbon et Provini, 2018).

Dans cette relation entre l'État et ses partenaires, Jean-Pierre Gaudin (2004) a identifié deux attitudes adoptées par les deux parties. Pour lui, l'État pratique très souvent ce que l'on appelle la politique du « noyau dur » qui consiste à considérer que certaines de ses priorités ne sont pas négociables (en particulier au nom de la cohérence nationale des choix), alors que dans le même moment, les partenaires adoptent quant à eux la stratégie du « coucou » qui consiste à essayer de faire inscrire une partie des priorités dans une autre enveloppe financière. Cette focalisation initiale sur les projets de développement est due au fait que ces derniers étaient à l'époque le principal instrument de l'aide. La tradition apadienne[5] mettra l'accent sur les services publics et les administrations nationales, faisant ainsi de la problématique de l'aide une toile de fond, plus qu'un objet central (Lavigne Delville, 2017).

2-2-2- L'étude des dynamiques administratives africaines

Pour Dominique Darbon, « l'interprétation de cette « nébuleuse » administrative ne peut être pleinement comprise sans passer par une analyse de son historicité. Partant de cette dernière, l'administration en tant qu'objet général peut être entendue comme produit social soumis à une production normalisée et extérieure, caractérisé par ce que D. Darbon appelle « administration projetée » pour souligner à la fois l'extériorité et l'appropriation de ces techniques en Afrique (Darbon, 2004). Pour ce chercheur qui a produit une abondante littérature sur les administrations africaines, les caractéristiques particulières de ces dynamiques administratives sont dues au fait que celles-ci sont simultanément le produit des dynamiques sociales locales et des contingentements internationaux imposés par les agences de normalisation et de standardisation des modes de gestion sociale relayés par les jeux d'acteurs africains et non africains. Dans ses recherches sur l'administration en terrain africain, l'auteur rapporte qu'il est nécessaire pour mener à bien ce travail de s'inscrire dans une perspective multimodale, insistant sur les pluralismes normatifs, moraux et éthiques. Il en est de même pour les jeux de pouvoir, en les investissant tant au niveau de l'administré ou du fonctionnaire de base qui contribue à la construction du système, qu'à celui des groupes de dominants internes et externes qui participent de la spécification et de l'inscription dans un modèle standard.

L'ensemble de ces éléments contribue à la construction de manière spécifique de l'administration ou la bureaucratie dans ses différents démembrements, construisant parfois chaque secteur, espace ou bureau d'une façon singulière. Cette singularité a été relevée il y a longtemps par les sociologues des organisations du Nord ou les spécialistes de politique publique lorsqu'ils parlaient de *sub-system analysis*, une analyse reprise dès

---

[5] L'accent a été mis dans la tradition apadienne sur les services publics et les administrations nationales, faisant de la question de l'aide une toile de fond, plus qu'un objet central." Philippe Lavigne Delville, « Pour une socio-anthropologie de l'action publique dans les pays 'sous régime d'aide' », *Anthropologie & développement*, 45 | 2017, 33-64.

le début des années 1980 par les africanistes. Le particularisme de l'administration africaine établi à la suite de l'observation attentive du fait administratif dans ces pays a abouti à la remise en question d'un certain nombre de postulats de science administrative, de science politique et de droit constitutionnel sur les caractéristiques de l'État et de l'administration, au rapport de celle-ci avec la société et, particulièrement avec le système politique. S'inspirant principalement des thèses de Max Weber et Karl Marx dont les travaux ont inspiré l'essentiel des concepts et d'hypothèses traditionnelles du phénomène administratif, les auteurs ayant travaillé sur l'administration africaine vont opérer une rupture avec les thèses élaborées par ces derniers. Ces théories administratives classiques, pour la plupart, illustrent les cadres socio-historiques qui les ont inspirées en Europe et en Amérique du Nord. Dans ces sociétés, l'apolitisme de l'administration publique paraît certes discutable mais l'on ne saurait en dire autant de sa distinction avec le pouvoir politique auquel elle est partout subordonnée. En Afrique, les systèmes politico-administratifs sont loin de répondre à ce schéma structurel et fonctionnel des rapports entre l'administration et le pouvoir politique. Une observation attentive laisse entrevoir une forte politisation de leur administration qui se manifeste par la participation des fonctionnaires et autres agents publics aux processus politiques tels que l'accès aux lieux de prise de décisions suprêmes de l'État, la participation à des activités des partis et des groupes de pression, etc., l'intervention des hommes politiques dans le fonctionnement de l'administration (recrutement, promotion, action administrative etc.) (Kontchou, 1983).

Dans ces conditions, il devient très difficile dans ces États de distinguer les frontières entre le système politique et le système administratif. Pour Augustin Kontchou, la politisation de l'administration, son implication dans l'ensemble des processus nationaux, paraît plus accentuée que dans toute autre région du monde et pourrait s'expliquer certainement par l'histoire de cette zone du tiers-monde. Pour expliquer ce phénomène, l'auteur convoque la situation coloniale si chère à Balandier pour montrer comment la pratique de l'administration directe par la puissance coloniale a favorisé sa politisation à travers la domination des anciens agents autochtones de l'administration dans les pays d'Afrique francophone. À l'indépendance, ces agents pour deux raisons fondamentales semblaient constituer, dans un temps court, la catégorie sociale dirigeante de l'État. D'une part, il faut noter que le renforcement de la bureaucratie et la multiplication des agents publics indigènes avaient été favorisés par la politique d'assimilation culturelle et d'administration directe pratiquée par la France. Cette politique n'avait pas favorisé l'émergence d'une bourgeoisie d'affaires, d'un paysannat moderne, ni même d'un nombre aussi élevé d'intellectuels contestataires.

Alors que le secteur moderne se développait bien que dans le seul secteur de l'administration publique, la société traditionnelle, quant à elle, était restée figée dans ses éléments d'antan caractérisés par une segmentation extrêmement profonde, à cause de la prépondérance des solidarités primordiales ou élémentaires de clans, tribus, villages, régions ou de religions dont la compatibilité avec l'émergence endogène d'une autorité centralisée s'avérait difficile. Une fois l'indépendance acquise, cette classe gouvernante s'empressera d'investir les lieux du pouvoir d'État donc de souveraineté politique et mettra en place des mécanismes de contrôle des forces de concurrence éventuelles que celles-ci soient nationales comme les partis politiques, les syndicats et tout autre mouvement de masse, ou locales comme les autorités traditionnelles et les collectivités locales donnant partout ou presque lieu à l'essor de régimes autoritaires voire dictatoriaux. Son interventionnisme le poussera également à mettre la main sur le contrôle des processus économiques, sociaux et culturels imposant ainsi une extension rapide du secteur public dans tous les domaines quelle que soit la nature idéologique de l'État concerné. La dynamique du pouvoir bureaucratique se heurtera à certains problèmes de la société dans laquelle elle émerge à cause de leur complexité sociologique. Les imbrications des composantes traditionnelles et modernes feront naître une société qui entre en conflit avec le pouvoir bureaucratique. La contre dynamique de ce pouvoir sera alimentée par des forces de la tradition au rang desquelles les clans, les tribus, les chefferies, la famille étendue, le communautarisme économique et social, les croyances religieuses, etc. Les tendances dysfonctionnelles du système politique administratif africain dont la fréquence des coups d'État depuis 1963 semble être l'indice le plus manifeste, se sont renforcées avec la naissance de courants sociaux nouveaux suite au contact de l'Afrique et du monde occidental. Le pouvoir administratif africain, tout comme l'État, ne serait qu'un mimétisme du modèle institutionnel français. Les dissemblances des contextes socio-historiques entre la France et ses colonies n'ont pas favorisé la transposition en Afrique de certains principes tels que la limitation de l'administration, sa soumission au droit ou encore la protection de la liberté des citoyens vis-à-vis du pouvoir, ce qui n'a pas permis la reproduction du modèle bureaucratique légal rationnel tel qu'énoncé par Weber.

Au moment de l'indépendance, l'administration avait bénéficié d'un avantage sur les autres couches de la société à travers son assimilation à la culture occidentale. Cette situation avait fait de l'administration la catégorie sociale gouvernante, la base du leadership politique ou de concentration du pouvoir d'Etat (Kontchou, 1983). L'administration a ainsi monopolisé le pouvoir d'État faisant du régime politique africain une forme de fonctionnarisation de l'État et de ses institutions (Kontchou, 1983). Au fil des années, cette situation a conduit à une impasse du régime bureaucratique mettant en exergue des contradictions inhérentes à la souveraineté administrative au sein de ces États. Parmi celles-ci, on peut citer la logique inhibitrice de l'environnement international, l'hégémonie bureaucratique face à la dynamique de la société locale ainsi que la contre-dynamique des forces nouvelles, les effets de l'urbanisation et la pression des nouvelles classes. En

1983, Augustin Kontchou voyait déjà en l'Afrique, le théâtre de grandes transformations politiques et notamment l'avènement de types d'État. Le recul de l'hégémonie bureaucratique dû à la convergence des pressions tant internationales qu'internes laisse présager de profonds changements dont la prédominance de la société civile sur l'appareil d'État sera la conséquence. Ces pressions internationales et internes ont finalement forcé les acteurs étatiques à engager des réformes dont l'étude a été l'une des préoccupations des chercheurs comme Dominique Darbon. Pour ce dernier, l'absence de cohérence globale des réformes entreprises, une succession de renversement des priorités sans ligne conductrice, la diffusion de conceptions radicalement différentes de l'administration, de l'Etat et de son rapport à la société sans qu'aucune démarche sérieuse de réflexion approfondie ne soit localement conduite sont autant d'observations que l'on peut faire à l'étude des réformes des administrations dans les États fragiles africains. En lien avec la problématique du mimétisme étatique, Dominique Darbon affirme que les réformes administratives et institutionnelles que l'on observe en Afrique ne sont pas une étape de consolidation de celles-ci, mais des ajustements ou pire, des réorientations effectuées non pas pour appliquer un exemple vu ailleurs, mais des injonctions externes qui motivent la qualification de ces sociétés ou Etats de « projetés ». L'État colonial s'est contenté de développer un état de droit limité à la proclamation d'un corpus juridique, d'une hiérarchie des normes et d'un appareil judiciaire officiel tout en négligeant le développement d'une culture du droit comme « produit social ». Dans une approche historique, l'auteur a procédé à une segmentation chronologique de ses recherches en trois grandes phases. La première phase correspondant à la société post-indépendantiste qui s'étale de 1960 à 1970 a été marquée par la volonté de modernisation de la société par l'État et sa direction administrative. Une société qui est l'émanation des droits occidentaux pris en référent au détriment des pratiques locales. Cette acculturation, engagée depuis la colonisation, sera perpétuée par ce que Kontchou a appelé le groupe autochtone le plus intégré à savoir les fonctionnaires. De 1970 à 1990, la révolution néolibérale gagne aussi l'Afrique avec pour conséquence, une stigmatisation de l'État et de sa direction administrative forçant l'Etat à revoir son armature institutionnelle.

Les réformes engagées durant cette période répondent à une double pression externe et interne. Celles-ci ont notamment été rendues indispensables à cause du délabrement matériel, financier et humain des appareils administratifs et plus généralement l'échec flagrant des pratiques administratives produites par des États affaiblis, s'apparentant parfois aux *ghost states* et aux *failed states* (Darbon, 2003). De 1990 à 2000, sous la pression des théories néo-institutionnalistes, il est prôné un retour au renforcement des capacités qui prend le pas sur le tout managérial donnant naissance aux orientations en matière de bonne gouvernance portée par le New Public Management (NPM) dans un début, et par la gouvernance par la suite. Cette dernière approche a le mérite d'être plus ouverte sur la diversité des formes de régulation et le pluralisme juridique et normatif, en s'attardant désormais non sur la création d'institutions par transferts « hors-sol » ou state-building, mais plutôt sur les processus sociaux de production et d'interactions mutuellement constructives entre l'État et sa population ou state-making. Par ces réformes, les formes et processus d'intervention de l'État seront modifiés, limitant ce dernier dans certains domaines de l'activité économique et sociale pour faire de lui un régulateur au lieu d'un opérateur. La délégation de pouvoir, la sous-traitance, la systématisation de la concertation avec les acteurs « shareholders » d'une même politique publique et d'un même secteur d'évaluation font aussitôt leur apparition poussant certains comme Achille Mbembe à parler d'un « *gouvernement privé indirect » (*Mbembe, 1999).

L'évaluation de ces réformes a permis de constater qu'elles ont été un échec, la cause selon Darbon à l'adoption par ces administrations des méthodes de gestion par contournement en complicité avec les bailleurs de fonds. Ces méthodes, qui font la part belle aux solutions de court terme en adoptant des mesures provisoires, permettent de parer au plus pressé en jouant au *pompier à court terme et au pyromane à moyen terme dans la mesure où chaque intervention repousse l'impératif.* Trois facteurs accompagnent ces modes d'action par externalisation ou par contournement de l'État et par transfert de modèles et techniques extérieurs non socialisés localement. Il s'agit entre autres de la croyance en la supériorité technique de ces savoir-faire sur les formes locales de régulation quels que soient les contextes sociaux, de la faiblesse des moyens disponibles combinée à la contrainte du délai de la mise en œuvre et enfin de l'état des connaissances et savoir-faire en matière d'ingénierie sociale et institutionnelle qui conduit à privilégier la réplique en routine.

Qu'est-ce qui peut expliquer l'échec de ces réformes ? Cette question a aussi suscité beaucoup de débats et Dominique Darbon a identifié quatre explications donc deux par des variables externes à savoir le complot et le désordre et deux autres par des variables internes que sont la configuration du marché de la réforme institutionnelle et la bureaucratisation. Le bilan de ces années de réformes administratives reste mitigé au vu de la mobilisation des techniques et ressources humaines et financières, d'une part, et l'impact global de ces réformes sur la qualité de la gouvernance, d'autre part. Après avoir fait le tour des conditions de mise en application de ces réformes, Darbon conclut que la dépolitisation a motivé cette dynamique de réforme et a contribué à la réduire à un transfert sans réflexion sur la transférabilité tout comme sur ses significations. Les processus de réinterprétation, réappropriation et de contextualisation sont sans effets, car le renforcement de la capacité de l'administration pour répondre aux besoins tels qu'ils s'expriment localement intéresse peu les acteurs ; ce qui importe le plus, c'est reconstruire ces entités sur le modèle d'une administration telle que définie *in abstracto,* telle qu'elle devrait être par référence aux normes prescrites universellement. Il en résulte dans ce contexte, une simple réforme de la forme, une forme anticipée de la future bureaucratie, sans prendre en compte la question du reformatage de la bureaucratie aux moyens, besoins et demandes des administrés installant par ce fait même une routine fondée sur ce que Darbon nomme le cercle vicieux bureaucratique et ses effets déstructurants. Pour Dele Olowu, les réformes de la fonction publique en Afrique, ont davantage fait partie du problème que de la solution à cause d'un mauvais diagnostic des problèmes de la fonction publique en Afrique aboutissant de fait sur des solutions bancales. La pauvreté des économies des pays africains, l'économie politique et la structure politique, la mondialisation, ainsi que les réformes ayant négligé l'importance essentielle de la qualité dans la fonction publique sont autant d'éléments qui inhibent la volonté des États africains de s'offrir une fonction publique de qualité.

Pour sa part, Moïse Nembot, estime que cerner le rapport administration/administré dans un contexte aux multiples influences culturelles comme c'est le cas en Afrique nécessite des approches autres que juridiques. Le double apport culturel à la fois traditionnel et occidental participe à l'influence de l'action de l'administration en Afrique. Pour lui, il s'avère que la rencontre de la formulation rationnelle des réponses aux demandes sociales, d'origine européenne et la conception africaine de la régulation des problèmes communautaires rendent la compréhension du comportement des acteurs de la fonction publique (fonctionnaire, pouvoir politique, autorités traditionnelles, administration, société civile) complexe (Nembot, 2000). L'instauration de l'administration dans les pays africains s'est faite en ignorant la conformité du pouvoir administratif à l'axiologie propre au contexte africain, poussant par ce fait même les populations à rejeter l'action administrative conduite par la fonction publique. Les différentes analyses recensées par l'auteur ne sont ni cohérentes, ni dans la capacité d'identifier tous les problèmes que rencontre l'administration africaine ; celles-ci n'ont également pas pu selon lui, aider à résoudre le problème épistémologique nécessaire à une analyse approfondie de l'institution fonction publique en Afrique. Il les regroupe en trois catégories à savoir : les analyses évolutionnistes, les analyses développementalistes et les analyses patrimonialistes ou néo-patrimonialistes.

S'agissant des évolutionnistes, ceux-ci s'inspirent des thèses de Morgan sur l'évolutionnisme culturel[6] selon lequel toute culture se développe le long d'un axe rectiligne qui la mènerait de l'étape primitive à la civilisation. Le développement de l'administration et de sa structure fonctionnelle qui est la fonction publique suivrait donc cet axe linéaire dans un processus continu sans rupture ni régression, tout étant universel. Pour les tenants de cette approche,

[6] Voir à ce propos, L.G. Morgan, *La société archaïque* (Ancient society 1877) trad. de l'américain par H. Jaouiche, éd. Athropos, Paris, 1971.

les administrations des pays développés aujourd'hui sont l'image des administrations africaines lorsqu'elles auront atteint le même niveau de développement. Plus les États seront développés, mieux leurs administrations seront modernes et efficaces.

Les évolutionnistes distinguent trois phases dont la première concerne les services publics nécessaires comme le maintien de l'ordre et la sécurité ainsi que la mise sur pied d'un cadre administratif garantissant la propriété publique et privée. La simplicité et la cohésion sont les caractéristiques de ces structures administratives. Dans la deuxième phase, cette cohésion disparaît avec l'extension des services publics à la gestion du développement économique. La survenance des besoins sociaux comme l'hygiène, le travail, l'assistance et l'éducation pousse l'administration à faire recours aux institutions locales décentralisées dans le but de les transformer plus tard en services extérieurs la dernière et troisième phase, les services publics se limitent aux activités économiques et sociales, prises en charge directement ou indirectement via les entreprises publiques de développement économique.

Bien que la similitude des évolutions puisse dans certains cas justifier la mobilisation de cette théorie évolutionniste, il demeure néanmoins que son fondement reste problématique, car comme le note Claude Lévi-Strauss, le progrès n'est ni nécessaire, ni continu. Aussi dit-il : « *Il procède par sauts, par bonds ou, comme diraient les biologistes, par mutations. Ces sauts et ces bonds ne consistent pas toujours à aller toujours plus loin dans la même direction ; ils s'accompagnent de changements d'orientation, un peu à la manière du cavalier des échecs qui a toujours à sa disposition plusieurs progressions, mais jamais dans le même sens. L'humanité en progrès ne ressemble guère à un personnage gravissant un escalier, ajoutant à chacun de ses mouvements une marche nouvelle à toutes celles dont la conquête lui est acquise ; elle évoque plutôt le joueur dont la chance est répartie sur plusieurs dés et qui chaque fois qu'il les jette, les voit s'éparpiller sur le tapis amenant autant de comptes différents. Ce que l'on gagne sur l'un, on est toujours exposé à le perdre sur l'autre. C'est seulement de temps à autre que l'histoire est cumulative.* » (Lévi-Strauss, 1987).

Les développementalistes quant à eux estiment que c'est le degré de la rationalisation culturelle qui permettra de juger le développement d'un système administratif. Ils s'appuient sur la thèse de Gabriel A. Almond et G. Bingham-Powell, qui estiment que « *le développement résulte de la capacité de la structure et de la culture existantes du système administratif à résoudre le problème ou à répondre à la menace à laquelle il doit faire face grâce à la spécialisation poussée des rôles qui modèlent le comportement des hommes pour les rendre rationnels* » (A. Almond et Bingham-Powell, 1966). Pour eux, plus les comportements administratifs sont rationnels, plus le système sera développé.

Enfin, les patrimonialistes Jean-François Médard et A.S. Meschériakoff, s'inspirant de Max Weber, vont étudier ce phénomène dans les institutions publiques africaines. Il y a patrimonialisme lorsque la logique de domination du père sur son ménage s'étend au-delà de sa maison et conquiert un espace politique. La fonction publique patrimoniale est une administration personnelle du chef qui se tient à sa disposition en lui étant politiquement soumise et donc l'existence dépend de lui (J.-F. Médard, 1982). Ces traits caractéristiques de l'État patrimonial, Médard les retrouve dans l'État post-colonial en Afrique. L'appareil administratif et une appropriation personnelle du pouvoir par le chef étant les principales caractéristiques qu'il révèle dans ses analyses. Si la problématique de l'État patrimonial ou néo-patrimonial reste d'actualité suscitant encore de vifs débats dans les communautés épistémologiques, les recherches sur l'administration africaines quant à elles continuent leur chemin. De ces bouleversements, semble s'imposer un nouveau paradigme de l'intervention publique. Celui-ci est favorisé par les dynamiques liées à la transformation de l'État central, et l'irruption des acteurs supra et infra-étatiques dans les politiques publiques.

3- L'action publique de planification urbaine lue en termes de gouvernance au Cameroun

De part l'importance qu'elle revêt, la gouvernance occupe une place de choix dans notre thème. En effet, la planification urbaine est devenue depuis quelques années une préoccupation majeure des politiques de développement dans les États du Sud notamment au Cameroun. Dans cette optique, les accords de coopération, les aides au développement et tout autre mécanisme liant le Cameroun à ses bailleurs de fonds ont fait de l'appropriation par les États du Sud de la gouvernance, une conditionnalité. Ce qui a favorisé son émergence et son imposition dans l'action publique nationale et locale. Ce terme qui désigne l'ensemble des pratiques collectives par le biais desquelles l'ordre social et politique est produit, grâce à l'utilisation des normes collectives (Jouve, 2003) depuis lors a connu une ascension au point de s'imposer aujourd'hui comme l'élément incontournable de l'action gouvernementale et locale.

Analyser la planification urbaine comme une gouvernance au Cameroun implique de marquer un temps d'arrêt sur cette dernière afin de tenter de la cerner pour une meilleure utilisation dans la suite de notre analyse. Il nous a ainsi paru intéressant d'analyser en premier lieu sa diffusion dans le domaine de l'action publique et universitaire, avant de nous intéresser à son extension dans les politiques urbaines.

3-1- La diffusion du concept de gouvernance

Apparu il y a plusieurs siècles, le mot « gouvernance » n'a que tout récemment pu s'imposer dans notre langage. Ce terme, souvent associé à une amélioration des modes de gestion de la société fera une première apparition vers 1840 lorsque le roi Charles-Albert de Piémont-Sardaigne préconisa le *buon governo* comme le principal moyen de sortir son royaume du marasme. C'est ce même sens qui est attribué aujourd'hui à la bonne gouvernance qui selon ses promoteurs est le moyen d'accroître l'efficacité des politiques publiques et surtout pour ce qui concerne l'Afrique, de le sortir de son sous-développement. Au XVIIIe siècle, le substantif est synonyme de gouvernement alors que sa signification actuelle emprunte davantage à celle de caméralisme, terme usité à partir du XVIIIe siècle, notamment en Allemagne (*kameralwissenschaft)* où il désigne les sciences camérales du bon gouvernement. Son ambition est d'optimiser les ressources de l'Etat afin de mieux satisfaire les besoins des populations et de mieux servir la prospérité ce qui s'apparente à ce que nous qualifions de nos jours de développement économique et social. Avant de s'imposer comme une nouvelle forme d'organisation de l'action collective, ce concept a connu premièrement une diffusion plus ou moins importante dans le domaine de l'action publique et deuxièmement une diffusion dans le milieu académique.

3-1-1- La gouvernance comme un changement des modes de gestion

L'idée que l'on se fait aujourd'hui de la gouvernance provient d'univers multiples, à la fois enchevêtrés et hétérogènes. C'est dans le cadre de la gestion des entreprises que le terme verra le jour avant d'être récupéré par les institutions étatiques du Nord, c'est-à-dire les pays développés. Que ce soit dans le cadre des entreprises privées, publiques ou les institutions étatiques, le terme est employé pour désigner une forme de changement de l'action collective ou un mode de gestion.

C'est dans l'analyse de Berle et Means (1932) que le thème de gouvernance d'entreprise trouve son origine. Dans un article intitulé « The nature of the firm », apparu en 1937, Ronald Coase revient sur le terme repris dès 1970 par plusieurs économistes qui le définissent alors comme la mise en œuvre de dispositifs visant à mener des coordinations internes en vue de réduire les coûts de transaction que génère le marché (Dionne-Proulx et Larochelle, 2010). Il faut alors attendre 1970 pour que le terme « bonne gouvernance d'entreprise » prenne racine. Alors que sévit une crise dans le Sud-Est asiatique, la Banque Mondiale (BM) admet que le marché ne peut assurer une allocation optimale des ressources et réguler les effets pervers de la mondialisation des marchés. Aujourd'hui encore, il arrive que l'on confonde la gouvernance avec des notions comme le management qui est le gouvernement de l'entreprise par les dirigeants de l'entreprise, alors que la gouvernance est quant à elle le « management du management » (Pérez, 2003). Vu sous cet angle, la gouvernance désigne l'ensemble des règles, institutions et des processus influant sur la manière dont l'entreprise est dirigée et contrôlée. Ce management du management comprend ainsi les règles officielles et non officielles, les pratiques acceptées et les mécanismes d'application et de sanction, privée comme publics, qui ensemble, régissent les relations entre ceux qui contrôlent effectivement l'entreprise (les dirigeants) et les actionnaires ou entre les dirigeants et les parties prenantes, selon la conception de la gouvernance retenue (Dionne-Proulx et Larochelle, 2010). Dans le cadre de la théorie néo-classique pour l'actionnaire, le modèle de création de valeur élaboré par l'approche financière conçoit la gouvernance comme un mode de gestion des firmes fondé sur une imbrication entre le pouvoir des actionnaires et celui de la direction. Ce modèle conçoit la firme comme une sorte de boîte noire dans laquelle il y aurait à la fois convergence d'intérêts et symétrie d'information dans la relation entre dirigeants et actionnaires (Dherment-Ferere et Bidan, 2007). La protection des intérêts des actionnaires serait ainsi le critère d'une bonne gouvernance. Certaines approches ont toutefois critiqué cette vision traditionnelle. C'est notamment le cas de l'approche contractuelle de la firme qui a mis en exergue l'existence des conflits entre les actionnaires et les dirigeants, mais aussi l'approche pluraliste et interactive de l'action collective qui a pour sa part rejeté la vision actionnariale de la valeur (Dherment-Ferere et Bidan, 2007).

Certains modèles de gouvernance prennent appui sur d'autres cadres théoriques tels que les théories de l'apprentissage organisationnel ou des ressources et des compétences. Ici, ce sont les mécanismes internes comme les codes d'éthique, les actions de responsabilité sociale et environnementale (RSE), etc. qui régulent ces modèles. Prenant en compte les intérêts de toutes les parties prenantes (Solle, 2007) dans un mouvement de décentralisation de prise de décision. Elles renvoient ainsi aux nouveaux modes de régulation plus souples.

Comme l'ont relevé Dionne-Proulx et Larochelle, le défi de la gouvernance d'entreprise quel que soit le modèle, repose sur la mise à niveau des structures politiques, économiques et sociales afin de rassembler les meilleures conditions possibles pour améliorer l'administration des affaires publiques et favoriser une gestion harmonieuse des entreprises privées. Si sa préoccupation demeure une réforme de l'art de gouverner, il n'en demeure pas moins qu'il prend également en compte la préservation des intérêts de toutes les parties tout comme la défense des valeurs susceptibles d'accroître le bien-être de toute la société dans un ordre éthique. Cet impératif concerne aussi bien les entreprises des pays industrialisés que ceux des pays en voie de développement. Après avoir fait son parcours au sein des entreprises, la notion de gouvernance sera récupérée par les États notamment en Occident, qui vont l'appliquer dans le cadre du nouveau management public ou New Public Management (NPM).

Né au début des années 1980 au Royaume-Uni et en Nouvelle-Zélande, le NPM s'est déployé ensuite dans d'autres pays à l'instar de la France, les États-Unis, le Canada, l'Allemagne, les Pays-Bas, etc. Son déploiement ne s'est pas fait avec la même intensité selon les pays, mais a imprégné, à des degrés différents, la culture des administrations publiques de ces pays (Amar et Berthier, 2007 ; Dunleavy et al., 2006 ; Verhoest et al., 2007).

En effet, le constat de l'inefficacité de l'organisation du secteur public selon les principes de la bureaucratie Wébérienne a poussé les décideurs à transposer dans le secteur public, les méthodes de gestion du secteur privé. Telle est l'idée qui sous-tend le NPM. Ce dernier contrairement à la rigidité d'une administration bureaucratique centralisée, focalisée sur son propre développement, va proposer le développement d'un secteur public reposant sur les trois E « Économie, Efficacité, Efficience » capable de répondre à moindre coût aux préoccupations des citoyens, devenus désormais des clients (Amar et Berthier, 2007). Les fonctions de l'Etat sont ainsi revues avec le NPM et vu sous cet angle, il est transdisciplinaire, et touche à la fois les fonctions stratégiques, finance, marketing et ressources humaines (Amar et Berthier, 2007).

Concrètement, le NPM a favorisé la mise en place de nouveaux instruments de pilotage et de supervision des activités des services publics dorénavant orientées sur l'efficacité et la performance (Van Haeperen, 2012). Verhoest cite la contractualisation des relations entre le principal (l'autorité politique) et l'agent (agence d'exécution) comme étant l'un des outils inextricablement liés au NPM. Cet outil vise à réduire les coûts liés aux conflits d'intérêts pouvant exister entre les acteurs tout en maximisant l'intérêt de chacun. Le contrat de performance ou de gestion devient alors un nouveau rouage de l'action publique (Van Haeperen, 2012). C'est alors un nouveau chapitre pour l'action publique qui va s'ouvrir en se fondant sur la gouvernance comme nouveau paradigme. C'est au début des années 1990 que cette notion de gouvernance va s'imposer comme concept majeur de l'esprit du temps. Tout part de la victoire de l'Occident sur le monde communiste soviétique. L'effondrement du bloc soviétique et la victoire des idées capitalistes vont contribuer à universaliser le concept de gouvernance qui est selon certains un enfant de la démocratie. Vue sous cet angle, la gouvernance peut être analysée comme un système démocratique de gestion qui reprend dans une perspective de management, les ingrédients de la démocratie (Defarges, 2019). Ainsi, le pacte fondateur structurant le contrat social qui met en exergue la démocratie s'inscrit dans la même logique que la gouvernance. Dans le contrat social, la survie des hommes dans une société née d'un commun accord est assurée par l'adoption des règles et des disciplines communes qui les lient. Avec la gouvernance, la société est un espace régulé de jeu, où chacun peut et doit jouer.

L'autre ingrédient de la démocratie emprunté par la gouvernance est l'égalité. Ici, l'égalité des acteurs est garantie et organisée par la règle du jeu. Ce qui fait de la maîtrise du droit une garantie de réussite et d'ascendance sur ses adversaires se substituant à la force et à l'autorité comme principe de l'ordre social.

Le dernier ingrédient et non des moindres est la participation. Tout comme la démocratie, la gouvernance appréhende l'homme comme une richesse à faire vivre et non comme un matériau à exploiter. L'avancement de l'homme est alors conditionné non par la contrainte physique, mais par le désir d'épanouissement qui l'habite. Ce désir prend la forme du vote, la vie associative, les médias, dans la démocratie. Alors que dans la gouvernance, il est question de l'engagement dans un projet commun garantissant les intérêts et les gains de chacun. La participation ici est fluide et continue et non sporadique comme dans la démocratie avec les consultations électorales.

C'est dans ce contexte post-guerre froide que le concept de gouvernance va s'imposer dans l'action publique des États occidentaux avant de devenir un instrument des relations internationales en vogue sur la scène internationale.

3-1-2- La gouvernance comme instrument des relations internationales

Les réformes institutionnelles qui affectent les États occidentaux vont s'étendre sur les Organisations Internationales Gouvernementales (OIG) et imposer la gouvernance comme une conditionnalité non-négociable dans les relations Nord-Sud.

Parmi les acteurs ayant contribué à vulgariser le concept de gouvernance, on trouve les OIG. En effet, celles-ci, dans le cadre de leurs missions, se sont très tôt approprié le concept de gouvernance pour l'inscrire comme une nouvelle démarche liée à leurs missions traditionnelles. Dès 1989, les agences internationales de l'aide au développement vont ouvrir le bal des récupérations notamment la Banque Mondiale (BM) dont les spécialistes dans le cadre de leurs missions d'accompagnement des États du Sud notamment d'Afrique dans leurs efforts pour se développer vont désormais prescrire la « bonne gouvernance » à ces États qui ont jusqu'ici brillé par des méthodes de gestion moins efficaces favorisant des fléaux comme la corruption et les détournements de fonds publics. La bonne gouvernance est alors présentée par ces spécialistes comme le seul moyen pour ces États de voir grandir enfin la lumière annonciatrice de leur rédemption économique et sociale à la sortie du tunnel de la misère (Hermet, 2005). C'est alors que la triomphante diffusion du mot gouvernance ne connaîtra plus de limites. Au début des années 1990, l'Organisation de Coopération et de Développement Economique (OCDE) après avoir abandonné le thème de l'assistance technique au profit de celui de la gestion publique, va s'approprier le concept de gouvernance. Dans le même sillage, le Programme des Nations Unies pour le Développement (PNUD) fera du concept l'une de ses priorités et lui accordera une place croissante au fil des années. Pour sa part, c'est avec l'introduction des principes de partenariat et d'additionnalité dans la politique régionale communautaire lors de la réforme de 1988 que l'Union européenne (UE) amorce un pas vers la gouvernance. Ce processus se poursuivra avec l'introduction de la notion de subsidiarité, ainsi que la création du comité des régions lors de l'adoption du traité de Maastricht. Plus important encore, dans le cadre des cinquième et sixième Programme-Cadre de Recherche et de Développement Technologique (PCRD), l'UE a fait de la gouvernance l'un de ses axes tout en lui accordant dès juillet 2011, un livre blanc[7]. Cette récupération a ainsi permis au mot de se baliser dans le langage de tous les jours au point d'être mobilisé aussi par les Etats dans le cadre de leurs relations de coopération au développement notamment entre l'Occident et l'Afrique.

La gouvernance comme mode de gestion trouvera également un écho favorable dans le cadre des accords de coopération entre le nord constitué des pays riches et industrialisés et le sud constitué de pays pauvres et endettés notamment en Afrique. Avec l'effondrement du bloc soviétique, c'est un vent de liberté qui souffle sur le continent africain en ce début de la décennie 90. Réunis le 20 juin 1990 dans le cadre du sommet France-Afrique, les chefs d'États et de gouvernements du continent africain assistent à une réorientation des modalités de coopération entre l'ancienne puissance coloniale et les pays d'Afrique. Dans son discours, le président François Mitterrand va laisser entendre que le versement de l'aide au développement sera désormais conditionné par l'effort démocratique dont le multipartisme apparaît comme la figure de proue.

Les mesures d'accompagnement des États africains vers le développement n'ont pas toujours été soumises à des conditionnalités. Ainsi, les accords de Yaoundé tout comme ceux de Lomé I et II ne prévoyaient pas l'imposition du respect des règles économiques et politiques aux pays d'Afrique Caraïbe et Pacifique (ACP). C'est avec les accords de Lomé III (1985-1990), Lomé IV (1990-1995) et surtout Lomé IV bis (1995-2000) que la conditionnalité apparaît.

Si la conditionnalité des accords de Lomé III est surtout politique, c'est-à-dire reposant sur le respect d'un certain nombre de principes tels que les droits de l'homme, celles de Lomé IV et Lomé IV bis par contre englobent d'autres aspects établissant pour la première fois, un lien direct entre le développement et les droits de l'homme. La convention de Lomé IV stipule en son article 5

[7]COMMISSION EUROPÉENNE. Bruxelles, Gouvernance européenne. Livre blanc, Luxembourg, Office
des publications officielles des Communautés européennes, 2001.

que « la coopération vise un développement centré sur l'homme, son acteur et bénéficiaire principal, et qui postule donc le respect et la promotion des droits de celui-ci ». Une disposition qui sera renforcée et complétée dans le cadre de la convention de Lomé IV bis en faisant des principes de la démocratie, des droits de l'homme et de l'État de droit des éléments essentiels de la coopération. Avec la signature de l'accord de Cotonou en juin 2000, c'est un nouveau chapitre des relations UE-ACP qui s'ouvre en reprenant dans les grandes lignes, les principes de conditionnalité des accords de Lomé, mais cette fois en les enrichissant. La volonté par l'UE d'introduire la bonne gouvernance comme « éléments essentiels » de l'accord dont la violation pouvait éventuellement conduire à une suspension de l'aide a donné lieu à de vifs affrontements entre l'UE et les pays ACP (Brisepierre, 2002 ; Hilphold, 2002, cités par Haguenau-Moizard & Montalieu, 2004). Toutefois, même si la bonne gouvernance n'apparaît pas dans la convention, les deux parties vont tout de même retenir « la bonne gestion des affaires publiques » qui figure dans l'article 9 de la convention. Celle-ci est définie comme « *la gestion transparente et responsable des ressources humaines, naturelles, économiques et financières en vue du développement équitable et durable. Elle implique des procédures de prise de décisions claires au niveau des pouvoirs publics, des institutions transparentes et soumises à l'obligation de rendre compte, la primauté du droit dans la gestion et la répartition des ressources, et le renforcement des capacités pour l'élaboration et la mise en œuvre de mesures visant en particulier la prévention et la lutte contre la corruption* » (article 9 § 3). Une définition suffisamment large pour correspondre aux définitions également larges données de la bonne gouvernance selon Gaudin (2003). L'une des innovations majeures de ces accords a été de faire des acteurs non-étatiques placés au second rang dans les précédents accords, des acteurs dotés d'un rôle central favorisant une fois de plus le recours à la notion de gouvernance d'autant plus que l'article 19 du traité de Cotonou préconise l'intégration des acteurs de la société civile dans les processus d'éradication de la pauvreté et de développement durable.

3-2- La diffusion du concept de gouvernance sur le plan universitaire : une approche cognitive de l'action publique

Selon Patrick Le Galès (1995), deux étapes principales ont contribué à la diffusion du concept de gouvernance sur la scène universitaire. Le concept a ainsi été utilisé en premier lieu comme une façon de décrire un problème et comme un terme faisant figure de diagnostic. Suite aux difficultés des autorités publiques à mettre en œuvre et à définir des politiques mettant ainsi à mal leur capacité à remplir leur mission, le terme gouvernance contrairement à celui de gouvernement qui semblait inapte à décrire une action publique ne prenant pas en compte les dynamiques de globalisation, de délocalisation et de décentralisation a été mis en avant par bon nombre de chercheurs qui montraient le rôle de plus en plus croissant de communautés ou de réseaux constitués aussi bien d'acteurs privés que publics dans la conduite des politiques publiques. C'est dans ces circonstances que le terme gouvernance sera retenu pour redéfinir l'action publique et améliorer son efficacité. L'autre étape qui tentait de décrire la gouvernance comme une solution a voulu présenter celle-ci comme la capacité à intégrer et à garantir les intérêts locaux. Une perspective qui a poussé les chercheurs à identifier les modes de gouvernance ainsi que leurs spécificités selon une classification bien déterminée.

L'approche cognitive et normative des politiques publiques est un courant d'analyse fondé par Bruno Jobert et Pierre Muller. Elle a été développée et théorisée dans les premiers textes[8] et surtout dans leur ouvrage commun *l'Etat en action : politiques publiques et corporatisme (1987).* Située au croisement de l'héritage de Max Weber et Emile Durkheim, cette approche explique de manière compréhensive les changements de politiques publiques en s'attachant à la vision du monde dont sont porteurs les acteurs qui les mettent en marche. Pour être plus précis, cette approche souligne le fait que les systèmes d'explication du monde social sont associés aux politiques publiques par certains acteurs et que ces politiques sont productrices de normes. Poursuivant leurs analyses, les deux auteurs vont élaborer trois notions clés de l'action publique dont le référentiel sectoriel et global qui nous intéresse particulièrement. Le référentiel sectoriel est une image sociale du secteur, qui correspond d'abord à la perception qu'en ont les groupes dominant le secteur. Il reflète aussi les compromis entre les différents groupes qui le composent. Ce qui amène les chercheurs à conclure qu'il est construit par négociations entre les acteurs du secteur. Pour sa part, le référentiel global, est « *une image sociale de la société, c'est-à-dire une représentation globale autour de laquelle vont s'ordonner, se hiérarchiser les différentes représentations sectorielles [...] et autour de laquelle les différents groupes vont déterminer leur action* ». Ce référentiel n'est pas une image cohérente mais « *plutôt une agrégation d'images portées par les différents acteurs intervenant dans le secteur* » (P.65). Loin d'être un consensus universel, il balise un champ normatif dans lequel se déroulent des affrontements très durs pour l'obtention d'avantages sociaux. L'étude de cette approche ne nous intéresse pas ici. Ce qui nous intéresse c'est de décrire la manière par laquelle à travers ce procédé, le monde universitaire a contribué à la rapide diffusion de la notion de gouvernance. Ainsi, il apparaît que celle-ci fut appréhendée sous un angle

[8]Muller Pierre, Le Technocrate et le Paysan : essai sur la politique française de modernisation de l'agriculture : de 1945 à nos jours, Paris, Éditions ouvrières, 1984 ; Muller Pierre, Airbus, l'ambition européenne, logiques d'État, logiques de marché, Paris, L'Harmattan, 1989.

paradigmatique soutenu par des approches voisines dont l'apport est non négligeable.

3-2-1-Une approche paradigmatique

Le mot paradigme a été formalisé comme un concept par un physicien américain Thomas S. Khun en 1983. Ce chercheur interpellé par la manière dont la catégorisation cognitive structure les sciences dites « dures », avance l'hypothèse selon laquelle chaque science repose sur l'équilibre des savoirs et des pouvoirs, dans une communauté scientifique fondée sur un accord général autour d'un paradigme (Smith, 2009). Il identifie quatre éléments du paradigme qui, fonctionnant ensemble, lui permettent d'être non seulement une image sociale, mais un conglomérat d'images d'éléments pratiques et cognitifs, qui structure l'activité d'un système d'acteurs, qui le rend cohérent et durable (Surel, 1995 cité par Smith, 2009). Dans cette lancée, c'est par le paradigme néolibéral que va se diffuser la notion de gouvernance. Avec la chute du bloc soviétique, la voie sera toute tracée pour la diffusion rapide des idées défendues par le camp capitaliste. Sous les auspices du néolibéralisme, la gouvernance sera présentée à la fois comme une forme d'adaptation et une forme de recomposition de l'État et de l'action publique.

3-2-1-1- Une forme d'adaptation vs refondation

Le néolibéralisme a conduit à une redéfinition du statut de l'État dans lequel la gouvernance tient une place importante. Le projet de « bonne gouvernance » porté par les institutions financières internationales a alimenté un processus de réforme des institutions étatiques dans les pays en voie de développement. Pour ce qui est des pays développés, il s'est traduit par une profonde redéfinition du rôle et de la place de l'État, faisant l'objet d'un remarquable consensus politique. Dès lors, le paradigme de la gouvernance devient une grille d'analyse pertinente pour décrire les mutations qui vont affecter les appareils d'État à partir des années 1980 et qui se caractérisent en fin de compte par une forte convergence (Chevalier 2003). Ces mutations correspondent aux nouvelles règles d'un système international mondialisé, dans lequel l'interdépendance élargi des États les contraint à revoir leurs principes d'action et d'organisation. La « bonne gouvernance » qui est érigée en conditionnalité pour certains États dans leur fonctionnement interne, apparaît comme une condition de la bonne gouvernance mondiale[9].

La gouvernance qui s'invite dans la vie de l'Etat implique donc une profonde redéfinition du rôle qui lui incombe dans la vie sociale. Cette redéfinition commence d'abord par un mouvement de repli en ce sens qu'avec la gouvernance, l'État devient un acteur dont l'intervention dans le jeu social reste limitée et ne peut se justifier que dans les situations exceptionnelles. Cela implique que l'Etat ne s'intéresse qu'aux activités qui relèvent de son monopole exclusif comme les fonctions régaliennes, la sécurité ou les services publics. Le principe de subsidiarité qui naît avec la gouvernance interdit à l'Etat jadis acteur principal, de se substituer aux acteurs sociaux. Un désengagement qui concerne aussi le secteur économique où l'État est appelé à devenir un « stratège » et non plus le « pilote » qu'il était. Son rôle est de jouer les arbitres, et de réguler les activités en réglant les conflits, et en jugulant les tensions. Et même cette fonction doit s'opérer en collaboration avec les acteurs économiques. La gouvernance implique donc une redéfinition des fonctions étatiques dont la pleine jouissance implique le respect d'un certain nombre d'exigences au rang desquels la bonne gouvernance.

Pour assurer pleinement et efficacement leurs nouvelles fonctions, les États notamment ceux d'Afrique doivent appliquer certains principes d'organisation, adhérer à certaines valeurs ou encore renforcer leur cadre juridique. Tous ces mécanismes permettent de réactiver et d'approfondir le modèle webérien, sur lequel les bureaucraties modernes se sont bâties. Le respect de ces principes et valeurs sera le cheval de bataille des institutions internationales qui, après avoir mis l'accent sur la dimension économique du développement avec l'adoption des solutions de type libéral, va désormais se tourner dès les années 1990 sur la nécessité d'avoir des institutions publiques efficaces pour accompagner le développement économique, ainsi que le respect d'un ensemble d'exigences d'ordre politique. Les institutions publiques tout comme l'Etat devront alors s'accommoder des valeurs et principes comme la bonne gouvernance, les droits de l'homme, la transparence, la bonne administration etc. Les fonctions et les valeurs de l'État se trouvent ainsi fortement modifiées, entrainant ainsi une refondation de l'État dont la portée pragmatique sera illustrée par l'inflexion des principes d'organisation et d'action (Chevalier, 2003).

[9] Un principe défendu par le *livre blanc sur la gouvernance européenne*, qui stipule que « l'Union doit d'abord réussir la réforme de sa gouvernance interne » si elle veut contribuer efficacement à la gouvernance mondiale.

3-2-1-2- Une forme de recomposition de l'Etat

La complexité du réel a conduit à une modification des rapports entre l'Etat et la société mises en exergue dans une approche pluraliste et interactive de la gouvernance. Prenant en compte cette complexité, l'État va prendre en compte les différents intérêts sociaux dans l'élaboration des choix collectifs. Cette décision va entraîner une suite de transformations structurelles afin de rendre fluide cet échange. La logique de gouvernance qui prend place au sein des mécanismes étatiques ne modifie pas seulement l'action publique dans son style, mais opère également un changement dans l'architecture étatique. L'État est forcé de se transformer en s'ouvrant à d'autres acteurs sociaux, en admettant des intérêts parfois divergents pour devenir un État pluriel. L'une des premières conséquences de cette ouverture sera sans doute l'apparition d'un style nouveau d'action publique mais également une nouvelle architecture étatique.

Les sociétés modernes ont la particularité de présenter une action publique dominée par la rationalité coopérative. Dans ce nouveau cadre, l'État n'est plus l'acteur exclusif qui élabore des solutions aux problèmes collectifs. Ceci est du ressort de l'ensemble des acteurs sociaux qui fort de leurs nouvelles responsabilités, mettent en avant l'intérêt commun au détriment de leurs intérêts catégoriels et collaborent avec les autres acteurs pour la mise en œuvre des choix collectifs. La gouvernance apparaît ainsi comme la condition d'une régulation efficace (Chevalier, 2003). Pour être efficace, il faut associer tous les acteurs à la définition du problème, à la formulation des solutions et à leur mise en œuvre. Les modes traditionnels d'exercice du pouvoir régalien subissent dès lors une inflexion pour céder place aux nouveaux procédés de gouvernance. L'action publique dans cette optique devient un procédé long et complexe dans lequel les acteurs aux intérêts divergents négocient des formes d'intervention et les moyens à mobiliser. Les procédés comme la désignation des porte-parole, les consultations, les concertations sont autant de mécanismes qui permettent l'implication de l'ensemble des acteurs. Même si certains auteurs ont montré que la participation des acteurs n'était pas totale dans la mesure où elle était conditionnée par certains aspects comme la mobilisation des ressources, leur degré d'organisation, ou encore leur aptitude à se plier aux contraintes du jeu collectif (Chevalier, 2003).

Aujourd'hui, la logique de gouvernance pousse les acteurs à aller au-delà de ces barrières en créant de nouveaux lieux de débats et en ouvrant le processus décisionnel en direction des acteurs comme la société civile et les citoyens ordinaires. L'autre moyen de coopération des acteurs sociaux à l'action publique peut être la contractualisation (Gaudin, 2003). Cette inflexion entraîne automatiquement une certaine adaptation corrélative des principes d'organisation de l'État. Sous la pression de la gouvernance, l'appareil de l'État se métamorphose en se fragmentant pour répondre à la diversité des problèmes posés, mais aussi pour établir un contact étroit avec les acteurs sociaux. De cette fragmentation, naît une nouvelle architecture étatique qui se veut à la fois territoriale et fonctionnelle. On assiste alors à une autonomisation des structures publiques locales renforcées par la nécessité de prise en compte des problèmes sectoriels et locaux de plus en plus complexes. Cette territorialisation heurte la configuration étatique unitaire en faisant du gouvernement étatique fondé sur un principe d'unité organique, un assemblage de régulations partielles qui relève d'une mosaïque de systèmes de gouvernance juxtaposés. Les entités étatiques vont elles aussi intensifier leur coopération en se fondant principalement sur l'approche contractuelle.

La multiplication des instances étatiques va aussi faciliter la création d'instances nouvelles chargées de maintenir un équilibre entre différents intérêts, notamment sociaux, publics et privés. Une capacité d'arbitrage qui requiert une certaine compétence technique, une connaissance du secteur à réguler et une connaissance des acteurs du secteur. C'est dans cette optique que la bonne gouvernance est devenue le vecteur de développement d'une série d'autorités de régulation indépendante.

3-2-2- Les approches voisines

Le succès de la gouvernance a bénéficié également de l'apport des approches que nous avons qualifié de voisines à l'instar de l'approche des régimes dans les relations internationales et l'approche stratégique en sociologie.

3-2-2-1-L'approche des régimes dans les Relations Internationales

En 1983, Stephen Krasner définissait les régimes comme « des ensembles de principes, normes, règles et des procédures de décision autour desquels convergent les attentes des acteurs dans un domaine donné des Relations Internationales ». La distinction entre cette approche et la gouvernance apparaît à première vue évidente du fait que le régime fait référence à un cadre conventionnel relativement statique accordant une place importante aux acteurs étatiques et qui concerne les domaines ponctuels. Pour sa part, la gouvernance désigne plutôt des processus et des activités telles que la négociation, la contractualisation, le partenariat, etc. et accorde une préférence pour des acteurs non-étatiques et désigne plus les procédures de négociation et de décision que des domaines. Dans une forme de rapprochement entre les deux notions, on peut dire que le régime se rapproche de ce qu'on peut qualifier de « gouvernance locale », à la différence que dans cette dernière, le terme de local est remplacé par sectoriel (faisant référence à un domaine particulier). C'est ce rapprochement qui fonde les critiques de Marie-Claude Smouts sur la notion de gouvernance. En effet, pour cette spécialiste des RI, la notion de gouvernance se confond tantôt avec la notion de « régime », tantôt avec celle d'« ordre mondial ». Ce qui favorise un double emploi avec chacune de ces notions. Elle a mis également en évidence l'impact de cette notion de gouvernance sur la gouvernance locale en soulignant que « plus la notion de gouvernance est prise au sérieux, moins la notion de gouvernance globale a de contenu ». Si elle admet que cette notion de gouvernance a néanmoins le mérite de contribuer à l'éclairage de la constitution tout comme celui du fonctionnement d'ordres locaux ou sectoriels, elle regrette cependant le fait que celle-ci ne nous dise absolument rien de la coordination de ces ordres, du cadre institutionnel global et de la nature de la « gouvernabilité » ainsi établie.

Une critique qui se rapproche des débats nés de l'analyse stratégique développée par Michel Crozier et Erhard Friedberg à la fin des années 1970.

3-2-2-2- L'approche stratégique en sociologie

Celle-ci est portée par Michel Crozier qui est influencé dans sa recherche par les études de Max Weber, celle de Talcott Parsons et Robert K. Merton sur le fonctionnalisme, et les sciences de l'organisation américaine de A.W. Goulet et P. Selznick, dont il cherche à dépasser les insuffisances théoriques. La critique qu'il formule à l'endroit des travaux de Max Weber réside sur la croyance en la supériorité absolue du système hiérarchique réglementaire et bureaucratique en matière d'efficacité, puisque l'analyse des faits démontre que plus ce modèle prévaut, moins l'organisation est efficace. Ses travaux vont inspirer plusieurs chercheurs américains et français qui étudient l'organisation plus précisément le monde de l'entreprise en se dirigeant beaucoup plus sur les préoccupations de départ du fonctionnalisme que sur l'efficacité sociale qui est au cœur de la démarche de Crozier. Toutefois, indépendamment de leur démarche, ces sociologues retiennent les relations de pouvoir, les zones d'incertitude et le cercle vicieux bureaucratique. Du caractère limité de la rationalité en passant par la multiplication des règles de fonctionnement pour contrôler le pouvoir de l'expert, l'analyse stratégique développe des thèses pour permettre aux organisations de mieux s'adapter aux changements à la fois internes et externes. C'est dans un souci d'analyse synoptique que l'approche par les instruments est souvent mobilisée notamment dans le cadre de cette étude pour rendre compte de l'évolution d'un secteur, des territoires en ayant à l'esprit les mutations des relations gouvernants/gouvernés dans un cadre précis.

SECTION 2- L'ENTRÉE PAR LES INSTRUMENTS EN ANALYSE DE L'ACTION PUBLIQUE

L'entrée par les instruments et, de manière globale, l'étude de l'instrumentation est de prime abord une démarche heuristiquement efficace pour rendre compte des mécanismes de domination et d'étatisation selon Foucault. Les travaux français développés il y a peu en font des opérateurs de territorialisation, ce d'autant plus que la décentralisation à la mode désormais fonde un nouveau design institutionnel (Dubois, 2009 ; Pinson, 2009). Du côté des travaux anglo-saxons, les instruments s'imposent comme importants dans le cadre d'une conjoncture politique commune aux pays occidentaux marquée par la perte par leurs États du monopole dans la conception et la mise en œuvre des politiques publiques et l'importation des méthodes de management issues du monde de l'entreprise. Vu sous cet angle, il apparaît que l'étude de l'action publique à travers ses instruments se révèle éclairante sur trois domaines au moins à savoir : l'étude de la nature du politique, la compréhension des mécanismes de production de l'intermédiarité et la mise à jour des ressorts du changement. Dans un souci d'équilibre des parties de notre travail, nous avons préféré ne pas nous attarder longuement sur les apports des IAP à la compréhension de l'action publique, préférant adopter une autre posture plus intéressante au regard de la structuration de notre travail. Ce d'autant plus que la littérature sur le sujet est abondante.

Ainsi, dans notre travail, la saisie de l'action publique par ses instruments sera appréhendée sous l'ange d'une posture méthodologique revendiquant un refroidissement théorique en vue de s'emparer de ses formes matérielles, plutôt que d'élaborer des théories explicatives. Comme nous le mentionnons en amont, la littérature sur les instruments d'action publique (IAP) est abondante. Les auteurs qui se sont aventurés dans cette recherche ont adopté chacun une démarche propre en fonction des objectifs de sa recherche. Si certaines recherches sont une complémentarité, d'autres par contre explorent une voie toute différente. Ceci étant, au regard de cette abondante littérature, on peut identifier plusieurs dimensions, plusieurs points d'entrées ou approches autour de l'instrument de l'action publique, résumés autour de la figure suivante.

Pour sa part, Christopher Hood a identifié trois approches principales fondées sur les instruments. La première s'attache à l'instrumentation au sens de *politics of tools*. Dans cette approche, le chercheur s'intéresse aux problèmes liés au choix des instruments ainsi que l'adéquation entre un objectif de politique publique et les moyens susceptibles de l'atteindre. La deuxième approche est de nature typologique. Ici, le chercheur s'intéresse à la diversification constante des instruments et analyse les problèmes de coordination qui en découlent. La troisième et la dernière approche est centrée sur les dynamiques de construction permanente des instruments et leur appropriation par les acteurs. Elle considère les instruments comme des institutions au sens sociologique du terme (Hood, Lascoumes et Simard, 2011).

Face à cette diversité d'approches, il a fallu procéder à une combinaison d'approches qui nous permettraient de mieux rendre compte de la réalité que nous voulons saisir dans notre recherche. Ainsi, la perspective socio-historique que nous abordons dans notre recherche a favorisé une approche en terme typologique qui viendrait compléter celle qui considère les instruments comme les institutions sociologiques, elle-même renforcée par une approche en termes d'instrumentation, c'est-à-dire aux raisons de choix des instruments.

1- Une approche en termes d'institutions sociologiques d'instruments de planification urbaine au Cameroun et leur choix.

Analyser les instruments de planification urbaine comme des institutions sociologiques nous a conduit à nous intéresser à leur processus de construction, ainsi qu'à leur appropriation par les acteurs, ceci afin de mettre en exergue les effets qui en découlent sur l'instrument et le système d'acteurs. Ce mécanisme est conditionné par le choix des différents types d'instruments mobilisés, qui dans certaines circonstances a des effets importants sur l'instrumentation.

1-1- Aborder l'action publique par l'analyse du choix des instruments

Cette approche, identifiée par Christopher Hood, vise à étudier les processus et les critères de choix des IAP. Se situant dans la tradition fonctionnaliste de la *policy analysis* et du *public choice (*Lascoumes et Simard, 2011), dont les travaux visaient à fournir aux autorités politiques les meilleurs outils d'aide à la décision. Appliquée à notre objet de recherche, cette approche laisse entrevoir, une apparente rationalité limitée dans le choix des divers instruments de planification urbaine. Cette rationalité se déploie à divers niveaux notamment macro, méso et microsociologique.

1-1-1-Les facteurs institutionnels comme critère de choix des IAP

Cette entrée nous permet de faire un détour sur les apports de l'analyse des IAP à la compréhension de l'action publique dans la mesure où l'on s'attardera un peu sur la question de la nature du politique, un champ traditionnel de la sociologie politique. Comprendre la nature du politique, les mécanismes de recomposition des systèmes d'acteurs, le processus de territorialisation et le phénomène de l'incertitude sont autant d'apports des IAP dans l'analyse de l'action publique. Comment les facteurs institutionnels influencent-ils sur le choix des IAP ? Les études sur l'action publique au sud ont montré comment les facteurs institutionnels orientaient les politiques publiques notamment en Afrique. L'extraversion de l'action publique en Afrique due à l'incapacité de ces États à mobiliser des ressources matérielles et informationnelles a un impact sur le choix des différents IAP. En effet, la mise à disposition de ces ressources par les acteurs étrangers que sont les institutions supra-étatiques, étatiques ou les États, force les pays africains à intégrer des acteurs extra-étatiques dans le processus d'élaboration de l'action publique.

Par ressources matérielles, on entend moyens financiers, services technologiques, matériels techniques, etc. Les ressources informationnelles quant à elles renvoient à la maîtrise technique des problèmes à résoudre ainsi que leur processus de résolution, l'accès à l'information nécessaire, etc. Dès la création des villes de Douala et de Yaoundé à l'époque coloniale par les Allemands, le choix des IAP s'est fait par la puissance coloniale en fonction de leurs intérêts dont l'exploitation économique était la priorité, et ce en dépit du fait que cette démarche heurtait parfois certaines dispositions juridiques. Les intérêts des populations locales n'avaient pas été pris en compte par les planificateurs issus de la métropole. L'arrivée des Français dans un contexte de révolte locale contre la politique d'aménagement urbain va assouplir la politique rigide de l'Allemagne. Ces derniers vont opter pour le droit comme instrument de planification dans un contexte social et économique délicat. Après l'indépendance, la planification restera subordonnée à la politique de développement des territoires d'outre-mer de la France. Le choix des IAP de planification urbaine sera influencé par les orientations économiques des plans FIDES élaborés depuis la métropole. Depuis les années 2000, on note un recours aux instruments participatifs dans un contexte de tension entre l'ouverture démocratique et une tentative de recentralisation de l'État comme acteur central dans le processus de planification urbaine. Ces facteurs ont permis de mettre en avant une dominance des instruments autoritaires dans le cadre de la planification coloniale allemande, alors que ceux-ci sont moins contraignants dans la planification française.

1-1-2 Le choix des instruments appréhendé sous l'angle du *public choice*

Certaines recherches se sont employées à analyser les facteurs de choix des IAP en se situant dans une perspective plus microscopique. Ils ont ainsi étudié des facteurs comme la subjectivité des individus, le poids des préférences personnelles ou encore la défense de certains intérêts au sens du *public choice.* Selon Lascoumes et Simard, l'étude de cette approche nécessite de s'attarder sur les travaux des économistes dont Howlett et Ramesh ont proposé une synthèse en distinguant deux grandes traditions. L'une qui considère les instruments comme les réponses de l'État aux dysfonctionnements du marché est portée par les *welfare economists* et les économistes néoclassiques. L'autre qui considère les thèses inspirées de la *public choice theory* et qui voient dans les instruments un opportunisme qui cache les réelles ambitions de la part des hommes politiques.

De l'analyse de notre objet de recherche, il ressort que c'est la première tradition qui est adoptée au lancement de la planification urbaine au Cameroun par les Allemands. Toutefois, au fil de son évolution, l'État du Cameroun développe d'autres instruments tendant à se situer dans la deuxième tradition. L'instrument évolue de la tradition portée par les *welfare economists* vers celle portée par la *public choice theory* en fonction des capacités d'agir de l'État.

1-2- Les IAP de planification urbaine comme institutions sociologiques

L'étude de ce processus appliqué à notre objet d'étude nous a poussé à nous intéresser au système d'acteurs ayant participé à la construction des IAP, les motivations qui ont fondé leur choix et la façon dont le produit de ce processus a été appliqué dans la politique publique ou l'action publique. Se situant dans une approche telle que dégagée par Christopher Hood, nous sommes intéressés à deux dynamiques, à savoir la construction et l'adaptation des IAP dans le domaine de la planification urbaine et leur appropriation et effets sur les acteurs.

1-2-1- Analyser les IAP par le processus de construction / adaptation

Selon Christopher Hood cité par Lascoumes et Simard, une autre façon d'étudier les IAP peut consister à s'intéresser à leur processus de fabrication dans un temps et à leur adaptation dans des secteurs de politique publique.

Pour ce qui est de la première approche, nous avons étudié l'histoire des instruments en retraçant leur parcours. Nous avons ainsi procédé à une identification du contexte d'émergence des instruments en repérant les acteurs centraux manœuvrant lors de leur choix et de leur construction. L'étude des considérations à la fois techniques et politiques permet de mieux se renseigner sur les circonstances d'émergence de l'instrument. Savoir quand et dans quelles circonstances l'instrument a émergé permet d'éclairer sur sa genèse qui est une dimension fondamentale dans la mesure où cela permet non seulement d'éclairer la question instrumentale, mais permet aussi d'explorer la genèse des projets surtout leur contexte initial. Il est également question de mettre en lumière les éléments matériels et les ressources cognitives qui sont venus rendre l'instrument possible.

L'objectif ici est d'identifier les promesses, l'intelligence objectivée, la théorie réifiée de l'instrument, les problèmes qu'il est censé résoudre et les modes opératoires choisis pour y parvenir. L'instrument est-il pensé pour structurer les relations verticales ou horizontales ? Quelle est la logique qui fonde sa conception ? Est-elle substantive ou processuelle ? Répondre à ces questions permet de formuler les hypothèses relatives aux raisons ayant motivé le choix de cet instrument, à l'analyse des représentations propres à chaque acteur, à la nature du problème à résoudre et à la façon dont l'action collective est organisée. Cette approche de manière globale sert à nous renseigner sur la vision du monde que véhicule l'instrument. La démarche méthodologique la mieux adaptée pour rendre compte de ce phénomène est l'entretien direct qui permet de saisir les intentions des divers acteurs mieux que leurs codifications dans des documents officiels.

Cette approche permet également la compréhension technique de l'instrument étudié. Pour reprendre Chatel, Kirat, Salais (2005, p. 18), il s'agit pour le chercheur de *« se salir les mains »* en essayant de comprendre par exemple les fondements juridiques et économiques de l'instrument ou son mode de fonctionnement. Il s'agit également d'étudier le mode d'activation de l'instrument (serait-il impératif ou volontaire ?), sa nature, le degré de contrainte qu'il intègre ou encore la façon dont il structure l'activité. Il s'agit de faire émerger au-delà des utilisations officielles, les usages officieux de l'instrument. Étudier les documents administratifs et techniques comme les cahiers de charge, les plaquettes descriptives en plus des entretiens permet de rendre compte de ces dimensions.

1-2-2- Les effets de l'instrument sur le système d'acteurs et sur lui-même

Quelle est la relation qui s'établit entre l'instrument et les acteurs. Comment les différents acteurs perçoivent-ils l'instrument ? Serait-il une ressource ou une contrainte pour l'atteinte de leurs objectifs ? Comment les utilisateurs se représentent-ils l'instrument ? Telle est l'autre approche qui a intéressé certains chercheurs et qui captive notre attention dans cette recherche également. Afin de mieux mener cette étude, nous avons repris les trois concepts clefs de Salamon. Ainsi, nous nous sommes intéressés :

- au degré de coercition. L'idée ici est de savoir comment l'instrument influence les actions des acteurs. La question qui oriente notre analyse est celle de savoir si l'instrument apparaît comme un facteur d'intégration des contraintes ou comme celui permettant d'éveiller les potentialités des acteurs ;
- au degré de directivité. Nous voulons à ce niveau nous intéresser à la façon dont l'instrument structure l'action et distribue les rôles auprès des différents acteurs ;
- au niveau d'automaticité. Même dans le cadre des instruments coloniaux, il est apparu que ceux-ci ont été construits alors que certaines structures organisationnelles existaient déjà. Il est dont question à ce niveau de savoir comment l'instrument s'articule avec ces organisations ou alors de décrypter la manière dont il génère sa propre forme d'organisation.

Cette dimension permet de mettre en exergue les dynamiques d'inter-structuration qui se jouent en nous permettant de voir comment les acteurs utilisent l'instrument et en retour comment celui-ci influence l'activité sur le fond et la forme. Cet aspect de notre étude repose en priorité sur des entretiens avec les acteurs des différents niveaux du processus d'instrumentation.

Cette phase s'achève avec une autre forme d'analyse qui consiste à dégager l'impact de l'instrument sur le système d'acteurs. On cherche alors à savoir quel effet régulateur l'instrument a sur le système d'acteur et dans le système. Sur le système, le questionnement est orienté vers l'élaboration de nouvelles scènes d'action et l'intégration de nouveaux acteurs. Alors que dans le système, il s'articule autour du type de rapports organisés entre acteurs participant directement ou indirectement au projet, la convergence des logiques hétérogènes et les types de normes qui s'établissent en son sein.

2- Approche typologique des IAP

Si la littérature sur les instruments est abondante, leurs classifications le sont tout autant. Il apparaît dès lors impossible pour nous de dresser un inventaire exhaustif des typologies d'instruments ce d'autant plus que les contributions dans ce domaine sont nombreuses et éparses. Selon Kaufmann-Hayoz et al. (2001), plusieurs disciplines parmi lesquelles la science politique, la science administrative, la psychologie, le droit et l'économie, ont développé des connaissances dans le domaine des instruments, chacune en fonction de sa propre base théorique, méthodologique et empirique. Un simple chapitre ne serait pas selon ces auteurs suffisant pour une revue de cette « base multidisciplinaire [*multi disciplinary back round]* » (p.93). Toutefois, nous avons essayé de retenir des classifications en fonction de certains critères en l'occurrence le domaine de recherche (science politique) et la littérature (anglophone et francophone). Ainsi, nous avons choisi dans cette sous-partie de présenter dans un premier temps les précurseurs de ces classifications et leurs continuums, et dans un deuxième temps d'autres typologies et celles que nous avons essayé de construire à partir de notre recherche.

2-1- Les précurseurs

C'est à la faveur d'une série de publications de certains auteurs parmi lesquels Salamon (1981) et Hood (1983/1990) que s'instituera selon Varone (1998), une véritable discussion théorique sur les instruments. Il s'agit alors d'analyser l'intervention étatique à partir des instruments d'action de l'État et de dresser leur typologie. La discussion théorique qui voit le jour vise alors à interpréter l'État *« as tool-kit » (p.2)* selon l'expression de Hood (1983). À côté de ces deux auteurs cités précédemment, nous nous sommes intéressés aux travaux des auteurs comme Dahl et Lindblom (1953/1992), Etzioni (1961), Lowi (1964, 1966, 1972). Même s'il faut noter que les typologies de ces auteurs ne portent pas toutes de manière explicite sur la notion d'instruments des politiques publiques, nous les considérons comme les précurseurs de cette approche de l'analyse des politiques publiques par les instruments.

2-1-1- Analyser les politiques publiques par les techniques d'intervention étatique

Pour Linder et Peter (1998), les fondements de l'étude des instruments étatiques dans le domaine de la science politique ont été posés par Dahl et Lindblom (1953) au courant des années 50. Pour ces derniers, le débat entre le socialisme et le capitalisme (deux des principales idéologies sur la conception du fonctionnement des sociétés) au XXe siècle est dépassé et a laissé place à celui portant sur les techniques de contrôle social. Les questions intéressantes pour Dahl et Lindblom (1953/1992) doivent porter dorénavant sur les réformes en termes de techniques d'actions sociales et non en termes de grandes alternatives sociales.

> *Plan or no plan is no choice at all ; the pertinent questions turn on particular techniques : who shall plan, for what purposes, in what conditions, and by what devices ? [...]. Reform may pass through breaking points. Even so, further debate on the old alternatives shows no promise of discovering these points, if there are any. Nor does it succeed in turning attention to the countless particular social techniques out of which « systems » are compounded. [...]. In economic life, the possibilities for rational social action, for planning, for reform - in short, for solving problems - depend not upon our choice among mythical grand alternatives, but largely upon choice among particular social techniques.* (p.5-6).
>
> « *Plan ou pas de plan n'est pas le choix du tout ; les questions pertinentes portent sur des techniques particulières : qui planifiera, à quelles fins, dans quelles conditions et par quels dispositifs ? [...]. La réforme peut passer par des points de rupture. Malgré cela, un nouveau débat sur les anciennes alternatives ne montre aucune perspective de découvrir ces points, s'il y en a. Elle ne parvient pas non plus à attirer l'attention sur les innombrables techniques sociales dont les « systèmes » sont composés. [...]. Dans la vie économique, les possibilités d'action sociale rationnelle, de planification, de réforme - en bref, de résolution des problèmes - ne dépendent pas de notre choix parmi les grandes alternatives mythiques, mais en grande partie du choix parmi des techniques sociales particulières* »

Pour Dahl et Lindblom, ce sont les questions autour de la rationalité sociale qui doivent désormais intéresser les dirigeants dans l'élaboration des réformes pour la résolution des problèmes sociétaux. Il s'agit désormais de faire le choix parmi plusieurs alternatives « techniques politico-économiques [*politico-economic techniques*] » (p.6) existantes.

Dans cette optique, l'on a assisté à un processus d'innovation qui a favorisé un accroissement des techniques d'intervention politico-économiques. Les découvertes, inventions et autres imaginations observées dès les années 1950 ont favorisé ce que Dahl et Lindblom ont appelé le taux d'innovation (*rate of innovation)* des techniques sociales. La rapidité de croissance et de l'innovation dans le domaine de l'action sociale rationnelle peut selon eux s'expliquer de manière hypothétique par plusieurs éléments à savoir :

- le développement de la démocratie ;
- le fait d'appréhender les réformes du point de vue des techniques particulières et non des grandes alternatives de société (corollaire à la première hypothèse) ;
- la stimulation de la recherche dans le domaine des mécanismes sociaux (aussi bien que technologiques) de contrôle social ;
- la découverte et l'invention de nouvelles techniques sociales (qui sont en grande partie le produit des sciences sociales, qui sont elles-mêmes assez nouvelles à cette époque et parmi lesquelles il faut notamment relever le rôle de la psychologie dans la compréhension des moyens d'influencer les comportements) ainsi que l'alphabétisation, l'éducation et les révolutions technologiques dans le secteur des communications.

La rapidité et l'importance de ce processus d'innovation à la fois scientifique et politique de l'évolution des techniques sociales à leur époque feront dire aux auteurs qu'elle « est peut-être la plus importante révolution politique de notre temps [*is perhaps the greatest political revolution of our times]* » (p.8).

Etant donné que les modalités d'intervention sont devenues plus nombreuses que par le passé, l'enjeu important devient la sélection des techniques politico-économiques dans la perspective de résolution des problèmes particuliers selon Dahl et Lindblom (1953/1992). Ce qui implique un haut degré de sélectivité qui à son tour induit une plus grande précision et une adaptation plus fine du choix des moyens. Face à cette nouvelle complexité, ils choisissent de procéder à une analyse en classant les différents instruments auxquels ils ont à faire suivant cinq continuums constitués de deux pôles opposés (cf Tableau 1 ci-dessous). Ils ont ainsi choisi de construire leur typologie sur la base de leurs cinq continuums en essayant de décrire les différences et les similitudes existant dans le choix instrumental des gouvernements dans certains secteurs d'activités au lieu de tenter de développer une liste exhaustive ou une classification des techniques existantes.

Tableau 1 : une typologie des instruments de « type » continuum

Continuum 1 Instruments impliquant des acteurs/agences… publiques (*government ownership*) ou …privées (*private enterprise*)	Continuum 2 Instruments de nature plutôt…obligatoire/contraignante (*compulsive/techniques*) ou …persuasive/informative (information/education techniques)
Continuum 3 Instruments impliquant un contrôle des dépenses…direct (*direct control) ou …indirect (indirect control)*	Continuum 4 Instruments impliquant une organisation avec adhésion…volontaire (*voluntary organization)* ou …obligatoire *(compulsory organization)*
Continuum 5 Instruments impliquant des agences gouvernementales…autonomes (*procedures possessing a high degree of autonomy)* ou …non-autonomes (soumises à la hiérarchie gouvernementale) (*procedures closely supervised by central government officials-prescription by a hierarchical superior*	

Source : adapté de Dahl et Lindblom (1953/1992) et Howlett (1991) par Perret (2010).

Par la suite, Lindblom (1977) va, dans un ouvrage peu cité par les chercheurs, identifier trois autres typologies qui nous intéressent à plus d'un titre dans le cadre de cette recherche. Cette typologie se fonde sur les trois types de « méthodes fondamentales de contrôle social [*basic method of social control] »* (p.11). (cf. Tableau 2, ci-après)

Tableau 2 : Les types de mécanismes élémentaires pour le contrôle social

Autorité – État **Authority – State**	**Relation d'autorité (*authority relation*) caractérisée par l'obéissance ;** **Type d'autorité : autorité acceptée sur une base volontaire (*voluntary authority*) *vs* autorité concédée (*garant authority*) *vs* autorité coercitive (*coerced authority*)** Autorité indirecte (oblique authority vs indirect authority) : notamment pour altérer les termes de l'échange (dont la taxation qui est un contrôle indirect de l'économie). Autorité étendue (*extended use of authority) :* exercice de l'autorité de manière indirecte par un « effet domino »
Persuasion – système de persuasion/d'endoctrinement **Persuasion – preceptoral system**	**Communication persuasive (*persuasive communication*) : information, endoctrinement, instruction, propagande, consultation, conseils, exhortation, éducation, etc.** **Persuasion rationnelle/inconsciente *vs* persuasion irrationnelle/consciente**

Source : Perret (2010)

2-1-1-1- Etzioni et les types de pouvoirs et d'implication

Les organisations selon Etzioni sont des unités sociales dévouées à atteindre des objectifs par la régulation sociale des comportements. Celles-ci partagent plusieurs caractéristiques communes avec l'organisation bureaucratique wébérienne qui nous intéresse dans le cadre de cette recherche.

Dans son ouvrage intitulé, *A Comparative Analysis of Complex Organizations. On Power, Involvement, and their Correlates,* il procède à une analyse comparative des organisations sur la base d'une classification de celles-ci en deux typologies que sont les trois (03) types d'exercice du pouvoir (*three kinds of power*) par le détenteur du pouvoir et les trois (03) modèles de participations des acteurs soumis à ce pouvoir (*three kind of involvement*).

L'association de ces deux typologies permet de distinguer neuf types d'organisations issus de l'analyse de la nature de la relation de pouvoir entre l'acteur qui exerce le pouvoir, et celui qui s'y soumet dans le cadre des relations de conformité (*compliance).*

La pertinence de cette analyse repose sur le fait qu'elle débouche sur une typologie d'organisation qui nous intéresse dans le cadre de la démarche de sociologie politique de notre thème notamment l'étude de la relation gouvernant/gouverné. C'est ainsi que ses trois types de pouvoir peuvent être appréhendés comme des instruments de contrôle social mis à la disposition des organisations sociales – l'État étant une des principales- à des fins de régulation.

Dans la même optique, les trois types de participation peuvent être interprétés comme des possibles effets des instruments de régulation pouvant de ce fait constituer une typologie au regard de leurs effets du point de vue des acteurs cibles.

- les trois types de pouvoir (*three kinds of power)*
    - ➢ le pouvoir de contrainte (*coercitive poxer) :* celui-ci se fonde sur l'application des sanctions physiques ou sur la peur générée par l'éventualité d'une telle application ;
    - ➢ le pouvoir rémunérateur (*remunerative power) :* il se fonde sur le contrôle des ressources monétaires ou non-monétaires ;
    - ➢ le pouvoir normatif (*normative power) :* fondé sur l'allocation et la manipulation des récompenses et privations symboliques. Ce pouvoir est synonyme de pouvoir persuasif, manipulateur ou suggestif.

2-1-1-2- Les trois types de participation/implication des acteurs au pouvoir (*three kinds of involvement)*

Pour Etzioni, l'aliénation (*alienation)* ou l'engagement volontaire (*commitment)* sont les principales orientations que peut prendre le niveau de participation (*involvement)* des acteurs subordonnés à des relations de pouvoir. La nature de cette orientation que prend la réaction des acteurs subordonnés vis-à-vis du pouvoir exercé par l'acteur supérieur est selon Etzioni l'élément le plus important pour une organisation dans l'atteinte de ses objectifs. L'orientation peut alors être négative, soit d'une nature aliénante, ou positive, soit d'une nature volontaire. Ce qui lui permet de définir trois types de participation/implication :

- ➢ la participation/implication aliénante (*alienative involvement) :* rattachée à l'orientation aliénante des comportements ; elle peut être assimilée à la relation entre un esclave et son maître ;

- la participation/implication calculée (*calculative involment)* : elle est rattachée à l'orientation mixte des comportements (à la fois aliénante et volontaire) ; c'est une relation proche de celle entre les producteurs et consommateurs sur le marché ;
- la participation/implication morale ; elle est rattachée à l'orientation volontaire des comportements ; elle peut être caractérisée par la relation du croyant envers Dieu.

La récupération de l'analyse de Etzioni qui s'intéresse aux organisations peut paraître maladroite pour certains acteurs ce qui nous amène à faire quelques remarques à ce niveau. Déjà nous avons mentionné plus haut que l'analyse de Etzioni pouvait s'appliquer à l'État dans la mesure où celui-ci est une organisation bureaucratique qui elle aussi vise à atteindre certains objectifs par la mise en œuvre de moyens de régulation des comportements sociaux.

Cette analyse s'intéresse à un aspect important de notre thème de sociologie politique à savoir l'ordre social et ses conditions de mise en œuvre. Les sociologues expliquent cet ordre de trois façons : l'approche élitiste qui fonde l'ordre social sur la distribution hiérarchique de la force, l'approche marxiste qui le fonde par la distinction et le lien déterministe bien connus entre infrastructure (institutions qui règlent la production et la circulation des biens et des services, système économique) et superstructure (système politico-juridique et système idéologique). Etzioni identifie alors trois sources majeures de contrôle sociétal que sont la contrainte, le capital et les valeurs morales/normatives. En faisant un rapprochement, on admet qu'il existe trois types de « *compliance* » servant de base comparative pour les organisations : contrainte (*coercitive compliance)*, utilitariste (*utilitarian compliance)* et normative (*normative compliance)* représentant chacune un type d'ordre social.

Les trois types de pouvoir et de participation/implication identifiés par Etzioni peuvent être interprétés comme deux typologies d'instruments politiques. Une première typologie identifie les trois instruments sur la base des ressources mises en œuvre par l'État. Ces ressources peuvent alors être coercitives, rémunératives ou normatives. La seconde qui distingue les trois types d'instruments en fonction de la nature des réponses comportementales des acteurs ciblés par le pouvoir identifie les réactions aliénatives, calculées et morales.

2-1-1-3- Lowi et ses quatre types de politiques (1964, 1966, 1972)

Selon Cushman (1941, cité par Howlett, 1991), l'activité gouvernementale peut s'analyser en fonction de son degré de coercition. C'est à partir de cette

idée que Lowi tentera de catégoriser les types de politiques en se fondant sur le critère de coercition (*coerciveness*). Howlett mentionne que « *[he [Lowi] argued that a four-cell matrix based on the specificity of the target of coercion and the like lihood of its actual application would suffice to distinguish the major types of government activity]* (Howlett, 1991, p.2). Les principaux types d'activités étatiques peuvent être différenciés à partir d'une matrice de quatre cellules basées sur la spécificité de la cible de la coercition et de la probabilité de son application réelle.
Cité par Howlett, Lowi (1966, 1972) identifie trois types de politiques :

- les politiques distributives faiblement sanctionnées, à ciblage individuel (*the weakly sanctioned and individually targeted distributive policies) ;*
- les politiques de régulation fortement sanctionnées, à ciblage individuel (*the individually targeted and strongly sanctionned regulatory policies) ;*
- les politiques redistributives fortement sanctionnées, à ciblage collectif (*the strongly sanctioned and generally targeted redistributive policies).*

Une autre quatrième catégorie sera ajoutée par la suite par l'auteur :

- Les politiques constitutives faiblement sanctionnées, à ciblage collectif (*the weakly sanctioned and generally targeted category of constituent policy).*

Même si elle semble correspondre à notre démarche dans cette recherche, il reste que cette typologie est très difficilement opérationalisable et selon Lowi (1991) possèderait même des contradictions internes.

2-1-1-4- Hood et l'Etat comme une boîte à instruments

Dressant la liste des publications théoriques ayant permis d'instaurer une discussion théorique poussée sur l'apport de l'analyse de l'action étatique en termes d'instruments, Varone (1998) identifie les travaux de Hood (1983/1990) comme ceux ayant le plus contribué à définir l'État comme une boîte à instruments (*tool-kit*). La typologie de Hood est importante dans la mesure où elle nous nous rapproche cœur du processus de conception et d'utilisation des instruments. Il distingue deux types d'instruments à savoir les instruments d'information (*detectors*) et les instruments d'action (*effectors*). Les premiers permettent à l'État d'observer et de collecter les informations sur son environnement alors que les seconds ont pour effet d'agir sur son environnement sur la base de l'information qu'il aura recueillie.

Le deuxième critère de classification des instruments qui est utilisé par Hood se fonde sur les différentes ressources qui peuvent être engagées lors de leur mise en œuvre (Varone, 1998).

Encadré 1 : Les quatre ressources engagées pour la mise en œuvre des instruments

Ces ressources découlent de la propriété de l'État et permettent de distinguer quatre instruments :

1- **Instruments nodaux (ou de communication)** (***Nodality***)**:** ils découlent de la capacité de l'État à se positionner au centre d'un réseau social/d'information ou à être un nœud au sens informatique du terme ;
2- **Instruments contraignants/autoritaires** (***Authority***) : issus de la capacité à posséder le pouvoir légal de contraindre (interdire, obliger, garantir, etc.) ;
3- **Instruments financiers** (***Treasure***) : à posséder des ressources fongibles
4- **Instruments organisationnels** (***Organisation***) : découlant de la capacité à posséder les ressources organisationnelles sous la forme de ressources humaines (fonctionnaires et compétences), de territoire, d'infrastructures et d'équipements.

Source : adapté de Hood (1983/1990)

Le croisement de ces quatre types d'instruments basés sur les ressources avec la typologie *effectors et detectors*, permet à Hood de dresser une typologie de huit instruments. Ceux-ci se trouvent à l'interface des deux systèmes bien distincts à savoir l'État et la société (son environnement).

2-2- Les autres typologies d'instruments

Cette partie nous permettra de présenter quelques typologies d'instruments issues de la science politique et des recherches récentes. Nous avons choisi de retenir les typologies qui se rapprochent de notre démarche de sociologie politique et surtout qui sont facilement adaptables dans notre objet d'étude. Car comme l'a si bien noté Perret (2009), la difficulté principale de l'analyse de ces classifications réside dans la multitude des typologies qui rend l'exhaustivité de l'exercice difficile (voire impossible). Il en est de même du niveau très différent de développement théorique des typologies selon les auteurs. À côté des typologies récentes issues de la littérature de science politique, on tentera de procéder à une classification des instruments mobilisés dans le cadre de cette problématique.

2-2-1- Les typologies issues de la science politique

Perret (2009) quant à lui procède à une classification par puissance en les analysant de manière chronologique selon la date de leur première parution. Citant Vedung (1998), Perret (2009) relève que ce dernier a identifié deux approches typologisantes des instruments à savoir :

- l'approche minimaliste qui consiste à créer un petit nombre de catégories génériques de base dans le but de classer les instruments ;
- l'approche maximaliste qui consiste à dresser de longues listes d'instruments (qui se rapprochent plus d'un inventaire « exhaustif » que de catégories générales).

C'est entre ces deux pôles que Perret va s'employer à livrer quelques exemples de l'éventail des possibilités existantes.

Partant de l'approche retenue par Vedung, il mentionne que les typologies les plus simples sont celles construites sur la base de catégories antinomiques (division binaire ou duale). Il en est ainsi des catégories qui différencient les instruments positifs des instruments négatifs, les instruments d'encouragement des instruments de dissuasion, les instruments contraignants des instruments non-contraignants, etc. c'est sur cette base qu'est construite la typologie de Bringham et Brown (1980, cité par Perret, 2009) qui établit une distinction entre pénalités (*penalties)* et incitations *(incentives)*. Celle-ci se rapproche de la distinction plus connue entre la punition et la récompense ou les coûts et les bénéfices. À ce niveau, les punitions impliquent des conséquences négatives imposées par les autorités à cause d'une violation de la loi et s'apparentent aux instruments pénalisants alors que les récompenses ou toute autre incitation positive même non remunérative sont des instruments facilitateurs permettant de modifier volontairement les comportements.

Comme le rappellent Lascoumes et Laborier (2011), beaucoup de typologies de façon moins sophistiquée mettent l'accent sur les moyens utilisés pour cadrer les comportements des acteurs cibles des programmes publics. Celles-ci se ramènent à trois grandes catégories que sont : la contrainte, l'intéressement financier et la persuasion[10]. L'une des typologies la plus connue est celle de Bemelmans-Videc, Rist et Vedund (1997), cité par Lascoumes et Laborier, 2011, p.12) qui distingue les « *sticks* » (régulations

---

[10] Une classification qui rappelle les trois moyens classiques d'action de l'État que sont : la violence, le droit et l'argent.

contraignantes), les *« carrots »* (incitations économiques) et les *« sermons »* (techniques de communication). Cette typologie triptyque est reprise par Gormley (1987, cité par Perret, 2009 p.59), qui fait une distinction entre :

- les instruments coercitifs (*coercitive tool)*, qui regroupent les mesures telles que les mandats (*mandates)*, les ordres (*orders)*, les exigences (*absolute requirements)* ou les interdictions (*prohibitions) ;*
- les instruments « catalyseurs externes » (*catalytic tools)* qui permettent d'influencer les comportements ;
- et les instruments oratoires *(hortatory tools)* qui amadouent ou menacent les entreprises d'être en conformité avec les objectifs visés.

Toujours dans cette approche triptyque, Howlett et Ramesh (1995), proposent de se concentrer sur le niveau de présence ou d'engagement de l'État (*level of state presence, level of State Involvement)* pour essayer d'obtenir une classification plus complète et plus simple qui induise l'utilisation de chaque instrument dans la fourniture de biens et des services. L'utilisation du niveau de (*state provision)* comme critère permet selon ces auteurs à développer une taxinomie qui range la variété des instruments sur un axe défini par deux pôles dont le pôle volontaire (*voluntary)* et le pôle obligatoire (*compulsory).* En combinant leurs recherches avec celles de Kirschen et al. (1964), ils établissent une liste de dix types majeurs d'instruments constitués par trois familles :

- les instruments volontaires (*voluntary instruments)* : ce sont les instruments importants pour la mise en œuvre des politiques économiques et sociales ; ils permettent la résolution de plusieurs problèmes et n'ont pas connu un recul malgré le recours croissant aux instruments contraignants (*compulsory)* et mixtes qui ont accompagné l'expansion du rôle de l'État ;
- les instruments obligatoires (*compulsory or directive instruments) :* ils contraignent ou dirigent l'action des acteurs ciblés, laissant à ces derniers, très peu de marge de manœuvre dans la réponse induite par l'instrument. Émanant de l'autorité souveraine de l'État, ils jouissent d'un haut degré de coercivité ;
- les instruments mixtes (*mixed instruments) :* qui naviguent entre un minimum et un maximum d'engagement/implication du gouvernement. Combinant ainsi les caractéristiques des deux autres catégories.

Dans une période plus récente, Lascoumes et Laborier mentionnent que la recherche sur les nouveaux modes de gouvernement a permis de relancer l'intérêt pour les IAP. Le fait marquant de ce phénomène étant l'ouvrage de Lester M. Salamon, *The Tools of Government. A Guide to the New Governance*. Pour ces chercheurs, les transformations du rôle de l'État et les dynamiques comme l'évolution des ressources économiques et les changements d'échelle territoriale induisent une redéfinition des paradigmes. Dans ce contexte, on assiste à une perte de légitimé des formes classiques de gouvernement (*command and control)* alors que les interactions avec le marché (notamment la privatisation) se multiplient aboutissant à des formes de collaboration public/privé (contractualisation, démarche volontaire). L'approche par les instruments est l'un des moyens adéquats pour aborder ces phénomènes complexes.

Tout récemment, Jean Mercier et al. (2019) font une distinction entre les instruments traditionnels et les instruments plus récents et contemporains. Leur typologie recense quatre types d'instruments à savoir :

- self-regulative instruments,
- informative/limited action instruments,
- interactive/governance instruments,
- proactive/governement instruments.

2-2-2- Essai typologique des instruments issus de notre recherche

L'analyse de l'action publique de planification urbaine est tout d'abord une étude du rapport de l'homme à son espace. Dans notre cas, le cadre d'analyse met au prisme deux logiques qui modèlent l'espace habitable en fonction des intérêts de chaque camp. Il se noue ainsi un rapport entre les deux entités qui oscillent en fonction de plusieurs conjonctures à la fois politiques, économiques et sociales. En mobilisant les ressources théoriques de la sociologie politique pour analyser ces relations complexes, nous avons posé ces rapports en terme dichotomique en identifiant deux acteurs que sont les gouvernants et les gouvernés. La planification urbaine dans sa matérialité n'est autre que le produit de l'interaction entre les gouvernants et les gouvernés. Pour mieux comprendre ce processus, il est préférable d'aborder l'analyse par les instruments d'action publique ayant permis la matérialisation d'une telle politique.

Le choix de ces instruments, leurs rôles tout comme leurs effets ne peuvent être appréhendés qu'en prenant en compte les logiques ayant motivé les deux entités en interaction au départ. Ainsi, nous sommes intéressés à l'organisation de l'espace. Ce qui nous a permis de comprendre que dans le cas du Cameroun et dans les deux villes qui nous intéressent dans cette recherche, l'organisation d'un modèle exogène de l'espace est une initiative de l'administration locale, reprise plus tard après les indépendances par le pouvoir central. Ce processus a eu pour conséquence, un bouleversement dans le rapport des sociétés africaines à leur espace. Cette situation a mis en confrontation une logique traditionnelle et une logique capitaliste de la relation des hommes à l'espace. Pour Gruenais (1986) la remise en cause du territoire par la logique capitaliste entraine une remise en cause de la triple relation[11] qui est au fondement de la logique traditionnelle de la production de l'espace. La valeur de l'espace varie d'une logique à une autre. Alors que pour la logique traditionnelle, celle-ci dépend de la triple relation énumérée ci-dessus, la logique occidentale, quant à elle n'accorde de valeur à l'espace que lorsqu'il est transformé en moyens de production, en terres « mises en valeur ». Cette logique se heurte violemment à la logique traditionnelle d'autant plus qu'elle la supprime de même que sa clé de voûte qui est l'autorité traditionnelle en lui substituant aux références abstraites de l'Etat et du travail. On se trouve alors dans une confrontation dont l'enjeu n'est autre que la maîtrise des droits sur le territoire.

C'est dans ce contexte que débute la planification urbaine au Cameroun. Cette logique occidentale de mise en valeur du territoire compromet l'existence du territoire au sens de la logique traditionnelle de production de l'espace. Relayée par l'administration coloniale, elle sera reprise par l'appareil d'État du Cameroun, ensuite par les autorités locales ou les utilisateurs des terres. Cette confrontation a entraîné une négation progressive des droits des populations locales sur le territoire aboutissant à des situations de résistance réglées parfois de manière radicale. Depuis la période coloniale, plusieurs instruments ont été mobilisés par les pouvoirs publics pour imposer cette logique occidentale.

Cette typologie recense les principaux instruments d'action publique de planification mobilisés depuis la création des villes. Elle est basée sur l'état des rapports gouvernants/gouvernés. L'on a observé que certaines périodes faisaient recours à plus d'instruments contraignants que d'autres, alors que d'autres mettaient l'accent sur la variation entre instruments contraignants et moins contraignants. Si le recours aux instruments juridiques est commun à toutes les périodes, la différence demeure dans leur mise en application réelle. La non-mise en application de certaines dispositions juridiques est analysée au vu du contexte comme un recours à un instrument moins contraignant dans la mesure où la force contraignante de la loi ne produit aucun effet lorsqu'elle n'est pas appliquée.

[11] Cette triple relation concerne l'espace sur lequel est établi un groupe localisé dirigé par une autorité locale. Espace/autorité locale/groupe localisé forment la triple relation évoquée ici.

Nous avons retenu trois types d'instruments dans le cadre de cette recherche à savoir :

- les instruments plus contraignants,
- les instruments moins contraignants et
- les instruments collaboratifs.

Ces trois catégories correspondent à des contextes politiques bien déterminés dans l'histoire du Cameroun. Si l'on peut associer à ces trois types d'instruments, les trois phases de l'histoire politiques du Cameroun, en associant tour à tour les instruments contraignants à la planification allemande, les instruments moins contraignants à la planification française et enfin les instruments collaboratifs à la planification contemporaine, il est important de noter que le recours aux instruments contraignants et moins contraignants reste en vigueur dans la planification urbaine au Cameroun.

En effet, les instruments plus et moins contraignants sont élaborés et mis en œuvre par les seuls représentants de l'autorité étatique. Ils ont connu leur heure de gloire dans la période coloniale et celle dite de la planification centralisée. Leur mobilisation récurrente est le fait d'un État planificateur en quête de légitimité et nourrit d'une ambition de mise en valeur du territoire qu'il cherche à exploiter économiquement. Le départ des colons à la faveur de l'indépendance ne fera pas disparaître ces instruments que seront à nouveau sollicités avec les politiques urbaines de restructuration des villes initiées par les pouvoirs publics.

En ce qui concerne les instruments collaboratifs, ceux-ci sont portés par les bailleurs de fonds internationaux dans un contexte de coproduction d'une action publique territoriale. Ils sont inspirés pour l'essentiel des approches du New Public Management (NPM) et visent à garantir la réussite de l'action publique en mettant au cœur du processus, les porteurs du projet tout comme ses bénéficiaires et autres acteurs sociaux. Ces instruments se réclament être le produit d'une vision synoptique de résolution des problèmes dans un secteur particulier.

Tableau 3 : les instruments étudiés dans l'ouvrage

Type	**Instruments**
Plus contraignants	Traité de protectorat Déguerpissement Expropriation Gross Douala Code de l'indigénat Plan d'urbanisme

Moins contraignants	Projet urbain Expropriation SDAU Zone d'Urbanisation Prioritaire Lotissement Titre foncier Immatriculation
Collaboratifs	Ville nouvelle Budget participatif Université itinérante CDS Agenda 21

Source : adaptée de nos recherches

CONCLUSION DU CHAPITRE I

Ce premier chapitre nous a permis de faire un bilan rapide des analyses sur l'objet politique en Afrique. L'analyse des politiques qui est une discipline née en Occident a été introduite en Afrique après les indépendances et depuis lors, elle a connu un développement important qui a abouti à la constitution d'une impressionnante littérature dans le domaine de la science politique. Les premières recherches ont abordé l'étude du politique par des approches classiques en s'intéressant à l'Etat, notamment à son processus de formation ou sa gestion. Il a été également question de l'action de l'État au quotidien, de son administration, mais aussi de ses acteurs. Portée principalement par les bailleurs de fonds internationaux, la gouvernance tente de s'imposer comme la nouvelle forme d'organisation d'une action qui se veut désormais collective. Ce changement de paradigme de l'intervention publique touche également le secteur de l'urbanisme dont la planification urbaine en fait partie. Dans ce contexte de mutation permanent de l'action publique, l'approche par les instruments apparaît comme un excellent moyen de retracer l'évolution d'une politique en ayant une vue plus large sur la société. Ces postures théoriques ouvrent la voie à l'exposé des concepts mobilisés dans le cadre de cette recherche.

CHAPITRE 2 : LA PLANIFICATION URBAINE ET SES PARADIGMES : APPROCHE CONCEPTUELLE

Le choix de notre thème trouve sa substance dans ce chapitre qui vise à présenter et à analyser les concepts qui structurent cette recherche. En effet, la construction d'une connaissance sociologique pertinente eu égard à notre objet de recherche, nous recommande de définir une approche théorique et de réaliser des choix conceptuels dans le corpus qui nous est offert, afin de réaliser une recherche de qualité. Ainsi, se situant dans le sens du cadrage théorique développé plus haut, le concept de planification urbaine sera ici passé en revue pour cerner ses différentes appréhensions, mais aussi et surtout pour voir comment celui-ci rejoint l'approche par les instruments dans le cadre de cette étude. Dans la suite, un examen des paradigmes de l'action publique de planification urbaine instrumentée fera l'objet d'une attention toujours en lien avec une approche, en termes de sociologie de l'action publique.

SECTION 1 : PLANIFICATION URBAINE ET INSTRUMENTATION : ÉLÉMENTS DE CADRAGE

Cette section vise à présenter le cadre d'analyse qui guidera notre recherche. Elle est constituée de deux sous-parties ayant pour ambition de développer les fondements théoriques et analytiques sur lesquels s'appuie notre questionnement. Cette présentation nous permettra d'entrer dans l'étude de l'action publique de planification urbaine au Cameroun ainsi que les changements qui la traversent depuis sa création en faisant un détour sur l'apport de l'instrumentation dans l'étude du politique en Afrique.

Le premier axe est consacré à la planification urbaine, dont nous avons formulé l'hypothèse selon laquelle ses instruments seraient des traceurs de changement dans l'action publique au Cameroun. Son implémentation ainsi que ses effets sur la structuration des rapports gouvernants/gouvernés au Cameroun seront examinés après avoir procédé à une description des points de repère historique qui font de cette politique une construction théorique, un enjeu de pouvoir et un instrument d'action publique.

1- La planification urbaine comme objet d'analyse de l'action publique

La notion de planification urbaine fait partie intégrante de notre objet de recherche et se trouve au cœur de notre questionnement sur les transformations de l'action publique au Cameroun. Les nombreuses évolutions de cette notion dont nous nous efforçons de retracer dans cette section nous permettront de mieux situer notre analyse.

En effet, le cadre spatial de la planification urbaine qui est la ville apparaît comme le lieu par excellence de l'exercice du pouvoir de l'État. À travers la planification, l'État gère la ville en fonction son intérêt premier qui est la domination de l'espace social ; il en résulte qu'à travers la ville comme enjeu de la planification, apparaît le social comme enjeu de domination d'État (Rivelois, 1985). Bien que l'on puisse admettre qu'il n'y a pas d'évidence des objets de recherche tout comme le pensent Pierre Muller et Yves Surel (1998) lorsqu'ils affirment que toute politique publique est la fois un construit social et un construit de recherche, la construction de notre objet intégrera une définition des concepts ainsi qu'une délimitation de ses frontières. Cette construction de notre objet de recherche passe par un détour définitionnel et situationnel de la planification urbaine ainsi qu'une étude de la mise en pratique de cette notion.

1-1-La planification urbaine comme concept : prendre en compte le caractère cyclique et fonctionnaliste de la ville

La première section de cette étude servira à la déconstruction théorique de la planification urbaine. Il sera question d'apporter des éléments de réponse sur des questionnements relatifs aux bases intellectuelles sur lesquelles la notion a été forgée, mais aussi son contexte et les justificatifs qui l'accompagnent. Cette première partie s'achèvera sur l'étude de la planification urbaine dans le contexte camerounais. Comment est-elle appréhendée ? Et à quoi elle renvoie ?

1-1-1-La planification et l'organisation spatiale : intérêt heuristique

Il importe de s'attarder sur l'intérêt heuristique des notions qui nous intéressent dans le cadre de cette recherche pour mieux cerner notre objet d'étude et la planification figure en bonne place de celles-ci. Sa délimitation n'est pas toujours quelque chose d'aisé, dans la mesure où l'on a affaire à une notion dont les origines s'ouvrent sur deux ensembles très larges à savoir celui du *plan* envisagé comme un outil de remise en ordre du cadre spatial urbain, et celui du *plan* comme une procédure plus ou moins impérative décidée par les pouvoirs publics concernant les orientations, les objectifs et les moyens d'une politique économique sur le long terme. Au-delà de cette ambiguïté sémantique, nous tenterons d'apporter des précisions sur les significations communément associées à cette notion. Avant cette étape, nous allons tenter de définir cette notion.

Pierre Merlin et Françoise Choay dans *Dictionnaire de l'urbanisme et de l'aménagement* définissent la planification comme « l'ensemble d'études, de démarches, voire de procédures juridiques et financières, qui permettent aux collectivités publiques de connaître l'évolution des milieux urbains, de définir des hypothèses d'aménagement concernant à la fois l'ampleur, la nature et la localisation des développements urbains et des espaces à protéger, puis d'intervenir dans la mise en œuvre des options retenue. Les documents d'urbanisme, à cet égard, font partie de la planification urbaine ». Les auteurs continuent et précisent que « cette expression n'a pas de signification précise et ne correspond pas à une démarche particulière et organisée des pouvoirs publics » (Merlin, Choay ; 1988). Pour Jérôme Chenal, « La planification urbaine se définit comme un outil permettant d'atteindre un développement urbain durable. Pour cela, elle aide à formuler une vision de territoire à moyen et long terme en cherchant à rationaliser les moyens pour atteindre ses buts. Elle permet d'articuler les besoins en infrastructures et services avec l'accroissement de la population ou encore la demande en extension urbaine avec la protection de l'environnement. Dans un périmètre donné, elle propose un cadre de coordination de l'action publique (et privé) et pour le développement économique et social. En ce sens, elle organise les actions humaines ayant un impact sur le territoire en encadrant le développement et en minimisant les effets néfastes »[12]. Il ressort de ces définitions que la planification urbaine est à la fois une discipline et instrument d'action publique.

Cette définition est celle d'une discipline et d'un domaine de spécialisation bien structurés. Bien avant cette structuration, la planification urbaine a connu un long parcours qui commence avec l'apparition du mot « urbanisme » à la fin du XIXe siècle[13]. Les problèmes sociaux nés de la concentration dans les grandes villes de masses importantes d'ouvriers ainsi que la constitution de ces ensembles urbains vont poser le problème des aménagements des villes notamment dans l'Angleterre industrielle. Ebenezer Howard sera considéré comme un précurseur de la planification dans la mesure où il proposa et réalisa pour la toute première fois des cités-jardins afin d'offrir aux ouvriers

[12]Jerôme Chenal, cours de planification urbaine, école polytechnique fédérale de Lausanne.

[13] C'est dans les écrits de l'ingénieur espagnol Ildenfonso Cerda, auteur du plan de développement de Barcelone, que le mot urbanisme commence à apparaître à cette fin du XIXe siècle.

londoniens un habitat décent. On constate dès lors que la planification urbaine ne prend corps que dans un cadre bien défini qui est celui de la ville ou du cadre urbain constitué à la suite de mutations profondes de son cadre spatial avec un afflux plus ou moins massif des populations et du développement de ses activités notamment économiques. La révolution industrielle a permis le développement d'une forme particulière de l'activité humaine destinée à produire de la richesse et à transformer la société. L'exploitation des gisements de charbon et le développement d'autres activités nées de la révolution industrielle nécessitent la mobilisation d'une main-d'œuvre importante pour la création des richesses. La révolution industrielle en tant que mutation socio-économique majeure ainsi que la modification de la taille et l'organisation des villes sont les principales mutations concomitantes ayant favorisé l'émergence de la planification urbaine en tant que champ d'étude et d'action.

Les établissements humains ont toujours été motivés par les diverses formes de révolution socio-économique. Il faut se rappeler que la naissance des premiers villages s'est faite à la suite de la révolution du néolithique qui a vu l'homme abandonner son économie consacrée à la chasse et à la cueillette au profit de l'agriculture. La forme de la ville qui est le cadre de la planification urbaine exprime dès l'antiquité le génie propre des divers peuples et leurs modes différents d'organisation sociale et politique (Lacaze, 1995). C'est dans cette optique que Pierre-Henri Derycke affirme que l'urbanisme de la cité médiévale plus étriqué n'est que le reflet de la mentalité obsidionale du Moyen Age (Derycke, 1982) ; pour Pierre Grimal, « *l'urbanisme n'est pas, alors, un art abstrait, purement technique. Son but est de donner un corps matériel à cette réalité essentiellement abstraite et spirituelle qu'est la cité* »[14]. Si on note une absence de cadre juridique contraignant dans l'urbanisme à cette époque, il faut tout même noter que les villes de l'époque sont subordonnées aux pouvoirs constitués que sont la religion et le seigneur féodal (Derycke, 1982).

1-1-2- Les théories de la planification urbaine

Dans les sections suivantes, il sera donné de constater comment les premiers colonisateurs arrivés au Cameroun vont entreprendre des actions modificatrices de leur environnement. Ces modifications ont affecté la nature même de leur activité dans la mesure où la colonisation mercantile à l'origine est très vite devenue productive se répercutant ainsi sur l'environnement. Ces actes, posés par les Européens lors de la création de la ville et repris par l'État

---

[14] Pierre Grimal, les villes romaines, PUF, coll. « que sais-je », cité par Jean-Paul Lacaze, Op.cit.

indépendant ont créé les conditions favorables pour l'émergence des problèmes sociaux, économiques et spatiaux liés notamment à l'utilisation des sols. C'est alors que survient la planification qui cherche à diriger ou à contrôler l'activité des individus ou des groupes pour en minimiser les effets néfastes et promouvoir une meilleure « utilisation » de l'environnement physique, conformément à des finalités très générales et des objectifs plus spécifiques définis dans un plan (Mc Loughin, 1977). Il est important de comprendre ces processus de transformation afin de les diriger et de les contrôler efficacement. La seule connaissance du comportement de l'acteur ou du groupe d'acteurs n'étant pas suffisante, il est important de connaître également toutes les relations spatiales entre les activités et leurs interactions multiples. Il nous revient de faire l'effort de considérer l'environnement comme la toile de fond changeante des décisions individuelles et être conscient de ce que les actes qui en découlent réagissent sur elle de plusieurs façons (Mc Loughin, 1977).

Ces connaissances pratiques permettent ainsi d'étayer les principes théoriques. Dans le cadre de notre recherche, les principes correspondants constituent la théorie de la localisation et la théorie fonctionnaliste. Nous passerons en revue les grandes lignes de leur développement, les problèmes à résoudre et les principales lignes de développement possibles. Ceci nous permettra de relier les politiques d'urbanisation, aux objectifs sociaux sous-jacents aux instruments de planification urbaine.

- **La théorie de la localisation**

L'usage des sols a tendance à se différencier suivant des zones concentriques autour d'un centre urbain (marché). C'est la thèse développée en 1826 par Von Thünen, un spécialiste des questions agricoles. Une entité isolée, constituée d'une plaine uniforme, sans relief, dont le sol aurait une qualité constante, des possibilités et des coûts de transport égaux dans toutes les directions à partir du centre, etc. telles sont les conditions idéales qu'il précise pour la différenciation de l'usage du sol. Cette théorie, dite d'équilibre, a une structure classique qui décrit un climax statique vers lequel le système devra tendre en l'absence d'éléments perturbateurs. Le choix des sites devant abriter les villes de Douala et Yaoundé semble avoir suivi cette logique. L'ouverture sur la mer, la structure plate du relief notamment le plateau sur lequel fut construite la ville européenne et la localisation du port commercial sont autant d'éléments qui ont favorisé le développement de Douala en grande métropole.

Pour ce qui est de la ville de Yaoundé, son relief montagneux a été le principal argument ayant motivé la création d'un poste de station militaire qui devait assurer la protection des transporteurs de marchandises en direction vers les ports de Douala et de Limbé. Ce site fût aussi choisi pour son climat et son terrain fertile propice au développement d'une culture dont les produits étaient destinés au marché allemand. Aujourd'hui encore, ces villes ont gardé les mêmes fonctions. L'une devenue capitale économique est une ville industrielle et commerciale alors que l'autre devenue capitale politique est une ville administrative et de service.

Vers la fin du siècle, Halford Mackinder (1902) développa les idées que Max Weber (1909) va approfondir par la suite. Leurs travaux basés sur la localisation de l'usine, unité clé de l'économie industrielle moderne, établissaient que le choix de cette localisation était motivé par la volonté de réduire les coûts des transports. En 1940, Auguste Losch fit une synthèse de ces études en développant la théorie générale de la localisation. Partant des recherches de ses prédécesseurs, il approfondit encore les études de localisation industrielle de même que celles de hiérarchies des centres, de réseaux, ainsi de taille et de zones des formes de services. La distribution des utilisations du sol dans les villes, sera développée par Harris et Ullman (1941). Ils développèrent les hypothèses de « couronne concentrique » et de « secteur » pour aboutir à la théorie des « noyaux multiples ». Hoover (1948) va lui aussi développer l'étude de la localisation des entreprises en l''étendant de façon significative sur l'étude du changement de localisation, la compétition pour les localisations et l'influence des politiques des pouvoirs publics sur le choix de la localisation.

Une grande quantité d'études provenant de chercheurs et de professionnels étaient recensées dès la fin de la Deuxième Guerre mondiale et celles-ci pouvaient se répartir en deux grandes idées à savoir qu'il existerait une situation d'équilibre dans laquelle toute modification était présentée comme une perturbation d'origine extérieure à la suite de laquelle on atteindrait un nouvel équilibre. Les décisions de localisation sont prises rationnellement, dans le but de choisir une localisation optimale pour l'activité envisagée.

- **La théorie fonctionnaliste**

Nous avons été tentés dans cette partie de nous engager dans une sorte d'argumentation théorique à la suite de Françoise Choay sur l'opposition du fonctionnalisme et du culturalisme attaché à la reproduction des formes urbaines traditionnelles héritées de l'histoire. Nous avons finalement préféré ne retenir que le fonctionnalisme dans la mesure où il nous paraît le mieux à même d'éclairer notre recherche à ce niveau. Cette théorie est empruntée à Jean-Paul Lacaze qui la décrit comme la tentative de construction d'une doctrine d'urbanisme élaborée par un groupe d'architectes dans les années d'avant-guerre. Ces architectes se posent en modernistes face à la tradition architecturale académique qu'ils trouvent stérilisante. Pour eux, « *la transformation de la structure sociale et de l'ordre économique entraîne fatalement une transformation correspondante du phénomène architectural* ». Cette vision élargie de l'architecture, va les amener à se poser la question de l'urbanisme et dès 1928, la doctrine fonctionnaliste sera clairement affirmée.

« *L'urbanisme ne saurait plus être exclusivement soumis aux règles d'un esthétisme gratuit. Par son essence, il est d'ordre fonctionnel* » (Le Corbusier, 1957). Cette théorie sera codifiée quelques années plus tard lors du congrès d'Athènes des C.I.A.M avec la rédaction de plusieurs propositions. Dans sa structuration, la charte fait place à l'état actuel des villes avec des chapitres et des observations. Parmi celles-ci, on trouve l'hygiénisme qui sera à la mode dans les colonies françaises d'Afrique. Le Cameroun qui est un territoire dont elle a hérité après la défaite allemande de 1916 fera partie intégrante de cet ensemble. Bien avant, les Allemands avaient déjà implémenté cette théorie avec les conséquences que nous avons évoquées plus haut.

1-2- La planification urbaine comme enjeux de pouvoir

La domination de l'espace social est l'intérêt premier de l'État dans la gestion de la ville. Cet espace apparaît comme le lieu privilégié du pouvoir d'État dont l'exercice de la planification en est le premier symbole. Il apparaît ainsi clairement que la planification urbaine a une valeur administrative mais aussi politique. L'imposition d'un ordre semble donc être la finalité constante de toute planification, de même qu'une conception pragmatique de l'urbanisme.

1-2-1- L'État et l'organisation sociale

La transformation profonde des sociétés occidentales grâce à l'essor du commerce et de l'industrie a favorisé l'intervention de l'État dans la planification urbaine. Ses modalités d'intervention ont depuis connu des modifications, mais ce dernier ne cesse d'intervenir dans ce domaine. Ces modalités peuvent être mises en rapport avec les formes successives qu'a prises l'organisation de l'État au cours de son histoire que l'on soit en France ou au Cameroun.

De l'antiquité jusqu'à l'époque de l'absolutisme, l'Etat s'incarne dans la personne du roi. Celui-ci est doté par le sacre d'une légitimité religieuse et d'une autorité ascendante. La majesté du roi s'exprime ainsi dans l'urbanisme comme l'atteste l'urbanisme parisien des XVIe et XVIIIe siècles. Les talents artistiques doivent s'exercer par et pour le roi et leur but est de signifier et de magnifier le rôle tout comme la personne du roi. C'est dans ce système de gouvernement que l'urbanisme de châteaux, d'avenues et places majestueuses, de monuments exaltant les victoires du roi ou sa bienveillance à l'égard du peuple trouve sa légitimité. Avec l'instauration d'un État-gendarme au XIXe, l'essor politique et économique de la bourgeoisie permettra de mettre un accent sur une conception moins personnalisée de l'État. Le rôle de ce dernier se restreint pour faciliter le libre jeu des forces du marché. Cette orientation se traduira par un urbanisme de voirie[15] dont on peut suivre l'évolution de Sully à Haussmann. C'est dans les travaux de Weber qu'il nous est permis de préciser les règles d'intervention de l'État-gendarme. La codification des règles consécutives à l'usage légitimé de la violence en est la première piste.

C'est dans ce contexte que seront posés par exemple les principes de la déclaration d'utilité publique et de l'indemnisation. C'est aussi dans ce contexte que seront jetées les bases de la modernisation et de la création des villes de Douala et de Yaoundé. En effet, si Douala était un port commercial au moment de la signature du traité Germano-Douala, Yaoundé quant à lui est juste une vaste forêt dans laquelle sont dispersés quelques campements villageois. Après la signature du traité, les Allemands prendront possession du territoire et vont entreprendre la conquête de l'hinterland. Les premières mesures en matière d'urbanisation et de planification ne seront pas les mêmes à Douala qu'à Yaoundé. Dans le premier site, la mise en œuvre du plan d'urbanisme nécessite une opération d'expropriation des populations autochtones qui recevront un franc symbolique en guise de dédommagement. Ces politiques seront justifiées par la récupération des terrains pour des besoins d'utilité publique.

En procédant de la sorte, les Allemands violent les termes du traité et outrepassent leurs prérogatives. Pour eux, le Cameroun n'est plus un protectorat, mais une colonie, ce qui leur octroie les pleins pouvoirs sur le territoire. À Yaoundé, il sera question dans un premier temps de créer un fort militaire dont le rôle sera d'aider à la pacification des environs acquis dès 1903. La transformation de ces villes dans les années qui suivent vise à les adapter aux nouveaux modes de production déjà développés en Occident à cette époque. Après l'accession à l'indépendance en 1960, la planification urbaine sera implémentée essentiellement à travers une promulgation de textes juridiques relatifs au droit foncier. Si la ségrégation sociale et spatiale en vigueur lors de l'époque coloniale a disparu, le centralisme continu quant à lui de faire un chemin dans le pays nouvellement indépendant.

L'augmentation galopante de la population urbaine entraînera un étalement urbain non prévu dans les documents d'urbanisme notamment le plan Dorian. L'installation de cette masse urbaine venue des zones rurales et attirée dans les centres urbains par la perspective d'un avenir meilleur sera le problème urgent à résoudre. Dans l'incapacité de fournir des logements sociaux pour accueillir cette population, l'occupation de l'espace urbain se fera de manière anarchique. Pour limiter les dégâts, le gouvernement va s'empresser d'adopter une série de textes juridiques réglementant notamment l'occupation du sol et l'aménagement urbain. En 1982, un SDAU est élaboré pour la ville de Douala

[15] J-P. Lacaze, op. cit., p.117

et celle de Yaoundé, mais en l'absence de ressources pour son implémentation, il ne sera pas appliqué. Il faudra attendre, le début des années 2000 et le renouvellement des intérêts pour les problématiques urbaines pour que la planification urbaine soit remise au-devant de l'actualité. La crise de l'Etat-providence ayant consacré la co-construction de l'action publique en Afrique et au Cameroun ne changera pas grand-chose dans la planification.

Si l'instrumentation dans sa forme apparente semble avoir changé, il n'en demeure pas moins que l'acteur central de ce processus de planification urbaine reste l'État. Le contexte néolibéral et de décentralisation des années 1990 implique la remise en cause de la planification classique, tout en offrant un cadre favorable à l'adoption de la planification territoriale stratégique[16]. Cette dernière forme de planification est censée rompre avec la centralité étatique des années précédentes, mais il faut constater qu'il n'en est pas le cas. Car, la décentralisation censée s'affirmer comme une nouvelle instance politique semble être conçue exclusivement en terme technocratique comme simple adjuvant aux dispositifs des Programmes d'Ajustement Structurel (PAS), le transfert de compétences n'ayant pas été accompagné du transfert des ressources (Frérot, 1999).

1-2-2- Une conception pragmatique de l'urbanisme

En explorant les pistes de la recherche urbaine, il apparaît que les présupposés du fonctionnalisme ne sauraient constituer un corps de concepts clairement définis sur la base desquels une construction théorique rigoureuse pourrait être envisagée. La planification urbaine semble donc ne pas prétendre au statut d'une science du point de vue épistémologique. Il ne nous reste plus qu'à la cantonner au statut de *pratique* dont les limites s'avèrent incertaines. Cette pratique fait appel aux apports variés relevant des fois de l'art plutôt que des savoirs clairement définis avec pour objectifs des parties extérieures à ses domaines concrets d'intervention. Ces domaines sont souvent liés à d'autres catégories de problèmes sociaux et politiques dont l'isolation n'est pas évidente. Les choix finaux restent de nature politique, au plein sens du terme ; d'autant plus que les mots urbanisme et politique signifient l'un comme l'autre gestion de la cité[17]. Le refus d'une telle évidence aura pour conséquence de réduire le planificateur à une situation technocratique d'autant plus que plusieurs éléments tels que la complexité des problèmes, la lenteur des procédures de participation tout comme les procédures administratives codifiées et longues concourent à cette réduction.

---

[16] Gabriel Fauveaud, sous la dir, Les villes non occidentales, comprendre les enjeux de la diversité urbaine, Montréal, Presses de l'université de Montréal, 2018.

[17] J-P., Lacaze, Ibid, P.133

Comprendre la planification urbaine, c'est comprendre l'Etat en action, le saisir dans sa matérialité : voilà pourquoi l'on s'intéresse à l'espace physique et réel habité par les hommes et non à celui du plan ou de la maquette qui se veut par ailleurs théorique. L'espace comme dimension de la planification urbaine doit être associé à la dimension humaine et temporelle. C'est dans cet espace pluridimensionnel que la planification urbaine va insérer les œuvres tout comme les régulations dont la conception varie en fonction des pratiques actuelles et avenir des habitants. Les œuvres remplissent une fonction de satisfaction des besoins dont la signification peut être individuelle ou collective. Les régulations quant à elles sont destinées à gérer les conflits qui naissent pour l'occupation de l'espace ou son usage. Ces œuvres et régulations donnent lieu à des interactions mettant aux prises les pouvoirs publics (politiques et administratifs) qu'ils soient centraux ou locaux. Il convient donc à la planification d'adopter une attitude de distanciation par rapport aux phénomènes de pouvoir dans la mesure où l'espace n'apparaît pas comme une donnée brute et isotrope, figée et prête pour recevoir les divers projets d'urbanisme comme sur une feuille à dessin. La structuration de cet espace est marquée par les interactions économiques et sociales à la limite conflictuelle. L'imbrication des enjeux et intérêts, des symboles et des signes confère à la planification urbaine une neutralité axiologique dont ses instruments en sont porteurs. C'est cette conception pragmatique de la planification urbaine qui est révélatrice de son réalisme.

Ainsi, loin d'être une discipline, elle est une attitude dont la volonté est de prendre connaissance des problèmes urbains dans leurs complexités et de poser des actions dont le but sera de favoriser une meilleure gestion de la dialectique cadre de vie et mode de vie.

1-3- Objets de la planification urbaine

Nous avons vu plus haut que le terrain de la planification est l'objet d'interaction entre acteurs aux intérêts divers. Ce jeu des acteurs vise à mettre en place dans une influence de la doctrine fonctionnaliste, un ensemble de structures nécessaires au développement de l'homme. Ces objets de l'urbanisme implantés sur le sol urbain, invitent à s'intéresser aux problèmes fonciers que l'on rencontre dans tous les champs de la planification urbaine.

Le sol, vu par ses propriétaires ne saurait se confondre avec tout bien économique banal. En France par exemple, la puissance des mécanismes psychosociologiques mis en jeu par la possession du sol et ses liaisons avec les modalités historiques suivant lesquelles la bourgeoisie a diffusé après 1789, son modèle de la propriété foncière a été souligné par Edgar Pisani[18].

[18] Edgar Pisani, *Utopie foncière*, Gallimard, 1977.

La quête du droit de propriété a profondément et de façon durable marqué les classes sociales. Dans la ville de Douala, l'interprétation du droit moderne en contact avec le droit coutumier a été la source de plusieurs crises dont les plus aigües ont marqué à jamais l'histoire du pays.

Au Cameroun, tout comme en Afrique, le droit foncier des autochtones comme chez les Européens a souvent pris la morphologie des premiers quartiers urbains (Alain Sinou et Al. ; 1999). Dès leur installation, les Allemands profitant d'un vide juridique vont installer un droit foncier moderne qui rompt avec les traditions coutumières locales. Après leur départ, les Français jetèrent en 1932 les bases[19] du régime foncier camerounais. Les techniques de régulation visent à faciliter la cohabitation entre le droit moderne et le droit coutumier dont les divergences sont à l'origine de plusieurs conflits[20]. Cette régulation qui se fait en grande partie à partir de la production d'un important dispositif qui ne se cesse de s'enrichir depuis la période coloniale vise à réglementer entre autres les modes d'appropriation du sol et son exploitation.

L'autre objet de la planification urbaine est sans doute le logement dont la théorie fonctionnaliste attribut une fonction spécifique. Le tissu urbain du fonctionnalisme chez Le Corbusier n'admet que tissus urbains dont l'un avec les immeubles hauts dégageant largement le sol pour faire la place aux espaces verts, et les ensembles de maisons individuelles. Au Cameroun, l'urbanisation démarre avec la production des logements individuels d'où la nécessité de recourir aux techniques de lotissements. Cette technique fait très vite son apparition dans la planification urbaine au Cameroun. Dès le début de la colonisation, les Allemands vont y recourir pour dans les trois plateaux sur lesquels ils s'installent ainsi que leur administration. L'arrivée des Français et l'augmentation de la population sera l'occasion élaborer de nouveaux documents d'urbanisation pour contenir l'ensemble de la population. Toutefois, l'ensemble de l'espace urbain des deux villes ne sera pas loti. Cette procédure va croître à mesure que l'occupation spatiale se densifie et que la population urbaine augmente. Avec l'avènement de la gouvernance urbaine, les procédures de lotissement seront encadrées de textes justes juridiques faisant de la participation de la société civile et des propriétaires fonciers des acteurs de ce processus. Du centralisme étatique, dans la période précoloniale et post indépendance, on aboutira à un co-construit de l'action publique urbaine et à une gouvernance intégrée de nos jours.

[19] Les bases de ce régime seront jetées avec le décret du 26 juillet 1932 organisant la constatation des droits fonciers des indigènes au Cameroun.

[20] L'un des conflits est la confrontation du droit d'usage et le droit de propriété née de la tentative de synthétisation du droit moderne et le droit coutumier : en effet, dans les temps anciens, ceux qui travaillaient la terre et qui l'occupaient en étaient les propriétaires. Avec l'avènement de l'État moderne, le droit de propriété sur les terres fait appel à l'immatriculation dont les procédures ne sont pas toujours à la portée de tout le monde.

Les équipements publics rentrent également dans cette logique fonctionnaliste de la planification urbaine. En effet, ceux-ci contribuent à définir les catégories de la population d'une ville, à définir les normes de besoin correspondant et à programmer les réalisations. Si cette programmation a connu un succès dans la planification coloniale, la rareté des moyens matériels et surtout l'urbanisation galopante et incontrôlée des villes dans les années 1970-80 n'a pas joué en faveur des planificateurs camerounais. Il en est de même pour les voiries et les transports en commun. Pour essayer de rattraper le retard, l'accent est aujourd'hui mis sur la planification stratégique.

2- La planification urbaine comme élément de l'analyse de l'action publique

Inscrire la planification dans le cadre théorique de l'analyse de l'action publique, c'est signifier que l'on centre l'attention sur les activités de conception et de mise en œuvre de ses instruments pour appréhender leur logique et leurs effets. Ce type d'analyse nous amène à nous intéresser à l'instrumentation de l'action publique de planification urbaine. Cela implique notamment de souscrire à deux propositions.

Dans un premier temps, « les espaces d'action se composent d'acteurs qui pensent même s'ils n'ont pas toutes les données ; qui ont des intentions même s'ils ne parviennent pas toujours, loin de là, à leurs fins ; qui sont capables de choix, ne serait-ce qu'intuitivement ; et qui peuvent s'ajuster intelligemment à une situation ou du moins à la cognition (perception) qu'ils en ont et déployer leurs actions en conséquence » (Erhard Friedberg, 1997).

Dans un deuxième temps, ces décisions prises n'ont de sens que parce qu'elles visent à résoudre un problème que l'acteur se pose dans un cadre d'action concret dont les caractéristiques sont intégrées dans les logiques d'action.

Ces propositions impliquent de reconnaître en premier lieu l'intentionnalité de l'action. Vu sous cet angle, c'est la matérialisation du sens que les acteurs donnent à leurs actions à travers l'instrumentation qu'il est nécessaire de comprendre. Cela suppose que l'on s'engagera dans un processus interprétatif de reconstruction de la rationalité de l'acteur.

2-1- La planification comme instrument d'action publique : mise en pratique

Il est question dans cette partie d'analyser la planification urbaine dans sa dimension de technique de gouvernement ou instrument de politiques publiques. C'est la suite de l'orientation définitionnelle entamée dans la section précédente. La notion d'instrument, quant à elle fera l'objet d'une attention particulière dans le deuxième chapitre. Nous y reviendrons, notamment sur ses différentes significations, en essayant de trouver une définition consensuelle conforme à notre recherche et à notre orientation théorique. Nous reviendrons également sur les théories de l'action publique qui s'y intéressent pour voir dans quelle mesure celui-ci peut constituer une variable d'analyse. Toutefois, rendu à ce niveau de notre analyse, nous pouvons déjà dire que la planification urbaine ne saurait être réduite à une construction conceptuelle consistant à prendre appui sur les notions de plan afin de réfléchir de façon critique sur les moyens et techniques de mise en ordre de l'espace urbain. La planification urbaine vise également à mettre en place des dispositifs politiques afin d'atteindre l'objectif de mise en ordre spatiale. À cette vision scientifique et techniciste, se double une vision de dispositif social ayant une ambition régulatrice.

Notre objectif est donc de voir comment les catégories abstraites mis en évidence plus haut sont transposées ou sont susceptibles de l'être dans les expériences concrètes. Comment se traduit la nécessité de transformation de l'espace urbain, une initiative politique portée par les pouvoirs publics investis de la légitimité, une impulsion des citoyens désireux de changer leur cadre de vie ? À quoi renvoie la planification stratégique ? Comment influer sur le *policy-making* ainsi que sur ses acteurs ? Comment mettre en place une action publique interactionniste ?

Nous nous intéresserons à la question de savoir en quoi la planification urbaine peut être considérée comme un instrument de politique publique. Nous verrons comment son institutionnalisation en fait un mode de régulation et un référentiel managérial de l'action publique.

2-1-1- Du modèle classique au modèle interactionniste

Penser la planification en termes d'instrument d'action publique ne peut être possible qu'en procédant en une analyse sous plusieurs angles différents de la notion d'instrument. En définissant un instrument comme « un moyen par lequel l'État conduit les acteurs individuels et collectifs à prendre une décision et à amener des actions qui s'avèrent compatibles avec les objectifs de la politique » (Varone, 1998). Il fait de l'instrument de politique publique un élément indissociable de l'analyse des politiques publiques. Nous avons vu plus haut que la planification visait à mettre de l'ordre dans l'espace urbain. Cette mise en ordre s'accompagne d'une interaction dont l'intensité dépend des rapports entre les acteurs impliqués dans la politique. Cette interaction donnant lieu à des systèmes de marchandages, de négociation et d'influence sociale dont le résultat constitue le contenu de l'action publique. Notre approche en termes de sociologie politique nous amène à penser la planification urbaine comme un processus dont de la définition des valeurs et le choix des moyens en sont les résultats tout comme les objets et les activités mobilisés.

2-1-2- Planifier par les mécanismes d'influence sociale

La réflexion sur la traduction de la planification urbaine en tant qu'instrument concret d'action publique se déroule sur fond de remise en question de l'existant que ce soit lors de la création de la ville ou dans sa modification. Comme nous l'avons mentionné ci-haut, la création de la ville de Douala s'est réalisée sur un site déjà occupé contrairement à la ville de Yaoundé dont les bases furent construites sur des collines vierges de toute occupation. Planifier la ville en devenir devenait donc plus compliqué dans une ville et moins dans l'autre. L'existence d'une société pluri tribale territorialisée et en voie d'organisation à Douala forcera les colonisateurs à se fondre dans un moule naturel déjà aménagé et organisé (Gouellain, 1973) qu'il faut moderniser. Cette entreprise ne sera pas aisée et la planification urbaine élaborée dans ces circonstances devra emprunter les mécanismes d'influence sociale pour s'imposer à une population locale réfractaire à la nouvelle politique visant à modifier leur village. Par la suite, l'arrivée des masses venues des villages voisins pour s'installer dans les villes va alimenter les tensions entre les populations autochtones des zones urbaines et les nouveaux arrivants d'une part, et d'autre part, entre les pouvoirs publics et les autochtones qui voient le contrôle de leurs terres leur échapper, tout comme leurs villages changer de morphologie.

La planification urbaine prendra dans ce contexte des allures de mécanismes d'influence. Ainsi, le plan d'urbanisme élaboré par les Allemands prévoit de déplacer la population autochtone vers d'autres lieux d'habitation et de les exproprier de leurs terres. Face au refus des populations locales, les Allemands vont tenter de les dissuader en proposant une indemnisation par habitation dont le coût total sera évalué à cinq millions six cent mille marks[21] (5 600 000). Après leur départ, les Français vont tenter de remettre de l'ordre dans une ville dont l'absence d'administration a favorisé l'occupation anarchique des espaces.

L'accession à l'indépendance et surtout l'avènement de la libéralisation du secteur économique consécutive au PAS fera émerger une nouvelle catégorie d'acteurs dans l'instrumentation de l'action publique urbaine. La multiplication des politiques partenariales et multiniveaux avec les bailleurs de fonds dont les priorités ne convergent toujours pas avec ceux du

[21] Monnaie utilisée par l'empire allemand à l'époque.

gouvernement en place ou des populations locales et des collectivités territoriales, l'essor du planning stratégique consécutif au mouvement de rationalisation instrumentale de l'action publique urbaine[22], sont autant d'éléments qui vont favoriser l'orientation de la planification urbaine comme un mécanisme d'influence sociale. Ce mécanisme conçoit la planification urbaine comme un instrument dont les particularités sont aussi diverses que variées.

2-1-3-La planification urbaine, un instrument externe de politiques publiques

Selon Bemelmans-Videc (1998) un instrument externe vise par nature à influencer les comportements des citoyens, impliquant de ce fait, un mécanisme d'influence sociétal. Il en est de même de certains instruments de planification notamment juridiques comme le code de l'urbanisme par exemple. Cette influence vise un changement sociétal relevé par Vedung (1998) lorsqu'il affirme que « *Public policy instruments are the set of techniques by which the governmental authorities wield their power in attempting to ensure support and affect social change* » ("Les instruments de politique publique sont l'ensemble des techniques par lesquelles les autorités gouvernementales exercent leur pouvoir pour tenter d'assurer un soutien et d'influer sur le changement social"). (p. 21, cité par Bemelmans-Videc, 1998, p.3). Se situant dans la suite de l'influence de l'instrument sur les processus sociaux, De Bruijn et Hufen (1998), soutiennent l'idée selon laquelle l'application d'un instrument doit être focalisée sur la réalisation *d'outputs politiques* entendus comme les biens physiques ou les services produits par l'État, et les *outcomes politiques* définis comme l'influence exercée par les *outputs* sur les processus sociaux. Ces derniers seraient des instruments externes qui diffèrent des instruments qui eux sont internes à l'administration.

Cette distinction entre instruments externes et instruments internes a été aussi soulignée par Salomon et Lund (Salomon, 2002, Lund et Salomon, 1999). Partant sur la base de l'influence sur la société, ces auteurs affirment que les instruments externes affectent globalement la société contrairement aux instruments internes qui ne concernent que des procédures internes à l'administration. C'est dans ce sens qu'ils font la différence entre instruments et outils administratifs, car selon eux, les premiers sont des moyens de l'État pour influencer la société alors que les seconds ne seraient que destinés à une influence interne.

[22] J.-G. Padioleau, *Un mouvement de rationalisation de l'action publique urbaine : le planning stratégique,* in, Serge Wachter sous la dir., *politiques publiques et territoire,* Paris, l'Harmattan, 1989.

Ces deux confrontations des effets internes et externes des instruments a souvent poussé certains auteurs à exclure de la liste des instruments de politique, ceux ayant des effets internes. C'est dans ce sens que Bressers et Klock (1988) affirment que les instruments sont par nature des instruments externes dans la mesure où leur objectif premier est d'influencer le comportement des acteurs. Ils définissent ainsi les instruments comme *"all means that a gouvernmental official or body uses or may use to promote the implementation of policy-targeted changes in the behavior of other people or bodies without the intervention of other instruments"* (p. 34).

Cette confrontation tente d'être tout de même nuancée par certains auteurs qui parlent des « actes internes à effets internes ». En effet, pour ces auteurs certains instruments internes bien qu'ayant vocation à exercer leurs influences en interne, peuvent avoir des effets en externe. Morand (1999) évoque par exemple la faculté pour l'État à agir sur son ordre intérieur dans l'espoir de produire des effets externes notamment dans sa quête des moyens pour influencer les comportements des acteurs socio-économiques.

La distinction faite par Christopher Hood (1983/1990) distingue les instruments de collecte d'informations (*detectors)*, des instruments qui induisent un effet sur la société (*effectors).* Toutefois, comme nous venons de le souligner, les instruments internes de collecte d'informations peuvent avoir aussi des effets dans la société.

2-1-4- La planification urbaine comme instrument relationnel

L'action publique de planification urbaine comme nous l'avons vu met en scène plusieurs acteurs dont les caractéristiques ont évolué avec les formes de l'État et les modes de gouvernance au Cameroun. La planification dans ce contexte est l'objet de jeu politique et de pouvoir entre acteurs dont les intérêts ne sont pas toujours convergents. Penser la planification en termes de jeu de politique et jeu de pouvoir, c'est analyser celle-ci comme un instrument de politique publique dans la mesure où elle permet la modification par l'Etat de certains éléments pour l'obtention d'un résultat (modification de l'espace urbain). Cette analyse, portée par Dente (1995), stipule que l'instrument de politique publique est une voie qui permet à l'État d'apporter des modifications à un ou plusieurs éléments d'un jeu politique (*policy game)* avec pour but d'obtenir un résultat. En considérant le jeu politique comme un jeu de pouvoir et d'autorité notamment dans leur (re)distribution, la science politique entendue comme science de l'étude du pouvoir, lie automatiquement les instruments politiques aux concepts de pouvoir et d'exercice du pouvoir.

Dans un autre registre, notamment dans la mise en œuvre des instruments d'action publique, l'Etat procédera à la distribution et/ou réallocation des ressources économiques. Ce processus engendre des conflits d'intérêts entre les différents acteurs. La définition que donne Vedum (1998) des instruments va dans ce sens lorsqu'il les définit comme un « *set of techniques by which gouvernemental authorities wield their power attempting to ensure support and effect or prevent social change* » (p.21). Pour lui, « *discourse on public policy instruments is discourse on power* » (p.50).

Vus en tant que dispositifs mis en œuvre par l'État, les instruments entretiennent des liens étroits avec le pouvoir et l'autorité. Pal dira à ce propos que chaque instrument « *contains an assumption of the state'sauthority and power* » (p.11). Les liens entretenus entre les instruments, le pouvoir et l'autorité ont également été relevés dans la définition que donne Elmore (1987) de ceux-ci à savoir « *policy instrument is an authoritativechoice of means to accomplish a purpose* » (p.175). L'on pourrait prolonger ce raisonnement pour s'intéresser à la définition de la notion de pouvoir telle que donnée par Etzioni (1956/1995) lorsqu'il dresse les typologies des trois types de pouvoir et de participation. Pour lui, le pouvoir est « *an actor's ability to induce or influence antoher actor to carry his directives or any other norm he supports* » (p.89).

La théorisation du pouvoir et les notions qui le caractérisent a été aussi menée par Max Weber (1956/1995) qui définit l'État et le caractérise par l'exercice du pouvoir de contrainte physique légitime[23] et la domination légale rationnelle bureaucratique. Abordant dans le même sens, Lhumann (1999) voit dans « la fonction de la politique (...) le fait de rendre possible et de réaliser des décisions contraignantes » (p. 89).

C'est donc dans la notion de l'État et ses modalités d'intervention en lien avec les différentes conceptions du pouvoir qu'il faut chercher les liens entre la planification urbaine et l'instrument de politique publique. Notre approche par les instruments, centrée sur l'évolution des rapports gouvernants-gouvernés nous amène à déduire que la planification urbaine aussi est un instrument relationnel qui est marqué par une relation d'autorité et de domination.

La neutralité axiologique des instruments a été remise en cause par Lascoumes et Le Galès (2004) qui ont établi que ceux-ci, placés dans ce contexte, ne sont ni neutres, ni dissociés du pouvoir tout comme du rapport entre gouvernant et gouverné. Ils affirment que « *l'instrument de l'action publique est un enjeu majeur pour l'action publique, car elle est révélatrice d'une théorisation plus ou moins explicite du rapport gouvernant/gouverné, chaque instrument étant une forme condensée de savoir sur le pouvoir social et les façons de l'exercer. L'approche technique ou fonctionnaliste des*

[23] Le groupement de domination devient un groupement politique (ce que Weber nomme *politischer Verband*) à partir du moment où son existence et la validité de ses normes établies sont garanties et ce, en permanence sur un territoire bien déterminé avec la possibilité pour ce groupement de recourir à la contrainte physique. L'État au sens wébérien est « une entreprise politique de caractère institutionnel » qui revendique avec succès, dans l'application des règlements, le monopole de la contrainte physique légitime (Weber 1956/1995, P., 96-97).

instruments dissimule alors des enjeux politiques. Les instruments à l'œuvre ne sont pas des dispositifs neutres, ils produisent des effets spécifiques indépendamment des objectifs poursuivis et qui structurent, selon leur logique propre l'action publique » (P.29).

Ce problème de neutralité questionne le choix des moyens et des valeurs des instruments de politique publique. Comment s'effectuent ces choix et qui en a la charge ? Cette question nous amène à examiner les liens qui existent entre l'administration et le politique et voir dans quelles circonstances la planification urbaine tout comme les instruments sont des objets et des activités de la politique publique.

2-2- La planification urbaine comme objet et activité

Selon Serge Belley et Diane Saint-Pierre (2017), il y a au moins deux grandes façons de voir les Instruments d'Action Publique (IAP) : comme des objets concrets ou comme des constructions abstraites. La planification en tant qu'activité et objet assimilable aux instruments d'action est l'œuvre du politique et de l'administration qui interagissent dans le cadre d'une séparation bien déterminée. L'administration apparaît ici comme le bras exécutant du pouvoir politique et ne s'occupe pas des questions législatives ou gouvernementales qui sont réservées au pouvoir politique. Vu sous cet angle, le politique déciderait des fins et l'administration choisirait les moyens. La planification urbaine coloniale obéit à ce modèle de fonctionnement en faisant de celle-ci, un domaine politique dans lequel les décisions se font en fonction du choix des valeurs alors que l'administration fait sur la base de ces choix de valeurs, le choix des moyens les plus adaptés pour les réaliser.

Cette vision classique et normative du rapport entre le politique et son administration sera remise en question au regard de la réalité qui suivit les années d'indépendance. En effet, après le départ des colons et l'accession à l'indépendance, l'administration publique deviendra très vite une structure multifonctionnelle dont la participation active au processus politique sera de plus en plus évidente. Ainsi, la planification urbaine sera conçue comme objet en même temps qu'elle sera une activité.

Dans leurs recherches sur les instruments, De Bruijn et Hufen (1998) affirment que le concept d'instrument ne donne aucune information sur la nature du problème autre que celle qui consiste à dire qu'un instrument est un moyen d'accomplir un objectif particulier. Ils font une distinction entre instruments en tant qu'objets et instruments en tant qu'activités.

Les instruments en tant qu'objets sont à rechercher dans la littérature juridique, lorsque celle-ci fait référence à la grande variété d'instructions et de règles qui forment les lois et directives administratives. Vu sous cet angle, il est aisé d'affirmer que la planification est un instrument de politique publique eu égard à la grande variété de textes juridiques qui la structurent. L'histoire de la planification urbaine est un condensé de règles et instructions qui forment la matrice de cet instrument. Dans ses recherches sur les pilotes invisibles de l'action publique. Le désarroi du politique ? Dominique Lorrain (2004), affirme que l'instrument ne peut exister seul dans l'action. Pour lui, celui-ci s'inscrit dans un dispositif plus large à géométrie variable qui le complète et le conforte. Il en est ainsi de la qualification du service public qui a permis l'institution le 14 février 1903 du droit d'expropriation pour utilité publique ouvrant ainsi la voie à la mise en œuvre du projet Gross Douala. La planification urbaine sous l'occupation française fera de plus en plus appel aux décrets pour conduire l'action des autorités publiques. La période postcoloniale continuera sur cette lancée jusqu'à l'époque contemporaine avec l'adoption en 2004 du code général de l'urbanisme.

2-3- La planification urbaine comme institution

La thèse qui sous-tend cette sous-section est celle qui appréhende la planification sous le double prisme de l'instrument et d'institution au sens sociologique du terme. Ce postulat a fait l'objet d'une réflexion par P. Lascoumes et P. Le Galès (2004). Ces derniers définissent l'institution comme *« un ensemble plus ou moins coordonné de règles et de procédures qui gouvernent les interactions et les comportements des acteurs et des organisations » (*North, 1990, cité par P. Lascoumes et P. Le Galès (2004)). Ceux-ci peuvent également être perçus comme des institutions au sens du néo-institutionnalisme dans la mesure où ils constituent des modèles de régulation qui définissent les acteurs impliqués (individus et/ou organisations), leurs rôles et leurs modalités d'interaction. Ces instruments d'action de l'État ont notamment pour caractéristique de structurer l'action selon Salamon (2002). Cette structuration de l'action évoquée par Salamon ici se retrouve notamment dans les recommandations de mobilisation locale et autres directives contenues dans les documents d'urbanisme aujourd'hui. Ainsi, l'on ferait plus allusion à ce que l'on qualifie de « nouveaux » instruments caractérisés par une approche collaborative et persuasive de l'action publique réactualisée par la résurgence récente du libéralisme économique (néolibéralisme) et son corollaire administratif : la nouvelle gestion publique ou autrement la (nouvelle) gouvernance. Ce type d'instrument permettrait d'avoir un cadre stable d'action, nécessaire pour la réduction de l'incertitude et la structuration de l'action collective.

Lascoumes et Le Galès affirment que « *un instrument d'action publique constitue un dispositif à la fois technique et social qui organise les rapports sociaux spécifiques entre la puissance publique et ses destinataires en fonction des représentations et des significations dont il est porteur ».* Ils le décrivent également comme « *un dispositif technique à vocation générique porteur d'une conception concrète du rapport politique/société et soutenu par une conception de la régulation ».* (p. 13-14). En cela, ces « *instruments sont bien des institutions, car ils déterminent en partie la manière dont les acteurs se comportent, créent des incertitudes sur les effets des rapports de force, conduisent à privilégier certains acteurs et intérêts et à en écarter d'autres, contraignent les acteurs et leur offrent des ressources, et véhiculent une représentation des problèmes ».* (p.16)

Nous avons remarqué dans cette analyse que la planification urbaine au Cameroun est porteuse de signification et qu'elle entretient un lien étroit avec les représentations que se fait la société camerounaise des problèmes auxquels elle doit s'attaquer. La planification coloniale allemande visait à créer une ville européenne moderne dans le village africain en mettant un accent particulier sur l'exploitation des richesses économiques et les mesures d'hygiène. Cette forme de planification sera reprise par les Français en agrandissant la ville pour dépasser le cadre physique de la ville telle que tracée par les Allemands. Cette planification urbaine se fera dans le cadre des vastes plans de développement élaborés depuis la métropole avec pour objet de doter le territoire d'un cadre infrastructurel et favoriser son développement économique en vue de son accession à l'indépendance. L'avènement de celle-ci tout comme la modification des priorités des autorités coloniales et l'allocation des ressources changeront les modalités. Les pressions démographiques et migratoires concentrent les efforts de l'État sur la satisfaction immédiate des besoins primaires des populations. La crise économique de la fin des années 80 au début des années 90 plongera ce domaine dans l'oubli pour revenir à la mode dans les années 2000 avec une nouveauté dans l'élaboration et la mise en œuvre de la planification urbaine. Il sera question désormais de construction collective de l'action publique dans un cadre de territorialisation de celle-ci. La planification apparaît ainsi comme un instrument révélateur de l'état des représentations sociales d'un problème à un moment donné. Salamon (2002), dira alors que leurs choix : « *are also importantly shaped by cultural norms and ideological predispositions (...). A strong premarked bias underlies tool choices in the United States, for example, whereas Western Europe is much more wary of the market and much more favourably inclined toward the state ».* (p.11).

En tant qu'institution, la planification urbaine marque l'expression du rapport que les hommes entretiennent avec la nature, mais aussi le rapport que les hommes entretiennent avec l'État. Toutefois, il convient de rappeler que cette différence de vision sur le mode de régulation sociale peut être la source de divergence entre les différents acteurs de même que les effets de ces instruments. C'est dans cette optique que se laisse à voir la planification urbaine dans le contexte camerounais.

2-4- L'appréhension camerounaise de la planification urbaine : un artefact de l'État importé

De même que l'État-nation s'est imposé en Afrique et au Cameroun comme la forme d'organisation sociétale admise par tous, le fait urbain au Cameroun est une création coloniale dont on peut situer le début dans les années 1800 avec l'établissement des comptoirs européens sur les côtes camerounaises et à Douala en particulier. Ce phénomène s'est accru avec la fin de la colonisation dans les années 1960 et s'est accéléré avec le développement économique dans les centres urbains. Le pays compte plusieurs centres urbains dont les plus importants, Douala et Yaoundé, sont les cadres géographiques de la présente étude grâce à leur dynamisme et à l'intérêt stratégique qu'ils constituent. Enjeu politique, économique et social, ils sont l'objet de toutes les attentions aussi bien par les pouvoirs publics que les gouvernés. Un rapide tour de la ville africaine dans la littérature en lien avec l'approche de sociologie politique a été effectué et il en ressort que, l'ouvrage intitulé « construire la ville africaine : chronique du citadin promoteur », de Canel et al (1990) a posé la question de savoir « *qui construit la ville africaine ?* » et la réponse à cette question a conduit les auteurs sur une trentaine de chantiers dans les villes de Douala au Cameroun et de Kinshassa en République Démocratique du Congo (RDC). Ils ont découvert après leurs investigations que le mauvais développement urbain de ces villes est dû à la planification urbaine, car selon eux, les années post indépendances ont été l'occasion pour l'État d'accélérer le processus de construction de la ville africaine en appliquant une planification urbaine basée sur le modèle occidental colonial : « le plan en damier qui symbolise autant l'ordre public que la modernité » (Noubouwo, 2014). Cette planification urbaine prévoyait la construction de lotissements pour des catégories moyennes (fonctionnaires) ou pauvres. Ceux-ci ont été accaparés par des classes plus aisées, de grandes familles souvent proches du pouvoir, dans un jeu pour s'emparer de la rente foncière. Cette planification urbaine a en partie échoué, car de nombreux citadins se sont trouvés exclus de l'habitat planifié et légal ce qui engendra le développement parallèle d'autres processus de construction urbaine et d'accès à la propriété (Canel et al., 1990). Pour eux, cette exclusion sera durable si des mesures ne sont pas prises pour traiter le phénomène dans sa racine. Pour ce faire, il faut, selon Valentin Nga Ndongo (2006), interroger le contexte social et historique qui l'a engendré, c'est-à-dire le contexte colonial. Il sera rejoint dans cette posture par Georges Balandier pour qui on ne peut rien comprendre aux sociétés africaines si on ne les restitue pas dans le contexte colonial qui les a durablement marquées et qui a été pour elles ce que les historiens appellent un « événement traumatisant ».

Dans sa thèse de doctorat intitulé « Urbanisation, planification urbaine et modèles de ville en Afrique de l'Ouest : jeux et enjeux de l'espace public »

Jérôme Chenal (2009) énonce un certain nombre d'hypothèses sur la planification urbaine des villes africaines. Pour cet auteur, l'évolution de la ville africaine, continue de suivre les mêmes règles qui ont contribué à leur fondation. Cela est également vrai des instruments à la disposition du planificateur urbain, qui reflètent selon lui une certaine idée de la ville et des pratiques antérieures de planification urbaine, à savoir celles adoptées pendant l'ère coloniale et originaires d'Europe. Ce mimétisme aurait pour conséquence une déconnexion de la ville de son environnement.

L'étude des villes de Douala et de Yaoundé a jusqu'ici intéressé les chercheurs dans les domaines tels que l'histoire[24], la question foncière[25], la gestion urbaine[26], etc. Ces études fournissent des éléments très importants pour étudier l'instrumentation de la planification urbaine de ces villes. Elles nous permettent d'établir que les villes à l'étude sont une création occidentale dont l'évolution a eu un impact sur le droit foncier en introduisant la notion de la propriété privée à côté de la propriété communautaire. Elles nous enseignent également que l'évolution des modes de gestion urbaine est conséquente à la transformation des relations entre gouvernants et gouvernés et à la forme de l'État. L'analyse de ces auteurs rejoint le point de vue défendu dans cette étude sur au moins deux points. À savoir : la forte influence des intérêts politiques sur l'élaboration et le choix des instruments de planification urbaine et la nécessité d'élaborer dans une approche participative, des instruments innovants qui prennent en compte l'ensemble des enjeux actuels et futurs d'un développement urbain adapté au contexte africain.

2-4-1- Évolution des problématiques dans le champ de la planification urbaine au Cameroun

L'expansion de la société industrielle vers la fin du XIXe siècle a donné naissance à l'urbanisme. Cette discipline de la géographie et de l'architecture

---

[24] Pour une histoire des villes de Douala et Yaoundé voir : Ela Jean Marc, la ville en Afrique noire, Paris, Karthala, 1983, 219 p., André Franqueville, Yaoundé, construire une capitale, Paris, IRD éd, « mémoires » 1984, 192 p., Elouga Martin, Nga Ndongo Valentin et Al., dynamiques urbaines en Afrique noire, Paris, l'harmattan, 2006, 394 p., Michelon benjamin, Douala et Kigali, villes modernes et citadins précaires, Paris, Karthala, 2016, 307 p , Mveng, Engelbert, Histoire du Cameroun Tome II, Yaoundé, CEPER, 1985, 315 p.

[25] Melone, Stanislas, *La parenté et la terre dans la stratégie du développement, l'expérience camerounaise, étude critique*, Paris, édition Klincsiek, 1972, 181 p., Tientcheu Njiako, *Droits fonciers urbains au Cameroun*, Yaoundé, PUA, 2003, 544 p., Tjouen Alexandre, *Droits domaniaux et techniques foncières en droit camerounais*, Economica, 1982, 204 p.

[26] Tanou André, Urbanisation et décentralisation au Cameroun, essai d'analyse historique de la gestion urbaine (1900-2002), Paris, L'Harmattan, 2013.

a pour objet l'aménagement et l'organisation des villes et leurs environs[27]. Elle se distingue des arts urbains antérieurs par son caractère réflexif et critique et par sa prétention scientifique (Choay, 1965). Dès lors, l'urbanisme est l'art d'aménager, de disposer l'espace urbain ou rural (bâtiments d'habitation, de travail, de loisirs, réseaux de circulation et d'échanges) pour obtenir son meilleur fonctionnement et améliorer les rapports sociaux.[28] La nécessité pour les États et les collectivités territoriales de construire des villes viables et durables justifie sans aucun doute la prise en compte de la planification dans le processus de développement urbain. Le processus historique de la planification urbaine au Cameroun peut être découpé en deux grandes périodes en lien avec la nature de l'État. Une première qui va de 1896 à 2004 est qualifiée de planification centralisée et une deuxième qui va de 2004 à nos jours, qualifiée de planification urbaine décentralisée. Cette première période est marquée par le centralisme étatique dans l'élaboration et l'implémentation des politiques d'urbanisme. On peut découper celle-ci en trois phases. Une première qui va de la signature du traité de 1884 au départ des Allemands en 1914, marquée par une planification spatiale territoriale traditionnelle. Elle a recours en grande majorité aux instruments contraignants. Une deuxième qui va de l'arrivée de la France au Cameroun en 1914 jusqu'à l'indépendance, est dominée par une planification stratégique qui rompt progressivement avec l'approche spatiale traditionnelle de l'Allemagne. La troisième phase de cette planification centralisée va de l'indépendance à 2004. Cette phase est en fait une continuité de la période française et emprunte les méthodes laissées par la France. Elle s'achève avec la promulgation de la loi de 2004 sur l'urbanisme qui marque l'avènement de la planification urbaine décentralisée.

SECTION 2 : LE PLAN ET LE PROJET COMME PARADIGME DE L'ACTION PUBLIQUE INSTRUMENTÉE

En 1977, Lindlom identifie deux modèles de gouvernement appliqués dans les sociétés modernes. Le premier qui s'appuie sur la théorie du changement social (« *intellectually guided society* ») stipule que les solutions aux problèmes des sociétés se découvrent par l'analyse menée par une élite intellectuelle et politique. Celle-ci sait ce qui est bon pour la société. La reconnaissance des limites des capacités intellectuelles de l'homme conduira cependant à privilégier un autre modèle basé lui sur les interactions sociales. Les procédures pluralistes de résolution des problèmes fonctionnant par

---

27 Luc Moutila Beni, « Hypothèses Géographie et environnement », *Planification urbaine au Cameroun : nature, origine et défis*, https://www.institut numerique.org/planification-urbaine-au-cameroun-nature-origine-et defis-525cfef3cd339, consulté le 16 novembre 2018.
28 Luc Moutila Beni, Op.cit.

ajustements mutuels mis en application dans le second modèle sont une alternative aux théories du changement et élites éclairées. Le plan et le projet correspondent bien à ces deux modèles.

1- Le plan dans l'action publique

La maîtrise du futur collectif dans un contexte de complexification des problèmes sociétaux ne peut s'opérer que par le recours à la science et aux techniques comme le postule le plan. Ces instruments vendent alors une prétention à offrir une représentation objective de la réalité qui sera remise en question par plusieurs travaux[29]. Ces critiques, qui s'appuient sur la neutralité axiologique de la technique cartographique, ont tenté de démontrer les usages biaisés des cartes et dans un autre registre, comment les savoirs mobilisés dans la cartographie sont influencés par les valeurs et les visions du monde de ceux qui les conçoivent. Ces travaux ont permis de comprendre les cartes dans leur dimension la plus simple notamment comme « un outil de rationalisation des interventions étatiques » (Le Bourhis, 2003).

Toutefois, il est à noter que la déconstruction du mythe de la représentation objective du réel, opérée par les cartes n'a pas permis d'élucider la question « des médiations concrètes » (Le Bourhis, 2003) qui attribuent aux cartes leur pouvoir. Privées de leur objectivité, on est en droit de se demander quel type de contribution la carte apporte à l'action publique. La réponse à cette question ouvre la voie à une recherche qui nous permettra de revenir sur les questions relatives à la fabrication et l'usage de ces instruments ainsi qu'à l'analyse de ses différents usages par les acteurs. Dans un souci de cohérence analytique, nous avons retenu les usages du plan en lien avec notre thématique de recherche mettant en avant les interventions publiques (coloniales et étatiques) en matière d'urbanisme.

Ceci étant, on peut dire que le plan doit son succès à la combinaison de deux facteurs à savoir : d'abord, l'avènement d'un type de société dans laquelle l'évolution tout comme le fonctionnement en dehors d'un contrôle rationnel et volontaire ne peut être admissible. Ensuite, consécutivement au premier facteur, le développement des sciences a permis de fournir à cette volonté de contrôle, des instruments aussi objectifs qu'efficaces. Le plan s'appuie alors sur des raisonnements technico-scientifiques et vise à mettre en œuvre ce qui doit être selon les données quantitatives produites par des

---

[29] Voir à ce propos Brian Harley, "Maps, Knowledge and power", in Denis Cosgrove, Stephen Daniels, eds, *the Iconography of landscape,* Cambridge, Cambridge University Press, P. 227-312; voir également Denis Wood, *the Power of Maps,* Londres, Routledge, 1993 ; Jeremy Black, *Maps and Politics,* Chicago, University of Chicago Press, 1997.

techniques de prévision. Pour le Corbusier, « sans plan, il y a désordre arbitraire ».

1-1- **Un instrument d'objectivation du territoire**

L'approche en termes d'action publique nous oblige à adopter une analyse du moment cartographique comme opération de négociation, entre les acteurs qui cartographient et les sociétés cartographiées, de droits, d'actions et de pratiques légitimes sur le territoire (A. Ingold, 2011). Une approche qui se situe dans la perspective des études sur les instruments d'action publique, ses modes cognitifs et pratiques telle que développée par Lascoumes (2007). Ainsi, l'objectivation du territoire qui est un processus préalable à tout déploiement de l'action publique passe par une forme d'écriture cartographique dont l'objectif est l'extraction d'un ensemble d'informations standardisées en vue de leur codification et leur mise à disposition des usagers. La carte comme le plan seraient des dispositifs permettant de saisir matériellement un territoire en mettant en exergue ses composantes territoriales. Cette phase a précédé l'installation de l'administration coloniale au Cameroun avec l'élaboration par les explorateurs des cartes des territoires qui étaient ensuite annexés par les colons. Appliqué à la ville, le recours au plan apparaît comme solution face à la complexification des problèmes sociétaux. La science et la technique s'imposent comme des voies incontournables pour la maîtrise du futur collectif. Celles-ci doivent leur recours à deux ordres de faits : d'abord l'avènement d'un type de société dans laquelle le fonctionnement et l'évolution ne sauraient se faire en dehors d'un contrôle rationnel et volontaire, ensuite le développement des sciences sociales qui a permis de fournir à cette velléité de contrôle des instruments objectifs et efficaces. Les cartes offrent aux planificateurs des moyens de mieux appréhender le territoire sur lequel il veut agir. Le recours à la cartographie durant toutes les phases de planification urbaine relève de cette approche.

Historiquement, la cartographie à base scientifique se développe en France durant la seconde moitié du XVIIe siècle, sous l'impulsion de l'administration centrale de l'État absolutiste (Le Bourhis, 2003). L'articulation fondatrice entre le pouvoir et les cartographies se noue d'abord selon Bruno Latour (1989) autour de la conquête des nouveaux territoires et des enjeux militaires selon Daniel Nordman et Mona Ozouf-Marignier (1995). Cette appropriation cognitive reste d'actualité aujourd'hui surtout avec l'avènement des phénomènes dits environnementaux. Les outils cartographiques participent activement à la construction d'une représentation bureaucratique de certains phénomènes naturels. De ce fait, le savoir produit par la carte opère un formatage orienté des données démographiques. Il n'a pas pour but d'améliorer la connaissance en étant pur, visant l'exhaustivité et le détail maximal. Le travail cartographique repose sur une base informationnelle qui dépend en grande partie des logiques de l'action administratives ainsi que des contraintes auxquelles elle est soumise. Ainsi, elles couvrent prioritairement les territoires comportant des enjeux socio-économiques qui justifient l'effort d'acquisition des connaissances. Elle tend à se concentrer sur les zones habitées, délaissant peu habitées où les intérêts socio-économiques restent peu limités. Il apparaît sur la base de ces éléments que l'écriture cartographique crée ainsi une représentation orientée du territoire et des enjeux publics, laquelle représentation serait en partie la vision bureaucratique de la réalité.

1-2- Le plan comme dispositif de figuration

La production de l'action publique se fonde sur une vision bureaucratique du territoire et ses enjeux, laquelle vision est rendue possible par le plan. Le plan contribue à l'instauration par la puissance publique, d'une relation d'ordre cognitif avec les autorités locales ainsi que le public concerné par ses actions. Avec le plan, l'administration tente de faire émerger une vision commune de la réalité tout comme des problèmes à traiter ainsi que leur mode de traitement. Il est donc question pour la puissance publique de mobiliser certaines propriétés du plan en vue de discerner graphiquement certaines catégories et en même temps de visualiser les relations autrefois invisibles. L'on se trouve ainsi dans un paradigme planiste dont l'ambition est l'établissement d'une médiation entre savoir et pouvoir. Ce paradigme qui se développe en particulier aux XVIIIes et XIX siècle construit sa légitimité sur la reconnaissance de la robustesse de la théorie et de la méthodologie qui ont présidé à son édification. Cette science opérative est justifiée par la mobilisation de deux arguments dont l'avènement d'un phénomène inéluctable qui est la conduite rationnelle des sociétés humaines dans le cadre d'une société technicienne impulsée par le progrès scientifique.

Ensuite, l'autre argument repose sur l'idée selon laquelle la complexité croissante des sociétés modernes exigerait un recours à la science et la technique pour la domestiquer. Les techniques de présentation cartographiques permettent ainsi au décideur de se doter des moyens sûrs pour appréhender des problèmes sociaux. L'épistémologie planiste qui se développe par la suite sera orientée vers deux axes. L'un qui prend forme dans la construction d'une discipline urbaine, pour la ville et l'autre qui s'affirme par le développement de la modélisation pour les pouvoirs publics.

La construction d'une science urbaniste moderne trouve son fondement dans la redéfinition de la focale d'observation de la ville. On se trouve alors face à une divergence des points de vue sur la véritable architecture de la ville. Ainsi, pour les architectes, artistes, cette architecture est monument

(Voldman, 1997). Elle est dominée par « l'esprit beaux-arts » et se veut respectueuse de la tradition. L'attention est portée ici sur le parfait mélange de la composition et la beauté des façades. Du côté de l'urbanisme moderne, on penche plutôt vers une combinaison entre l'art traditionnel des architectes et des savoirs techniques spécifiques, fortement tributaires des sciences humaines. Ce courant s'inspire du présent pour chercher les idées du futur et ne s'attarde peu ou pas sur le passé pour extraire les règles à suivre.

Les tenants de ce courant rejettent l'idée d'un développement urbain laissé aux aléas du hasard. Pour Cerda (1979), « *l'urbanisation, dont on attribue généralement l'origine et le développement au hasard, obéit cependant, pour l'observateur philosophe, à des principes immuables, à des règles fixes, et satisfait une fin hautement humanitaire* ». Il ajoutera également que « *invoquer le hasard ou la fatalité ne constitue pas une explication philosophique des actes humains. Le recours au hasard ne se justifie que par la paresse du chercheur* » (p.100). Ainsi, cette science urbaine moderne s'efforce de dégager les lois de l'urbanisation tout en élaborant les conditions méthodologiques de leur aménagement rationnel.

La quête des lois intangibles et universelles dans le cadre de cette recherche sera le fondement du courant progressiste. Ainsi, pour la science de l'organisation spatiale des villes proposée par Ildefonso Cerda, « Les références à la figure humaine disparaissent pour parvenir à un niveau supérieur d'objectivation : la ville est un fait sans nom propre » (Lopez, 1979). Dans le même ordre d'idée, Le Corbusier souhaitait dresser le type idéal de la cité industrielle, mais aussi formuler une image dont l'expression en terme graphique concentrerait les vérités générales applicables selon lui à toute société moderne. L'idée c'était de créer « *la règle suivant laquelle le jeu peut se jouer* ». Le projet urbain se situe comme un projet d'ouverture qui impose une évolution des mentalités (Ingallina, 2008).

Dans un registre tout à fait différent, l'urbanisme culturaliste s'attarde également sur un référentiel scientiste. À cet effet, Patrick Geddes (1854-1932), Marcel Poete (1866-1950) ou Gaston Bardet (1907-1989) dans leur « science des villes » fustigent ce qu'ils qualifient d'abstraction des modèles urbanistiques préétablis et universellement applicables. Pour ces auteurs, l'urbanisme devrait être l'épanouissement à la fois d'une communauté et d'une époque. L'homme serait défini dans son rapport avec son environnement et le bâti doit être subordonné à ce dernier qui ne saurait en aucun cas être déplacé comme un pion sur un échiquier, et ce au gré des désirs des planificateurs.

Les penseurs de la ville qu'ils soient progressistes ou culturalistes accordent un intérêt particulier à l'objectivité des données tirées des enquêtes monographiques. Pour Bardet (1947), « *toute la valeur du plan et du programme dépend de l'analyse des structures et des fonctions urbaines et régionales, autrement dit de l'enquête préalable, jamais assez subtile en ses recoupements »*. Pour Le Corbusier (1925), « *la statistique montre le passé et esquisse l'avenir ; elle fournit des chiffres et donne le sens des courbes »*.

Le second axe de l'épistémologie planiste concerne le développement de la formalisation de la construction des choix orientés par un référentiel techno scientifique. Cet effort de formalisation constitue pour Mintzberg, l'essence même de la planification dans la mesure où, « *dans ce contexte, formaliser signifie trois choses : a. décomposer, b. articuler, c. rationaliser les processus par lesquels les décisions sont prises et intégrées dans les organisations* » (Mintzberg, 1994). Le processus de domestication de la complexité initié par les technocrates modernistes est symbolisé par le plan qui, dans un pays comme la France sera l'incarnation de l'effort de reconstruction puis d'équipement et de modernisation nationale impulsé par l'État. Ce processus nécessite une mobilisation d'instruments à la fois statistiques et méthodologiques de connaissance de l'économie et de la société rendant possible sa régulation rationnelle.

Sur le plan urbain et aménageur, ce travail de modélisation trouve une traduction au Cameroun par l'élaboration des Plan Directeurs d'Urbanisme par les autorités coloniales allemandes d'abord et françaises ensuite dès 1896. Elles mobilisent les procédures logiques, mathématiques et statistiques permettant de représenter d'abord la future cité commerciale et l'agglomération au point de vue de la localisation de la population et des activités. Ces modèles partent d'une analyse de l'état du village africain sur lequel sont établis les populations ainsi que les rapports qui existent entre les populations autochtones et les puissances coloniales sur la base du traité germano-douala pour ce qui est des Allemands et des traités internationaux pour ce qui est de la France. Les relevés topographiques sont fournis par les chercheurs allemands tout comme les études ethnographiques. Les Allemands vont dès leur arrivée et la prise du contrôle du foncier local, du moins pour ce qui est de la zone administrative et portuaire, dresser un plan et consigner les informations essentielles dans les registres fonciers qui seront en grande partie ou totalement détruits pendant la guerre.

Pour finir, il est important de dire que la science des villes tout comme la modélisation économique et spatiale œuvrent ensemble dans le but de permettre une organisation rationnelle de l'activité des sociétés modernes. Le plan imprime dans la ville et dans l'action publique, une rationalité inspirée du raisonnement scientifique. L'incontestabilité des décisions élaborées à partir des données recueillies trouve sa pertinence dans le caractère scientifique de celles-ci. Dans cette optique, le plan s'impose comme un instrument scientifique dont l'avantage repose sur le fait de fournir à l'homme, les indicateurs sûrs de son futur loin des voies hasardeuses et des blocages du passé. Il apparaît ainsi comme un indicateur clair et savant dont la maîtrise nécessite une mobilisation adéquate des moyens et une légitimité dont ne peut se prévaloir que le seul acteur étatique.

1-3- Le plan, un instrument de légitimation

La création des villes de Douala et de Yaoundé est le fait de l'administration coloniale. Comme nous le mentionnons plus haut, l'État est le seul acteur disposant de la capacité d'action et de la hauteur de vue nécessaires pour assurer la rationalité planiste. Face aux divers affrontements idéologiques et les intérêts locaux qui ont tendance à perturber l'implémentation tout comme la conception de l'action publique, l'État tente d'imposer une forme d'unité afin de garantir l'intérêt général. Ainsi, l'étatisation de la nation présuppose la fin des allégeances périphériques et des solidarités locales (Duran, 1997). Cette situation a pour effet de nourrir une appréhension sectorielle des politiques publiques contre l'ancrage territorialisé préexistant (Muller, 2003). La construction des villes est dès lors, l'objet d'une intervention centralisée répondant à des impératifs nationaux : modernisation économique, logiques redistributives, cohérence de l'aménagement du territoire, désengorgement des villes…toutes actions qui font de l'Etat l'acteur quasi-monopolistique de la planification et de la construction des villes.

La légitimité des plans s'opère par l'intermédiaire d'un gouvernement apolitique dans lequel un personnel technique et objectif œuvre pour l'intérêt général et le progrès. Le plan viendrait donc certifier les constats et les diagnostics bureaucratiques. Leur mobilisation par les agents de bureaux d'études et des techniciens territoriaux vise à construire l'objectivité de la vision administrative des problèmes loin des clivages politiques et autres conflits d'intérêts. Débarrassé de son essence conflictuelle, l'État devient l'instrument par lequel la société assure sa régulation conformément aux objectifs qu'elle s'est assignée (Burdeau, 2009). La création d'institutions techniques capables de concevoir des dispositifs et des méthodes de décision publique permettra aux décideurs de proclamer leur neutralité. Ces institutions permettent à l'Etat de procéder à la collecte des informations, de mettre au point de nouvelles méthodes et nouveaux outils d'analyse tout comme elles permettent le développement de nouvelles connaissances urbaines. C'est dans cette optique que Massardier (1996) déduira que l'État se fait savant.

La maîtrise de la complexité dans les sociétés modernes impose le plan qui permet aux technocrates et aux urbanistes non seulement de dégager le probable, mais aussi de donner un aperçu du souhaitable et l'étendre à l'ensemble de la société. C'est un outil objectif qui permet la neutralisation des confrontations politiques et idéologiques. La confiance placée dans le progrès des sciences et des techniques va renforcer l'emprise de ces outils objectifs qui réduisent l'incertitude et permettent à l'homme de mieux planifier son futur. Pendant longtemps, le plan sera le symbole de la maîtrise et de la capacité de réforme des sociétés. Mais face aux nouvelles problématiques sociétales de plus en plus complexes, il semble depuis peu inadapté cédant alors la place à un autre instrument qui devient le nouveau référent dans la planification urbaine à savoir : le projet.

2- Le projet comme palliatif à la rationalité linéaire planiste

La complexité de plus en plus importante des problèmes sociétaux a fini par rendre le plan et sa rationalité linéaire obsolètes, favorisant ainsi l'adoption du projet dont les itérations, la démarche heuristique et la maïeutique semblent totalement adaptées à cette nouvelle dynamique. Le projet s'impose à la suite de l'adoption d'une appréhension faillibiliste de l'action publique rendue quant à elle nécessaire suite à la complexification des systèmes d'acteurs, la multiplicité des dynamiques structurant les problèmes publics contemporains et l'abandon progressif des visions déterministes. En d'autres termes, avec le projet, il s'agit moins de « solutionner des problèmes » par des réponses objectives et stables, grâce à la triple rationalité technique, scientifique et économique que de « régler des problèmes » via des règlements contingents, évolutifs (Padioleau, 2003).

Le discours totalisant en vigueur dans le paradigme planiste est fortement critiqué de même que l'espérance progressiste. Ce qui a poussé les chercheurs à qualifier les sociétés contemporaines de « sociétés d'incertitude » (Yann, 2011). De cette incertitude, il en ressort une transformation de l'ordre social dans sa nature et dans sa construction. Ce dernier n'est plus national et transcendant, mais plutôt local, immanent et contingent. De même, la raison procédurale cède place à la raison substantielle (Commaille, Jobert, 1998). C'est dans ces circonstances que le projet s'impose comme une référence incontournable et le partenariat un modèle d'action établi de l'intervention publique qui est désormais lié à une logique de territorialisation. Dans ce sens, le projet renvoie dans une première approche à des situations dans lesquelles l'action collective est organisée autour de groupes d'acteurs relativement restreints en nombre, mobilisés pour remédier à un problème précis ou pour prendre en charge les difficultés d'un territoire circonscrit, sur un temps limité (Pinson, 2005). Il est à la fois une action concrète et une démarche méthodologique.

2-1- Le projet comme réponse aux limites d'un devenir maîtrisable : une action concrète

Dans le paradigme planiste, la complexité est maîtrisée par le déploiement de dispositifs technico-scientifiques dont le rôle est de fournir un ensemble de mesures incontestables à cause de leur validité scientifique. Avec le projet, c'est un tout autre rapport avec la science qui est envisagé, un mode d'action différent de celui qui prévalait alors dans le plan. En effet, face à la difficulté du paradigme planiste à maîtriser avec certitude le devenir de la société, on assiste à la fragilisation de cette conception unifiée et cohérente du monde offert par la science. Cette fragilisation remet en cause la capacité des sociétés modernes à circonscrire ses problèmes au sein des schémas de rationalisation reproductibles. On se trouve dès lors dans une forme de contestation du référentiel techno scientifique qui a jusqu'ici fourni à l'homme les réponses aux questions qui se posaient à lui et qui lui a permis de maîtriser son futur. Dès la fin du XXe siècle, on assiste à une mise à distance des promesses progressistes marquant ainsi un nouveau rapport entre la société et la science.

Face à la fragmentation du discours de la science parfois contradictoire, l'homme postmoderne a eu de plus en plus du mal à s'offrir une conception unifiée et cohérente du monde. Le discrédit jeté sur le paradigme planiste sera alimenté par plusieurs facteurs parmi lesquels les accusations d'inféodations des scientifiques aux intérêts industriels et politiques. La science et la technique ne sont plus forcément des garanties de maîtrise de l'incertitude dans la mesure où « *une innovation technologique ne signifie pas seulement un progrès technique prévisible, elle produit également de l'inconnu social et de l'inattendu environnemental, entre autres. De sorte que plus la modernité innove et accentue le mouvement, plus elle accélère la mutation des sociétés et plus elle produit de l'incertitude* » (Chalas, Gilbert, Vinck, 2009 : 11). Cette remise en cause du référentiel planiste est la conséquence d'une critique des savoirs experts et sectoriels ayant abouti à leur décentrement. C'est dans le domaine de l'urbanisme réglementaire et opérationnel que ce décentrement se fera le plus ressentir.

En France par exemple, la critique formulée à l'endroit des techniciens qui construisaient les grands ensembles d'habitats sociaux selon le modèle de l'urbanisme fonctionnaliste a favorisé l'adoption du projet urbain. Ce dernier étant selon ses promoteurs, une réponse à cette crise qui elle-même est la preuve que ces savoirs techniques sont incapables de concevoir seuls la ville. L'accent est désormais mis sur la méthode d'élaboration et son processus au même titre que sur son produit qui est le plan. Il est fortement recommandé une implication des habitants dans le processus d'élaboration de ces instruments même si ces derniers ne sont pas des experts reconnus. L'idée est que le projet est un processus démocratique qui met en avant la concertation, l'ouverture et l'indétermination, s'opposant de ce fait au plan critiqué comme étant vecteur d'une domination d'un savoir expert, de la technologie et du capital.

Ces réformes n'ont pas laissé le Cameroun indifférent notamment dans le domaine de la planification urbaine. En effet, après son accession à l'indépendance, les villes de Douala et de Yaoundé verront un afflux important de citoyens quittant les villages pour la quête d'un bien-être en milieu urbain. Le périmètre urbain sera très vite débordé et la maîtrise de l'étalement urbain sera un réel défi pour les nouvelles autorités. Les plans d'urbanisme conçus par les autorités coloniales seront très vite caducs, mais faute de ressources (matérielles et financières) nécessaires, les autorités seront dans l'incapacité d'élaborer un autre plan. Il faudra attendre 1982 pour voir les deux villes se doter d'un Schéma Directeur d'Aménagement et d'Urbanisme (SDAU) qui ne sera jamais implémenté. Il faut dire que ces plans seront adoptés sous la pression des partenaires au développement qui ont conditionné leur aide par l'élaboration d'un plan, contraignant l'élite politique à adopter la planification du développement (Amougou, 2018). Dans ces conditions, les autorités opteront pour une planification indicative, souple ou encore à « la française » (T. Mama, 2008). C'est ce qui justifie certainement la non-implémentation de ces SDAU de 1982. Avec la crise économique de 1982, l'absence des moyens à la fois matériels et humains pour concevoir et mettre en œuvre les plans d'urbanisme qui sont trop coûteux pour l'État et ses bailleurs de fonds, ces derniers recommanderont à l'État une approche par projet dans le cadre de la grande réforme du secteur public à travers l'introduction de la notion de gouvernance. C'est ainsi que le développement urbain sera axé sur la conception et la mise en œuvre de plusieurs projets urbains dans les deux villes. Le SDAU qui sert de plan d'urbanisme devient dès lors un instrument de dialogue et de négociation et non plus un produit fini. Après cette valorisation du projet, il était question de promouvoir une intervention locale dans l'élaboration des projets urbains en impliquant au maximum les cibles de ces projets qui sont les populations des territoires concernés. Ainsi, l'on a procédé à un décentrement des savoirs experts portés par les techniciens souvent venus de l'étranger et appuyés par le personnel technique des services centraux de l'État. Avec la fin de l'État providence qui intervient avec la crise économique des années 1980, les modes d'action centralisés et sectorialisés de l'État providence ont cédé la place au projet qui permet de mieux valoriser les ressources des territoires dont la connaissance que les habitants et les acteurs de terrain ont de leur environnement. De cette valorisation doit jaillir le développement social nécessaire pour les Etats d'Afrique. Les acteurs de la société civile, les entrepreneurs économiques et autres acteurs autrefois tenus à l'écart de l'élaboration des politiques urbaines peuvent désormais participer à ce processus au même titre que les urbanistes et autres spécialistes.

C'est dans cette perspective que le projet apparaît comme un instrument de mobilisation sociale correspondant à la figure d'un Etat mobilisateur comme le devient en cette décennie de 180 le Cameroun. Si la substitution du vocable de projet à celui de plan intervient dans les pays occidentaux dès 1970, celui-ci acquiert une place importante au Cameroun avec l'avènement de la gouvernance. En effet, les acteurs de plus en plus nombreux du processus de développement urbain manifestant la volonté de rompre avec la conception de l'action publique urbaine comme une opération de mise en œuvre synoptique d'un savoir technique universel, vont désormais opter pour une approche politique de cette activité nécessitant l'implication des acteurs du territoire concerné et la valorisation des ressources que ce territoire recèle. De ce fait, la démarche projet dans le domaine qui nous intéresse à savoir les politiques urbaines, consiste à mettre systématiquement en rapport, à faire dialoguer un état existant du territoire, ses traces héritées et ses ressources, d'une part, et les objectifs de l'action publique, d'autre part (Pinson, 2008). L'idée que l'on se fait du plan est celle d'un savoir expert se souciant peu de l'existant, mais plus de la prévision et adepte d'un urbanisme de la table rase, le projet quant à lui prend en compte la pensée de la ville tenant en compte les gens et les lieux. Cette différence se manifeste à deux niveaux. Au niveau de la conception de la ville, le projet urbain vise à bâtir une ville qui ménage l'existant, valorise à la fois le patrimoine bâti et des pratiques sociales. Sur le plan de la conception de l'urbanisme, il s'agit de concevoir la ville les populations locales, les acteurs de la société civile comme des porteurs de ressources que l'on peut mobiliser dans le cadre de la conception des espaces.

Selon Christian Devillers (1996), le projet urbain est « une pensée de la reconnaissance de ce qui est là, des traces, du substrat ». Il s'inspire du contexte pour « produire du contexte, à travers des tracés, des découpages » (Huet, 1993). Ce souci de l'existant vise également à valoriser les ressources locales pouvant être mobilisées par les acteurs locaux. Une démarche que n'a pas pu réaliser le plan et sa technocratie. Avec la crise économique que traversent les bailleurs de fonds du Cameroun principaux financeurs des politiques urbaines, la planification par projet s'impose comme l'instrument d'action publique adéquat avec pour principale caractéristique le décentrement des enjeux proprement spatiaux de la planification urbaine au profit d'un autre enjeu qui est la mobilisation des forces sociales et des ressources locales autour d'un projet de développement économique.

Le décentrement des savoirs experts que l'on observe dans la démarche projet se justifie aussi par la caractéristique du contexte dans d'action qui prévaut dans les années de son émergence à savoir dès 1980, mais aussi des résultats de la recherche sur l'analyse des politiques publiques avec les travaux des chercheurs comme Herbert Simon. En effet, ce dernier a pu démontrer que les agents en charge de l'élaboration des politiques publiques disposent de capacités cognitives limitées, que ceux-ci ne peuvent pas obtenir toute l'information nécessaire pour atteindre le choix optimal. Il développe alors l'idée d'une rationalité limitée pour invalider la théorie de *l'homo œconomicus*. Dès lors, l'on commence à admettre que les choix sont forcément l'objet d'un consensus. C'est dans ce contexte de reconnaissance d'une rationalité limitée présidant aux processus d'action collective qu'émerge pour s'imposer le projet. Pour le cas particulier du Cameroun, la crise économique fait de la mobilisation et de l'articulation des ressources des enjeux centraux de l'action publique urbaine tendant à déterminer la discussion sur les objectifs de l'action elle-même. Le projet selon Giles Pinson est l'instrument qui permet de faire dialoguer en permanence, d'une part, un stock de ressources en constante évolution et, d'autre part, des objectifs toujours précaires et amendables.

À travers l'instrument projet, l'action publique urbaine devient une action pragmatique dans laquelle le « faisable » tend à l'emporter sur le souhaitable (Pinson, 2005). C'est l'état des ressources qui définit désormais les objectifs qui deviennent ainsi précaires et instables, car ces ressources sont elles aussi évolutives. Dans cette dynamique, la mobilisation des acteurs porteurs de ressources devient une constance obligeant les acteurs à réviser et à réactualiser leurs choix en permanence. Cet instrument a le mérite d'introduire une souplesse dans l'action publique urbaine qui tranche avec la rigidité des instruments de planification antérieurs et qui s'adapte mieux à l'évolution des ressources selon le moment de l'élaboration de la politique urbaine.

2-2- L'interaction et le processus comme modalité résolutive : le projet comme démarche méthodologique

Comme l'ont mentionné à la fois Gilles Pinson (2005) et Fergusson Yann (2013), la démarche de projet procède d'une « théorie interactionniste de l'action collective » (Toussaint, Zimmermann, 1998 : 146). Ayant déjà admis ne pouvoir mettre en œuvre qu'une rationalité limitée, les acteurs urbains avec le décentrement des savoirs urbains admettent que le partenariat est la modalité résolutive des problèmes la mieux adaptée. Cette situation aura pour principale conséquence une émergence incrémentale des objectifs. Le projet connu sous la forme de démarche partenariale prend forme suite au rejet de la norme et des institutions d'intégration qui la produisaient : « *La norme définissait les schémas de comportement requis pour l'adaptation sociale. (...) Elle ne permettait plus de codifier l'appartenance sociale. Par quoi la remplacer ? Une réponse s'est imposée : l'axiome du projet. Par axiome, il faut entendre un principe de base, une postulation arbitraire, mais nécessaire. À la différence de la norme, l'axiome ne s'impose pas par l'affirmation d'une positivité particulière, mais par sa nécessité pour que l'on puisse justement commencer à énoncer des contenus précis, en l'occurrence sous la forme de la logique de projet* » (Donzelet, Estèbe, 1994, p232). Avec le projet, le plus important n'est plus de formuler de bons choix fondés sur une analyse experte des acteurs légitimes, mais plutôt de mettre en place des processus d'interaction, des ajustements mutuels successifs permettant de parvenir graduellement à des consensus opératoires, à des objectifs partagés par les acteurs qui sont partie prenante du processus de décision (Demesteere et Padioleau, 1990).

Cette perspective traduit l'évolution des conceptions de l'intervention publique suivant deux tendances : d'abord, on a une tendance qui intègre toutes les logiques qui travaillent un problème social, ce qui inclut les acteurs qui les portent. Il s'agit là du (volet « multi ». Ensuite, on a une autre logique qui prend en compte le fait que la complexité provient des interactions entre ces logiques, qui doivent de ce fait être envisagées ensemble et non de façon sectorisée (volet « inter »). Ce double processus nous amène à conclure que le projet suppose l'ouverture des systèmes d'acteurs en même temps qu'il suggère la création de nouvelles scènes de coordination capables de mener à bien des tâches transversales. L'idée est plus de créer des conditions organisationnelles, cognitives et politiques permettant aux acteurs urbains de mieux s'adapter à leur avenir. « Tout se passe comme si les individus étaient d'autant plus contraints d'inventer leur propre futur qu'aucun système prévisionnel ne peut aujourd'hui leur dire de quoi demain sera fait » (Boutinet, 1993, p. 86).

Ce qui nécessite une multiplication et une diversification des acteurs participant au processus de décision, de même que l'intégration de toutes les logiques et intérêts concernés par celle-ci. Logique d'intérêts et gouvernement sont liés par un système intermédiaire appelé pluralisme. Ce dernier peut se définir comme « un système de représentation des intérêts dans lequel les groupes constituants sont organisés en un nombre variable de catégories multiples, volontairement constituées, concurrentielles, dépourvues d'organisation hiérarchique et autodéterminée (par type de domaines d'intérêt). Catégories qui ne sont pas spécialement autorisées, reconnues, subventionnées, créées ou contrôlées par l'Etat de quelques manières, que ce soit le choix des dirigeants ou dans l'articulation des intérêts, et qui n'exercent pas de monopole de représentation dans leurs catégories respectives » (Schmitter, 1970, p. 85-86, cité par Fergusson, 2013).

Cette démarche pluraliste a pour enjeu de trouver des solutions socialement satisfaisantes en structurant au mieux les problèmes sur les questions dont il ne serait pas possible de trouver des solutions techniques incontestables. L'émergence de nouveaux acteurs dans le processus d'élaboration de l'action publique avec l'avènement de la décentralisation et l'effritement du modèle keynésien au tournant néo-libéral, impose à ces nouveaux venus de recourir à de nouvelles ressources, tant financières que techniques. Dans cette perspective, la fabrique de la ville adopte de plus en plus une approche plurale, transversale et globale dans laquelle tous les acteurs concernés par cette politique sont impliqués.

On note ainsi un déplacement des ambitions de l'action publique urbaine notamment dans le domaine de la planification urbaine. En effet, les plans d'urbanisme apparaissent à un moment où « l'autorité de la science ou du savoir technique acquiert [...] un rôle croissant dans les politiques urbaines tournées vers la ville » (Gaudin, 1990 : 56, cité par Pinson, 2013). À cette époque, les bonnes décisions dans le domaine urbain relèvent de l'évidence scientifique et l'avis des experts urbains, tout comme les orientations qu'ils formulent ne se négocient pas alors que dans le projet, c'est l'inverse qui se produit. Tout se passe comme si la mobilisation ainsi que la stabilisation d'un système d'acteurs urbains étaient plus importantes que l'action et son contenu. Il faut dire que désormais l'État et surtout les nouveaux acteurs qui font leur entrée dans le processus de la fabrication de la ville seront dotés d'une nouvelle capacité d'initiative. Les impératifs budgétaires forcent ces derniers à redéfinir leurs relations avec le secteur privé. Le recours aux financements privés est désormais une nécessité à cause de la crise économique que traversent les bailleurs de fonds, motivant ainsi une délégation de service synonyme d'introduction de nouveaux acteurs. En plus de cela, ces nouveaux venus bénéficient d'un avantage, et ce *« en raison de leur taille, de leurs ressources financières et humaines, de la connaissance très précise des problèmes que leur donnent leurs interventions en de nombreux sites, les grandes entreprises urbaines deviennent coproductrices de l'action publique urbaine »* (Lorrain, 1995, p. 200, cité par Ferguson, 2013).

C'est dans cette lancée que les municipalités vont intégrer dans le cadre d'un « urbanisme participatif », la figure de ce que Lacaze a appelé *« usager acteur ».* Vu sous cet angle, les architectes et urbanistes envisagent le rapport entre les habitants de la ville et son cadre bâti comme une ressource informationnelle à exploiter lors de la formulation des choix. L'appropriation des futurs projets par ceux-ci nécessite également leur implication.

Sur le plan de la méthode, l'on assiste à une redéfinition des rapports amont/aval avec à l'amont la formulation des choix et à l'aval les préoccupations relatives à la construction, la gestion foncière, le montage opérationnel, etc. On note ainsi une anticipation sur les problématiques gestionnaires qui autrefois conduisaient à des dysfonctionnements à la fois dans la qualité et dans les coûts d'entretien des espaces et des équipements réalisés (Bonetti, 1998). Afin de maintenir la cohérence des orientations retenues dès le départ, la municipalité implique les futurs administrateurs des quartiers ou espaces publics dans la formulation des choix initiaux.

Action concrète et démarche méthodologique, le projet urbain se manifeste depuis son adoption sous la forme d'une démarche qui vise à mettre en commun des savoirs, des savoir-faire, des compétences, des désirs… Il vise l'établissement d'une transversalité tout en soignant les articulations entre l'échelle locale et celle, plus vaste de l'agglomération pour le cas de la France et de la communauté urbaine pour le Cameroun en traduisant les stratégies conçues à ces échelles dans des projets portant sur les secteurs urbains identifiés.

Toutefois, certains auteurs ont relevé des limites à ce phénomène de coproduction et d'ouverture. Certains ont relevé que celui-ci n'était pas aussi ouvert que certains récits pouvaient laisser l'envisager, car il faisait la part belle aux acteurs porteurs de ressources pour l'action publique urbaine au détriment des catégories populaires (Pinson, 2009). Pour d'autres, le projet puise ses ressources dans un tissu de relations préexistantes, masqué par un appel à compétence (Dubois, 2000). Bien qu'il ait ouverture, ce qu'il faut dire pour être plus exacte est que l'on est dans un processus conjoint d'ouverture et d'exclusion, une gouvernance pluraliste et semi-élitiste (Pinson, 2006).

Au final, le projet a permis d'intégrer de nouveaux acteurs aux logiques diverses et complémentaires tout en facilitant leur interaction dans un processus de production de l'action publique urbaine que la routine bureaucratique rendait impossible. Le projet urbain se situe comme un projet d'ouverture qui impose une évolution des mentalités. Il exige d'abord plus de partenariat entre les institutions publiques (à l'intérieur des services municipaux d'une même commune, mais aussi entre communes), c'est-à-dire une volonté de s'inscrire dans cette logique de la globalité et de la durée (Ingallina, 2008).

La logique d'ouverture et de coproduction apparue avec le projet nécessite la mise en place de structures de coordination et managériales pouvant permettre à des logiques et intérêts différents de travailler ensemble. L'objectif de construction des choix légitimes jadis soumis aux pilotages scientifiques de gouvernement a cédé la place à l'élaboration des choix légitimement admis par tous. Le projet urbain est dominé par un ensemble de dimensions qui se déploient au gré de ses échelles.

2-3- La ville comme acteur du projet urbain

Le projet urbain s'impose avec les mutations du cadre juridique et institutionnel de l'État autrefois seul acteur du processus d'urbanisation. En effet, l'adoption en France des lois de janvier et juillet 1983 actant le transfert de compétences en matière d'urbanisme de l'État aux communes a permis aux maires de recevoir le pouvoir de fixer notamment les règles d'occupation des sols sans avoir recours aux structures de l'État, sous réserve de la non-possession par leurs services des moyens techniques et financiers nécessaires. Au Cameroun, c'est la loi n° 2003-208 du 07 juillet portant transfert et répartition de compétence de l'État aux collectivités territoriales qui enclenchera ce processus. Ce déplacement permet de focaliser les débats spécialisés dans une perspective localisée, de recodifier le réel dans un espace précis (Faure, 1994). Cette logique caractéristique des nouvelles politiques urbaines sera qualifiée de localisme (Hayot et Sauvage, 2000). Pour A. Hayot et A. Sauvage, le localisme par définition pose que les problèmes sont censés être traités, voire résolus à l'échelle où ils se posent. Indice d'une évolution sociale réelle, le localisme est :

- En premier lieu une mutation globale de la société qui s'opère au début des années 80 avec la décentralisation et les pouvoirs donnés aux collectivités territoriales, communes en premier lieu, mais aussi appartement et région. Pouvoirs d'aménagement et d'urbanisme avec des effets politiques, économiques et culturels considérables, mais aussi transferts de charges de l'État vers ces collectivités qu'elles n'ont pas toujours les moyens d'assumer.

- En second lieu, le localisme est indicateur des nouvelles formes de territorialisation dont se sont dotées les politiques sociales. Alors que les « trente glorieuses » ont permis aux classes populaires d'accéder au neuf, à l'espace, au confort, elles sont aussi celles d'une véritable « construction sociale des populations » qui produit des différenciations marquées par des filières d'accès aux différentes catégories de logements sociaux à partir d'une gestion globale des fichiers et des mécanismes intégrateurs qui fonctionnent jusqu'aux années 70.

Le localisme est alors perçu à la fois comme une nouvelle forme d'effectuation des politiques globales, un outil de planification et de régulation sociales, un pôle de résistance au global et d'expression sociale, culturelle voire politique. Il est l'indice et l'instrument de mutations sociales (Hayot et Sauvage, 2000).

Cette évolution note Y. Fergusson est « le fait de la conjugaison de tendances historiques de fond et ne se limite pas à un simple transfert de compétences. Il convient pour mieux les saisir, de repenser les mécanismes de l'intervention publique ». Il est aussi important de prendre en compte le processus de mutation de la figure traditionnelle du maire en un maire-manager qui gère la ville comme une entreprise (Y. Fergusson, 2014).

Les nouvelles formes d'institutionnalisation de l'action publique appréhendées sous l'idée de territorialisation consacrent le territoire comme le lieu principal de définition des problèmes (Thoening, Ashford, 1981). Le phénomène de décentralisation ayant permis aux collectivités de se doter d'une légitimité nécessaire afin de s'intéresser à l'ensemble des problèmes de leur territoire a favorisé l'institutionnalisation de cette territorialisation. D'un point de vue de l'analyse des politiques publiques, on peut relever que cette régulation sectorielle tranche avec l'approche sectorielle de l'action publique en ce sens qu'elle propose des scènes de concertation autour des problèmes transversaux. La diffusion des problèmes contemporains permet de relever les limites de l'approche sectorisée favorisant ainsi une mutation fondamentale de l'intervention publique, qui est passé d'une logique de besoins ayant pour origine les individus à une logique de problèmes qui part des situations sociales (Duran, 2009).

La variété des spécificités territoriales constitue un frein à une approche sectorielle obligeant les pouvoirs publics à appréhender les problèmes d'un point de vue transversal et territorial. L'idée étant *« qu'il fallait désormais trouver des formes de développement adaptées à chaque situation »* (D'arcy, Dreyfus, 1985 : 333). La rupture avec le découpage sectoriel et technicien du réel se fera à travers les notions comme « territoires de projet » ou « projet de territoire » qui s'imposent désormais comme nouvelles formes d'activation de l'action publique. Ce développement de l'action publique territorialisée sera soutenu par des valeurs à la fois politique, économique et financière et architecturale et urbanistique.

Comme nous l'avons relevé ci-haut, les mutations de l'État notamment ses cadres juridique et institutionnel ont été déterminantes pour l'action publique territorialisée. La légitimité des maires à intervenir sur le développement urbain de leur commune a notamment modifié de manière radicale les modalités de la planification urbaine. Ceux-ci, fort de leur nouvelle légitimité ont ainsi pu mobiliser les instruments nouveaux en vue de régler les problèmes auxquels ils doivent faire face tels que le chômage, la baisse de l'activité économique ou encore l'exclusion sociale et que l'urbanisme opérationnel ne pouvait mettre à leur disposition. Dans cette dynamique, la planification stratégique qui accorde une place centrale au projet sera adoptée. La ville est ainsi un lieu de création d'emplois dans lequel les entreprises sont des actrices non seulement réduites au développement économique, mais également au développement urbain, ce d'autant plus que celles-ci sont porteuses d'un modèle de gestion que l'on tend à appliquer à la ville. Avant 1970, les méthodes d'élaboration du plan d'urbanisme sont fonction de la situation économique et sociale du pays. Le plan accompagne alors la croissance en essayant de donner une cohérence et une rationalité spatiale aux mécanismes qu'il implique. Pour le cas du Cameroun, c'est à travers les vastes programmes de développement des colonies que seront élaborés les premiers plans d'urbanisme tout comme les différents projets qui suivront.

À partir de la fin des années 1970, la pression démographique à laquelle s'ajoute l'instabilité de la croissance économique change la conception du plan d'urbanisme. Désormais, l'urbanisme est un instrument nécessaire pour attirer les investisseurs et surtout une disposition nécessaire pour l'expansion économique. Le projet qui remplace le plan vise à rendre la ville plus attractive pour les entreprises en concevant dans le cadre d'une démarche concertation-négociation préalable, des actions concrètes partagées par tous.

À côté de cette valeur politique du projet, on peut trouver une autre valeur qui est liée à l'idée de la ville comme produit à commercialiser et s'inscrivant dans une démarche concurrentielle entre villes. Il s'agit de la valeur économique et financière du projet urbain. En effet, il arrive depuis son avènement que le projet urbain vende la ville comme un produit. Le but est alors d'attirer les touristes ou de nouveaux investisseurs en essayant de valoriser certains endroits de la ville ou certaines spécificités de celle-ci. Les villes de Douala et de Yaoundé ont une longue tradition de projets urbains que l'on peut ranger dans cette dynamique. Pour P. Genestier, le projet urbain est « une démarche opérationnelle ayant pour objet la ville qui répond à une logique de marché » (Genestier, 1993). L'idée est de concevoir un projet après avoir effectué des études de faisabilité technique et financière visant à montrer le gain matériel du projet une fois réalisé et surtout l'existence d'un marché preneur ou d'une demande. Toutefois, il faut noter que cette approche a essuyé beaucoup de critiques. Ses détracteurs l'accusent d'être trop réductrice et de ne pas prendre en compte les efforts des aménageurs en vue d'intégrer les aspects sociaux pour mieux faire face aux phénomènes tels que le chômage et l'insécurité.

Non loin de cette notion de projet qu'ils revendiquent, les architectes lui attribuent une dimension essentiellement spatiale qu'ils associent à la forme urbaine. Pour ces derniers, le projet urbain serait un outil d'organisation de la forme urbaine par l'imposition de règles d'ordonnancement spatiales bien définies (Ingallina, 2008). Il tournerait autour de la problématique : articulation de formes et de normes, une approche qui peine à trouver sa voie aujourd'hui dans un contexte où les projets urbains tendent à marginaliser les architectes. Toutefois, ceux-ci semblent s'accommoder peu à peu à l'approche concertation-négociation qui tranche avec la technocratie du plan comme l'atteste C. Devillers dans son ouvrage intitulé *le projet urbain* dans lequel il définit le projet comme « une démarche ayant pour but de rendre l'espace à l'usage », démarche qui implique « une multiplicité d'acteurs qui ne peuvent pas être maîtrisés par une seule pensée. Cette approche a le mérite de dépasser les oppositions classiques entre l'urbanisme, entendu comme la gestion urbaine, et l'architecture, appréhendée comme une production artistique. Dans le cas précis du Cameroun, cette approche permet d'aborder l'évolution de l'action publique en termes de gouvernance.

CONCLUSION DU CHAPITRE 2

Ce deuxième chapitre qui reprend, pour le parachever, le travail d'analyse conceptuelle entamé à la fin du précédent, revient sur le concept de planification urbaine appréhendé, dans une démarche heuristique, comme objet et élément d'analyse de l'action publique. Son rapprochement avec le terme d'instrumentation a permis de relever que ce concept apparaît comme une activité, mais aussi comme un objet concret. Enjeux de pouvoir permettant de réguler les rapports entre gouvernants et gouvernés, la planification urbaine apparaît également comme une institution au sens sociologique du terme. L'appréhension camerounaise de ce concept permet de démontrer comment les différentes définitions et interprétations ont été depuis la création des villes mises en application dans le cadre de la mise en œuvre de la politique d'urbanisme. L'évolution des problématiques dans le champ de la planification semble également avoir suivi la même évolution. La deuxième section de notre chapitre a mobilisé le plan et le projet comme des paradigmes de l'action publique instrumentée. Face aux limites du plan qui autrefois était l'instrument privilégié de planification urbaine, le projet apparaît comme palliatif à la rationalité linéaire du plan. L'incertitude du devenir et l'impossibilité de sa maîtrise longtemps mises en avant dans le plan sont désormais appréhendées par le projet qui revêt ici la figure d'une démarche méthodologique.

CONCLUSION DE LA PREMIÈRE PARTIE

Cette partie nous a permis de poser le cadre théorique et conceptuel de notre recherche afin de mieux aborder la partie empirique de notre recherche. Ce cadrage a permis de situer l'état de cette recherche sur deux plans. Sur le plan théorique, il apparaît que l'approche par les instruments qui est au cœur de cette recherche est un positionnement se situant dans les récentes innovations de l'analyse de l'action publique. Cette approche vise une analyse systématique du politique à partir d'un marqueur concret de l'action publique. Cette recherche est menée sur un terrain plutôt vierge qui est celui de l'instrumentation de l'action publique dans le contexte africain. En juillet 2017, une section thématique organisée dans le cadre du congrès de l'association française de science politique était centrée sur l'analyse des instruments d'action publique. Son objectif était de l'aveu des organisateurs de «*faire dialoguer les recherches plurisectorielles questionnant les techniques de gouvernement en Afrique* ». Il s'agissait pour les organisateurs de s'intéresser aux techniques de gouvernement anciennes comme les cartographies ou les plans stratégiques, mais aussi les nouvelles techniques liées au nouveau management public. Ce colloque est la première rencontre d'envergure ayant pour thème les instruments d'action publique sur le terrain africain. Cet intérêt coïncide avec l'évolution des approches dans l'étude du politique comme mentionné au premier chapitre de cette partie. L'instrumentation permet alors de faire dialoguer les approches anciennes liées aux analyses stato-centrées avec les nouvelles approches issues du nouveau management public. La gouvernance urbaine s'impose dans cette dynamique comme le nouveau paradigme de l'intervention publique. La planification urbaine et ses approches paradigmatiques semblent avoir évolué dans le même schéma. La clarification conceptuelle permet alors de mieux situer la recherche dans la polysémie des termes qui structurent notre thème et permet d'engager la phase empirique de l'étude.

PARTIE II :
HISTORICITÉ DE L'ACTION PUBLIQUE DE PLANIFICATION URBAINE AU CAMEROUN

Après avoir posé le cadre théorique et conceptuel de notre recherche, nous entamons dans cette deuxième partie, la phase empirique de l'analyse. Celle-ci est constituée de deux chapitres, dont le premier fait l'analyse de la planification urbaine au Cameroun sous occupation allemande, alors que le deuxième s'intéresse à la planification française des villes en étude et aborde la pratique post-coloniale de l'activité. Les instruments de planification urbaine élaborés à cette époque sont le reflet des relations entre la puissance publique incarnée par le colonisateur ou l'État et les populations. Ces instruments sont porteurs d'une ambition de régulation d'une politique foncière et d'un aménagement du cadre de vie. Si la planification allemande fait la part belle aux instruments contraignants, la planification française, quant à elle laisse, entrevoir un mix d'instruments moins autoritaires et incitatifs. Cette différence d'approche se justifie par l'influence des contextes sociaux et politiques[30] dans lesquels ont été élaborés et mis en œuvre les instruments de planification urbaine. Cette partie est également celle de l'analyse de ces cadres politiques et socio-économiques dans lesquels ont été élaborés les instruments d'action publique. Une telle approche nous permettra de comprendre les logiques d'acteurs tout comme les effets des instruments sur le système d'acteurs et sur eux-mêmes. Elle vise également à saisir les variations locales des instruments, en menant une réflexion sur la reconstitution de ceux-ci et sur leur utilisation. La dimension historique mise en exergue dans cette partie nous a semblé importante dans la mesure où elle participe de la compréhension du changement et de la vie d'un instrument et partant, de la transformation des cadres géographiques en étude.

---

[30] L'analyse des instruments comme traceurs de changement a fait l'objet d'une étude intéressante de la part de Pierre Lascoumes notamment dans le cadre d'une étude sur les transformations de la politique française de lutte contre la pollution atmosphérique (1961-2006). Cette approche selon Lasmoumes considère que les instruments constituent une dimension aussi déterminante dans les changements observables que les intérêts et mobilisations des acteurs, leurs organisations et leurs croyances.

CHAPITRE 3 : DE LA PERIODE PRECOLONIALE AU PROTECTORAT ALLEMAND : ANALYSE DES DYNAMIQUES FONCIÈRES ET URBAINES DU CAMEROUN

L'histoire urbaine du Cameroun est liée à la formation territoriale et politique de ce pays et commence avec l'installation des Allemands sur les rives de Douala à la faveur de la signature du traité dit de protectorat entre ces derniers et les chefs doualas. L'analyse de la borne chronologique fixée ici permet d'avoir un aperçu sur l'organisation des sociétés camerounaises avant l'arrivée des Occidentaux. Cette démarche permet de mieux appréhender les difficultés rencontrées par les différents régimes politiques dans l'organisation de certains secteurs comme l'urbanisme. Par son rapport à la terre, la population autochtone de Douala, comme celle de Yaoundé, n'a pas facilité la modernisation de son cadre de vie. La transformation de leurs sociétés a également changé leur mode de vie. Ceci les a forcées à trouver des formes d'adaptation à leur nouvel environnement dont la rapide mutation a favorisé la destruction de leurs repères. Pris en otage par la double entreprise de la colonisation et de l'urbanisation, les autochtones ont tenté autant que possible de résister à ces dynamiques de mutation. L'impact sur l'urbanisme n'a pas tardé à montrer ses effets. Pour mieux analyser l'action publique de planification urbaine au prisme des instruments mobilisés par les Allemands dès les premières heures de la création des villes de Douala et de Yaoundé, il nous a semblé nécessaire, comme tout au long de cette recherche, d'adopter une approche historique s'étalant sur le long terme. Ainsi, pour cette genèse de la planification urbaine, nous avons mobilisé une conception sociopolitique des instruments, car, comme disait Etienne Audet, celle-ci favorise un questionnement sur l'usage des instruments et sur la manière dont leur présence organise différemment les rapports politiques dans un contexte où l'activité politique traverse elle-même plusieurs territoires et juridictions. C'est justement sur cet aspect de pluralisme juridique que l'histoire de la planification va rencontrer des sérieux problèmes. La législation introduite par les Allemands après la signature du traité de 1884 vient heurter les coutumes faisant office de droits déjà en vigueur dans les territoires de Douala et de Yaoundé. Aussi, nous évoquons l'hypothèse, dans ce chapitre, que les IAP sont modelés par les dynamiques d'acteurs et les conceptions des rapports gouvernants/gouvernés, mais aussi et surtout par les dynamiques et trajectoires de chaque territoire. L'établissement des colons ne s'est pas fait de la même façon à Douala comme à Yaoundé à cause des dynamiques propres à chaque territoire, lesquelles ont eu un impact considérable sur les rapports entre les différents acteurs. Ces dynamiques territoriales sont elles-mêmes liées aux intérêts des différents acteurs établis sur ces territoires, ainsi qu'à ceux de ceux qui s'y établiront plus tard.

Si l'occupation de Douala s'est faite de manière plus conflictuelle, celle de Yaoundé, par contre, s'est illustrée par l'absence de résistance féroce et de tension permanente entre les différents acteurs, notamment en ce qui concerne la gestion foncière. Le modèle de la planification spatiale traditionnelle utilisé par les Allemands ici est, selon Douay (2007), lié à la doctrine du *comprehensive planning* qui a émergé au tournant du XXe siècle. Ce modèle de planification selon lui ne fait intervenir que les acteurs traditionnels de la planification, à savoir les responsables politiques et les planificateurs qui agissent comme experts dans un univers plutôt bureaucratique. Ce mode de fonctionnement correspond à l'action au Cameroun de la signature du traité germano-duala en 1884, jusqu'au départ des Allemands en 1914. Ce chapitre est constitué de deux sections. La première fait une analyse descriptive de la société précoloniale dans ses aspects foncier et urbain. La deuxième section revient sur le contexte de création des villes de Douala et de Yaoundé, en présentant les forces en présence ainsi que les interactions entre les acteurs ayant chacun pour ambition de garder le monopole de l'administration de la cité notamment maîtrise des ressources territoriales, de répartition et d'affectation territoriale, ou encore de gestion foncière. Ces enjeux donnent lieu à des interactions et des échanges politiques non loin d'une mobilisation de la violence et de la ruse politique et juridique comme instruments de régulation, voire de politique publique. La ville de Douala, qui fera l'objet d'une attention particulière ici, s'est construite dans la violence et parfois la terreur. Son histoire a imprimé ses marques sur l'urbanisme camerounais. Cette genèse a laissé dans la ville des séquelles dont les effets continuent à ce jour d'influencer la planification urbaine et la politique urbaine dans son ensemble. La ville de Yaoundé créée au même moment, ne sera pas le théâtre de violence, bien que tout la prédestinait à être le lieu par excellence de sa mobilisation et de la force comme moyen de domination.

SECTION 1 : ORGANISATION SPATIALE ET RÉGIMES FONCIERS COUTUMIERS DES SOCIÉTÉS CAMEROUNAISES PRÉCOLONIALES

Pour mieux comprendre les enjeux de la planification urbaine au Cameroun, il importe de se projeter dans la période précoloniale. Cette projection permet de rendre compte de l'existence d'un ensemble de règles ayant précédé l'entreprise coloniale dans tous les domaines de la vie. L'organisation sociale, tout comme l'occupation de l'espace et les modes d'appropriation du sol parce que ayant un lien direct avec la planification urbaine, seront intéressants à analyser ici. C'est en effet erroné de croire que l'Afrique en général et le Cameroun en particulier n'ont découvert le droit et l'organisation administrative qu'à la faveur de la colonisation. Pour éviter de se perdre dans un développement ethnographique, il ne sera retenu ici que cinq sociétés[31] précoloniales camerounaises. Celles-ci seront analysées dans les secteurs de la gestion foncière, l'organisation administrative et l'organisation spatiale. Le choix de celles-ci se justifie par l'influence de certains de leurs éléments endogènes[32] sur les différentes politiques de planification urbaine au Cameroun. Dans cette section, il sera question de l'organisation administrative et des modes d'occupation de l'espace des sociétés précoloniales, mais aussi de leurs régimes fonciers.

1- L'organisation sociale et spatiale des sociétés précoloniales au Cameroun

Les sociétés retenues dans le cadre de cette section sont les Sawas, les Betis, les Bamilékés et les Foulbés. Ces sociétés, par leurs formes d'organisation administrative et leurs modes d'occupation du sol, ont contribué de manière significative à la structuration des politiques urbaines au Cameroun.

1-1- L'organisation sociale des sociétés précoloniales

Les structures des sociétés précoloniales camerounaises étaient très variées avec un modèle propre à chaque groupe. Cette diversité est due à la multiplicité des civilisations[33] qui ont influencé très tôt ce pays. Ces sociétés ont des formes d'organisation variées que l'on peut classer en trois systèmes[34] à savoir :

---

[31] Le Cameroun compte environ 240 ethnies réparties en trois grands groupes (Bantous, Semi-bantous, Soudanais). Notre sélection permet d'avoir un aperçu général de ces différents groupes. L'organisation de ces ethnies renferme de similitudes selon qu'on appartient ou non au même groupe.

[32] Parmi ces éléments endogènes on peut citer par exemple les modes d'appropriation et d'occupation du sol ainsi que les sujets de ces communautés devenus acteurs politiques

[33] On peut noter l'impact de la civilisation sao, haoussa ou kanuri qui ont influencé les peuples du groupe soudanais installés dans la partie septentrionale du pays par exemple. La civilisation islamique a également influencé cette partie du Cameroun jusqu'à l'ouest du pays à travers le royaume bamoun.

[34] Cette classification est tirée de Hubert Deschamps, *Les Institutions Administratives des États Francophones d'Afrique Noire* sous la direction de Gérard CONAC (1979), Paris, Ed. Economica, p. VIII

- **Les anarchies** : celles-ci sont marquées par une absence de différenciation entre les gouvernants et les gouvernés avec des institutions collectives. La régulation de ces sociétés se fait au moyen des coutumes dont le strict respect est la garantie d'un ordre social.
-**Les chefferies** : celles-ci se caractérisent par la présence à leur tête d'un chef qui est issu d'une famille détentrice du pouvoir. C'est une forme d'organisation politique très répandue parmi les peuples des groupes bantous et semi-bantous.
-**Les sociétés étatiques** : elles se caractérisent par une organisation administrative sous le modèle étatique. Ce sont les sociétés du groupe soudanais notamment.
Il importe de présenter l'organisation des différentes sociétés retenues dans le cadre de cette étude et d'établir leur impact sur la politique de planification urbaine.

1-1-1- Les Sawas

Selon Elamé (2006), Le terme Sawa regroupe tous les habitants de la région côtière du Cameroun. C'est un ensemble de peuples ayant des origines bantoues et partageant un même héritage historique radicalement marqué par certaines valeurs, notamment le modèle et l'esprit familial, l'hospitalité, le partage, la solidarité, les pratiques langagières orales et gestuelles, etc. Les Doualas, les Bassas et les Bakokos, qui sont les autochtones[35] de la ville de Douala, forment ce groupe auquel on peut ajouter des groupes ethniques comme les Bakossis, les Mbos etc. C'est par leur statut d'autochtones de la ville de Douala qu'ils sont retenus comme groupes à étudier ici. Les Sawas sont organisés en chefferies. Ce groupement de familles qui occupe un espace généralement limité par des cours d'eau ou des arbres particuliers et qui marquent la limite territoriale de la chefferie. À la tête de ces différents groupements, se trouve un chef qui est membre de la famille. Le chef est assisté d'un conseil de notable avec qui il gère les affaires courantes de la chefferie.

[35] L'autochtonie est consacrée par la constitution de 1996 qui dispose que l'État assure la protection des minorités et des peuples autochtones dans son préambule. Celle-ci se rattache à la base territoriale selon les termes de l'article 57 alinéa 3 de la constitution. Ainsi au Cameroun, il est admis que les peuples autochtones des régions ou des différents territoires sont ceux qui étaient établis sur ces terres au moment de la signature du traité germano-douala de 1884.

1-1-2-Les Betis

Ce terme désigne un ensemble de groupes ethniques qui forment le grand groupe bantou. Les Ewondos, les Bene, les Etudi qui forment ce groupe (avec d'autres sous-groupes encore) sont les autochtones de la ville de Yaoundé. Ces groupes sont des sociétés égalitaires dans lesquelles tous les hommes sont égaux. C'est une société qui se rapproche de la catégorie anarchie décrite ci-haut. Le droit d'aînesse confère l'autorité sur les autres membres de la société même si cette autorité peut être perdue en cas d'incapacité à assurer ses prérogatives. Dès cet instant, la force physique devient l'élément déterminant pour s'imposer comme leader dans le groupe. En plus de cette force physique, l'éloquence permet aussi d'accéder à ce statut tout comme le courage et le sens du partage. Le pouvoir mystique occupe une place importante et est détenu par le *Zomloa,* guide spirituel. Tout comme les Doualas, ceux-ci sont étudiés ici en qualité d'autochtones de la ville de Yaoundé.

1-1-3- Les Bamilékés

Ce sont les peuples originaires de l'ouest du pays. Ceux-ci sont organisés en chefferies à la tête desquelles sont installés des individus désignés par les anciens. L'accès au trône se fait par la succession et le chef est aussi le prêtre mystique et détenteur du pouvoir mystique. Ce groupe représente le premier contingent des allogènes des villes de Douala et de Yaoundé. Leur forme d'occupation du sol a beaucoup influencé la planification urbaine, d'autant plus qu'ils constituent aujourd'hui, comme on l'a déjà mentionné, le premier contingent d'allogènes dans ces villes. C'est ce qui justifie leur mobilisation ici. La société bamiléké connaît l'existence de plusieurs sociétés secrètes, tout comme plusieurs autres associations liées à la guerre, à la notabilité ou aux travaux.

1-1-4-Les Foulbés

Ceux-ci appartiennent aux peuples des groupes soudanais. Leur organisation sociale est plus structurée que les peuples Sawas et Betis. Ces sociétés sont organisées en unités administratives appelées lamidat et dirigées par le lamido. Ce dernier est à la fois chef politique et religieux. Il gouverne le lamidat avec l'aide d'un gouvernement dans lequel chaque notable occupe un poste lié à un secteur de la vie. Les lamidats étant territorialement plus importants que les chefferies situées au sud du pays, le lamido avait dans les

différents campements et villages, un représentant personnel. C'est de cette communauté qu'est issu le premier président de la République du Cameroun. L'étude de ces sociétés montre que l'organisation administrative était déjà bien structurée dans le Cameroun précolonial. C'est ce qui justifie la mobilisation de ces sociétés dans le cadre de cette analyse.
Cette organisation sociale était associée à des modes d'organisation de l'espace qui étaient généralement les mêmes dans toutes ces aires géographiques.

1-2- Une conception topocentrique de l'espace

Les formes d'occupation de l'espace sont généralement les mêmes dans les différentes sociétés mobilisées ici. Cette occupation de l'espace ne se fait pas de manière hasardeuse. Elle obéit à une logique propre aux sociétés africaines. C'est à Paul Bohannan[36] que l'on doit cette conceptualisation de la représentation topocentrique de l'espace qui s'oppose à une conception géométrique occidentale. Selon Bohannan, les sociétés africaines occupent l'espace à travers une conception topocentrique. Cette dernière postule que les sociétés organisent leur espace en fonction d'un point d'attraction ou de repère. Dans son étude sur les Tiv du Nigeria, l'auteur renseigne que le mode d'organisation de l'espace de ces peuples se fonde sur les positions initiales des implantations des lignages autour du patriarche. Le topocentre est donc un lieu ayant une représentation dont la symbolique varie d'une société à une autre à partir de laquelle le groupe organise l'occupation de l'espace. Dans les sociétés citées ici, l'occupation de l'espace s'organise en fonction de la position de la maison du chef pour ce qui est des peuples du groupe soudanais et les Betis. Celle-ci est souvent située au centre du village et dans les sociétés plus vastes, le lieu d'habitation du chef est la chefferie et fait office de capitale politique. Pour ce qui est des Doualas, ce peuple de pêcheurs avait pour topocentre les berges du fleuve Wouri. C'est ce qui justifie l'installation des villages de ce peuple sur les berges du fleuve comme on peut le voir sur l'image 2 ci-dessous. Contrairement à la conception géométrique de l'espace des sociétés occidentales, la conception topocentrique n'est pas propice à la commercialisation de la terre, ce d'autant plus qu'elle consacre une superposition des droits sur des espaces eux-mêmes superposés. Ainsi, sur un même espace, on peut avoir des droits de chasse, de cueillette, de pâturage et de culture.

C'est ce mode d'occupation de l'espace qui prévaut dans les sites de Douala et de Yaoundé lors de la signature du traité germano-duala de 1884. À

---

36 Paul Bohannan, " Land, Tenure and Land-tenure ", African Agrarian Systems, D. Biebuyck, ed., Cambridge, C.U.P., 1963, 101-111, résumé en français.

cette occupation spatiale correspond un régime foncier organisé par la coutume.

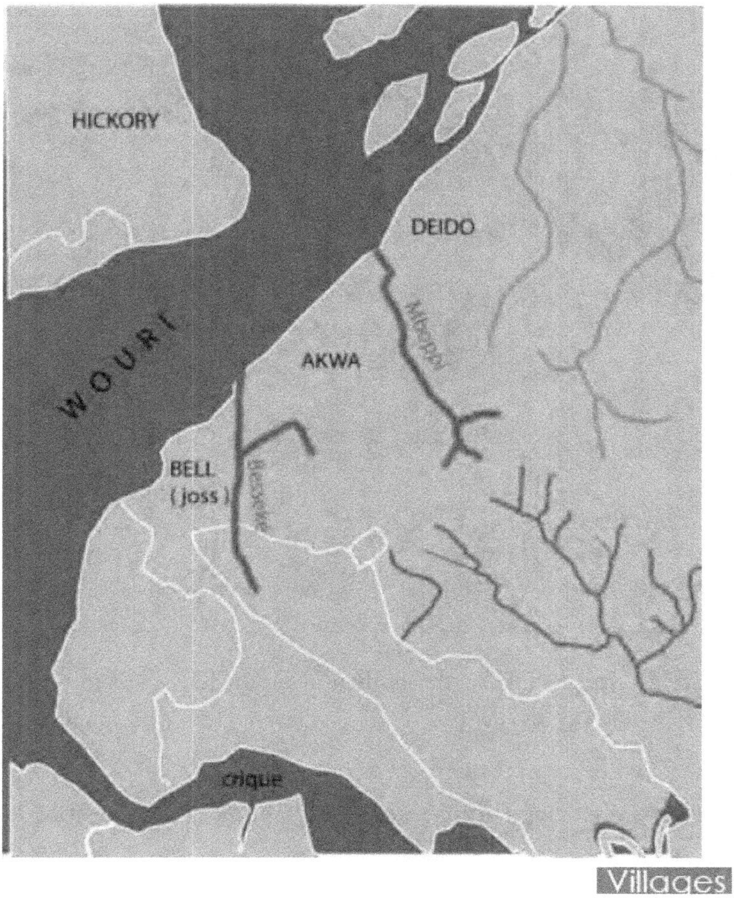

Figure 2 : Villages originels des Dualas
Source : CUD

Figure 3 : Une concession de Yaoundé à la fin du XIXe siècle.
Source : A. Franqueville, 1987.

2- Le droit foncier coutumier dans le Cameroun précolonial

D'une manière générale, le droit foncier coutumier au Cameroun selon Biyoa (2017) distingue trois régimes fonciers que sont : le régime communautaire, le régime d'accès libre et le régime public.
Pour ce qui est du régime communautaire, l'auteur nous renseigne que celui-ci est caractérisé par l'utilisation indépendante des biens de la communauté, dont la terre. Chaque membre peut ainsi s'installer sur une parcelle pour bâtir sa maison et une autre pour créer ses plantations. Ce droit est cependant accordé aux seuls membres de la communauté.
Le régime d'accès libre pour sa part donne la possibilité aux membres extérieurs à la communauté de s'installer sur les terres sans pouvoir revendiquer un droit de propriété sur celle-ci. Ce régime découle du principe de solidarité qui occupe une place importante dans les traditions africaines.

Ici, les personnes étrangères à la communauté et qui sont établies sur les terres ne jouissent que d'un droit d'usage, tout comme les membres de la communauté. Ce droit d'usage peut être perdu à tout moment pour les étrangers en cas de malveillance ou si l'occupant cesse d'exploiter la parcelle qu'il occupait.
Enfin, le droit coutumier distingue le régime public qui permet d'attribuer des espaces à certaines entités. C'est une organisation de l'espace sous la forme du zonage. Ici des parcelles de terrain sont attribuées en fonction de certaines missions d'intérêt général comme l'agriculture, le pâturage, l'habitat, les cérémonies religieuses, etc. L'occupation de l'espace par les membres de la communauté doit tenir compte de cette répartition.
Cette diversité de régimes fonciers renseigne sur la multiplicité des règles foncières que l'on pouvait rencontrer dans le Cameroun précolonial. Toutefois, il convient de noter que des similitudes existent entre les peuples appartenant au même groupe comme les Bantous, les Semi-Bantous ou les Soudanais. Aussi, l'on observe des similitudes dans les règles foncières des Doualas et des Betis, qui diffèrent de celles utilisées chez les peuples de l'ouest du pays ou ceux du groupe soudanais de la partie septentrionale.

2-1- Les règles foncières coutumières chez les Sawas et les Betis

Ces deux peuples appartiennent au groupe Bantou que l'on rencontre dans tout le sud du pays. Ici, l'accès à la propriété foncière tout comme l'exploitation de celle-ci a des similitudes. Organisés en petits groupements humains appelés villages, les peuples sawas et betis vivent essentiellement de l'agriculture, de la chasse et de la pêche pour ce qui est des Doualas. Ici, la terre sur laquelle est établie le village est un bien collectif dont le chef assure la bonne utilisation. Chaque membre de la communauté l'exploite sans pouvoir revendiquer un droit de propriété exclusif. C'est ainsi qu'une parcelle peut être exploitée par une personne pour l'agriculture et revenir à une autre des années après que le premier occupant ait quitté les lieux. Pour ce qui est des moyens d'accès à la terre, on peut soit hériter une terre de ses parents, soit conquérir son espace par ce que Biyoa (2017) appelle l'appropriation violente ou l'appropriation non-violente. La première fait allusion aux méthodes d'occupation de la terre suite à la guerre. Il arrivait en effet que les membres de deux villages se livrent à la guerre pour le contrôle d'une terre appartenant d'ores et déjà à l'une des parties. Les vainqueurs s'établissaient alors sur ces nouvelles terres pour en faire leur propriété. Dans l'appropriation non-violente, la terre appartient à celui qui la met en valeur en premier. C'est le droit de la hache et le droit de feu, rattaché au statut agraire de ces sociétés. Le premier à abattre des arbres dans une forêt pour en faire un espace agricole et à y mettre du feu obtient un droit d'usage de cet espace le temps de son exploitation. S'il abandonne cet espace des années plus tard, il perd son droit d'usage et quelqu'un d'autre peut alors l'occuper. L'histoire orale du peuple douala renseigne sur leur mode d'appropriation des terres sur lesquelles furent bâtis leurs villages à Douala, à savoir la cession. En effet, selon la légende, les Doualas sont à l'origine un peuple de pêcheurs parti du royaume du Congo. Ceux-ci débarquent sur les berges du fleuve wouri et obtiennent pacifiquement, de la part des Bassas déjà installés sur le site, des terres pour pouvoir installer leurs villages. Ces terres sont situées sur les berges du fleuve pour permettre aux nouveaux venus de pratiquer leur activité principale qui est la pêche.

Que l'on soit chez les Betis ou les Sawas, le droit foncier coutumier consacre l'inaliénabilité de la terre. Cette inaliénabilité tire son fondement de la sacralité de la terre dans la cosmogonie locale et de sa possession collective. Pour ce qui est de sa sacralité, les Doualas, par exemple, considèrent que la terre est faite des matières *myam* qui lui confèrent par la ritualisation un caractère sacré. La terre est pour eux un objet divin que l'on ne peut appréhender ni approcher sans précautions rituelles (Haeringer, 1973). À côté de cette sacralité, il y a la possession collective de la terre qui fait que toutes les terres appartiennent à la collectivité coutumière, au clan ou au village selon l'organisation. Chacun en reçoit une part destinée à son exploitation pour la construction ou pour les travaux champêtres. Cette parcelle reçue ne peut en revanche être ni vendue, ni cédée à une personne étrangère à la communauté sans l'avis du chef et des notables. À Douala, tout comme à Yaoundé, on avait une gestion dépendante et collective dans laquelle les chefs étaient non pas propriétaires, mais gestionnaires des terres qui appartiennent à la communauté tout entière. L'autre caractéristique réside dans le mode d'occupation des terres qui pouvait se faire par génération. En effet, il arrivait qu'un individu reçoive de la communauté une parcelle de terrain et s'y installe avec sa famille. Cette parcelle devenait ainsi la propriété de ce dernier tout comme celle de sa descendance. Cette communauté familiale restait membre de la collectivité coutumière et était soumise aux mêmes coutumes que les autres. La propriété reçue se transmettait alors par voie de succession. Très souvent, l'aîné héritait de son père, ses terres et ses cultures et accordait aux autres le droit de s'y installer sur des parcelles et de les exploiter. Sans rompre avec la communauté tout entière, cette famille en demeurait membre et exploitait les terres en cette qualité. La terre restait donc un bien communautaire malgré le fait que cette partie soit occupée par une famille. On est ici dans un régime public qui permettait aux non-Doualas et aux non-Ewondos de s'installer sur les parcelles de ces terres sans toutefois en revendiquer un quelconque droit de propriété au sens occidental du terme ou envisager une extension du périmètre qu'ils ont gracieusement reçu de la part de ces communautés à travers leurs chefs. C'est dans ces circonstances que les Allemands recevront de la part des chefs doualas un espace situé sur le plateau Joss afin d'installer les services nécessaires pour l'accomplissement de leurs missions de protectorat. Mais les ambitions allemandes de coloniser l'intérieur du pays vont pousser ces derniers à revendiquer plus d'espace. Douala doit devenir le point d'où partent toutes les expéditions vers l'arrière-pays. En plus, cette installation définitive du personnel administratif, de la police et autres structures sera suivie d'une importante délégation de citoyens allemands désireux de s'installer sur la côte pour mener des activités commerciales ou attirée par l'aventure. Cette pression migratoire venue d'Europe va obliger les Allemands à agrandir le site attribué à eux par les Doualas heurtant, comme nous le verrons, les coutumes locales. Cette pression migratoire sera renforcée par les déplacements internes de population qui arrivent à Douala par vagues successives en provenance des autres régions du pays notamment de l'ouest. Ces dynamiques vont ainsi consacrer la dualité des registres identitaires, autochtones et allogènes dans le Cameroun moderne en gestation.

2-2- Les règles foncières chez les Semi-Bantous et les Soudanais

Parmi ces deux groupes, seuls les Bamilékés et les Peuls vont nous intéresser ici. Si les Sawas et les Betis accordent peu de valeur à la terre, il n'en est pas de même de ces deux peuples dont le milieu géographique a considérablement influencé leur conception.

2-2-1-Les règles foncières chez les Bamilékés

La sacralité de la terre chez les Bamilékés est étroitement liée au caractère divin de son chef. En effet, selon ce peuple, le chef est un homme qui sort de la terre pour devenir Fon ou Mfon. Contrairement aux autres peuples où la terre est un bien collectif exploité par tous et géré par le chef, chez les Bamilékés, le chef de la communauté (Fo ou Fong) est le propriétaire de la terre. Il est le propriétaire du territoire qu'il a conquis souvent par la guerre. Cette qualité de chef de guerre et de représentant de tous les ancêtres du village lui accorde un statut particulier. C'est fort de ce statut qu'il distribue la terre aux différents chefs de famille en fonction de l'importance de celle-ci. Ces concessions familiales sont établies sur des territoires limités de manière naturelle par les arbustes ou les cours d'eau et de manière artificielle par des pierres dressées, émergeant d'environ un mètre au-dessus du sol. Ces efforts de démarcation des frontières renseignent selon Binet (1983) sur l'importance que ce peuple accorde au foncier. Il faut dire que la densité de cette région est importante et le relief montagneux n'est pas propice à une meilleure occupation de l'espace. Les quelques espaces disponibles deviennent de fait objet de toutes les convoitises. Si la terre est un bien collectif, certains espaces sont cependant reconnus comme propriété du chef. Il en est ainsi des plantations de gros bambous que l'on retrouve dans certaines vallées ou des espaces désignés comme terrains de pâturage réservés aux troupeaux du chef. De même, les arbres des savanes incultes étaient reconnus comme la propriété du chef. Il y avait une distinction entre les terres personnelles du chef et celles de la communauté. Ce sont ces dernières que le chef distribue aux différentes familles de la communauté. Les terrains de pâturage libre pouvaient être exploités par les membres des autres communautés contre le paiement d'une indemnité. Un droit de propriété était en parallèle reconnu sur des biens comme les arbres fruitiers ou les arbres à usage industriel comme les palmiers à huile et les avocatiers. L'installation des membres étrangers à la communauté était permise après autorisation du chef. Cette idée de la propriété privée du sol qui émerge chez les Bamilékés de l'Ouest du pays est également présente chez les peuples soudanais.

2-2-2- L'organisation foncière chez les Foulbés

La conquête des régions du nord par les Foulbés a abouti à la prise par la collectivité musulmane, des terres des vaincus. Ce peuple qui s'est très tôt islamisé, avait à sa tête le lamido qui, par sa fonction, gérait toutes les terres. Celles-ci sont inaliénables et incessibles et appartiennent à la collectivité. L'appropriation foncière s'est faite ici de manière violente. Une fois celle-ci opérée, le lamido distribue la terre à ses sujets pour leur exploitation. L'organisation de ces sociétés a été largement influencée par les lois coraniques.

Les coutumes foncières telles qu'on vient de le voir ici présentent quelques caractéristiques qui ont largement influencé la politique d'urbanisation de la ville de Douala et de Yaoundé. Si l'on s'arrête aux coutumes des peuples qui occupent au moment de la naissance du Cameroun moderne[37] les villes actuelles de Douala et de Yaoundé, il convient de rappeler que le droit foncier coutumier est marqué par certains caractères communs. En plus du caractère sacré et collectif rendant inaliénables les terres de ces sociétés agraires, on peut leur ajouter le caractère inégalitaire[38]. C'est à cette forme d'organisation foncière que venait se heurter un mode d'organisation importé de l'Occident par le biais de la colonisation.

---

[37] L'on s'accorde généralement sur la période de signature du traité de 1884 comme la naissance du Cameroun moderne

[38] Celui-ci tient au mode de succession dans la jouissance des droits d'usage de la terre. Les aînés étaient très souvent avantagés dans ces sociétés qui connaissaient une hiérarchie des âges et même des sexes. Citant

SECTION 2 : LA PLANIFICATION URBAINE SOUS LA COLONISATION ALLEMANDE

Lorsque les Allemands s'installent au Cameroun en 1884, l'entité étatique connue sous le nom de Cameroun n'existe pas encore. Le territoire est occupé par une mosaïque de peuples dont l'organisation sociale et les modes de vie sont très différents. Toutefois, il convient de noter que le pays est connu depuis par les Européens, dont les premiers explorateurs avaient déjà navigué dans les eaux. C'est en 1472 que l'explorateur portugais Fernando Pô arrive sur les côtes camerounaises. En entrant dans les eaux du wouri, il fut impressionné par la quantité de crevettes qui se trouvaient dans le fleuve et le baptisa *rio dos camaroes,* ce qui signifie « rivière des crevettes ». C'est cette expression qui inspira le nom « Cameroun ». Après cette découverte, les Européens organisèrent le commerce sur les côtes camerounaises avec la traite négrière et l'échange des produits. L'installation des premiers missionnaires sur les côtes va renforcer l'échange entre les Africains et les Européens sur ces côtes. Dans un contexte d'expansion coloniale, le territoire va intéresser plusieurs puissances, dont l'Allemagne, qui signera avec les chefs de la côte un traité de protectorat en juillet 1884. Cette signature ouvre la voie à un nouveau chapitre de l'histoire du pays. En vue d'assurer leurs missions de protectorat, les Allemands vont s'installer à Douala en y installant un important dispositif administratif et les moyens militaires nécessaires. Séduits par les potentialités économiques du territoire dans un contexte de colonisation, ils vont s'engager à la conquête des territoires situés à l'intérieur du pays. Ainsi commence une nouvelle aventure sur le sol camerounais. Pour accomplir les missions de protectorat et de conquête de l'hinterland, le site originel d'occupation, à savoir Douala, doit subir une transformation car devenu par la circonstance le siège de l'administration et le centre opérationnel des opérations militaires. Ainsi débute la construction de la ville au sens moderne du terme.

1- Une construction de la ville par la ruse politique et juridique

C'est dans la violence à la fois physique et symbolique que Douala est passé du statut de village africain à ville moderne. Cette transformation s'est opérée par le recours aux instruments contraignants ou autoritaires, après la mobilisation de la ruse politique et juridique par les Allemands pour prendre le contrôle de la gestion foncière dans la cité et imposer leur volonté. Une analyse de la planification urbaine comme action publique à travers ses instruments devra nous permettre de saisir les transformations de la gouvernance (Howlett, 2009) des territoires concernés. Ce qui nous amène à analyser dès le départ, le cadre de création de la ville ainsi que les acteurs en présence et leurs logiques. En effet, comme l'a si bien mentionné Réné Gouellain (1973), *« ...La perspective historique dont il est question est instructive à plus d'un titre, car si nous devions nous en priver, l'image de la ville coloniale perdrait de sa richesse et dans la limite nous engagerait faussement à ne retenir que l'immédiateté synchronique ».* Le village africain situé sur les berges du Wouri qui deviendra plus tard la ville de Douala a été l'objet de plusieurs convoitises de la part des puissances coloniales. Ces convoitises ont donné lieu à une bataille politique intense pour son contrôle, notamment entre les Allemands et les Anglais. Fidèle à la démarche de R. Gouellain, nous lui avons emprunté l'idée selon laquelle la compréhension de la ville dans sa manifestation immédiate et concrète doit recourir nécessairement à une étude historique et sociologique des personnes, groupes et communautés en interaction sur ce site. De même, l'analyse a pris en compte le problème de la spatialisation de ces mêmes agents dans la mesure où le sol conférait aux rapports de force les plus nuancés leur matérialité indubitable. Il convient de rappeler qu'à Douala, une voie tout comme un bloc ou un quartier portent de ce fait en eux les marques d'une stratégie ou d'une lutte achevée et les qualités du moyen par excellence à utiliser (Gouellain, 1973). Douala s'est ainsi faite dans la lutte et les croisements d'intérêts à la fois politique et économiques entre plusieurs acteurs dont les Anglais et les Allemands pour la signature des traités avec les chefs locaux.

L'histoire de la ville de Yaoundé n'est pas aussi tumultueuse que celle de Douala. Contrairement à Douala dont l'occupation et l'urbanisation ont donné lieu à des tractations diverses qui continuent par leurs impacts de se ressentir au quotidien, celles de Yaoundé se feront sans grande difficulté grâce notamment de la collaboration des autochtones déjà présents sur le site, contrairement à Douala. La signature du traité de 1884 va permettre aux Allemands d'entreprendre l'exploration et la conquête de l'hinterland du pays. Après la conquête des villes côtières, le cap sera mis sur Yaoundé qui sera utilisé par les Allemands comme poste administratif et station militaire grâce à une combinaison des facteurs à la fois climatiques, humains et géographiques.

1-1- Des instruments de pouvoir pour la prise de contrôle du territoire

La première étape dans la planification urbaine de la ville de Douala, et même de Yaoundé fut nécessairement la signature d'un traité avec les chefs locaux. Cette opération a donné lieu à une intense activité diplomatique et politique entre les puissances européennes et les chefs doualas. La signature d'un accord devait permettre à la puissance choisie d'avoir le monopole sur le commerce et l'exploitation du territoire. Aussi assista-t-on à une véritable bataille entre Anglais et Allemands qui se solda par la victoire allemande, avec la signature le 14 juillet 1884 du traité de protectorat germano-douala[39].

1-1-1- Le traité de protectorat : instrument nodal de l'empire allemand au Cameroun

Selon Varone (1998), le deuxième critère de classification des instruments utilisé par Hood se fonde sur les ressources qui peuvent être mobilisées par l'État lors de la mise en œuvre. Aussi distingue-t-il les **instruments nodaux (ou de communication)** (***nodality)*** qui découlent de la capacité de l'État à se positionner au centre d'un réseau social/d'information ou à être un nœud au sens informatique du terme. C'est la quête de cette position conférant des capacités particulières qui est au cœur de la bataille entre les deux puissances colonisatrices. En 1884, le chancelier allemand, Bismarck, se résolut à engager une politique d'expansion coloniale. Cette résolution aboutie à l'adoption de deux recommandations par le sénat de Brême le 9 juillet de la même année. Ces recommandations sont, entre autres, la conclusion de traités de commerce avec les chefs indigènes et la formation d'une escadre chargée de visiter régulièrement les comptoirs allemands pour faire impression sur les indigènes et pour les intimider (A. Owona, 1973). Jusqu'ici, il n'est nullement question d'annexion des territoires. Dans le même temps, le président de la chambre de commerce de Hambourg, Adolf Woermann, qui avait des intérêts sur la côte occidentale africaine, adressa à Bismarck un mémoire dans lequel il énumérait les possessions occidentales sur la côte ainsi que celles des Allemands, tout en prenant le soin de décrire le traitement réservé aux commerçants allemands dans les possessions européennes et les territoires

---

[39] Ce document juridique est considéré comme l'acte fondateur de l'Etat du Cameroun, dans la mesure où il consacre la naissance d'une entité juridique ayant des droits et sujet de droit international pouvant signer des accords avec d'autres sujets de droit international. À ce sujet, lire l'étude de Ngando Sandje Rodrigue sur Le traité Germano-Douala du 12 juillet 1884 : étude contemporaine sur la formation des contrats dans l'ordre juridique intemporel. In : *Revue Québécoise de droit international,* volume 29-1, 2016. Pp. 131-159. Dans le même ordre d'idées, l'auteur avance que l'année 1884 est présentée comme le repère de l'histoire des institutions et des faits sociaux du Cameroun citant ainsi François-Xavier Mbome, Histoire des institutions et des faits sociaux du Cameroun, Yaoundé, Fasst Program, 1998 à la p 15 [Mbome]. L'histoire des institutions renverrait dans ce cas à « l'ensemble des règles imposées aux hommes sur un territoire déterminé par une autorité supérieure, capable de commander avec une puissance effective de domination et de contrainte irrésistible ». Voir Raymond Carré de Malberg, Contribution à la théorie générale de l'État : spécialement d'après les données fournies par le droit constitutionnel français, Paris, Dalloz, 2003 à la p 490.
Lire également à ce propos : Nyounai-Libam Jean-Paul, « Le traité Douala-Allemand du 12 juillet 1884. Historique, Texte, Exposé, Critique », La presse du Cameroun, n° 6358 du 5 août 1971, p. 1. 313. Kamé Bouopda, *histoire politique du Cameroun au XXe siècle,* Paris, L'Harmattan, 2016.

libres d'occupation. Ce mémoire montrait également les avantages que pourrait avoir l'empire allemand en possédant des établissements coloniaux sur la côte occidentale d'Afrique. Bien que le mémoire se heurta à l'opposition de la fondation de colonie et de peuplement, celui-ci fut validé par Bismarck qui décida d'envoyer prochainement un commissaire impérial sur la côte occidentale africaine afin d'engager des négociations avec les chefs indigènes.

La rapide expansion des comptoirs allemands sur la côte occidentale africaine suscita la convoitise de ses pairs européens, dont les Anglais qui, à plusieurs reprises, essayèrent de persuader les chefs locaux à demander officiellement le protectorat britannique. Plusieurs lettres rédigées par les chefs et notables Doualas et les missionnaires anglais seront envoyées au gouvernement anglais qui restera muet face à ces nombreuses sollicitations. Tenant compte du silence anglais, les Allemands en profitèrent pour proposer aux chefs locaux la signature d'un traité de protectorat. Pendant ce temps, les équipes sur le terrain se livraient à une campagne de communication et de séduction intense auprès des chefs locaux. Ces interactions aboutiront à la signature le 14 juillet 1884 d'un traité de protectorat entre les Allemands et les chefs locaux. Quelques années après la signature de ce traité, Bismarck envoya des instructions au consul Nachtigal, en prenant le soin d'exposer sa vision du régime colonial qu'il souhaitait appliquer. Aussi dit-il :
« *L'installation de tous les rouages administratifs qui nécessitent l'envoi de nombreux fonctionnaires allemands, l'établissement de garnisons fixes avec des troupes allemandes, l'engagement pris par l'empire allemand de porter secours aux Allemands qui ne craindraient pas d'établir dans ces pays des factoreries et des entreprises commerciales même au risque d'entrer en conflit avec les puissances maritimes supérieures, n'a jamais été l'idée du gouvernement. Pour atteindre le but que nous nous proposons, nous nous contenterons de signer des traités d'amitié, de commerce et de protectorat qui nous permettront de soutenir efficacement les sujets allemands* ».
Ce traité de protectorat offre à l'Allemagne un avantage sur ses concurrents européens en faisant d'elle l'interlocutrice privilégiée entre les indigènes et les Occidentaux.

Une fois signé, s'est posé le problème de l'interprétation du traité et ses clauses contractuelles. On peut définir le protectorat comme une convention entre deux États caractérisé par une répartition inégale de leurs compétences. Habituellement, on distingue le protectorat de droit des gens et le protectorat colonial. On peut penser que dans le cadre du traité germano-douala, il était question du protectorat colonial étant donné que le premier est signé entre États de même civilisation et le second est signé entre deux entités dont l'une assure la protection de l'autre permettant au territoire sous protectorat de conserver sur le plan interne, une certaine autonomie. C'est dans cette optique que les chefs doualas s'engagèrent avec les représentants de l'empire allemand le 12 juillet 1884. En substance, le traité stipule que :

« Nous avons transféré (reconnaissent les Duala) nos droits de souveraineté de législation et d'administration de notre territoire aux firmes susmentionnées avec les réserves suivantes :

1. le territoire ne peut être cédé à une tierce personne ;
2. tous les traités d'amitié et de commerce qui ont été conclus avec d'autres gouvernements étrangers doivent rester pleinement valables ;
3. les terrains cultivés par nous et les emplacements sur lesquels se trouvent les villages doivent rester la propriété des possesseurs actuels et de leurs descendants ;
4. les péages doivent être payés annuellement comme par le passé aux Kings et aux chefs ;
5. pendant les premiers temps de l'établissement d'une administration, ici nos coutumes locales et nos usages doivent être respectés ».

Voilà en substance les clauses qui lient les deux parties en cette année de 1884. C'est l'application ou le non-respect de ces réserves qui viendra mettre à jour les différences d'interprétation du traité entre les deux parties, débouchant ainsi sur une crise dont les fondements sont à rechercher dans la planification urbaine de la nouvelle ville. C'est précisément la troisième réserve qui sera au cœur de notre recherche, dans la mesure où elle renferme en elle-même les germes de la crise entre les deux parties, mais aussi la genèse de l'action publique qui nous intéresse à savoir la planification urbaine.

Le traité de protectorat est appréhendé ici comme un instrument d'action publique au sens d'institution reflétant les rapports de l'homme à son environnement. Cette conception rejoint celle de Salamon (2002), lorsqu'il pense que la structuration de l'action est la caractéristique des instruments d'action de l'État. Le traité peut être perçu ici comme une institution au sens même du « *new institutionalism* » dans la mesure où il apparaît comme un modèle de régulation qui définit les acteurs impliqués dans les échanges avec les chefs de la côte, leurs rôles et leurs modalités d'interaction. Cette conception du traité peut rejoindre également Lascoumes et Le Galès (2004) lorsqu'ils définissent l'instrument comme :
« ... *Un dispositif à la fois technique et social qui organise les rapports sociaux spécifiques entre la puissance publique et ses destinataires en fonction des représentations et des significations dont il est porteur* ».

C'est également selon ces auteurs :
« *Un dispositif technique à vocation générique porteur d'une conception concrète du rapport politique/société et soutenu par une conception de la régulation* ».

Vu sous cet angle, il apparaît que le traité de protectorat est un instrument appréhendé au sens d'institution d'autant plus qu'il détermine en partie la manière dont les acteurs se comportent, crée des incertitudes sur les effets de rapports de force, conduit à privilégier certains acteurs (allemands) et intérêts (préservation du monopole commercial des chefs locaux, préservation des terres indigènes et leurs coutumes ? etc.) et à écarter d'autres (les Anglais) ; contraint les acteurs et leur offre des ressources, et véhicule une représentation des problèmes (Lascoumes et Le Galès, 2004). Ce traité est porteur de signification tout en entretenant des liens avec les représentations que les divers acteurs se font des problèmes auxquels ils doivent s'attaquer. Cet instrument nodal est alors l'expression du rapport que les indigènes entretiennent avec la puissance protectrice qui est l'Allemagne.

Du point de vue juridique, ce traité est appréhendé comme un acte juridique émanant de l'expression de la volonté d'un sujet de droit (Essomba, 2016). Cet acte juridique peut être qualifié d'acte plurilatéral assimilable à l'acte unilatéral négocié dans la mesure où il est l'objet d'une négociation entre plusieurs acteurs ou sujets de droit. Cette dimension du traité de 1884 est analysée par Ngando Sandjè (2016) à travers la capacité et le consentement des acteurs, de même que l'objet et la cause du lien conventionnel. Les obligations nées de ce consentement mutuel vont influencer l'histoire urbaine de la ville de Douala notamment les formes d'appropriation de l'espace et son organisation. En signant le traité, les doualas tout comme leurs chefs deviennent des sujets de l'empire allemand. Étant établi que la différence de « visions » des instruments ainsi que celle du mode de régulation sociale peut être à l'origine des divergences entre acteurs, l'interprétation du traité va déboucher sur des mésententes entre chefs locaux et Allemands.

1-1-2- Du partenariat commercial à la domination coloniale

Pour Varone (1998), les instruments sont légitimes dans le sens où ils proviennent d'une décision politique prise selon le principe de la légalité (*base légale)* ; ils possèdent une légitimité démocratique et sont indissociables des objectifs des décideurs politiques qui légitiment leur choix. Il ajoute également que les instruments doivent produire un changement comportemental chez les acteurs ciblés par l'intervention étatique (*impacts)* et que ce changement de comportement des groupes cibles doit se traduire en effets concrets (*outcomes)*, visibles au niveau des bénéficiaires de la politique.

Selon Perret (2009), la mise en lumière du concept d'instrument à l'aide de la chaîne causale des politiques publiques telle que faite par Varone permet également de souligner un aspect des instruments bien souvent négligé dans la littérature spécialisée : les instruments (surtout leur choix) destinés à influencer les acteurs sociologiques supposent également une modification dans la redistribution des ressources, notamment économiques (ce qui induit des effets (re)distributifs des instruments). Cette (ré)allocation des ressources implique à son tour certainement des conflits d'intérêts entre les innombrables acteurs impliqués dans les différentes phases du processus politique.

La signature du traité entre les deux parties ouvre la voie à un jeu politique dont l'enjeu est la distribution du pouvoir et des ressources[40]. Les réserves apportées par les chefs locaux dans le traité visent à préserver leurs intérêts et à garantir leur monopole sur l'allocation de certaines ressources dont les taxes sur le commerce. Or, il se trouve que du point de vue allemand, on n'entend pas laisser une telle marge de manœuvre aux chefs locaux. Si pour ces derniers le traité de protectorat n'est qu'une forme de convention d'amitié, un partenariat commercial, pour les Allemands, il est question avant tout de prendre le contrôle de ce territoire afin d'y imposer son autorité et d'organiser son exploitation. Cette différence d'interprétation ouvre la voie à un conflit et permet aux Allemands de passer du partenariat commercial à la colonisation pure et simple. Selon les termes du traité, le colonisateur imposait sa souveraineté sur les hommes et non explicitement sur leurs terres, espace juridiquement indivis (A. Owona, 1973). Le jeu politique qui s'ouvre après la signature du traité va pousser les Allemands à activer d'autres mécanismes afin de prendre le contrôle total de la côte camerounaise. Le traité se voit assigner une nouvelle mission qui est celle du contrôle social en octroyant à l'empire allemand une autorité indirecte dans le sens de Lindblom. Cette autorité visait à avoir un contrôle indirect de l'économie de la côte camerounaise faisant ainsi du partenaire commercial datant, un souverain colonial.

Face à ces nouvelles orientations, les chefs locaux perdirent leurs avantages au profit de la colonie, et chacun indépendamment de son rang devint un sujet colonial. Les Doualas, autrefois interlocuteurs privilégiés entre le monde extérieur et l'hinterland, perdirent aussi leurs avantages. Pendant que les structures commerciales des Doualas s'effondraient, celles des Occidentaux se renforçaient, ce qui accrut les mécontentements au sein de la population locale. Considérant le territoire *Kamerun* comme une colonie allemande, ces derniers entreprirent de s'approprier de nouveaux espaces, au nom de la couronne, pour des motifs économiques et urbains. L'appropriation de ces espaces allait se faire en violation des modes d'appropriation de la terre chez les Doualas, aboutissant forçant les Allemands à activer des mécanismes de gestion foncière qui ont marqué l'urbanisme camerounais depuis lors.

À Yaoundé, ce sont les éléments physiques et climatiques qui ont persuadé les Allemands à édifier sur les hauteurs de ce site, un fort militaire ou un poste fortifié. Ce site appelé « *Yuande Station* » est à sa création, une simple palissade de bois entourant quelques cases où logent les militaires. Dès 1909,

[40] Dans les années 1880, Douala est un port commercial qui acquiert de plus en plus une importance stratégique et commerciale. Le trafic des esclaves et des marchandises a fait de ce port l'un des plus importants de la côte camerounaise. Ses vastes étendues de terres fertiles sont un cadre idéal pour le développement d'une agriculture destinée à l'exportation.

une solide enceinte carrée de 100 mètres de côté construite en briques sous les ordres du Major Dominik va marquer sa transformation (Franqueville, 1984). La justification officielle de l'érection de ce poste, le premier créé dans l'hinterland, fut la nécessité de lutter contre le commerce des esclaves que la conférence anti-esclavagiste de Bruxelles de 1890 condamnait au même moment.

Deux missions seront assignées à ce poste fortifié, à savoir : la pacification des environs, tombés sous la domination allemande dès 1903 et le sud du pays et la facilitation du commerce des européens en sécurisant notamment les voies de communication utilisées pour acheminer les marchandises vers les ports de Douala et de Kribi.

En effet, après avoir signé le traité de protectorat avec les Doualas, les Allemands vont entreprendre l'exploration de l'hinterland de la côte. Leur progression se heurtera parfois à la résistance de certains royaumes ou certaines populations opposées à leur pénétration sur leur territoire. Alors que l'installation et la prise de contrôle des territoires de la côte se feront en grande partie par la signature des accords, celles des territoires de l'hinterland s'effectueront par la dissuasion militaire ou la guerre. Pour faciliter ainsi la conquête des territoires situés aux alentours de Yaoundé, il sera décidé de construire un poste militaire d'où partiront les expéditions vers le sud et l'est du pays. Ce poste sera bâti à sept cents mètres d'altitude sur un réseau de collines séparées par des cours d'eau et des zones marécageuses, dans une région à la végétation luxuriante marquée par de fortes précipitations (V. Goloubinoof, 2013). Malgré sa position centrale dans le Sud-Cameroun, le site n'est pas aussi accessible et les difficultés de circulation rendent son développement difficile.

Sur le plan commercial, le site servira de base pour le lancement de plusieurs activités commerciales. Sa situation en pleine zone forestière est tout de même propice au commerce étant donné que le site est densément peuplé. C'est ainsi que dès 1911, on dénombre une quinzaine de baraquements des factoreries. Celles-ci s'installent au pied du poste militaire, sous sa protection immédiate. Parmi celles-ci, on compte les concessions R.W. King, J. Holt et surtout Woermann. Cette installation va s'accélérer poussant ainsi le site à s'agrandir et à amorcer un glissement vers la colline opposée. Du poste militaire situé au sommet d'une colline, on observera une concentration de structures commerciales et économiques dont l'augmentation de plus en plus importante entraînera un élargissement du site originel.

Cet élargissement de l'espace va se heurter aux modes locaux de gestion foncière, forçant les Allemands à adopter des mesures en vue de les contourner.

1-2- L'appropriation spatiale comme préalable à la planification urbaine

La planification et l'urbanisation du protectorat en passe de devenir la colonie passent nécessairement par un accès au foncier afin d'en déterminer les modes d'appropriation ou de réguler l'utilisation. Après la signature du traité de protectorat, l'empire allemand dépêcha sur la côte camerounaise des fonctionnaires et des militaires qui furent suivis par des colons intéressés par certaines activités comme le commerce, l'agriculture ou encore les travaux publics. Cette population va s'installer sur le plateau Joss à côté du clan Bell. La ville s'étendit alors pour accueillir les structures comme la caserne, l'hôpital, les lieux de loisirs et le palais du gouverneur. Ces espaces avaient été cédés volontairement par les Bell afin de permettre la création du premier noyau urbain dont quelques vestiges (voirie, palais du gouverneur, casernes, hôpitaux, etc.) existent encore de nos jours. Toutefois, les Allemands se sentirent très tôt à l'étroit. Le développement des activités économiques et la création d'une ville sur le modèle européen s'inspirant des théories hygiénistes va pousser les Allemands à réclamer plus d'espace à leurs hôtes. Une doléance qui se heurtera au refus des chefs locaux obligeant les Allemands à actionner des mécanismes juridiques en vue de justifier cette expansion territoriale. À Yaoundé également, il faut étendre l'espace occupé d'autant plus que la conquête du pays tout entier commande de passer à la nouvelle étape qui est celle de son exploitation. L'urbanisation des sites passe alors par l'élaboration de nouvelles politiques foncières qui ne manqueront pas de créer de sérieux problèmes entre les acteurs.

1-2-1- Un régime foncier coutumier à l'épreuve de la colonisation

Les velléités coloniales de l'empire allemand vont le forcer à revoir son mode d'installation sur la côte camerounaise. Douala est alors appelé à s'agrandir pour accueillir les populations européennes qui arrivent en masse. Il faut aussi trouver de nouveaux espaces pour installer les structures étatiques nécessaires pour le fonctionnement et l'administration du territoire. Dans l'arrière-pays, les ambitions de développement économique fondées sur l'exploitation agro-industrielle des terres vont se heurter à la réticence des populations locales (Ngo Nonga 2018). Face à ces enjeux, les autorités coloniales se trouvent confrontées à un obstacle qui est celui de l'accès à la propriété foncière exclusivement aux mains des populations locales. Une réforme et une harmonisation des différents régimes fonciers vont commencer le 15 juin 1896 avec la signature d'une ordonnance impériale. Celle-ci aura des conséquences importantes sur la politique foncière au Cameroun. En plus d'introduire le droit écrit dans les sociétés de tradition orale, cette ordonnance crée de nouvelles catégories juridiques qui cohabitent avec celles déjà existantes, tout en essayant de les affaiblir ou de les faire disparaître. En plus de celle-ci, on peut noter l'ordonnance impériale du 18 avril 1910 et son arrêté du 27 décembre 1910 régissant le livret foncier au Kamerun.

1-2-2- Les terres vacantes et sans maîtres : une catégorie juridique conflictogène

La principale innovation du protectorat allemand au Cameroun est sans doute l'introduction du droit écrit de propriété et la création d'une catégorie juridique en matière foncière qui est la notion de « terres vacantes et sans maître » à travers l'ordonnance impériale du 15 juin 1896. Cette institution ouvre alors la voie à un conflit entre le droit coutumier et le droit moderne sur la terre qui, depuis lors, n'a jamais cessé. À côté de ces terres vacantes et sans maître, l'ordonnance crée également les réserves communautaires et autochtones. En effet, l'empire allemand qui se pose en puissance publique va dans le cadre de l'exercice de sa mission de protectorat engager une organisation et une harmonisation des régimes fonciers locaux. Cette organisation commence le 15 juin 1896 avec la signature par Guillaume II de l'ordonnance impériale régissant la constitution, la prise de possession et l'aliénation du domaine de la Couronne dans le kamerun[41]. Ce texte est suivi du décret impérial du 21 novembre 1902 relatif aux droits fonciers dans les colonies allemandes qui vise à réglementer le régime des terres dans la colonie du Cameroun. Ce décret aborde les questions relatives la prise de possession des terres de la couronne, ainsi que l'aliénation de celles-ci. Pour ce qui est de la prise de possession, le décret reprend en ses articles 2 à 5 les dispositions de l'ordonnance impériale telle qu'énumérées ci-dessous et crée les terres dites de la couronne à partir des terres vacantes et sans maître. Les articles 1 et 2 du paragraphe traitant du cas spécifique du Cameroun disposent que :

« *Sous réserve de droits, de propriétés ou d'autres droits réels que des particuliers ou des personnes morales, que des chefs ou des collectivités indigènes pourraient prouver, de même que sous réserve des droits d'occupation de tiers fondés sur des contrats passés avec le gouvernement impérial, toute terre à l'intérieur du territoire du protectorat du Kamerun est terre de la couronne comme étant sans maître, sa propriété échoit à l'empire* ».

Ces terres de la couronne peuvent être aliénées par voie de transfert de propriété ou par voie de location (articles 6 à 9). Cette institution vise à harmoniser le droit foncier colonial avec celui de la métropole ce qui constitue, du point de vue coutumier, une négation des droits fonciers. En

[41] Kamerun désigne le nom Cameroun tel qu'utilisé lors de la période allemande.

effet, ce texte dispose que les indigènes peuvent vendre ou céder à bail sans autorisation leurs terres si celles-ci sont inscrites dans le livre foncier. Pour inscrire leurs terres sur le livre foncier, les indigènes doivent se référer au gouverneur pour avoir son autorisation. Ces textes viennent entériner une propriété foncière restrictive des populations locales sur la base des dispositions de l'article 3 du traité de protectorat de 1884, notamment les terrains d'habitation des indigènes et ceux cultivés par ces derniers. Les autres terres sont considérées par les Allemands comme des « terres vacantes sans maître » et sont incorporées au domaine de la couronne qui en assure la distribution et la gestion. Cette répartition sera contestée par les populations autochtones qui voient, en cette manœuvre, une négation de leurs droits sur des terres ayant appartenu à leurs ancêtres. En effet, comme l'affirme Olowale (1961, cité par Nkou Mvondo), pour l'Africain, « affirmer que la brousse (...) n'appartient à personne est contraire à toute tradition. Le coin le plus reculé de la brousse est sous la juridiction d'un chef quelconque, les autochtones ne peuvent admettre qu'une terre n'ait aucun rapport avec un groupe humain ». La création des terres de la couronne à partir des « terres vacantes et sans maître » va considérablement réduire l'étendue des terres communautaires et autochtones. Les Allemands ne reconnaissent, comme propriété coutumière, que les terres occupées ou mises en exploitation, par l'agriculture notamment. Toutefois, dans un souci d'apaisement, il est prévu des réserves foncières pour les indigènes comme le dispose l'article 3 du décret de 1896 en ces termes : « Lorsque l'administration prendra possession des terres de la Couronne situées à proximité des villages indigènes, elle réservera des surfaces dont la culture ou l'exploitation assurera la subsistance des indigènes, même en cas d'augmentation ultérieure du chiffre de la population, les droits d'occupation par des contrats passés avec le Gouvernement impérial ». La constitution de ces réserves foncières au profit des communautés indigènes semble atténuer leur indignation, car elle leur permet de poursuivre l'exploitation du sol. Cependant, il faut noter qu'en raisonnant sur la seule base de l'usage agricole du sol, le législateur allemand avait oublié le caractère sacré de la terre et l'usage multiple que ces peuples faisaient de l'espace. Cette différence de conception de l'espace et des modes d'appropriation de la terre entre les Allemands et les indigènes, notamment les Doualas, va installer, entre les deux partenaires, un climat de méfiance et susciter des tensions au sein des populations locales, d'autant plus que le législateur allemand limitait la détermination et l'existence des droits coutumiers à la localisation des habitations et des terrains cultivés. En plus de cela, l'initiative de détermination de ces droits coutumiers appartenait à l'administration coloniale et aux bénéficiaires des droits coutumiers. Si cette limitation de la détermination et de l'existence des droits coutumiers à la localisation des habitations et des terrains cultivés étaient conformes aux dispositions du traité de protectorat de 1884, les nouveaux enjeux fonciers nés de la transformation du site allaient pousser les Doualas à changer d'avis. Le processus de codification du droit foncier camerounais va se poursuivre avec la signature d'une autre ordonnance qui va dès lors introduire la propriété foncière au Cameroun.

1-2-3- La propriété foncière comme négation du droit coutumier

La propriété foncière écrite et individuelle sera introduite au Cameroun avec l'ordonnance impériale du 18 avril 1910 qui a été rendue applicable au Cameroun par un arrêté du gouverneur allemand en date du 27 décembre 1910. Ce texte régissant le livret foncier sur le protectorat, rendait applicables les dispositions de la loi allemande du 5 mai 1872 portant livrets fonciers dans ses colonies. L'idée de ce texte se situait dans le prolongement de l'ordonnance de juin 1896 et visait à harmoniser les règles coutumières en matière foncière. Au-delà de cette harmonisation, il était question de passer du droit coutumier au droit moderne. C'est ainsi qu'il instituait les droits fonciers réels à travers leur inscription sur un livret foncier destiné à une immatriculation en vue de les rendre opposables à tous. La procédure d'inscription au registre des terres était déterminée selon la loi par les gouverneurs nommés à la tête de ces colonies. Cette loi venait ainsi bouleverser une société marquée par la propriété collective de la terre en y introduisant un droit de propriété privée et individuelle. Ce droit de propriété attestée par le livret foncier est inspiré de la loi allemande du 5 mai 1872 et consacrait quatre principes : la publicité précédant les prescriptions des terres sur les livrets (art. 4 et 15) ; la force probante : les livrets font foi erga omnes (art. 1, 6 et 9) ; la légalité (les livrets ne doivent contenir que les déclarations dont l'exactitude a été préalablement vérifiée) et la spécialité (un compte doit être ouvert à chaque immeuble) (Ngomsik-Kamgang 2012).

Face à la nécessité de trouver de nouveaux espaces pour la mise en œuvre de leur projet colonial, les autorités allemandes vont solliciter auprès des Doualas, des parcelles sur les terres qui, du point de vue des dispositions à la fois du traité de protectorat et de l'ordonnance impériale sont leurs propriétés. Il convient de noter que les terres reconnues comme propriétés des Doualas à cette époque s'étendent à l'ensemble du plateau sur lequel sont établis les Allemands et leur administration. Pour étendre leur espace, les Allemands ont deux solutions : convaincre les Doualas de leur céder des terres supplémentaires en abandonnant leurs villages actuels situés sur le même plateau ou, dans une deuxième hypothèse, aller créer au-delà du plateau Joss un autre quartier sur des terres vacantes. Le choix sera porté sur la première solution qui présente l'avantage de permettre à l'empire de s'installer sur un plateau situé en hauteur et proche de la mer, donc du port. Cette solution permettra également de créer une trame urbaine unique en application des principes hygiénistes auxquels les Allemands accordent une attention particulière. Convaincre les populations locales de céder leurs terres par la vente n'est pas chose aisée, ce d'autant plus que la vente des terres est dans la conception coutumière interdite. Cette réglementation sera le fondement de ce que nous pouvons qualifier de première politique urbaine. Cette dernière est mise en application à Douala à travers l'ordonnance relative à l'aménagement de la ville de Douala de 1906.

2- Un urbanisme d'aménagement porté par les règles d'hygiène

Celui-ci est institué par l'ordonnance de 1906 relative à l'aménagement de la ville et vise à donner aux autorités les moyens nécessaires pour bâtir le cadre idéal et propice à l'accueil des structures administratives. Celles-ci sont nécessaires pour le développement de la colonie et son exploitation. Si l'existence des plans d'urbanisme dressés par les Allemands est avérée au Cameroun, c'est surtout par la codification des règles d'hygiène que s'applique la planification urbaine. La mise en application de l'ordonnance de 1906 va produire des effets dont l'impact sur la planification des villes sera important. En effet, en application des mesures d'hygiène contenues dans cette ordonnance, les autorités vont mobiliser un instrument de politique publique d'urbanisme qui est l'expropriation, avec les conséquences dramatiques qui surviendront durant cette procédure.

2-1- L'expropriation : un instrument de prérogative de puissance

L'expropriation peut se définir comme la procédure par laquelle un propriétaire se voit imposer la cession d'un bien immobilier dans un but d'utilité publique en contrepartie d'une indemnité. Elle consiste à un retrait forcé de la propriété foncière privée par l'autorité investie de la puissance publique, pour satisfaire ses missions de service public (Essomba, 2016). C'est le 14 février 1903 qu'une ordonnance réglementant la procédure d'expropriation au Kamerun va introduire ce procédé dans le protectorat allemand du Cameroun. Si l'expropriation est appréhendée comme un retrait forcé de la propriété, le législateur allemand avait cependant prévu des mécanismes en vue de parvenir à une cession consensuelle des terres par les indigènes. Ce mécanisme tournait autour de l'ouverture de négociations entre les parties pour parvenir à un retrait de la propriété dont le versement d'une indemnité constituait l'élément de consensualisme central. Les détenteurs de droits sur un terrain visé par l'expropriation, tout comme la partie qui engage l'expropriation et les autorités administratives, pouvaient selon les termes de l'article 6[42] de l'ordonnance de 1903 formuler des objections. Ces objections devaient être prises en compte dans les négociations entre les parties et un accord sur l'indemnisation venait clore cette première phase d'expropriation. C'est finalement cette technique que va mobiliser l'Allemagne à Douala pour contourner la logique d'inaliénabilité[43] de la terre des Doualas, à laquelle était désormais associé un droit de propriété sur la base du droit moderne. Du point de vue de l'approche par les instruments, l'expropriation peut être rangée dans la typologie dressée par Hood (1983), qui distingue deux types d'instruments de l'action de l'État que sont les « détecteurs et les effecteurs » [*detectors and effectors*]. Selon lui, les instruments détecteurs sont ceux qui permettent à l'État de recueillir les informations sur son environnement, alors que les effecteurs sont destinés à agir sur celui-ci. Ces effecteurs peuvent être associés aux prérogatives de puissance publique qui *constituent des moyens exorbitants du droit commun, qui appartiennent par nature aux personnes publiques pour leur permettre d'assurer la satisfaction de l'intérêt général* (Leclerc, 2007). C'est cet intérêt général qui fonde les motivations de cette ordonnance comme on peut lire dans son article 1 qui dispose que « *La propriété et tous les autres droits à la terre, la propriété des mines et le droit de possession des terres non réclamées (terres de la couronne), peuvent être révoqués ou limités pour des raisons de bien-être public…* ».

Le bien-être public vise alors un intérêt général qui transcende les seuls intérêts des Doualas ou des Allemands. La modernisation du site accueillant à la fois les Occidentaux et les Africains sera l'une de ces missions d'intérêt général pouvant bénéficier des prérogatives attachées à ce droit d'expropriation. Pour accomplir ces missions, notamment d'urbanisme, l'accès au foncier par voie d'expropriation fera l'objet d'une intense négociation entre les deux parties[44]. Les premières expropriations[45] vont se dérouler sans réels incidents, notamment dans le secteur de Hickory Town (actuel Bonabéri)[46].

Quelques années plus tard, c'est-à-dire en 1910, c'est autour du plateau Joss d'être visé par l'expropriation. Pour des raisons économiques et sanitaires, les autorités allemandes décident d'exproprier les indigènes du plateau Joss afin d'agrandir la ville occidentale pour installer la population européenne de plus en plus nombreuse et trouver de nouveaux espaces pour

---

[42] Selon cet article, « *au cour de la période prévue à l'article 5, toute partie peut,par écrit ou sur dossier, soulever les objections au bureau de district* »

[43] Le caractère inaliénable de certains terrains tient en plus de la conception coutumière de la terre, au fait que l'un des terrains visés pour l'expropriation à Douala est considéré par leurs propriétaires comme sacré car étant leur village et le lieu où sont enterrés leurs ancêtres.

[44] Il s'agit des Doualas et plus précisément le clan Bell et l'administration coloniale allemande.

[45] Au total, le gouvernement colonial allemand va signer sept arrêtés portant expropriation à Douala.

[46] Ces expropriations commencent en 1902 et visent à dégager la voie pour la construction du chemin de fer allant de Douala vers le Moungo, une région agricole située au pied du mont Cameroun.

les infrastructures administratives nécessaires pour gérer la colonie. Mais ce sont les raisons hygiénistes qui seront plus mises en avant dans cette procédure. En effet, craignant que la proximité entre colons et indigènes ne soit source de maladie pour les premiers, les autorités décident d'éloigner les indigènes de leurs lieux d'habitation. Selon le docteur Ziemann, 72 % des Doualas sont infestés par la malaria et il serait dangereux de les laisser à proximité des Européens. Robert Koch suggère de faire disparaître la maladie avec la quininisation de la population, une idée rejetée par le docteur Ziemann qui trouve l'opération irréalisable[47]. La décision est finalement prise de déplacer les populations installées près des colons et de les installer dans de nouveaux secteurs aménagés pour la circonstance loin des quartiers européens. Ce déplacement est en effet une mesure compensatoire prévue par l'article 2 de l'ordonnance de 1902[48]. Cette décision va se heurter au refus des populations ouvrant ainsi la voie à la contestation de l'opération d'expropriation qui va se dérouler en deux phases. La première dite pré-expropriation concerne le motif de l'expropriation et la deuxième phase dite post-expropriation, plus connue comme la résistance douala, concerne l'acte d'expropriation proprement dit.

Pour ce qui est de la première phase de l'expropriation, les Doualas vont contester ce qu'ils qualifient d'abandon des terres héritées de leurs ancêtres et leur village pour les besoins de modernisation. Les premières négociations qui s'ouvrent visent à les convaincre de céder ces terres aux autorités coloniales. Une fois cette étape passée, il fallut les persuader d'accepter le montant de l'indemnité qui leur était proposé, à savoir 20 pfennigs par mètre carré. Cette proposition sera également rejetée, ce qui va alors aboutir à une situation de crise ravivant les tensions entre les colons et les indigènes, forçant ces derniers à s'opposer ouvertement à cette opération.

S'appuyant sur les dispositions légales de la formulation des objections telles que définies à l'article 6 de l'ordonnance de 1903, les chefs doualas vont saisir les autorités coloniales dans un premier temps pour demander l'arrêt simple de cette procédure. Cette doléance ne trouvera pas une suite favorable. Les chefs se tourneront vers le gouvernement impérial afin d'obtenir la suspension des opérations prévues dans ce mécanisme puis de revoir le montant de l'indemnisation en exigeant le double du montant prévu. L'enlisement des négociations et l'absence de solutions vont conduire les différents chefs à refuser unanimement de choisir leur nouveau lieu de résidence, de même que de s'installer sur celui que les autorités ont choisi pour eux. Pour le plus en vue d'entre eux, à savoir Rudolph Manga Bell, il

---

[47] Ambre Etame, Thania Ewane, les tensions entre les Duala et les Allemands, disponible en ligne http://pedagogie.lyceesaviodouala.org/histoire-geographie/app_grande-guerre/pages/page_3b.htm

[48] Celui-ci dispose que : « *l'obligation de réparation est si l'entrepreneur a des avantages à retirer de la pleine valeur de la propriété du terrain. Au lieu de l'argent, il peut décider d'octroyer une compensation d'un terrain d'une égale valeur...* ».

revient aux Doualas et non au Reich de trouver une solution aux problèmes fonciers et urbains de leur village selon les termes du traité de 1884. Après plusieurs autres télégrammes adressés au gouvernement allemand, Rudolph Manga Bell est démis de ses fonctions par le gouverneur du protectorat en 1913, plongeant ainsi la ville dans une grande agitation. Cette situation de blocage va retarder la mise en œuvre du plan d'urbanisme élaboré en 1906, de même que le projet de modernisation de la ville. L'absence d'un consensus va pousser les Allemands à mobiliser un instrument autoritaire qui est le déguerpissement. Ce passage en force ouvre aussi la voie à la deuxième phase de contestation de l'expropriation, dite de résistance.

2-2- Le déguerpissement : un instrument autoritaire

Le déguerpissement est l'opération par laquelle il est fait obligation, pour des motifs d'utilité publique, à des occupants d'une terre appartenant à la puissance publique de l'évacuer même s'ils ont cultivé ou construit[49]. C'est une opération qui vise à mettre un terme à une situation d'occupation illégale d'un terrain. Bien qu'étant dans une situation d'occupation légale de leurs terres, les Doualas seront forcés de les quitter afin de permettre la mise en place du plan d'urbanisme prévoyant notamment la construction de trois zones dans la ville de Douala. Ce zonage distingue une zone portuaire située vers l'embouchure du fleuve et dans laquelle on trouvait des entrepôts, des industries et le quai du port, une deuxième zone constituée des quartiers européens, des structures administratives comme le palais du gouverneur, les casernes de la police et de l'armée, les hôpitaux et les écoles occidentales, etc., et une dernière zone constituée de quartiers indigènes devant être créée après l'expropriation du plateau Joss.

Comme annoncé plus haut, l'échec des négociations entre l'administration coloniale et les Doualas va pousser les Allemands à procéder à un déplacement forcé des indigènes de leurs terres vers de nouveaux lieux aménagés pour la circonstance. Cette opération que les Allemands qualifient de déguerpissement est une violation de toutes les dispositions juridiques en vigueur et constitue une violation des garanties foncières que la loi accordait aux indigènes. La mise en œuvre de cette décision a été l'objet d'un affrontement politique entre les chefs locaux et l'administration coloniale au cours duquel le gouvernement allemand apparaît comme un médiateur. Les chefs doualas, par l'entremise de Rudolph Manga Bell et son secrétaire particulier, Ngoso Din, vont organiser plusieurs rencontres avec les autorités allemandes afin de faire annuler l'opération éminemment en cours pendant que le gouverneur colonial s'activait à l'achever rapidement.

---

49 https://fr.wikipedia.org/wiki/Déguerpissement, consulté le 13 mai 2018

Cette bataille[50] tourna à l'avantage des Doualas qui obtinrent le 18 mars 1914, une suspension à titre de mesure conservatoire de versement des moyens financiers sollicités par le gouverneur allemand au Cameroun afin de financer le projet. Après cet épisode, Rudolph Manga Bell entreprit une campagne anti-allemande en essayant de dresser les autres souverains locaux, notamment le sultan-roi des Bamouns contre les Allemands. Cette entreprise lui vaut d'être arrêté et pendu ainsi que son secrétaire particulier le 8 août 1914. Le déclenchement de la Première Guerre mondiale stoppa les opérations de déguerpissement ainsi que le départ des Allemands du Cameroun. La mobilisation de cet instrument par les Allemands vise à laisser très peu, voir pas de marge de manœuvre aux indigènes.

Il s'agit là d'un instrument obligatoire (*compulsory or directive instrument)* (Howlett et Ramesh (1995). Cet instrument contraint ou dirige l'action des acteurs ciblés, tout en étant une émanation de l'autorité de l'État. Le déguerpissement peut également être rangé dans la catégorie des instruments d'incitation (Schneider et Ingram, 1990a, 1997). Ces instruments reposent sur l'hypothèse comportementale selon laquelle la maximisation de l'utilité constitue un élément de motivation comportementale via une manipulation des *payoffs* (argent, liberté, vie, etc.) (Perret, 2010). Le déguerpissement peut se décliner comme sous-instrument dans cette catégorie dans la mesure où elle apparaît comme une contrainte physique en dernier recours et/ou sanction incitative productive de peur. Il est alors assimilable à la force. Ces instruments accompagnent une politique d'urbanisation qui pose les jalons de son déploiement en mobilisant en parallèle les instruments classiques de la planification urbaine. Ces événements vont avoir une incidence sur la planification urbaine notamment sur la question de l'accès à la propriété foncière. En effet, ces épisodes vont non seulement freiner les opérations d'urbanisme, mais également créer un précédent dans la gestion foncière de la ville de Douala. Ainsi seront posées durablement les bases du pluralisme juridique dans le domaine foncier au Cameroun.

3- Le recours à des instruments classiques et juridiques

Après la signature du traité germano-douala, l'un des objectifs majeurs et immédiats fut la prise de contrôle de la gestion foncière de la ville de Douala.

[50] Dans une communication présentée le 05 mars 2002 dans le cadre du programme AfricAvenir de séjour et d'études des étudiants de l'Institut d'Etudes Politiques de l'Université Libre de Berlin au Cameroun Nsame Mbongo analyse la « Rationalité juridique et philosophique des conflits (le cas germano-duala : 1884-1914). L'auteur établi que la gestion des conflits pose un problème fondamental de rationalité juridique et de philosophie politique. Pour le démontrer, il commence à analyser la philosophie juridique du traité ayant débouché sur un règlement autoritaire et arbitraire du conflit foncier duala-germanique.

Le traité faisait des Doualas seuls détenteurs du monopole de la gestion foncière. Il fallut trouver dès lors des voies et moyens pour prendre ce contrôle dans cette localité. Aussi eurent-ils recours à la ruse juridique, pour lancer une planification à partir des instruments classiques.

3-1- Une planification urbaine aux fondements de la ruse juridique

L'analyse de l'action publique de planification urbaine laisse entrevoir une mobilisation du droit comme procédé d'objectivation des ambitions allemandes. Le droit est ici une ressource opérationnelle, stratégique et symbolique. À cet effet, c'est sa mobilisation qui va guider les actions allemandes dans la planification urbaine. Le premier objectif dans cette vaste entreprise est en effet l'accès au foncier dont le droit se fera un principal instrument.

3-1-1- Le droit comme cadre de la planification urbaine

La question du rapport de l'action publique au droit a fait l'objet d'une analyse intéressante de Jacques Chevallier qui a mis en exergue les positions différentes des juristes et des gestionnaires. Allant dans le sens des juristes, nous soutenons l'idée selon laquelle la planification urbaine allemande est marquée par l'empreinte du droit dans la mesure où c'est le droit qui habilite les colons à agir, c'est lui qui fixe les règles de répartition des compétences entre eux, mais aussi avec les autochtones. Ce même droit établit les formes que les acteurs sont tenues de respecter en prenant le soin de déterminer les moyens d'action auxquels ils peuvent recourir. Analysée ainsi, l'action publique est conçue selon Chevalier comme la simple opérationnalisation d'un dispositif juridique qu'elle est chargée de mettre en œuvre. Le premier instrument juridique à mentionner ici est sans doute l'ordonnance impériale du 15 juin 1896. Celle-ci crée « des terres dites de la couronne » au Kamerun (T.Amougou, 2010), annulant ainsi toutes les garanties de sécurité foncière (du point de vue coutumier) accordées onze ans plus tôt aux populations autochtones par le traité germano-douala. Ce système, équivalant au cadastre français (système de *torrens*), établissait que toutes les terres qui ne sont pas occupées par les chefs coutumiers ou leurs communautés sont la propriété du gouvernement impérial allemand.

Cette ordonnance va affecter considérablement les modes d'appropriation spatiale dans la future ville de Douala et sera également à l'origine d'une grave crise entre les acteurs. Pour les populations autochtones, le respect du traité de 1884 devait se faire à l'image de la conception des juristes que nous décrivons plus haut. Par contre, les Allemands ont préféré une approche plus pragmatique à l'image des gestionnaires pour qui l'on ne saurait réduire l'action publique au droit, mais plutôt au bien-fondé des actions engagées et l'excellence des résultats obtenus. Le droit est pour les Allemands une ressource parmi tant d'autres, mobilisée pour l'atteinte de leurs objectifs. À cette vision du rapport de l'action publique au droit opposant les juristes et les gestionnaires, on peut associer les interprétations allemandes et autochtones de l'application du traité de 1884. Le droit a permis aux Allemands de prendre le contrôle de la gestion foncière, ce même droit leur a permis de mettre en œuvre leurs projets d'urbanisation. L'ordonnance impériale trace ainsi le nouveau cadre du déploiement allemand au Cameroun, conférant aux agents publics *un titre juridique* nécessaire pour agir. Pour se matérialiser, l'action publique a besoin du soutien du droit pour sa matérialisation. C'est ce qui justifie le recours au droit avant toute action des Allemands au Cameroun. Une autre ordonnance impériale signée le 21 novembre 1902 sur le droit immobilier au Cameroun entérine le processus de possession des terres autochtones. Douala est désormais sous l'autorité de l'empire allemand faisant des représentants de ce dernier les gouvernants légitimes du territoire[51].

3-1-2- Le droit, un instrument de la planification urbaine à Douala

En plus d'être un cadre servant au déploiement de l'action publique, le droit est aussi un outil que l'on peut mobiliser pour atteindre certains objectifs ou obtenir certains résultats. À ce niveau, il est question *d'agir par le droit* (Chevallier, 2009). Pour Chevallier, l'action publique passe d'abord par la production de règles juridiques dotées de force obligatoire. La maîtrise de la gestion spatiale est un enjeu majeur pour les Allemands au début de leur installation. S'appuyant sur les différentes ordonnances impériales mentionnées ci-dessus, une série de lois viendra accompagner la mise en œuvre de certaines politiques notamment le déguerpissement des populations indigènes du plateau Joss. Cet acte est soutenu par une ordonnance impériale du 14 février 1903 qui établit le droit d'expropriation des terres pour cause d'utilité publique avec compensation par le paiement d'une simple indemnité.

[51] Il faut noter que plusieurs autres traités de transfert de souveraineté, de paix et contrats de vente ont été signés entre les populations locales et les Occidentaux. Le chercheur Kum'a Ndumbe III parle de 95 traités recensés en tout. Toutefois ces traités n'ont pas eu la même portée que celui signé entre les allemands et les chefs doualas.

Ces actes vont permettre l'établissement du *Grundbunch*[52] institué par l'ordonnance impériale du 21 novembre 1902 et sera mis en place par les décrets du 19 juillet et 5 septembre 1904 afin de faciliter la gestion foncière et la maîtrise du développement de la ville.

Il est établi que les conditions de formulation des énoncés juridiques ont une certaine influence sur la portée normative du droit. Dans le cadre de l'urbanisation de Douala en ce début de la colonisation allemande, la règle de droit procède par voie de prescription, mais aussi d'injonction. Le droit se veut alors un dispositif de contrôle des comportements. Les nouveaux maîtres entendent ainsi gérer Douala non pas comme un territoire sous protectorat, mais comme une colonie à part entière. Ce droit est essentiellement *interventionniste* (Chevallier, 2009). Il est au service de la réalisation des politiques publiques, et vise en plus de l'encadrement des comportements, à atteindre des objectifs et à produire certains effets économiques et sociaux. Ces ambitions vont se matérialiser par la mobilisation et l'implémentation de certains instruments classiques de l'action publique de planification urbaine.

3-2- Les instruments classiques de planification urbaine mobilisés par les Allemands à Douala

Après avoir réglé d'une manière plus ou moins conventionnelle les questions juridiques relatives à la gestion spatiale et foncière dans la ville de Douala, les Allemands vont mobiliser quelques instruments classiques de planification urbaine pour moderniser la ville. Dans cette série d'instruments, nous en avons retenu deux pour leur capacité à mieux rendre compte des différentes logiques des acteurs, ainsi que des intérêts qu'ils cherchent à préserver. Il s'agit du plan et du projet.

3-2-1- Le plan urbain comme mode opératoire de la planification urbaine

Le plan d'urbanisme est le premier document d'urbanisme dressé par les Allemands au Cameroun. En effet, dès leur installation, les Allemands vont concevoir un premier plan d'urbanisme en 1896. Celui-ci est dressé pour une occupation minimale d'une zone côtière abandonnée par les populations autochtones qui se sont repliées légèrement loin de la côte. Ce plan concerne

---

[52] Livre foncier qui recense les droits fonciers de collectivités coutumières, des personnes physiques ou morales, etc.

seulement le tracé urbain devant abriter les bâtiments administratifs et quelques maisons occupées par les Européens. Ce plan est complété en 1910 par un autre plan dressé par l'inspecteur F.A. Shran (J. Siloullou, 1993). Ce plan ne concerne également que quelques bâtiments de plus dont :
« *Les bâtiments de l'administration portuaire et des douanes, une caserne pour la police, une pour les troupes coloniales, deux hôpitaux (l'ancien et le nouveau), un tribunal, le palais du gouverneur, la chancellerie, la poste, l'école, l'église, le télégraphe, le terrain de tennis, un laboratoire d'ichtyologie, des hangars, des ateliers de réparation, une prison, des logements pour fonctionnaires, militaires, policiers africains et européens* » (J. Siloullou, 1993).

Comme nous l'avons mentionné plus haut, le périmètre urbain concerné est très restreint et les règles d'urbanisme sont inspirées des villes européennes. Le tracé urbain, reprend également les méthodes et formes d'organisation urbaine de l'Europe. Cette entreprise est moins compliquée dans la mesure où le site concerné par la planification est très réduit. D'ailleurs, l'inspecteur A.F. Shran dira à ce propos :
« *Pour finir, je voudrais faire remarquer que certaines choses sont mentionnées sur la carte dont il n'est pas question ici à cause du manque de place ; par exemple, des maisons pour l'élevage des poulets, des colombiers, des passages, de petits ponts, des bornes, des monuments, des porches, etc.* ».

C'est sur une zone cédée par les chefs doualas que s'installeront les premiers services administratifs allemands et les populations venues nombreuses, attirées par le goût de l'aventure coloniale ou le commerce. Ce noyau urbain est bâti sur le modèle occidental et sa rapide expansion se heurtera à la présence constructions des populations autochtones. Sur le plan urbanistique, cette proximité donnait l'allure d'une ville désordonnée en plus, les considérations d'ordre hygiénique concevaient mal cette proximité entre populations européennes et africaines. En plus de ces motivations hygiéniques, il y a les considérations économiques qui prennent de plus en plus une part importante dans les ambitions allemandes. En effet, le port commercial qui a été une plaque tournante du commerce sur la côte est désormais appréhendé sous un autre angle par les Allemands. Après leurs installations, l'activité commerciale va prendre d'ampleur obligeant les Allemands à repenser ce centre de commerce et d'échange. C'est alors que les autorités allemandes vont élaborer un ambitieux projet de modernisation et d'agrandissement du port de Douala pour en faire l'un des plus importants de la côte africaine.

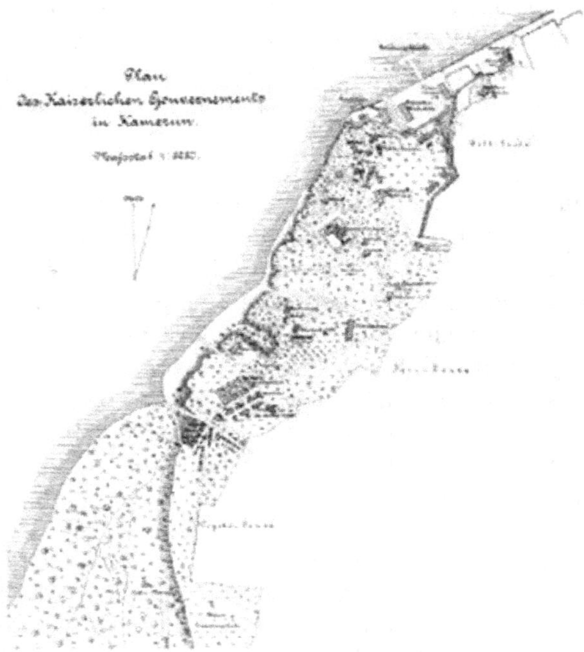

Figure 3 : Plan de Douala en 1896, Source : CUD

3-2-2- Gross Douala, un projet urbain aux motivations économiques

On a analysé plus haut le projet comme instrument d'action publique en affirmant avec Gilles Pinson que celui-ci est avant tout un instrument de mobilisation sociale. Le projet *Gross Douala,* une initiative du gouverneur allemand, Theodor Seitz, rentre dans cette catégorie dans le cadre de cette analyse. Dès 1910, ce chef de l'administration coloniale envisage un vaste projet d'urbanisation dont l'objectif est de faire de Douala l'un des plus grands ports d'Afrique. Pour y parvenir, il est prévu de créer une ville européenne séparée de la ville africaine par une large bande de terre d'un kilomètre appelé *frei zone (zone libre),* une sorte de *no man's land* qui empêcherait un contact direct entre les deux villes. Pour mettre en œuvre ce projet, il faut exproprier les autochtones dont les habitations sont situées sur le périmètre urbain nécessaire pour la construction de la ville européenne qui doit s'agrandir pour faire de la place au port dont l'extension est une priorité. Au départ, il est prévu un arrangement à l'amiable entre lesdites populations et l'administration coloniale. Une indemnisation est prévue pour compenser le départ des populations autochtones de leurs zones d'habitation.

Cet arrangement va échouer à cause des réserves évoquées par les Doualas telles que mentionnées ci-haut. Le 15 janvier 1913, un décret va acter l'expropriation du plateau Joss suivi de la destitution le 4 août 1913 de Douala Manga Bell[53]. Quelques mois après sa destitution, le projet d'urbanisation fut validé par le secrétaire d'État aux colonies lors d'une visite à Douala au mois de septembre de la même année. Bien qu'ayant perdu son statut de chef supérieur, Douala Manga Bell continua de se battre pour stopper l'expropriation des siens de leurs terres. Il envoya clandestinement en Allemagne son secrétaire Ngosso Gin afin de mener des actions de sensibilisation et de lobbying auprès de l'opinion publique et dans les milieux sociaux libéraux du *Reichstag*. Le 10 mai 1914, il fut arrêté ainsi que son secrétaire et ils furent inculpés pour haute trahison. Ils furent pendus le 8 août 1914. Peu avant, c'est-à-dire en décembre 1913, les Allemands lancèrent l'opération de « déguerpissement » forcé. Le 12 janvier 1914, une importante troupe de débarquement constituée de 850 soldats prit d'assaut la ville de Douala. Un nouveau site fut choisi pour reloger les populations déguerpies du plateau Joss. L'opération qui débuta en décembre 1913 fut stoppée par le débarquement des troupes alliées à la faveur de la Première Guerre mondiale. Le projet *Gross Douala* fut stoppé et les Allemands chassés du Cameroun. C'est sur ce climat de tension, de révolte et d'affrontement entre les Allemands et les autochtones que s'achèvera cette collaboration plutôt tumultueuse. Douala fut ainsi l'objet de convoitise et terrain d'affrontement et de tension contrairement à Yaoundé où l'occupation allemande se fera sans trop grande difficulté.

[53] Voir à ce propos, Kondo Joël, *le procès du roi Rudolf Duala Manga Bell, martyr de la liberté,* Yaoundé, Imprimerie Saint-Paul, 1994. Kouleu Chindji, *Histoire cachée du Cameroun,* Éditions SAAGRAPH, 2006. Mémoires de l'Institut d'ethnologie, volume 11 à 12, Institut d'ethnologie, Musée de l'homme, 1975.

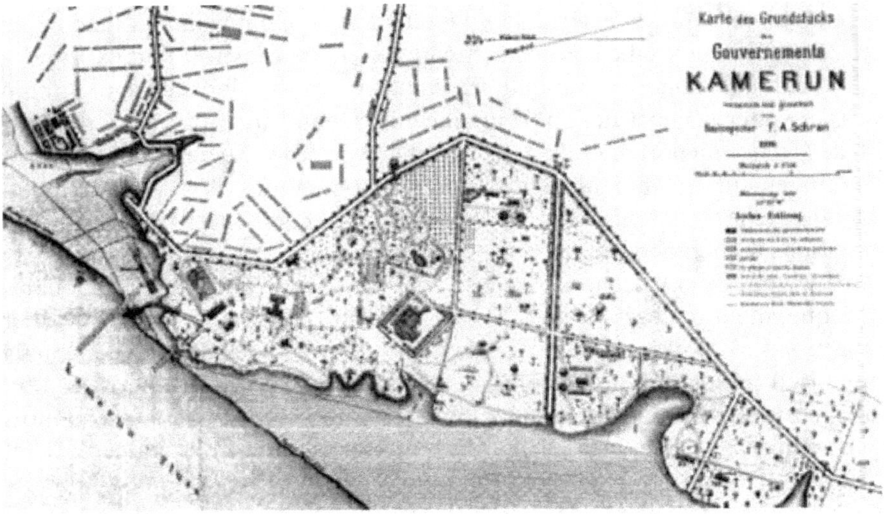

Figure 4 : Premier plan d'urbanisme du plateau Joss
Source : CUD

3-2-3- Le plan du fort militaire de Yaoundé

Après avoir conquis la côte camerounaise, les Allemands vont s'engager dans l'arrière-pays dans le but d'étendre leur réseau commercial, avoir la mainmise sur les richesses du pays et asseoir leur domination. C'est en fin 1888 que les Allemands arrivent à Yaoundé après avoir parcouru au moins 250 km à pieds au bout de 11 à 14 jours (Franqueville, 1987). En février 1889, ils fondèrent ainsi un poste militaire qui devient plus tard le poste administratif de « Jaunde Station » (A. Socpa, 2003). Le choix de cette zone est favorisé par les facteurs essentiels que sont son climat et son milieu physique.

Les données climatiques de la ville de Yaoundé ont été déterminantes dans le choix du site pour la création d'une ville par les Allemands. En effet, ce site est situé à 760 m d'altitude, par 11°31 de longitude Est et 3°51 de latitude Nord. Yaoundé jouit d'un climat moins chaud et beaucoup moins humide que celui de Douala. Les amplitudes thermiques moyennes, diurnes et mensuelles sont plus fortes qu'à Douala. Ce qui rend la chaleur plus supportable (A. Franqueville, 1968). Yaoundé, contrairement à Douala qui est directement soumis à la mousson dérivée des hauteurs voisines, présente un climat équatorial classique. Ce dernier est composé de quatre saisons beaucoup moins humides avec des pluies aussi brutales qu'à Douala, mais moins

régulières. Cette relative clémence du climat, qui rend d'ailleurs superflu l'usage du climatiseur, décida de l'avenir de l'agglomération.
Communément appelée la ville aux sept collines, la ville de Yaoundé est bâtie sur un site situé au cœur de la zone d'affleurement du complexe de base qui forme la presque totalité du substratum du Cameroun. Sa situation sur une zone d'interfluve du plateau camerounais, entre deux fleuves que sont la Sanaga et le Nyong, confère à la ville une altitude moyenne nettement plus élevée que celle de Douala et qui fait bénéficier à la ville une fraîcheur qui captive l'attention des explorateurs. Les nombreuses collines qui entourent la ville ont été pour les Allemands un élément de défense naturelle en cas d'attaque contre la ville. Le site est également baigné par plusieurs cours d'eau dont le plus important traverse la ville. Cette zone est idéale pour établir des campements de repos pour les commerçants transportant leur cargaison vers Kribi ou Douala. Ces facteurs vont convaincre les Allemands notamment le créateur de la station Tappenbeck à y installer ses campements sur le sommet d'une colline qui longe les ruisseaux Ekozoa au Nord et Mingoa au Sud. Les montagnes ceinturent la ville et la protègent sans toutefois faire partie du périmètre urbain. Pour Franqueville :
« *Ces hauts reliefs n'appartiennent pas à l'espace réellement urbain, car la ville est née et s'est étendue sur l'étage topographique intermédiaire, celui des collines et des plateaux. Les altérites, issues de la décomposition des gneiss sous-jacents, ont donné un paysage de collines ou plateaux aux versants convexes et de vallées au fond plat mal drainé en direction du sud par le Mfoundi, affluent de la Méfou qui se jette elle-même dans le Nyong. Dans l'épais manteau détritique, le Mfoundi et des affluents, si modestes soient-ils, ont déblayé de profondes vallées guidées par un réseau complexe de failles, et circonscrit des collines qui compartimentent la ville en autant d'entités topographiques* ».

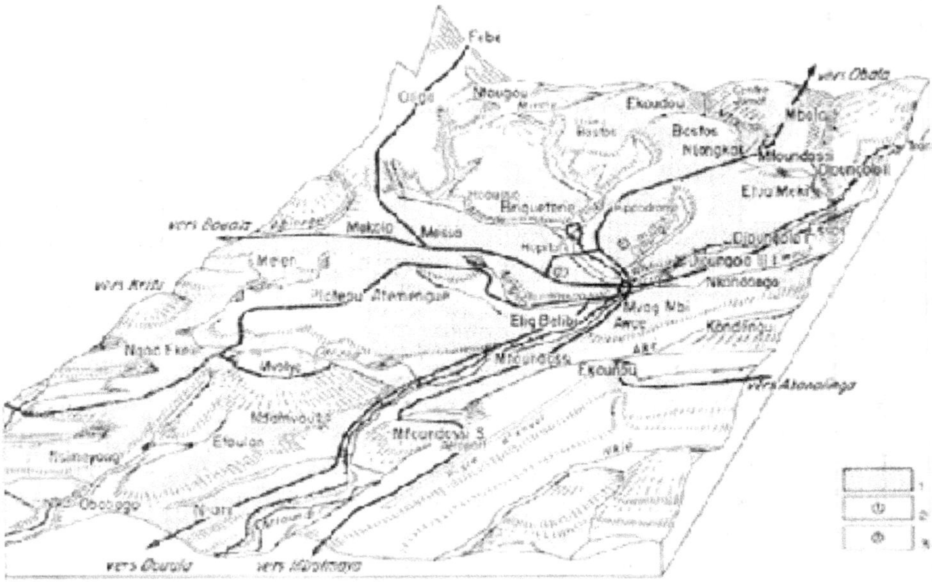

1. Zone habitée. -2. Centre commercial. – Centre administratif.
   Source : A. Franqueville, 1968.

Si la présence européenne fut selon Franqueville (1984) l'élément décisif qui donna corps à la ville, les colonisateurs ne s'établirent cependant pas sur une terre vierge de toute occupation humaine. Selon l'auteur, les clans ewondos et banés vivent déjà sur le territoire à l'arrivée des Allemands. De 1890 à 1892, G. Zenker dresse un plan urbain qui montre les constructions déjà établies sur le site et dresse la carte de nombreuses pistes reliant les hameaux aux cases rectangulaires derrière lesquelles poussent plusieurs cultures dont les bananiers, les ignames, le maïs, le manioc, le macabo, les patates, les arachides, etc. Contrairement à Douala dont la zone d'occupation allemande est aussi habitée par les populations autochtones, Yaoundé par contre n'aura pas le même problème. En effet, bien qu'il existe une multitude de clans établis sur l'ensemble du site, les zones qui intéressent les Allemands sont libres de toute occupation. Ce qui va favoriser l'installation des colons et le démarrage de la construction de la ville. Comme l'a mentionné Franqueville (1984), c'est entre les ruisseaux Mingoa et Abiergue que fut édifié le poste fortifié allemand. Poste qui est le point de départ de la création de cette ville. L'une des descriptions les plus réalistes du village africain qui deviendra plus tard la capitale politique du Cameroun est donnée par A. Franqueville (1987), comme l'illustre la figure 5 ci-dessus. Le site actuel comme nous l'avons vu plus haut est occupé par quelques concessions autochtones et les rapports des explorateurs qui traversent ou atteignent Yaoundé font état d'une forte densité du peuplement et la forte occupation du sol qui contrastent avec les régions qu'ils ont traversées (Franqueville, 1987). L'un des explorateurs allemands, en l'occurrence Kund, dira : « *les villages prennent de l'importance, la forêt entre les villages fait de plus en plus place aux jardins et aux plantations* ». Et Von Stein de rajouter : « *sur la route entre le Nyong et la station de Yaoundé se rencontrent de nombreux villages quoi que souvent assez petits ; les plus gros villages sont situés près de la station, à l'Ouest et au Nord de laquelle le pays redevient montagneux* ».

À la lecture de ces témoignages, il apparaît que le développement du site qui s'ensuivra ne va qu'accentuer une occupation déjà présente. La ville ne sera pas créée sur un site libre de toute occupation, mais se contentera d'accentuer ce phénomène. C'est donc sur des espaces peuplés et mis en valeur malgré les caractéristiques physiques d'un site accidenté que se déploiera l'étalement urbain de Yaoundé. Franqueville (1987) rapporte le témoignage e l'un des premiers occupants de la station de Yaoundé, G. Zenker :

« *Le pays des Yaoundé est abondamment peuplé, ses villages sont installés sur de grands espaces dégagés ou 10, 20 et jusqu'à 50 huttes s'élèvent près de celle du chef, la plus grande ; elles ne sont pas en tas, mais isolées et en ligne…* ».

Dès 1985, les levés du lieutenant Von Stein font apparaître autour de la station, certains villages qui vont plus tard devenir les quartiers de Yaoundé.

Au Sud-est du site dressé par les Allemands, se trouvaient les Bané, un groupe Beti qui opposera une résistance à la pénétration allemande sur leurs terres jusqu'en 1887. Même si cette résistance ne fut pas aussi vigoureuse que celles que les Allemands rencontreront dans certaines parties du pays, celle-ci montre que l'occupation de Yaoundé ne fut pas si aisée. Toutefois, cette réticence à voir des étrangers s'installer sur leurs terres et perdre le contrôle de celles-ci va influencer les politiques urbaines par la suite à travers l'accès à la propriété foncière. Les rapports que les Allemands entretiennent avec les populations locales vont aussi favoriser leur installation sur ce site. Un des autochtones jouera un rôle majeur dans cette entreprise à savoir Atangana Tsama. En effet, ce fils d'un chef de clan Ewondo né vers 1888 intègrera dès l'âge de 15 ans l'appareil colonial allemand. Son dévouement et son engagement feront de lui une pièce centrale lors de la colonisation allemande. Guide du major Hans Dominik, il sera un auxiliaire précieux lors de la conquête du pays beti-ewondo (Essono, Laburthe-Tolra, 2006).

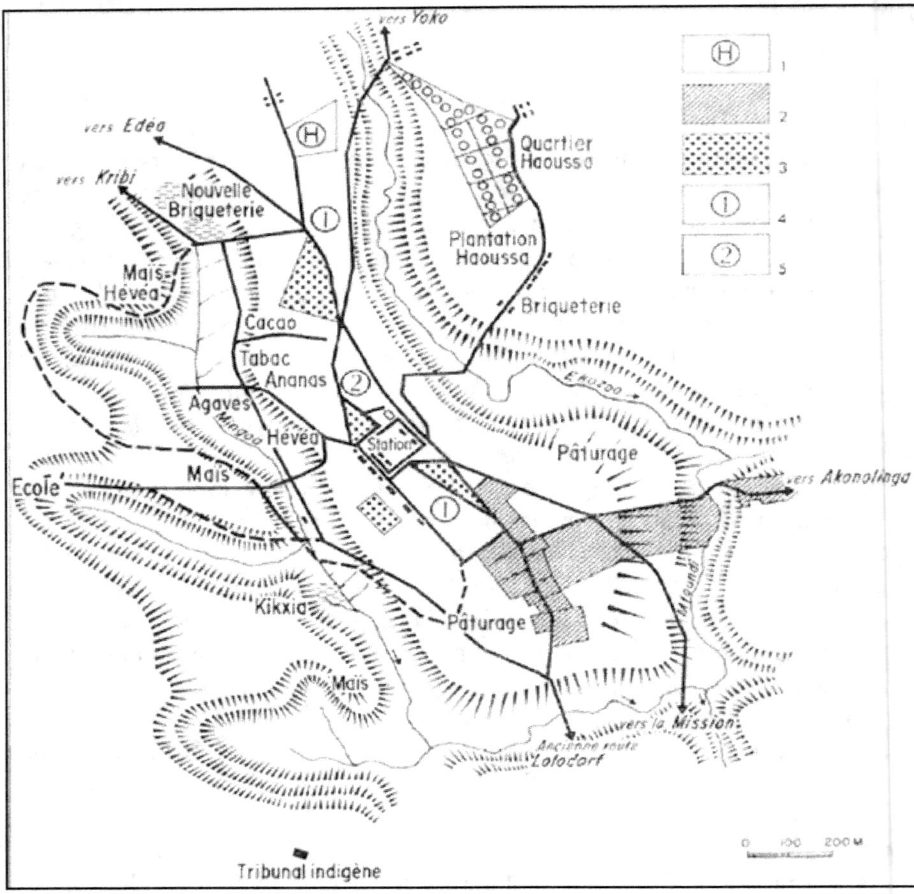

Figure 7 : Plan de la station de Yaoundé et ses environs en 1911
Source : Franqueville (1975)

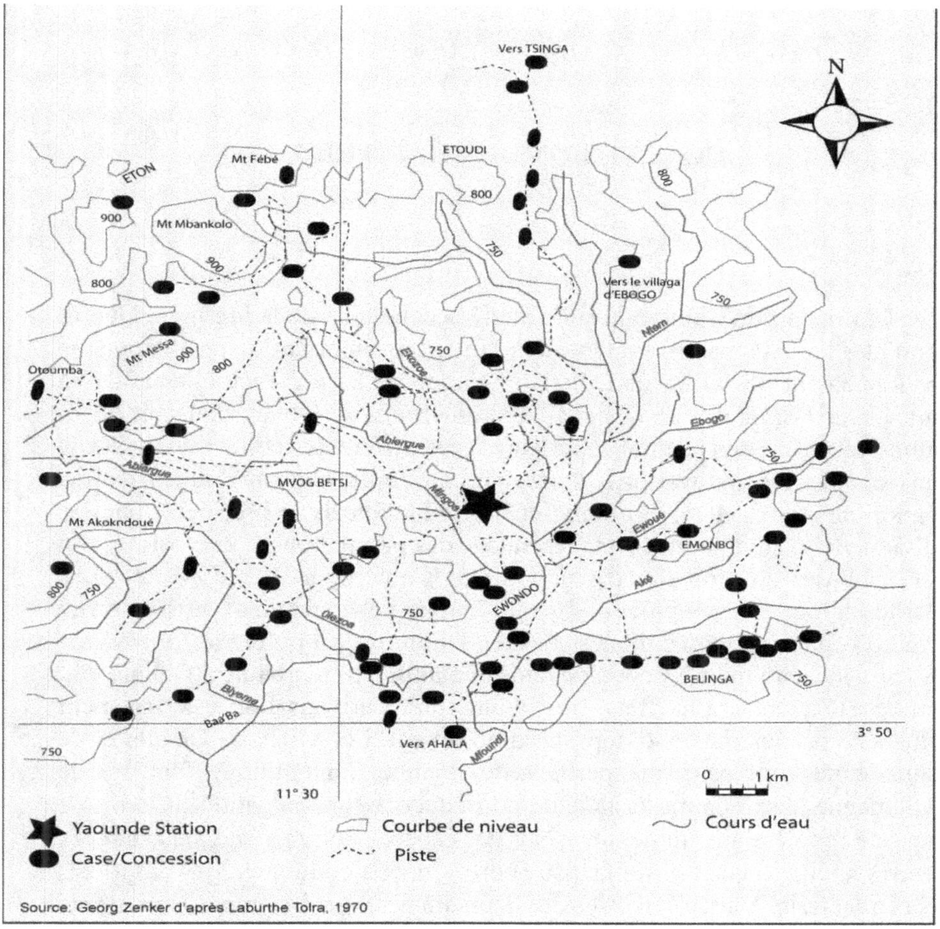

Figure 8 : L'extension spatiale de Yaoundé au départ des Allemands
Source : Franqueville (1975)

CONCLUSION DU CHAPITRE 3

À leur départ du Cameroun suite au déclenchement de la Première Guerre mondiale, les Allemands avaient déjà laissé un important dispositif pour le développement des villes de Douala et Yaoundé. La présence allemande va bouleverser l'organisation des sociétés camerounaises en introduisant l'État comme forme d'organisation supérieure à ces différentes collectivités. Sur le plan foncier, les innovations du régime juridique allemand telles que la création des terres de la couronne et l'introduction de la propriété foncière individuelle se sont heurtées à la résistance des populations. Ces réformes ont posé les bases du droit foncier moderne au Cameroun, et créé des tensions entre les colons et les populations locales qui appréhendent mal cette nouvelle forme d'organisation des modes d'accès à la terre. La politique foncière de l'Allemagne sera mise à l'épreuve dans la planification urbaine à Douala tout comme à Yaoundé. En effet, il est admis que l'urbanisation est largement influencée par les modes d'appropriation du sol. Les villes de Douala et de Yaoundé ne vont pas échapper à cette logique. La politique foncière de l'Allemagne aura comme principale conséquence, une négation du droit de propriété foncière aux autochtones sur des espaces non mis en valeur par ces derniers, même si ceux-ci sont selon le droit foncier coutumier, des propriétés de la collectivité coutumière. Ces derniers, qui ne connaissent pas la propriété individuelle dans le domaine foncier, vont s'opposer à cette politique de l'Allemagne. Cette opposition va déboucher sur plusieurs crises entre les colons et les populations locales et impacter largement les politiques d'urbanismes. C'est dans ce contexte de crise liée à l'accès et à la gestion de la propriété foncière que sera élaborée la politique de planification urbaine. À ce niveau, les règles d'urbanisme motivées par des considérations hygiénistes vont poser les bases de ce qui deviendra plus tard la ville coloniale notamment à Douala. Après leur départ, les deux villes tomberont aux mains des Français qui vont poursuivre l'œuvre allemande. Les bases posées par les Allemands serviront de référence aux Français et plus tard à l'état postcolonial. Ce fut le cas du plan urbain qui se déploiera à partir du noyau urbain créé par les Allemands, mais aussi et surtout le pluralisme juridique hérité des premiers contacts avec les autochtones dont la manifestation la plus importante fut la reconnaissance des droits coutumiers dans le traité germano-douala et les autres ordonnances relatives à la gestion foncière. Cette situation va peser sur la planification urbaine qui s'ensuivra de la colonisation française jusqu'à ce jour. Au moment où les Allemands quittent le Cameroun, ils sont dans un conflit ouvert avec les Doualas pour le contrôle des terres dans la ville. Cette situation qui a conduit à la pendaison du chef des Bell, Douala Manga Bell, qui aura un impact considérable sur la politique française en matière de planification urbaine. Le recours aux instruments contraignants et coercitifs aura alimenté un climat de tension entre les Allemands et leurs partenaires locaux au point de freiner la mise en œuvre de certains projets urbains d'envergure comme le projet *Gross Douala.* L'autre conséquence a été l'installation d'une méfiance des populations autochtones à l'égard des occidentaux. Toutes ces conséquences vont influencer les orientations françaises en termes de politique d'urbanisation fonçant ces nouveaux colons à opter pour des instruments moins contraignants et incitatifs pour mettre en œuvre les politiques de planification urbaine.

CHAPITRE 4 :
LES DÉFIS DE LA PLANIFICATION FRANÇAISE

Le départ de l'Allemagne qui correspond à l'arrivée de la France au Cameroun à la faveur de la Première Guerre mondiale marque un tournant décisif dans la politique de planification urbaine à Douala et à Yaoundé. Ce changement d'autorité à la tête de l'entité territoriale qui forme alors le Kamerun aura des incidents sur l'ensemble de la politique de développement de cette colonie. Il faut dire que l'Allemagne qui était encore au début de son installation[54] n'avait pas une politique cohérente de développement du territoire comme le fera quelques années plus tard la France. C'est dans un mode de développement proche du localisme que se déployaient les différentes politiques de développement parmi lesquelles la planification urbaine. Dès les premières années de son installation, la France va essayer de reproduire ce modèle le temps de mieux organiser son déploiement sur l'ensemble des forces. Une fois, bien installée, elle optera pour une logique sectorielle en élaborant dans une approche très centralisée des politiques de développement économique du territoire dans lesquelles une part des financements sera réservée à la planification urbaine devenue avec le temps un enjeu économique et social aux lourdes conséquences politiques. C'est sur le modèle de la planification économique que s'appliquera la planification urbaine. Avant d'adopter cette approche, la France va continuer d'élaborer les mêmes approches que l'Allemagne en adoptant une approche traditionnelle et spatiale avant de s'orienter vers une approche par projet. Il importe cependant de noter que le contexte politique dans lequel ce pays arrive au Cameroun va influencer sa politique urbaine notamment en ce qui concerne la gestion foncière. Il convient de présenter le contexte politique de l'installation de la France au Cameroun avant d'analyser les différents instruments mobilisés par elle durant cette période. Cette planification sera abordée en deux étapes distinctes à savoir la période de mandat et la période de tutelle. Ces deux périodes sont marquées par l'élaboration des politiques de conciliation visant à atténuer les effets de la crise politique que traverse le pays. L'instrumentation de la planification urbaine oscille alors entre déni et

[54] Le terme « installation » est utilisé ici pour éviter une polémique qui rythme les débats dans le milieu universitaire camerounais entre ceux qui soutiennent que le Cameroun fut une colonie allemande et ceux qui soutiennent le contraire. Pour les tenants de la thèse d'une colonie allemande, la signature du protectorat n'enlève en rien la nature de la gestion coloniale du territoire par les Allemands. Dans les faits, le Cameroun fut selon eux une colonie allemande.

reconnaissance des droits fonciers coutumiers le tout à travers la mise en œuvre d'un urbanisme fortement influencé par l'hygiène et la salubrité.

SECTION I : LA PLANIFICATION FRANÇAISE DANS LA PÉRIODE DE MANDAT : UNE URBANISATION DE CRISE

Après le départ des Allemands, les Français prennent possession du territoire camerounais à la suite un accord avec les Britanniques et entériné par la SDN. Ceux-ci vont alors hériter d'un territoire dont les contours ont déjà été bien délimités par leurs prédécesseurs. La Capitale politique qui avait été momentanément déplacée vers Buea a été transférée à Yaoundé à la faveur de l'affrontement entre alliés et Allemands dans la ville de Douala lors de la Première Guerre mondiale. Dès 1916, Yaoundé devient la capitale politique du pays alors que Douala va demeurer le principal pôle économique. Ces deux villes vont dès lors concentrer l'essentiel des efforts en matière d'urbanisation sous la pression d'un exode rural de plus en plus important. À l'arrivée de ces nouvelles puissances, les deux villes disposent de quelques instruments d'urbanisme avec un étalement urbain moins important. Cet étalement va s'accélérer avec l'arrivée des Français poussant ces derniers à élaborer un ensemble d'instruments d'action publique destinés à la planification urbaine. Ces instruments sont dans l'ensemble moins contraignants que ceux élaborés par les Allemands, mais aussi incitatifs, influencés largement par un contexte politique, économique et social qui les a influencés considérablement et qui est favorable à leur implémentation.

1 - Expose d'un contexte particulier : Le régime de mandat et ses effets sur la

L'exposé du contexte nous permet ici de comprendre comment les actions des « nouveaux maîtres », leurs ambitions et leurs politiques acquièrent une force suffisante pour établir entre des actants diversifiés des liens et en même temps consolider un réseau d'action publique. Cet exposé du contexte nous commande de relever les acteurs en présence ainsi que les événements décisifs du secteur à l'étude, de telle manière que l'on puisse comprendre « les bonnes raisons » qu'ont les acteurs d'agir comme ils le font, en n'oubliant pas de prendre en compte les non-humains. C'est dans un contexte de révolte et de conflit ouvert entre les colons et les autochtones que les Français prennent possession de la ville de Douala. Si Yaoundé n'a pas connu une agitation comme Douala, son aménagement sera cependant influencé par les événements de Douala qui marqueront la politique urbaine camerounaise. Le départ des Allemands fait basculer le statut juridique du Cameroun de protectorat à un territoire sous mandat de la Société Des Nations (SDN) confié par cette dernière à la France et l'Angleterre. Après la Deuxième Guerre mondiale, le pays sera placé cette fois sous le régime de la tutelle administré par les mêmes puissances. La France obtient la partie du territoire comprenant les villes de Douala et de Yaoundé qu'elle va gérer jusqu'à l'accession du pays à l'indépendance en 1960. L'action publique de planification urbaine et l'élaboration de ses instruments se fera dès lors dans ces contextes politiques particuliers qu'il importe d'analyser afin de relever leurs incidences et implications sur la politique qui nous intéresse. Notre démarche va emprunter un peu à la sociologie de la traduction (Callon, Latour, 2006) dans une certaine analyse des faits. Pour Amblard H., Bernoux P. *& al.*, (1996) :

« *Ce n'est pas l'état d'une société qui dicte l'accord entre les acteurs, mais l'accord qui stabilise la société et ce faisant la dicte* ». L'accord de mandat signé entre la France et la SDN sera le cadre de cette politique française au Cameroun. C'est lui qui va orienter l'ensemble des interventions françaises sur ce territoire jusqu'au changement du statut du territoire en 1946. En ce qui concerne la planification urbaine, c'est au niveau de la gestion foncière que les orientations seront données dans l'accord de mandat, notamment en son article 5 qui dispose que : « La Puissance mandataire devra, dans l'établissement des règles relatives à la tenure du sol et au transfert de la propriété foncière, prendre en considération les lois et les coutumes indigènes, respecter les droits et sauvegarder les intérêts des indigènes ». Cette directive vise non seulement à préserver les droits fonciers des autochtones, mais aussi à s'assurer que ceux-ci seront pris en compte dans les politiques mises en place par la puissance mandataire. Le même article précise que :

« Aucune propriété foncière indigène ne pourra faire l'objet d'un transfert, excepté entre indigènes, sans avoir reçu au préalable l'approbation de l'autorité publique. Aucun droit réel ne pourra être constitué sur un bien foncier indigène en faveur d'un non-indigène, si ce n'est avec la même approbation ». Il s'agit ici de protéger la spoliation des terres des autochtones et des indigènes dans l'ensemble. Ce sont les orientations qui vont guider la politique française en matière de planification au Cameroun. Toutefois, il convient de mentionner que l'instrumentation de l'action publique de planification urbaine passe ici par l'analyse des instruments élaborés. Avant d'y parvenir, on s'attardera sur le contexte de leur élaboration en étudiant les différents acteurs et les intérêts qu'ils défendent. Aussi nous importe-t-il de nous attarder sur les différents statuts juridiques de ce territoire sous administration française.

Pris au piège de la réalité coloniale sous le protectorat allemand qu'ils ont pourtant librement réclamé et signé, les chefs doualas et autres chefs de l'hinterland n'avaient pour objectif que de se débarrasser de ce partenaire devenu par la force militaire et la ruse, colonisateur. La défaite allemande et leur départ du Cameroun sonneront comme une délivrance pour les

Camerounais. Une satisfaction et un espoir vite douchés avec la substitution de l'Allemagne par la France et l'Angleterre comme puissances étatiques supérieures aux différents royaumes et organisations infra-étatiques disséminés partout sur le vaste territoire qu'est le Cameroun. En effet, après la fin de la campagne militaire camerounaise lors de la Première Guerre mondiale marquée par la chute de Mora, Français et Anglais vont procéder le 4 mars 1916, à un partage des territoires arrachés aux Allemands. C'est ainsi que la France va prendre possession des villes de Douala et de Yaoundé pour continuer l'œuvre de colonisation amorcée par l'Allemagne. Cette partition sera entérinée le 10 janvier 1920 avec l'entrée en vigueur du traité de Versailles et la naissance de la SDN qui établit à son article 22 un système de mandat appliqué aux anciennes colonies allemandes et aux anciens territoires non turcs de l'Empire ottoman. Le conseil suprême de la SDN réuni le 6 mars 1919 déterminera trois types de mandats parmi lesquels le mandat B qui concernait le Cameroun. Cette décision ne sera pas du goût des chefs doualas et plus largement des Camerounais dont le souvenir douloureux de la présence allemande continue de hanter les esprits. Cette situation va déboucher sur une contestation locale obligeant les Français à déployer des mécanismes de riposte pour imposer son autorité.

1-1- Un particularisme contesté

Le régime de mandat dans lequel vient d'être intégré le Cameroun constitue une particularité au regard des régimes politiques existants à l'époque. Avec le mandat, le Cameroun se distingue de tous ses voisins qui sont quant à eux des colonies françaises ou anglaises. Cependant, ce particularisme ne sera pas du goût de tous, ce qui entraînera des réticences et des oppositions tant au niveau local qu'en Allemagne.

1-1-1- Les réticences locales

La première réticence à la présence française au Cameroun et au régime de mandat est portée par les chefs doualas qui des années plus tôt avaient réclamé le protectorat allemand au Cameroun. C'est ainsi que ceux-ci manifestèrent très tôt leur réticence à l'idée d'une autre annexion de leur territoire par une puissance étrangère. En effet, tout de suite après la fin de la guerre, les

Français soumirent pour signature aux différents chefs locaux un manifeste de sympathie envers la France manifestant de fait leur adhésion à la nouvelle puissance européenne. Celui-ci avait aussi pour objectif de prouver aux autres nations qu'ils avaient été bien accueillis par les Camerounais. Le manifeste ne fut pas signé par les chefs doualas qui estimaient pouvoir se prendre en charge après ces années de colonisation allemande. Pour les chefs doualas, il n'est pas envisageable d'avoir un autre colonisateur. La guerre contre l'Allemagne fut simplement un coup de pouce et rien de plus. Le rapport du haut-commissaire, Lucien Fourneau, adressé au gouverneur-général de l'Afrique Equatorial Française (AEF) révèle l'état d'esprit de ces chefs lors de l'audience qu'il les accorde le 17 décembre 1918 :

« Tous *chefs indigènes cité Douala soussignés réunion avec alliés cris allégresse victoire sur vos ennemis. Nous vous remercions incessamment pour la victoire qui nous a libéré nous attendons les représentants alliés et les accueillerons avec plaisir* ».

Ce discours illustre la mentalité de ces chefs côtiers qui bien que reconnaissant vis-à-vis de la France et de ses alliés pour avoir chassé les Allemands de leurs terres, ne se sentent aucunement liés par un accord ou une redevance que ce soit envers eux. Cette mentalité sera matérialisée le 18 août 1919, date à laquelle ces chefs adressent à la « *haute conférence* », une pétition dans laquelle les chefs et notables doualas revendiquent une autonomie du Cameroun sous leur administration ou à défaut d'avoir la liberté de choisir le mandataire à qui confier leur pays (Ghomsi, 1975).

« *Nous avons ouï dire d'une société mondiale qui serait formée à présent et dont la première tâche est de seconder les intérêts des indigènes et de les délivrer de tout principe arbitraire. Les indigènes du Cameroun et leurs chefs pensent pouvoir faire usage de ce droit et adresser aux alliés la prière d'étudier au cours d'un examen approprié si le Cameroun ne pourrait être considéré comme un territoire neutre. Au cas où cette prière n'épouserait pas les intentions des alliés, nous serions prêts à nous soumettre éventuellement à une décision contraire de la Haute Conférence suivant laquelle nous serions placés sous la protection des Alliés. Nous supplions toutefois la Haute Conférence de nous accorder le droit du choix de la puissance* ».

Cette pétition est en somme un rejet du sort à eux réservé par les Anglais et les Français avec la partition de leur territoire. Ces pétitions n'ont pas été prises en compte par la SDN et sont restées lettres mortes. Mais pour les pétitionnaires, cette institution est l'interlocuteur approprié pour tenter de faire valoir leurs intérêts. La deuxième pétition rédigée le 11 août 1929 dénonce la gestion foncière sans discussion préalable de la ville de Douala avec le lotissement du quartier Bali qui englobe l'ancienne *frei zone* construite par les Allemands. Même si ce lotissement est une réponse de l'administration coloniale française aux exigences de compensations des Bell expulsés jadis du plateau Joss, l'absence de consultation et de discussion préalables avec les autorités posent un sérieux problème aux indigènes. Il en est de même pour l'attribution de quelques parcelles de terrain à des étrangers et à la compagnie d'énergie électrique (Abwa, 2010). Une troisième pétition rédigée le 19 décembre 1929 est en somme un véritable réquisitoire contre l'implémentation du régime de mandat au Cameroun par la France. Celle-ci demande une réforme complète du régime politique de l'administration du Cameroun et ses rédacteurs se présentent comme « Grande Assemblée Populaire (GAP) sous la protection des chefs supérieurs qui ont conclu comme souverains indépendants avec le gouverneur allemand, le traité politique de 1884 » (Ghomsi, 2012).

Ces premières pétitions n'avaient pas connu une suite favorable auprès de la SDN qui prétextait qu'elles n'avaient pas été transmises par voie hiérarchique en vertu des recommandations adoptées, stipulant que celles-ci devaient être transmises à la commission des mandats qui est seul juge de leur recevabilité à travers la puissance mandataire, cette nouvelle pétition se garda de suivre ces dispositions. Aussi, ses concepteurs écrivent :

« *À la société des Nations de Genève par l'intermédiaire de Monsieur le Commissaire de la République Française au Cameroun* ».

Cette pétition très critique vis-à-vis du système de mandat, relève que celui-ci a échoué sur tous les plans et demande la proposition par la SDN, *la base d'une autonomie des indigènes du Cameroun*. Pour les pétitionnaires, c'est à tort que le système de mandat a validé le partage du Cameroun entre Français et Anglais quelques années plus tard. Ceux-ci s'insurgent également contre l'idée selon laquelle le mandat ou toute autre forme de colonisation est la voie royale pour aboutir à l'indépendance des territoires confiés à des puissances mandataires.

Les pétitionnaires relèvent des similitudes entre Allemands, Français et Anglais installés au Cameroun sur le non-respect de leurs engagements mettant ainsi à jour des irrégularités résultant de l'action des puissances coloniales. Ils proposent dans la foulée l'instauration d'un nouveau régime politique qui sera confié aux autochtones avec la collaboration de la SDN. Ils prendront le soin de souligner qu'il ne s'agit pas d'une révolution, mais d'une évolution en faveur des indigènes reconnaissants et préoccupés par leur devenir :

« *Haute Assemblée, qu'il nous soit permis de rappeler qu'en réclamant notre souveraineté, nous ne pensons pas à vrai dire à l'indépendance absolue du Cameroun ainsi qu'il est exposé plus haut…eu égard à ces considérations humaines, nous demandons que la Société des Nations veuille bien, lors du règlement de l'avenir du Cameroun, abandonner les principes qui ont précédemment servi à la création du mandat. Puisque ces principes dénient nos droits* ».

Cette pétition ne fut pas transmise par le gouverneur français à la SDN, mais les rédacteurs trouvèrent d'autres moyens en actionnant d'autres réseaux pour que la pétition arrive jusqu'à ses destinataires. De nombreuses difficultés rencontrées par ces nationalistes pour se faire entendre à travers les pétitions à la commission des mandats, vont les entraîner sur des terrains politiques se jouant des rivalités entre pays européens, dans le but d'exprimer à tout prix leur rejet de la France (Mbue Ngappe, 2015).

1-1-2-La propagande germanophile

La défaite allemande et la perte de ses colonies n'ont pas laissé l'Allemagne indifférente. En effet, durant la période de mandat, Allemands et Français s'affrontent dans un conflit latent autour du Cameroun. Adolf Hitler et les autres officiels allemands arrivés au pouvoir décident de remettre en question toutes les résolutions de Versailles qu'ils considèrent comme un *diktat* insupportable et ainsi récupérer les anciennes possessions coloniales allemandes.

C'est le début d'une vaste campagne de propagande allemande au Cameroun pour le retour de l'ancien protectorat à l'Allemagne. Les principaux artisans de cette propagande sont les anciens élèves de la *Deutschekolonialschule* créée en octobre 1935 à Witzenhaussen, et qui réclament la mise en place d'un empire colonial allemand dont les avantages sont clairement exposés. Dans cette campagne, la presse allemande qui considère que les puissances coloniales exploitent à tort les richesses allemandes est mise à contribution. Il en est de même pour les intellectuels qui eux aussi revendiquent les anciennes colonies allemandes. En 1938, le Dr Ernest Gerhard Jacob fait éditer une brochure intitulée *les colonies allemandes autrefois et maintenant.* Il est suivi par un auteur anonyme qui édite un ouvrage intitulé *Der Deutsche im Ausland.*

Au Cameroun sous mandat français, cette propagande pour la rétrocession du protectorat allemand est de plus en plus retentissante, surtout que depuis 1916, les Français redoutent cette réclamation. À cet effet, ils limitent le retour au pays pour les Camerounais ayant résidé en Allemagne, et sont réticents à l'entrée des Allemands au Cameroun, surveillent sans cesse tous ceux qui sont soupçonnés de germanophilie (Essomba, 2004). Cela est d'autant plus préoccupant que la propagande pour le retour du Cameroun à l'Allemagne se manifeste déjà à Douala avant l'arrivée au pouvoir d'Hitler.

Le directeur de la *Woermann Linnie,* Peters Firminich, est l'un des principaux acteurs de cette campagne au Cameroun. Ce membre de la chambre de commerce et chef du parti nazi pour le Cameroun français crée à cet effet une organisation dénommée « Front de travail » dont l'objectif est de coordonner les actions des Allemands résidents et de donner un cadre de propagande efficace à ceux qui sont de passage. Son remplacement par Vohmann en 1936 va donner une nouvelle orientation à cette propagande. Désormais, les partisans d'un retour allemand au Cameroun vont se livrer à des activités d'espionnage visant à informer les Allemands sur les dispositions prises par les Français pour empêcher leur débarquement au Cameroun.

Cette propagande se déploie dans un contexte de fébrilité pour l'administration coloniale française avec la multiplication de pétitions qui critiquent ouvertement la gestion française et des Allemands résidents qui caressent le désir de voir le Cameroun redevenir une possession allemande (Abwa, 2010).

D'un autre côté, l'action des missionnaires va aussi contribuer à fragiliser l'emprise française sur le Cameroun. Effet, les nombreux missionnaires établis sur le territoire sont de nationalités différentes et n'agissent pas toujours dans le sens de la sauvegarde des intérêts de la colonie comme le font les missionnaires français. Pour des raisons culturelles et politiques les missionnaires qui viennent des Pays-Bas, de la Norvège, de la Suisse ou des États-Unis n'agissent pas toujours dans le sens des intérêts français. Ce qui accroît la méfiance de ces derniers à leur égard. Mais ceux-ci sont contraints de respecter les accords de mandat qui reconnaissent la libre installation et le libre exercice de leur culte dans le pays. Cette confrontation entre textes juridiques internationaux et réalités locales va compliquer davantage le déploiement de l'administration coloniale. Face à cette situation, la France va organiser une riposte dont l'objectif est de gagner la sympathie des indigènes à la cause française en procédant à une *dégermanisation* (Abwa, 2010) du Cameroun.

1-2-La réaction française face au rejet du Mandat et ses implications sur la planification urbaine

Face à l'offensive allemande pour reconquérir le territoire camerounais et la volonté d'émancipation des Camerounais loin d'une nouvelle annexion, les Français vont mettre sur pied un ensemble de mesures visant à s'affirmer sur le territoire et à s'assurer du soutien local. Ainsi, ceux-ci vont dans un premier temps adopter des mesures visant à dominer les Camerounais et à les soumettre à leur autorité, mais aussi à ramener ceux-ci à la cause française en passant par les personnalités influentes dans cette société.

1-2-1-L'institution du code de l'indigénat comme instrument de contrôle social

Selon Ledrut, la planification urbaine n'est pas « une science normative des formes urbaines » (ce qu'est l'urbanisme), mais « un moyen de contrôle social de l'ordre urbain » (Ledrut, 1968, cité par Castells, 1969). C'est dans ce sens que nous mobilisons le code de l'indigénat ici comme un instrument de planification urbaine. Celui-ci était un régime répressif mis en place dans les colonies françaises notamment d'Afrique. Pour Thénault (2017), « *c'était un régime légal de répression des sujets coloniaux ou, pour le dire dans le langage des juristes, il constituait un régime pénal spécial, qui leur était réservé* ». Il offrait à l'administrateur colonial, des moyens de mise en œuvre d'une forme d'organisation sociale pouvant contribuer à la planification urbaine dans le Cameroun à l'époque française. Ces moyens étaient au service de la politique de développement des colonies dont l'urbanisation constitue un passage essentiel. Il s'agit du travail forcé et de l'impôt de capitation.

L'institution du travail forcé[55] par le code de l'indigénat[56] permet à la France ainsi qu'aux autorités en charge des questions d'urbanisme de mobiliser plus facilement une main-d'œuvre pour la construction d'équipements publics et la réalisation de grands chantiers. Ce dispositif va permettre l'accélération de l'urbanisation de la ville dans un contexte de raréfaction des moyens financiers nécessaires pour le financement des travaux d'aménagement.

À côté de cet outil, il y avait l'impôt de capitation. Celui-ci participait également à la planification urbaine en mobilisant des capitaux nécessaires pour la modernisation de la colonie. À travers l'institution de cet outil, le colon

---

[55] C'est un dispositif par lequel les autorités coloniales soumettaient les indigènes à l'accomplissement des travaux d'intérêt public par la force et parfois sans réelle rémunération.

[56] Le code de l'indigénat a été adopté le 28 juin 1881 et fut imposé en 1887 par le gouvernement français à l'ensemble de ses colonies. Il sera également appliqué au Cameroun tout de suite après la prise du pays par les Français. De manière générale, ce code assujettissait les autochtones et les travailleurs immigrés aux travaux forcés, à l'interdiction de circuler la nuit, aux réquisitions, aux impôts de capitation (taxes), etc.[56] Il s'agissait d'un recueil de mesures discrétionnaires destinées à faire régner le « bon ordre colonial », celui-ci étant basé sur l'institutionnalisation de l'inégalité et de la justice. Le code distinguait deux catégories de citoyens : les citoyens français (de souche métropolitaine) et les sujets français c'est-à-dire les Africains noirs, les Malgaches, les Algériens, les Antillais, les Mélanésiens, etc. Le code de l'indigénat consacrait le primat des mobiles économiques et était particulièrement décelable dans l'utilisation de la « contrainte physique » à travers l'institutionnalisation du travail forcé auquel furent soumis presque tous les hommes valides ou jugés tels par le colonisateur (Cf. Jacques Leclerc, « Danemark » dans *L'aménagement linguistique dans le monde*, Québec, CEFAN, Université Laval, 2014. http://www.axl.cefan.ulaval.ca/europe/danemark.htm, consulté le 10 octobre 2019).

veut imposer à l'indigène « des habitudes de travail régulières, faute desquelles la mise en valeur des territoires concédés ne saurait se produire »[57]. Pressé par le paiement d'un impôt[58] dont le non-versement entraînait immédiatement des représailles de la part des autorités coloniales, les Camerounais n'eurent de choix que de se lancer dans la transformation de leur espace. À Douala et à Yaoundé, plusieurs propriétaires fonciers durent céder des parcelles de terrain aux Occidentaux et aux citoyens venus des autres régions afin de s'acquitter de leur impôt. Ce marché foncier sera encouragé, comme le fera par la suite une législation permettant la constatation et la cession des droits fonciers, notamment à Douala, en vue de faciliter les transactions, et même de les encourager.
Sous un autre angle, il fallut par ce mécanisme, comme on l'a annoncé, financer le développement local. *On rejoignait ici l'autre axiome fondamental de la doctrine coloniale : puisque la colonie se devait de ne rien coûter à la métropole, l'impôt permettrait enfin « sans doute de supprimer progressivement la subvention que le budget de l'État est encore tenu de lui allouer* » (Coquery-Vidrovitch, 2001). Cet outil était, aux yeux des colons, une condition du « relèvement moral et matériel des populations noires », en vue de réaliser la « transformation radicale de leur condition actuelle » (M.C. Decrais à C.G. Grodet, 1901, cité par Coquery-Vidrovitch, 2001).

En même temps qu'il était au service d'une doctrine coloniale, l'impôt avait l'ambition de jouer un rôle important dans le développement local. Cependant, les formes violentes de son recouvrement suscitèrent auprès des populations une réticence et un rejet au point où l'attente de ses ambitions devint problème, ce d'autant plus que le contexte socio-politique ne plaidait pas en faveur d'une démarche autoritaire. Les montants récoltés n'étaient pas en mesure de supporter le financement des opérations d'aménagement, limitant de fait l'impact de cet instrument dans le processus de planification urbaine.

Dans ce contexte marqué par l'instauration du code de l'indigénat, une catégorie d'acteurs aura un traitement particulier grâce à sa position au sein de la population indigène : les chefs traditionnels et leurs descendants.

---

[57] Circulaire du C.G. Gentil, 10 oct. 1903, cité par Coquery-Vidrovitch, 2001.

[58] Cet impôt était versé par toutes les personnes ayant atteint la maturité. Dans ces conditions où les actes de naissance permettant d'établir avec certaitude l'âge des personnes, plusieurs astuces permettaient aux administrateurs coloniaux et leurs auxiliaires d'identifier les personnes soumises à ce régime. C'est ainsi que l'apparition des poils aux aiselles pouvait par exemple être considéré comme signe de maturité ou encore le fait de toucher son oreille gauche gauche en passant sa main droite au dessus de sa tête. Pour payer cet impôt, plusieurs autochtones des villes de Douala et de Yaoundé vont s'empresser de mettre en valeur leurs terres par l'agriculture ou en les mettant en location auprès des autres camerounais. L'adoption du régime de l'immatriculation va permettre à ces autochtones de mettre leurs espaces en vente pour s'acquitter de cet impôt.

1-2-2- L'auxiliariat indigène comme relais politique

Le traitement préférentiel accordé à certains indigènes, dont les chefs coutumiers ou traditionnels, est une stratégie visant à se faire des alliés dans un contexte de rejet de l'autorité coloniale française. Cette quête d'alliance est la garantie d'une entreprise pacifique de colonisation et un gage de succès des missions de développement de la colonie. À Douala comme à Yaoundé, le soutien des chefs locaux est nécessaire pour asseoir la domination française et en faciliter l'installation, tout comme l'occupation de l'espace, sans toutefois se heurter aux mêmes difficultés que les Allemands quelques années plus tôt. Le choix des chefs locaux comme partenaires se justifie aussi dans le cadre de l'urbanisme par leur rôle central dans les mécanismes d'accès à la propriété foncière selon les modes coutumiers.

Afin de rallier les Camerounais à la cause française, ceux-ci vont engager une opération de conciliation avec les personnes les plus influentes de la société. Le choix sera porté sur les chefs traditionnels et coutumiers qui, dès les années 1920, vont se constituer en auxiliariat indigène pour relayer les politiques auprès des populations sans que la France n'apparaisse comme leurs instigatrices. En effet, à leur arrivée, les Français trouvent un pouvoir indigène détenu par des chefs puissants et décidèrent de le briser. Ils créèrent d'autres institutions pour essayer de diluer ce pouvoir. C'est alors que fut créé par exemple le conseil des notables qui devint une sorte d'intermédiaire au pouvoir colonial en faisant ombrage au pouvoir indigène. Ce conseil venait casser le monopole des chefs comme seuls interlocuteurs de l'autorité coloniale. Cette démarche permis à la France de se départir de la responsabilité de certaines violences auprès de la SDN et de l'opinion internationale. Ils vont par le jeu de la destitution et de la nomination s'assurer du soutien continuel de ces chefs. Des écoles seront créées dans certaines localités afin de former les fils des chefs destinés à remplacer leurs parents en cas de décès ou de destitution. Ces enfants sont formés pour être un relais de l'administration coloniale et cette dernière s'assure durant cette formation que ceux-ci lui seront fidèles. Des gestes sont faits en direction de certains chefs et autres notables pour gagner leur confiance et celle de leurs sujets et frères. Ainsi, à Douala, Paul Soppo Priso fut promu président de la Jeunesse Française Camerounaise (JEUCAFRA).

À Yaoundé, l'ancien germanophile, Charles Atangana, sera autorisé à rentrer chez lui après un exil à Fernando Pô (actuelle île de Bioko) et réintégré dans ses fonctions de chef supérieur à Yaoundé. Il est par la suite nommé membre du conseil d'administration du territoire et l'administration coloniale l'envoie comme délégué du gouvernement du Cameroun, à la conférence de la France d'Outre-mer à Paris en 1934. Paré de décorations et comblé d'honneurs, celui-ci prendra position au nom de son peuple contre les pétitions rédigées par ses compatriotes pour dénoncer le régime colonial français

(Abwa, 2010). Dans la même lancée, les Français incitèrent certains Camerounais à rédiger les pétitions réclamant à la SDN le rattachement du territoire à la France (Ngongo, 1982). Cette démarche visait à contourner le mandat pour faire du Cameroun une colonie et éloigner ainsi définitivement l'Allemagne du Cameroun, mais aussi pour éviter de fâcher les signataires des accords de Londres dont les États-Unis et l'Angleterre.

En France également, les actions furent entreprises auprès de l'opinion afin d'alerter cette dernière sur les dangers que font courir à tout l'empire colonial français, les prétentions allemandes sur le Cameroun. Religieux, administrateurs coloniaux et écrivains se mirent ensemble pour l'atteinte de cet objectif. Ces actions se mènent consécutivement avec l'organisation ou, mieux, les tentatives d'harmonisation, de la politique foncière.

2 - Une politique foncière de conciliation et ses implications sur l'accès à la propriété foncière

Arrivée dans un contexte de crise portée principalement par les revendications foncières autochtones de la ville de Douala, la politique foncière de la France se voudra conciliante. L'idée est de trouver le parfait équilibre entre l'accession à la propriété foncière pour les colons désireux de créer les plantations sur la colonie et la jouissance par les indigènes des droits sur leurs terres, conformément aux directives contenues dans l'accord de mandat. Cette équation plutôt difficile fera pencher la balance vers les impératifs économiques qui font entorse aux droits indigènes. La politique foncière va ainsi reprendre les grandes orientations de la politique allemande des terres vacantes et sans maître. Toutefois, en vue de faciliter à la fois ce classement et l'accès à la propriété foncière aux colons, une procédure dite de l'immatriculation sera mise en place.

2-1- La politique foncière durant la période de mandat : du déni à la reconnaissance de la propriété foncière coutumière

C'est entre la négation des modes d'appropriation du sol sur la base de la coutume et leur reconnaissance, que se fera la politique foncière française durant la période de mandat. Si dès le départ les Français refusent de reconnaître l'accès à la propriété foncière à travers les mécanismes coutumiers, ils vont rapidement se rétracter pour les consacrer quelque temps après.

Le premier texte foncier français au Cameroun est le décret du 12 janvier 1917 relatif à l'application dans le territoire sous administration française de la législation foncière en vigueur en Afrique Equatoriale Française (AEF). Ce texte qui se situe dans le prolongement de l'ordonnance impériale de 1896, réaffirme la négation des modes d'appropriation coutumière du sol et fait de la puissance publique la seule propriétaire des terres. Les indigènes sont interdits de procéder à la vente des terres aux non-indigènes sans autorisation de l'autorité publique tout comme à la constitution des droits réels au profit des étrangers. Une dérogation sera toutefois accordée sur les actes passés entre les indigènes et les églises. Ce texte a une portée générale pour toutes les colonies françaises d'Afrique équatoriale. Il ne prenait pas en compte le statut spécifique du Cameroun qui non seulement n'était pas une colonie à part entière, mais était traversé par une crise politique majeure. Pour éviter de raviver les tensions déjà très vives dans le territoire, les Français vont prendre en compte le statut particulier de ce pays. C'est ainsi que le décret du 11 août 1920 fixant le principe de la distinction entre les propriétés et les terrains vacants et sans maître et surtout son arrêté d'application du 15 septembre 1921 portant organisation de la propriété foncière dans le territoire du Cameroun, régit les terrains appartenant aux autochtones ou aux collectivités. Cet arrêté reconnaît la propriété à ces indigènes sur la base des modes coutumiers d'appropriation du sol bien qu'aucun document ne vienne attester ce droit. Il offre la possibilité aux indigènes de faire reconnaître ainsi leurs droits sur des terres présentant les caractères de la propriété quiritaire. Ils pouvaient ainsi obtenir un acte notarié relatif à la propriété tout comme fixer les limites des terrains communautaires. Le processus de reconnaissance des droits coutumiers sur la terre était encadré dans cet arrêté et prévoyait que la procédure soit sanctionnée par la signature de sept témoins parmi lesquels devaient figurer le chef et les notables de la collectivité intéressée. La détermination des réserves des collectivités locales était du ressort des chefs des circonscriptions administratives, alors que l'approbation des plans revenait au chef du territoire. Toute occupation des terres dites vacantes et sans maître était précédée d'une enquête visant à s'assurer que personne ne revendiquait des droits sur celles-ci. Selon Ngomsik-Kamgang (2012),

Le décret du 11 août 1920 attribuait à l'État les terres vacantes et sans maître, suivant la formule de l'article 539 du Code Civil. Mais le mot « État » ne devait pas faire illusion, car en fait, ce domaine avait été considéré comme il devait l'être, c'est-à-dire comme domaine local au même titre que celui que possédaient les départements, les colonies, les municipalités, à côté de celui de l'État central dont ses établissements publics, se distinguaient en tant que maîtres et disposant de leur domaine.

Par le principe de la tutelle administrative de l'État central sur les autorités locales, la domanialité particulière ne s'en trouvait point affectée. Le pouvoir central continuait de gérer les terres et se réservait même des exclusivités, notamment dans l'attribution des terres d'une superficie importante. Le décret du 12 janvier 1938 et son arrêté d'application du 31 octobre 1938 portant organisation des terres domaniales dispose que *toutes les terres appartiennent au territoire, de même que celles qui ne font pas l'objet d'un titre, soit en vertu du régime d'immatriculation, soit en vertu du régime de constatation des droits fonciers coutumiers.* L'introduction du régime de la constatation des droits fonciers permettait alors de surmonter un obstacle majeur qui est celui de la revendication récurrente des droits sur les terres vacantes et sans maître par certains autochtones ou leurs collectivités. Pour accélérer l'accès au foncier par les colons, les autorités vont faciliter la reconnaissance des droits des indigènes sur leurs terres en instituant le régime de l'immatriculation qui avait été précédé par celui de la constatation des droits fonciers coutumiers.

2-2-Un instrument de régulation aux visés économiques : l'immatriculation

L'immatriculation est un procédé par lequel les détenteurs de droits coutumiers sur une terre sont appelés à apporter la preuve de cette détention auprès des autorités administratives en vue d'entrer en possession de manière légale de leurs droits sur ces terres. C'est un mode d'accession à la propriété foncière qui se caractérise par la constatation et l'inscription des droits individuels et collectifs dans un livre foncier. Ce système est inspiré de « *The Real property* », plus connu sous le nom de *Act Torrens*[59] (Mpessa, 2004). C'est à la faveur d'un décret du 21 juillet de 1932 qu'elle fut introduite au Cameroun. Cette procédure administrative et juridique constitue un instrument de planification urbaine qui a joué un rôle crucial dans le développement urbain des villes de Douala et de Yaoundé. À ce niveau, nous entendons, par instrument, les mesures d'ordres juridiques et socio-économiques adoptées au Cameroun par l'administration coloniale française en vue de faciliter la gestion foncière propice à la planification urbaine. L'objectif du régime de l'immatriculation est également d'organiser les relations sociales par le jeu économique en se servant d'un outil issu des textes juridiques. Le but recherché à travers l'institution de ce régime foncier est la régulation moderne du système foncier camerounais largement dépendant du droit coutumier en facilitant la vente et l'achat des terres. Ce régime de l'immatriculation est précédé de deux autres régimes influencés eux aussi par le climat social très tendu à l'époque. Il importe de revenir sur ces régimes pour mieux comprendre ce qu'est l'immatriculation.

En effet, arrivés au Cameroun après la défaite allemande lors de la Première Guerre mondiale, les Français remplacent l'ancienne puissance coloniale dont les citoyens s'étaient déjà installés dans les villes et possédaient des biens, notamment immobiliers. Le départ des Allemands et les

---

[59] C'est un système simple d'immatriculation des terres dans un contexte initial de colonisation ou l'État considère dès le départ qu'il est propriétaire de l'ensemble des terres

affrontements militaires entre les troupes allemandes et celles des alliés ayant causé la perte de plusieurs traces, notamment des livres fonciers[60], il fallut se réorganiser pour mettre de l'ordre dans ce secteur. C'est dans ce cadre que fut institué, par la loi du 24 juillet 1921 et son décret d'application du 15 septembre 1921 régissant la publication des droits fonciers au Cameroun, le régime de la transcription. Celui-ci consistait à faire noter, sur un livre foncier, les biens des détenteurs en vue de faire valoir leurs droits réels sur ceux-ci. C'est en réalité une mise à jour du livre foncier dressé par les Allemands quelques années plus tôt. Après avoir fait la mise à jour du livre foncier, il fallut ensuite s'accorder sur les modes d'appropriation du sol selon le droit coutumier afin de les arrimer au droit moderne. C'est ce que vise le régime de la constatation des droits fonciers coutumiers des autochtones. Institué par le décret du 21 juillet 1932 organisant la constatation des droits fonciers des indigènes au Cameroun protégé sous mandat français, ce régime vient consacrer la reconnaissance des modes coutumiers d'accès à la propriété foncière. En effet, celui-ci donnait la possibilité aux indigènes de faire constater par les autorités administratives leurs droits sur la terre à travers une occupation ou une exploitation de celle-ci (Tchouanguem, 2012). Les droits ainsi constatés étaient consignés dans un livret foncier qui donnait ensuite droit, tout comme l'immatriculation, à l'acquisition d'un titre foncier ultérieurement. Cependant, il est important de noter que ces deux régimes précédents y compris le livret foncier, n'accordaient aux autochtones qu'un simple droit d'usage et de jouissance sur ces terres. À ce titre, ils ne pouvaient ni les céder, ni les vendre, n'étant pas les propriétaires. Une situation ne va pas arranger les Français pour qui le développement de la colonie passe nécessairement par l'accès à la propriété foncière et l'urbanisation. Le régime de l'immatriculation adoptée en 1932 sera la suite de cette procédure de régulation de gestion foncière sur fond de visées économiques et aura un impact considérable sur l'urbanisme.

L'immatriculation va permettre aux Français d'accéder à la propriété foncière par l'achat des terrains aux autochtones et de transformer la ville en essayant de copier le modèle occidental. L'immatriculation apparaît ici comme un instrument moins contraignant, d'autant plus qu'il est facultatif. La nature moins contraignante de cet instrument est aussi imposée par le contexte socio-politique de l'époque marqué par le rejet par une grande partie des Camerounais de l'autorité française sur leur pays. Il est alors préférable pour les Français d'éviter de prendre toute mesure qui pourrait susciter la révolte des populations. Le régime d'immatriculation mis en place permet alors aux Camerounais détenteurs de terres, selon les règles de la coutume locale, d'accéder au droit de propriété avec toutes les prérogatives attachées à ce droit par la législation française (Michelon, 2012). Ce droit met un terme aux

[60] Encore appelé Grundbuch, il s'agit d'un registre recensant les propriétaires fonciers au Cameroun pendant la colonisation allemande.

régimes allemands antérieurs et constitue un véritable droit de propriété au Cameroun. Pour le ministre français des colonies,

Le décret du 21 juillet 1932 rend tout d'abord possible à l'égard des indigènes la création de la propriété quiritaire avec tous les effets qu'elle comporte au regard de la loi française. Il permet de faire disparaître la dualité de régime affectant certains biens constitués avant 1914, demeurés entre les mains des ressortissants alliés ou neutres et régis encore, pour tous les actes antérieurs à notre occupation, par la législation allemande sous l'empire de laquelle ils ont été constitués. Enfin, il permet, par la procédure même de l'immatriculation, d'effectuer la purge complète de tous droits réels et charges occultes qui grèvent la propriété et rendent parfois précaires les transactions. Toutefois, pour des raisons d'ordre pratique, il est prévu que l'immatriculation sera facultative, sauf dans des cas limitativement fixés à l'article 2 où elle est rendue obligatoire.[61]

Selon les termes des régimes fonciers précédents, la vente des terres était interdite d'autant plus que, selon la conception coutumière de l'espace, les terres n'appartiennent pas à un individu, mais à la collectivité ou au clan. L'immatriculation vient bouleverser le rapport des autochtones avec la terre en introduisant la propriété privée individuelle. En plus de la régulation que ce régime semble poursuivre, il est porteur d'une intention politique de transformation de la ville en permettant aux Occidentaux d'acheter les terrains pour construire des maisons et autres infrastructures en règle avec la police de la construction. L'autre objectif non avoué du système d'immatriculation était, selon certains, de « profiter de la vente de terrains pour européaniser la ville en faisant entrer ces terres sur le marché foncier ». (Gouellain, 1975).

Pour d'autres :

« *En définitive, le décret de 1932 donnait le moyen à la ville de s'européaniser uniquement grâce au jeu des lois économiques. En 1939, les Doualas, pour la première fois, et peut-être plus que jamais, subissaient ces lois et éprouvaient de très grands besoins d'argent pour vivre, payer l'impôt et achever de nombreuses habitations, dont la construction remontait parfois avant la crise de 1929* ». (Gouellain, 1975).

Pour sa part, Leroy (1982 cité par Mpesa, 2004) affirme que : *L'immatriculation est destinée à assurer le passage de la matrice précapitaliste à la matrice capitaliste puis à gérer l'espace en assurant la sécurité des capitaux investis dans les biens immobiliers*[62]

Ce décret ouvrit la voie à des transactions qui permettaient aux colons occidentaux de se procurer un nombre important de terrains notamment dans

---

[61] Rapport du ministre français des colonies au Président de la République, cité par Mpesa 2004.

les quartiers Akwa et Deido, chassant au passage les nombreux étrangers[63] qui y vivaient. Ce mécanisme permettra aux Européens d'urbaniser ces deux territoires selon leur conception de l'espace sans se heurter à la résistance des populations autochtones comme ce fut le cas avec les Allemands des années plus tôt. Ce fut également l'occasion d'agrandir le périmètre urbain de Douala qui se limitait jusqu'ici aux quartiers du noyau urbain constitué des quartiers habités en grande majorité par les Européens. Une fois les droits acquis sur ces terrains de manière légale et légitime, les autorités vont édicter des règles d'urbanisme pour contrôler la qualité du bâti urbain en soumettant toute nouvelle construction ou modification d'anciennes à l'autorisation préalable de l'autorité coloniale dans le périmètre urbain. Cette décision sera suivie à Douala par un arrêté précisant les règles de construction et soumettant toute nouvelle construction ou modification d'anciennes à l'autorisation préalable d'un chef de région. Un délai d'un an est donné à tous les occupants pour se conformer aux nouvelles exigences en matière de bâti urbain fait non plus de terre et de paille, mais de briques et ciment. Dans un souci d'éviter une révolte populaire, les autorités accordent à ceux qui seraient dans l'incapacité de respecter ces normes le choix, soit de les vendre, soit de se déplacer vers de nouveaux terrains aménagés. L'administration se chargera de la construction des nouvelles habitations pour ceux qui choisiront de quitter leurs cases[64] situées dans les limites urbaines contenues dans le plan d'urbanisme et dont ils ne peuvent d'ici un an faire des constructions en conformité avec les nouvelles règles.

3- Une transformation urbaine par l'hygiénisme

Durant toute la période de mandat, l'urbanisme dans les villes camerounaises sera régi par les règles d'hygiène et de salubrité. Cette législation était appliquée au sein d'un périmètre plutôt réduit qui n'incluait que les quartiers habités par les colons et quelques autochtones, le plus souvent des auxiliaires de l'administration. Cette phase a mobilisé des instruments classiques de planification urbaine en s'appuyant sur une législation en matière d'hygiène très stricte comme nous verrons dans la section (3-2) ci-dessous.

---

[63] Il s'agit des personnes venues des zones rurales et du nord du pays mais aussi des citoyens des pays frontaliers au Cameroun comme le Nigeria dont une forte communauté s'installa à Deido. Ces étrangers n'avaient du point de vue coutumier aucun droit sur ces terrains, ce qui facilitera leur expulsion de celles-ci par leurs acquéreurs

[64] Habitat traditionnel locale fait le plus souvent en matériaux provisoires : planches ou terres battue.

3-1- Le Plan Directeur d'Urbanisme de 1925 de Douala

Ce premier plan d'urbanisme réalisé pour la ville de Douala délimitait ce qui était considéré comme le périmètre dans lequel s'appliquent les règles d'urbanisme édictées par les autorités coloniales. Ce plan d'urbanisme vise à relancer le processus de planification mis à mal par les nombreuses crises et tensions qui secouent la ville de Douala. Afin de réaliser ce nouveau plan d'urbanisme, les Français vont pour une première fois prendre en compte les aspirations et intérêts des populations autochtones même si ces dernières vont les accuser de les avoir écartées des discussions préalables ayant abouti à cette conclusion. En effet, le quartier New-Bell, jadis désigné comme site de recasement des *Bell,* ne figure pas dans le nouveau périmètre urbain. Il est admis comme un bien collectif du clan Bell. Le plan intègre le quartier Bali[65] qui a été loti pour le recasement de certains membres du clan Bell qui refusent toujours d'aller s'installer à New-Bell et exigent un dédommagement, suite à leur expulsion du plateau Joss par les Allemands. Ce geste acte l'abandon de la ségrégation urbaine à Douala alors qu'elle continue d'être appliquée à Yaoundé. Un autre plan sera dressé pour les mêmes ambitions dans la ville de Yaoundé. Au sein de ces périmètres, l'urbanisme réglementaire est assuré par les règles d'hygiène et de salubrité.

[65] Il s'agit de cette bande de terre qui séparait la ville européenne de la ville indigène pendant la période allemande.

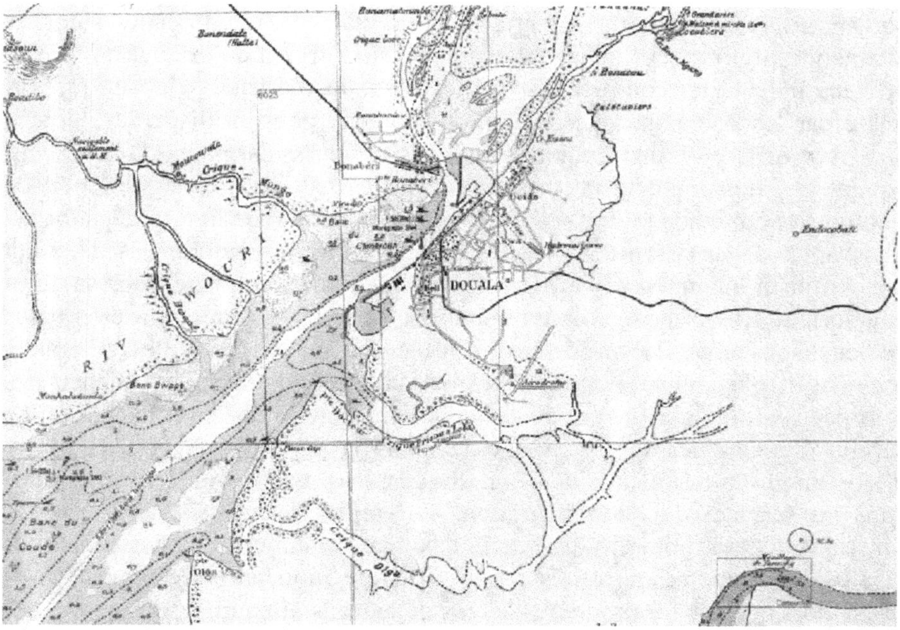

Figure 9 : Plan de Douala de 1925
Source : Communauté Urbaine de Douala

3-2- Un urbanisme réglementaire appréhendé par les règles d'hygiène et de salubrité

Dans le périmètre délimité par le plan d'urbanisme de 1925, ce sont les règles d'hygiène et de salubrité qui orientent en général l'occupation de l'espace et réglementent les constructions. Celles-ci concernent les règles d'hygiène et la police du cadre de vie.

Elles sont introduites au Cameroun tout de suite après l'arrivée de la France. Avant eux, les Allemands avaient déjà annoncé la couleur en procédant à la séparation des habitations des colons et des indigènes. Les rapports dressés par les médecins occidentaux faisaient état d'une population indigène décimée par les maladies et la malnutrition et dont les conditions de vie sont propices au développement des maladies. Selon un rapport médical allemand de l'année 1909-1910, une enquête réalisée sur un échantillon de 1000 femmes dont 700 fécondes, enregistrait un nombre total de naissance de 2382 bébés dont 821 décédèrent dans la première enfance c'est-à-dire entre zéro et cinq ans. Parmi les causes de ces maladies, le paludisme et les parasitoses intestinales figuraient en tête du classement[66]. Pour les autorités allemandes d'abord et françaises ensuite, il était urgent de trouver un moyen efficace pour lutter contre ces maladies d'autant plus que selon un rapport laissé par les Allemands, la population indigène pourrait disparaître si rien n'est fait dans 100 ans. Pour Nzoguè, ces rapports alarmants doivent tenir compte de leur contexte de production qui est celui de la légitimation de l'entreprise coloniale même si l'environnement naturel de la forêt équatoriale est propice à l'éclosion des insectes porteurs d'agents pathogènes. Il fallait donc trouver un moyen pour surmonter les défis de la vie dans la forêt équatoriale. L'entreprise coloniale favorisera la création des centres urbains enclenchant ainsi le processus d'urbanisation. Cette ville coloniale, remplissait plusieurs fonctions qui firent d'elle le lieu par excellence des Européens attirés par l'aventure coloniale, mais aussi le lieu d'habitation de certains autochtones dont le village devenait par la circonstance ledit centre urbain en gestation. À côté de ces individus, il y avait les indigènes recrutés dans les services de l'administration, les employés engagés dans diverses fonctions générées par la ville ; enfin des petits commerçants, des déshérités et plusieurs aventuriers attirés par l'économie monétaire (Nzoguè, 2013). C'est alors que dès les premières heures de leur installation, les Français vont signer le 24 novembre 1914, un arrêté rendant applicable en A.E.F, le décret du 2 septembre 1914 relatif à l'hygiène des voies et des immeubles des villes et agglomérations en France. Cet arrêté réglemente l'hygiène dans les quartiers des villes notamment Douala et Yaoundé dans la tenue des établissements recevant du public tout comme les habitations des personnes. L'adoption de cette mesure a eu lieu la même année que l'arrivée de la France. Sa rapidité peut s'expliquer par la volonté d'anticiper les problèmes d'hygiène que la France rencontre déjà dans ses autres colonies d'Afrique. Pour se rassurer que les mêmes problèmes ne seront pas rencontrés au Cameroun, les autorités coloniales vont créer à travers l'arrêté du 2 décembre 1916, les commissions en charge de l'examen de toutes les questions sanitaires intéressant l'hygiène publique et l'assistance dans la circonscription. Ces commissions étaient chargées de veiller à l'application des mesures d'hygiène édictées par les autorités coloniales et disposaient d'un ensemble d'instruments répressifs pour sanctionner tous ceux qui ne se conforment pas à ces règles. Le 27 novembre 1937, un arrêté du gouverneur français issu de l'arrêté du 24 novembre 1914 rendant applicable en A.E.F le décret du 2 septembre 1914 régissant l'hygiène de la voie et des immeubles des villes et des agglomérations. Ce texte a renforcé le premier notamment en ce qui concerne les obligations des particuliers en matière de voirie et d'entretien des travaux urbains. Les autorités visent par cet arrêté à revoir le niveau de propreté des villes et à lutter contre les maladies dont le paludisme. Il est ainsi

---

[66] H. R. Rudin, *Germans in the Cameroons 1884-1914. A case study in modern imperialism*, New York, Greenwood Press Publishers, 1931, 346 p., cité par Nzoguè, 2013

institué des campagnes d'hygiène publique afin de déblayer les rues et de détruire toutes les rétentions qui favorisent l'éclosion des laves et autres insectes vecteurs de maladie. L'arrêté n°37 du 1er octobre 1937 fixant les règles générales d'hygiène et de salubrité publiques applicables dans le territoire du Cameroun sous mandat français qui viendra après vise spécifiquement les villes de Douala et de Yaoundé qui sont alors les plus grands centres de rassemblement humain au Cameroun. Cet arrêté traite de la salubrité publique dans ces agglomérations et concerne notamment la salubrité des immeubles. Il est proposé de construire les maisons dans un espace bien dégagé afin d'éviter la promiscuité. Ainsi, l'article 26 de cet arrêté dispose par exemple que « les abords des cases sont nets de toute végétation sur une largeur minimum de 5 mètres à partir des façades. »

Le fait de réserver tout un titre (le II) pour la ville de Douala rend compte de l'importance de cette ville aux yeux des colons. L'accès à la propriété foncière aux autochtones à travers le régime de la constatation des droits fonciers coutumiers et l'immatriculation a accéléré l'urbanisation de la ville de Douala. Cette dynamique a poussé les autorités à fournir un cadre spécifique à cette ville afin de mieux contrôler son développement et surtout d'éviter une crise sanitaire. Ces mesures d'hygiène vont contribuer au renforcement de la ségrégation urbaine dans les villes alors que le territoire s'apprête à changer de statut passant de territoire sous-mandat à celui de territoire sous-tutelle.

SECTION 2- LE RÉGIME DE TUTELLE : ENTRE RÉORGANISATION INSTITUTIONNELLE ET AFFIRMATION DE L'URBANISME PAR L'HYGIÉNISME

Après la Deuxième Guerre mondiale et la naissance de l'ONU, le régime de mandat est modifié pour céder place au régime de tutelle. Les deux puissances mandataires sont reconduites pour être les puissances tutélaires. Le principe est le même sauf que, cette fois, l'accord de mandat vise à accélérer, l'organisation du processus d'émancipation à court terme pour les territoires jadis sous mandat. En France, la constitution française d'après-guerre substitue l'Union française à l'empire colonial. Ce qui aura comme conséquence pour le Cameroun sa requalification en « territoire associé » correspondant aux territoires sous tutelle. Cette nouvelle catégorie juridique, créée par la constitution de 1946, est un territoire associé dans lequel s'applique la constitution française sous réserve des dispositions de la charte des Nations Unies et l'accord de tutelle. Ce changement de statut juridique est en adéquation avec l'accord de tutelle qui autorise la France à administrer le

Cameroun « selon la législation française » comme « partie intégrante du territoire français ». La nouvelle orientation que prendra l'administration du territoire s'opère dans un contexte de revendication de plus d'autonomie par les Camerounais et une augmentation de la population urbaine. À ce niveau de la recherche, l'on s'attardera sur les changements institutionnels et ses impacts sur la politique de planification urbaine, mais également sur les divers instruments de cette politique centrée sur l'hygiène et la salubrité.

Il convient de débuter cette section en exposant les changements apportés par le statut du Cameroun comme territoire sous tutelle de la France.

1- Une redéfinition du rôle de la France dans le développement du Cameroun

La pression populaire portée par les syndicalistes et les populations du Cameroun va pousser les autorités françaises à enclencher le processus d'autonomisation du Cameroun. Il s'agit alors de transférer à une élite locale certaines compétences dans la gestion de leur pays. C'est cette idée qui va justifier la création de certains organes représentatifs au sein desquels siégeaient les Camerounais, notamment les assemblées territoriales et la commune de plein exercice. Ces réformes s'inspirent de la formule de l'article 74 de la Constitution française qui avait pour but d'accorder au Cameroun une certaine autonomie en délimitant ses « intérêts propres dans l'ensemble des intérêts de la République ». Le statut de 1957 fait constamment appel à cette notion « d'affaires propres à l'État sous tutelle du Cameroun » (art.5), de « matières d'intérêt camerounais » (art.11) (Gonidec, 1957). Cette redéfinition du rôle de la puissance tutélaire dans la politique de développement du Cameroun aura des conséquences sur l'urbanisation des villes en étude dans notre analyse. Ces conséquences concernent l'aspect financier de la planification, mais aussi sa dimension technique.

1-1- L'impact technique de la réforme dans l'urbanisation du Cameroun sous tutelle

Avec l'avènement du régime de tutelle, l'engagement de la France au Cameroun sera révisé, affectant ainsi la politique publique d'urbanisation. La première conséquence de cette redéfinition du rôle de la France sera de passer d'acteur principal à partenaire au développement. En transférant certaines responsabilités aux Camerounais, les autorités françaises se mettent en retrait dans certains domaines. Dans la planification urbaine, l'assistance technique est requise pour aider les autorités nationales à élaborer et à mettre en œuvre les plans d'urbanisme. Durant cette période, les autorités nationales, en collaboration avec les techniciens français, vont préparer le troisième plan français (plan Dorian, cf. figure 11 ci-dessus). La modification du périmètre urbain qui survient avec la création des communes de plein exercice va modifier de manière substantielle la physionomie des différentes villes. La liberté accordée à l'exécutif communal de mener des opérations d'aménagement d'intérêt communal va donner un coup de pouce au processus d'urbanisation. À Douala comme à Yaoundé, plusieurs chantiers sont lancés, appuyés par les mécanismes de prélèvement financier accordé à la commune de plein exercice. S'il est vrai que la France, à travers l'intervention de son personnel technique, donne les principales orientations de la politique urbaine, le soin est laissé à la municipalité de l'appliquer à travers la mise en œuvre d'un ensemble d'opérations, dont le contrôle technique et le contrôle de légalité. Ces opérations sont réalisées à travers la délivrance des permis de construire ou des certificats d'urbanisme. Ces changements vont également avoir un impact sur un autre aspect de l'engagement français dans la planification urbaine, à savoir la dimension financière.

1-2- Les changements liés à la dimension financière

Avec la réforme énoncée plus haut, la France se voit déchargée de certaines obligations financières qui reviennent de facto aux Camerounais à travers la commune de plein exercice[67] nouvellement créée. En principe, ce retrait vise à augmenter la part des fonds affectés au développement local et partant, à la planification urbaine, en permettant aux autorités locales de mobiliser les ressources, au niveau local notamment. Les fonds prélevés (cf section 2-1-2 ci-dessous) à travers les mécanismes de création de la recette viennent s'ajouter aux *recettes temporaires ou accidentelles et les crédits alloués par les budgets locaux des territoires, fonds de concours pour grands travaux d'urbanisme et dépenses d'équipement* (cf. article 28 alinéa 1 et 2 de la loi de 1955). Les réformes qui interviennent avec le régime de tutelle augmentent la charge financière de la puissance tutélaire française (Gonidec, 1957). Ayant confié le prélèvement des impôts aux Camerounais à travers la commune de plein exercice, la France entend se désengager en tant qu'acteur exclusif du financement des opérations d'urbanisme. Son apport est désormais réduit à un soutien financier aux communes à travers le programme de modernisation de la colonie. Deux situations interpellent notre analyse dans ce contexte. En

[67] Celle-ci fera l'objet d'une analyse dans la section (2-1-2) ci-dessous.

effet, si l'engagement de la France dans la modernisation des villes semble s'estomper à cause d'une pression financière de plus en plus forte à la suite des réformes de 1957, les capacités des institutions camerounaises, dont les communes de plein exercice, tendent quant à elles à accroître. La conséquence directe sur le développement urbain est la révision des ambitions portées par les plans d'urbanisme de 1925 et plus tard celui de 1959. Pour la France, l'accent est mis sur l'exploitation des potentialités de la colonie à des fins de développement de la métropole. Il revient aux autorités locales de se prendre en charge en ce qui concerne le développement de leur territoire sous les conseils et l'encadrement de la puissance tutélaire. Mais, face à la faible mobilisation des ressources locales, la planification urbaine va connaître des difficultés énormes. Les réformes apportées par le régime de tutelle vont également affecter les institutions de planification urbaine.

2- Les institutions de planification urbaine dans le Cameroun français

C'est l'ordonnance n° 45-1423 du 28 juin 1945 portant réglementation de l'urbanisme aux colonies qui met en place la structure administrative en charge de la planification urbaine dans les colonies françaises. Ce texte avait été signé en prélude à l'avènement du régime de tutelle qui s'annonçait. De l'aveu des rédacteurs de ce texte[68], celui-ci vise à fixer les grandes lignes d'une réglementation applicable, grâce à sa grande souplesse, à l'ensemble des territoires d'outre-mer relevant du ministère des colonies. C'est pour éviter de donner aux administrateurs des colonies un texte trop lourd que les autorités métropolitaines ont opté pour un texte dont l'ambition est essentiellement de *restreindre partout la part du hasard et de l'improvisation*[69]. L'idée était alors de confier l'urbanisme à des experts en la matière et *d'assurer l'exécution intégrale du projet par des mesures de sauvegarde*[70]. L'entrée en vigueur de ce texte marque un changement dans le processus de planification urbaine dans la mesure où il sonne la fin de *l'ère des projets hâtifs et pourtant poncifs, incomplets et encore plus sommairement étudiés et encore plus sommairement exécutés*[71] pour laisser place à des projets soumis à une analyse disciplinée aux œuvres humaines et originales, les plus dignes. Cette ordonnance distingue les institutions centrales et les institutions locales.

---

[68] Ainsi qu'il ressort de l'analyse de l'exposé des motifs de ce texte
[69] Ord. n° 45-1423
[70] *Ibid.* p.1
[71] *Ibid.*

2-1- Les institutions centrales de planification urbaine

Pour ce qui est des institutions centrales, l'ordonnance de 1945 a institué le comité d'urbanisme et de l'habitation. L'article 2 de cette ordonnance dispose que sa composition est déterminée par un décret du ministre des colonies qui assure sa présidence. C'est ce comité qui est à l'origine de la désignation des agglomérations devant être pourvues obligatoirement d'un projet d'aménagement. Il est également chargé d'examiner les projets d'aménagement ou leur révision. Pour le cas du Cameroun, cette commission était composée d'un président qui n'était autre que le ministre des colonies, un membre du conseil d'État, un délégué du ministre de la reconstruction, le président de la société française des urbanistes, un représentant du conseil supérieur de l'ordre des architectes et un urbaniste diplômé de l'institut d'urbanisme de Paris. Il était également prévu d'associer deux personnalités qualifiées en matière d'urbanisme, deux représentants de l'assemblée constitutive des territoires relevant du ministère des colonies, le directeur du plan d'organisation et de développement des colonies, ainsi que l'inspecteur général des travaux publics des colonies. En plus de ceux-ci, il était également possible de faire intervenir certains conseillers représentant les ministères intéressés et des services techniques tels que le directeur du service de santé au ministère des colonies, le directeur des services militaires au ministère des colonies et le chef du bureau de l'urbanisme de ce même ministère. Au vu de ses missions et de sa composition, il apparaît que la planification urbaine reste très centralisée malgré l'avènement du régime de tutelle. En effet, les autorités coloniales continuent d'avoir l'exclusivité de cette politique dans la détermination des zones à règlementer mais aussi dans le contenu des projets à mener. La seule innovation ici est relative à la présence dans ce comité des Camerounais en qualité de représentants de l'assemblée constitutive des territoires.

2-2- Les institutions locales et leur impact sur la planification urbaine

À côté des motivations politiques des réformes de l'administration locale, on peut voir une volonté de l'État français de s'affranchir de certaines prérogatives qui devenaient de plus en plus encombrantes. Parmi celles-ci, il y a la lourdeur de son appareil administratif et les dépenses financières y afférentes. Le passage du régime de mandat au régime de tutelle aura pour impact principal une réforme des institutions intervenant directement ou indirectement dans la planification urbaine. La constitution de 1946 permet à la France de procéder à des réformes qui auront un impact considérable sur la politique au Cameroun. Celles-ci concernent les organes démocratiques représentatifs dont les communes de plein exercice constituent une avancée notable dans le processus d'action publique de planification urbaine.

2-2-1- Les organes démocratiques représentatifs et l'élaboration des règles d'urbanisme

En vertu de la constitution de 1946, le pouvoir législatif appartient toujours au parlement français. Mais contrairement au régime de mandat, le régime de tutelle et ses réformes autorisait au Cameroun une représentation au parlement. Ses représentants étaient élus au suffrage restreint et au double collège. Bien que cette représentation soit faible avec ses trois députés et deux sénateurs jusqu'en 1951, on pouvait déjà noter une nette amélioration par rapport au régime précédent. Pendant ce temps, la grogne n'a pas cessé d'autant plus que la constitution qui fait des Camerounais, des citoyens de l'union conformément à l'article 81 leur confère de fait « la jouissance des droits et libertés garanties par le préambule » de la constitution française comme l'accord de tutelle lui en faisait un devoir (Gonidec, 1957). Surfant sur cette vague, on va voir émerger sur la scène camerounaise, deux blocs qui s'affrontent. Il s'agit d'une part des nationalistes radicaux qui réclament un traitement égal avec les colons et une indépendance immédiate sans concessions et, d'autre part, les modérés acquis à la cause française et qui militent pour un cheminement progressif vers l'indépendance. Ces derniers, soutenus par les colons, sont tournés vers une perspective disciplinaire et autoritaire, portée par la métropole et marquée par la mise au pas de la société indigène et de ses velléités émancipatrices (Ngnemzué, 2010). Pour Ngnemzué (2010) l'histoire des institutions politiques camerounaises est impulsée par l'allégeance de ces clercs modérés à l'exigence métropolitaine de stabilité et d'ordre. Ainsi, la révolte populaire de septembre 1945 fut réprimandée dans le sang et poussa les autorités coloniales non pas à reconnaître la légitimité de ces revendications, mais à créer le 25 octobre 1946 l'Assemblée Représentative du Cameroun (ARCAM) composée de vingt membres qui n'étaient pas élus au suffrage universel. Cette assemblée vise à intégrer les élites indigènes modérées à l'administration coloniale avec deux collèges, l'un européen chargé de défendre leurs intérêts, et l'autre africain composé de deux députés. Deux de ses membres participent même aux travaux de la commission d'urbanisme et de l'habitation en charge de la planification urbaine dans les colonies. En 1952, l'ARCAM est remplacé par l'Assemblée Territoriale du Cameroun (ATCAM) qui naîtra après des élections boycottées par l'UPC qui accuse cette institution de n'avoir aucun réel pouvoir qui appartient lui à l'administration coloniale. Le 23 décembre 1956 de nouvelles élections sont organisées en vue de procéder au remplacement de l'ATCAM par une nouvelle assemblée entièrement indigène. L'UPC dissoute par un décret du 13 juillet 1955 à cause des soulèvements dans les villes 1955 ne participera pas à ces élections qui verront la naissance de l'Assemblée Législative du Cameroun (ALCAM) qui votera l'essentiel des lois sur l'urbanisme à partir de cette période. Cette assemblée sera constituée essentiellement de partis modérés formés parfois à la hâte pour donner une certaine crédibilité à ces élections. Le 10 mai 1957, le Cameroun français devient un État autonome avec un gouvernement sur le régime parlementaire. Cette réforme amorce ainsi le dernier tournant vers l'indépendance du pays qui intervient le 1er janvier 1960.

Sur le plan de la planification urbaine, l'institution de l'ALCAM en 1955, permettra aux Camerounais siégeant dans cette assemblée de voter directement les lois d'urbanisme en vigueur dans l'ensemble du territoire. Sur le plan politique, c'est principalement dans la ville de Douala que l'impact de ces réformes se fera le plus sentir. En effet, le climat qui prévaut suite aux événements mentionnés ci-dessus va favoriser la multiplication des mouvements de protestation dans la ville. Pour y faire face, les autorités françaises vont déployer les forces de l'ordre dans tous les points sensibles de la petite agglomération. Ce déploiement est précédé d'un vaste programme d'aménagement de la voirie urbaine dont les vestiges demeurent encore à ce jour. Ces opérations d'aménagement de la voirie vont changer la morphologie de la ville de Douala et précipiter l'extension du périmètre d'urbanisation dans les quartiers principalement frondeurs, ceci dans le but de réprimer facilement toutes les révoltes en permettant aux troupes de se déployer facilement. Ces réformes vont aboutir sur le plan institutionnel à la création d'un autre type d'institution dont le rôle dans la planification urbaine n'est pas sans incidence, à savoir la commune de plein exercice (CPE).

2-2-2-La commune de plein exercice un acteur de mise en œuvre et de contrôle des règles d'urbanisme

La commune de plein exercice est une forme d'organisation de la commune ayant existé dans les colonies françaises, dont le Cameroun. Cette forme d'organisation est assimilable à la commune en France et correspond à une évolution de la décentralisation dont les bases furent jetées par la création des communes mixtes. Ces dernières sont elles aussi des communes ayant existé dans les colonies françaises. La différence entre les deux formes de communes se situe au niveau du mode de désignation de son exécutif. Alors qu'il est nommé dans la commune mixte, l'exécutif communal est dans la commune de plein exercice issu d'un vote entre les différents conseillers élus au suffrage universel direct. L'étude de cette forme d'organisation communale et son impact sur la planification urbaine ne peut se faire sans rappeler la superposition d'héritages administratifs qu'a connus le pays (Briltey, 1995). En effet, la triple expérience coloniale n'a pas laissé le Cameroun indifférent à l'égard de l'histoire de ses communes. Pour la petite histoire, l'on peut dire que les premiers signes d'existence de la commune en tant qu'entité territoriale remontent au tout début de la période coloniale, avec la création, après la signature du traité germano-douala de deux circonscriptions administratives à Victoria (actuel Limbé) et Kribi (Briltey, 1995). Ces circonscriptions étaient placées sous l'autorité d'un chef assisté d'un conseil de six membres. Après leur départ, les Français qui occupent la partie du territoire comprenant les villes de Douala et de Yaoundé vont s'engager dans une politique assimilationniste rattachée à la tradition jacobine. Pour intégrer l'empire à la métropole, il parut nécessaire de mettre en place, au sein des colonies, les mêmes structures politico-administratives que celles de la métropole. La création le 25 juin 1941 des communes mixtes de Douala et de Yaoundé avec les maires et les commissions municipales nommés directement par le haut-commissaire participe de ce projet. En effet, les autorités coloniales optent en cette période pour la municipalisation hégémonique qui, selon Luc Sindjoun (2002), « renvoie au contrôle du processus de création des communes par l'État et à la recherche de la *légitimation* de la domination politique par le biais des cadres de cristallisation de l'identité locale ». Même si elles visent autre chose que d'influencer la planification urbaine, leur impact dans ce domaine ne sera pas sans intérêt.

En effet, ces réformes qui rentrent dans le cadre général de la préparation pour l'indépendance, visent à confier plus de responsabilités aux citoyens camerounais. L'article 9 de loi n° 55-1489 du 18 novembre 1955 relative à la réorganisation municipale en Afrique occidentale française, en Afrique équatoriale française, au Togo, au Cameroun et à Madagascar dispose, que la commune de plein exercice

> *[...] donne son avis toutes les fois que cet avis est requis par les lois et règlements ou qu'il est demandé par l'administration supérieure. Il réclame, s'il y a lieu, contre le contingent assigné à la commune dans l'établissement des impôts de répartition. Il émet des vœux sur tous les objets d'intérêt local.*

Par cette disposition, la possibilité est donnée aux citoyens à travers leurs représentants de s'exprimer sur le processus de planification urbaine à travers des activités comme la création d'équipements ou la gestion foncière. Cette disposition ouvre la voie à la création des instruments collaboratifs que nous traitons dans le chapitre 6 de cet ouvrage.

C'est certainement sur le plan financier que l'impact de cette loi sur la planification urbaine est plus important. En effet, celle-ci vient donner la possibilité aux communes de Douala et Yaoundé de mobiliser des instruments financiers qui interviennent dans le processus d'urbanisation, mais aussi de doter cet acteur nouveau des moyens d'intervention mieux adaptés pour la cause. Parmi ces moyens, on peut citer la capacité juridique en matière financière. Cette capacité est appréhendée ici en termes de pouvoir de décision budgétaire octroyé aux collectivités aussi bien en matière de recettes qu'en matière de dépenses[72].

Pour ce qui est de la décision budgétaire en matière de recettes, l'article 26 de la loi de 1955 distingue deux sections du budget de la commune, à savoir la section ordinaire et la section extraordinaire. Pour ce qui est de la première section, la loi dispose en son article 27 que ces communes recevront une portion comprise entre 25 % et 85 % des impôts tels que : l'impôt du minimum fiscal ou l'impôt personnel, la contribution mobilière, l'impôt foncier bâti ou non bâti, les patentes et les licences. Une taxe est particulièrement intéressante dans ce contexte, à savoir la taxe sur les terrains non mis ou insuffisamment mis en valeur. Alors que les villes amorcent à peine leur urbanisation, ce mécanisme de prélèvement des ressources vient renforcer la capacité de mobilisation des fonds des communes qui se voient confier des missions de plus en plus importantes dans l'urbanisme opérationnel. En élargissant le périmètre d'urbanisation, les CPE bénéficient d'un large périmètre d'exercice de leurs compétences. Le droit de prélever des taxes sur des terrains non mis en valeur est un excellent moyen pour forcer ou stimuler leurs propriétaires à les mettre en valeur ou à les vendre. Ce procédé a contribué à l'accélération de l'urbanisation des villes en favorisant les constructions et la mise en exploitation des espaces libres.

La deuxième section fait état des recettes extraordinaires. L'article 28 énumère, en ses alinéas 1 et 2, les recettes temporaires ou accidentelles et les crédits alloués par les budgets locaux des territoires, des fonds de concours pour grands travaux d'urbanisme et dépenses d'équipement, suivant les devis et plans de campagne délibérés par le conseil municipal et approuvés par l'autorité de tutelle. Cette disposition est en droite ligne avec celle relative à l'article 27. Leurs objectifs visent, comme nous l'avons déjà mentionné, à doter la commune de ressources nécessaires pour participer à l'effort d'urbanisation de la ville. En inscrivant certaines opérations[73] d'urbanisme dans le registre des dépenses obligatoires du budget de la commune, les

[72] Landry Ngono Tsimi, *l'autonomie administrative et financière des collectivités territoriales décentralisées : l'exemple du Cameroun.* Thèse de l'Université Paris-Est, 2010.

[73] Il s'agit, entre autres, des frais d'établissement et de conservation des plans d'alignement et de nivellement ; Les dépenses d'entretien et nettoiement des rues, chemins de voirie urbaine et places publiques situés sur le territoire de la commune et n'ayant pas fait l'objet d'un arrêté de classement les mettant à la charge des budgets autres que celui de la commune. (Cf. Alinéa 9 et 12 de la loi de 1955).

autorités vont encourager la participation de cet acteur institutionnel dans une politique publique restée jusqu'alors un monopole des autorités coloniales.

3 - La planification urbaine dans la période de tutelle et ses instruments

La planification urbaine qui est mise en place dès 1946 est influencée par plusieurs facteurs dont le régime institutionnel né de l'avènement de la tutelle. En plus de ce réaménagement institutionnel, la pression démographique dans les villes et le climat social tendu par les revendications politiques contribuent à influencer davantage cette politique. Désormais, il est nécessaire pour les autorités coloniales de déployer leurs actions en tenant compte d'un minimum de cohérence sociale non pas dans les territoires concernés, mais dans l'ensemble du secteur concerné. Howlett et Ramesh (1993) se situant dans la théorie des choix rationnels, énoncent l'idée selon laquelle les instruments sont des institutions mises en place en fonction de calculs à court terme, en vue de renforcer les positions de pouvoir des décideurs. C'est certainement cette ambition de renforcement du pouvoir dans un contexte de revendication politique de plus en plus tendu que s'amorce la deuxième phase de la politique d'urbanisme des Français au Cameroun.

Dans la littérature institutionnaliste et néo-institutionnaliste, Peter Hall envisage les instruments non pas comme une décision mineure, mais comme le produit de l'histoire institutionnelle, de ses sédimentations et de ses ruptures. Il apparaît donc que les instruments d'action publique de planification sont le produit de l'histoire institutionnelle du Cameroun, mais aussi de leurs contextes d'élaboration. Dans cette section, nous avons emprunté à Woodside son hypothèse invitant à considérer l'instrument comme variable dépendante, en nous efforçant de montrer les contraintes qui pèsent sur son choix, la diversité de recours à un même instrument, ou l'attraction soudaine, tout comme la vogue de certains instruments. Nous nous situons ici dans la troisième perspective des études sur les instruments qui considèrent ces derniers comme des institutions au sens sociologique du terme. L'idée est de se concentrer sur les dynamiques de construction permanente et d'appropriation des instruments par les acteurs (Lascoumes et Le Galès, 2005, Hood, 1983). Ici, nous abordons les instruments dans une perspective d'analyse du pouvoir, de formatage des faits qu'il implique, mais aussi des actions de pédagogie, de cadrage et parfois de manipulation qu'il suscite (Lascoumes et Simard, 2011).

Dans le contexte politique plutôt agité que nous avons décrit plus haut, la France va s'engager dans la planification en reprenant les instruments déjà élaborés par les Allemands pour les modifier et les adapter à leur contexte. Ce réajustement des instruments est précédé par l'élaboration d'une politique foncière qui fait du droit une garantie de l'ordre social.

3-1- Le droit comme la garantie d'un ordre social : l'innovation instrumentale française

L'un des objectifs de la colonisation était non pas de s'approprier les terres indigènes pour s'y installer définitivement, mais de les transformer pour en faire des instruments économiques qui rapportent d'énormes bénéfices à la métropole. La prise de contrôle de ces terres va relever d'un gros défi pour les colons. En effet, la terre appartient aux indigènes qui dans une approche similaire de l'état de nature de Hobbes, revendiquent l'exclusivité de la propriété foncière à Yaoundé et surtout à Douala. Pour Hobbes, l'état de nature n'est pas un état de guerre permanente, mais un état de liberté dans lequel la terre appartient au premier occupant et à celui qui, en la mettant en valeur, y a imprimé sa marque et signé sa propriété. Cette conception de l'espace partagée par les Africains se heurtera à la conception européenne d'autant plus que les ambitions européennes tranchent avec la conception africaine de l'espace. Le droit de propriété introduit en Afrique aura un impact significatif sur cette société notamment dans les domaines politique, économique, juridique et social.

Sur le plan politique, le colonisateur européen a choisi d'introduire ses institutions en Afrique noire comme le code civil dès 1830. Cette introduction va acter le transfert du modèle d'État dans ces sociétés et pour assurer le respect de ces institutions ainsi transférées, l'État colonial va mobiliser un moyen essentiel qui est le droit dans la sphère juridique avec le monopole foncier comme outil principal. C'est ainsi que les questions foncières resteront toujours éminemment des questions politiques.

Sur le plan économique, le capitalisme marchand précolonial cédera place à la rationalisation de la production agricole avec la colonisation. Cela aura un impact sur la distribution des terres introduisant dès lors un marché foncier relié au marché du travail.

Enfin, sur le plan juridique et social, la présence européenne a poussé à une réorganisation des sociétés africaines en fonction des nouveaux rapports et de nouvelles valeurs introduites par la scolarisation ou encore l'urbanisation. Dans ce contexte, le respect de la propriété ou sa contestation sera un enjeu éminemment social (Le Roy, 1987). En utilisant le droit comme cadre et comme instrument de la planification urbaine, les autorités coloniales françaises s'engagent dans un processus de conciliation des conceptions traditionnelles et modernes de la terre. La politique foncière de ce régime vise à corriger les erreurs issues de la première régulation et à trouver un terrain de compromis dans une situation de crise politique.

3-1-1-Les instruments relatifs à la gestion foncière et l'occupation de l'espace

Cette section vise à étudier la politique foncière et les règles d'occupation de l'espace dans le Cameroun sous mandat et sous tutelle de la France. Elle analyse les différents textes régissant la politique foncière ainsi que les instruments de répartition de l'espace. C'est sur la gestion foncière que se concentrent en première partie les efforts des autorités coloniales dans la politique de planification urbaine. Convaincu que, l'organisation de l'espace urbain dépend d'abord des formes d'appropriation du sol (Rochefort, 2000), les Français, comme les Allemands avant eux vont faire du foncier un élément central de leur politique. L'accès à la propriété foncière constituait pour les Français un passage forcé pour la promotion de l'économie de leurs colonies. Le Cameroun n'échappait pas à cette logique et avait déjà affronté cette politique qui du point de vue traditionnelle, allait à l'encontre de la conception du droit de propriété coutumier. Le régime de tutelle marque une avancée dans la mesure où la spécificité locale ne sera plus ignorée par la France qui va reconnaître un statut particulier aux indigènes régi par les coutumes locales et aux musulmans régi par la loi coranique à travers le décret du 20 mai 1957. La succession de textes juridiques permettra de lever peu à peu le verrou sur l'inaliénabilité de la terre des indigènes.

3-1-1-1- La politique foncière de la France dans le Cameroun sous tutelle

Pour ce qui est de l'organisation foncière, l'accord de tutelle du 13 décembre 1946 avait repris l'essentiel des dispositions de l'accord du mandat de 1922 en ce qui concerne la politique foncière. L'article 5[74] de cet accord réaffirmait la prise en compte des coutumes locales dans l'élaboration de la politique, tout en s'efforçant de protéger les droits des peuples locaux. Pour mettre en application ces mesures et dans l'optique de détendre l'atmosphère dans un contexte de revendication politique et de révolte, les autorités vont supprimer le processus de classement des terres dans le domaine de terres

[74] L'Autorité chargée de l'administration devra, dans l'établissement des règles relatives à la tenure du sol et au transfert de la propriété foncière, et en vue de favoriser le progrès économique et social des populations autochtones, prendre en considération les lois et les coutumes locales. Aucune propriété foncière appartenant à un autochtone ou à un groupe d'autochtones ne pourra faire l'objet d'un transfert, excepté entre autochtones, sans qu'il y ait eu autorisation préalable de l'autorité publique, qui tiendra compte des intérêts, tant présents que futurs, des autochtones. Aucun droit réel ne pourra être constitué sur un bien foncier appartenant à un autochtone ou à un groupe d'autochtones en faveur d'un non-autochtone, si ce n'est avec la même autorisation.

vacantes et sans maître. Cette procédure de classement des terres sera supprimée avec le décret n° 55-581 du 20 mai 1955. Celui-ci dispose en son article 3 que : « *Au Cameroun et au Togo, sont confirmés les droits coutumiers exercés collectivement ou individuellement sur les terres non appropriées selon les règles du Code Civil ou du régime de l'immatriculation.* » Le décret précise d'ailleurs que : « *Nul individu, nulle collectivité ne peut être contraint de céder ses droits si ce n'est pour cause d'utilité publique, moyennant une juste compensation.* » La délivrance du titre de propriété a été également simplifiée dans la mesure où la procédure se déroulait devant l'autorité administrative. Ce n'est qu'en cas de contestation que l'affaire était portée devant le tribunal de droit local. La propriété foncière accordée ainsi donnait droit à son titulaire d'aliéner ou d'hypothéquer ses terres même sans les avoir inscrites au livre foncier et à toute personne y compris les non-autochtones. L'abrogation du principe des terres vacantes institué par le décret de 1932 a eu pour effet le classement des terres dans le domaine privé du territoire. Désormais, la cession des terres autochtones se fera par la vente de gré à gré entre les parties. Du point de vue de la planification urbaine à Douala et à Yaoundé, le décret de 1955 a permis la reconnaissance de la propriété privée immatriculée au nom de l'Etat aux collectivités publiques, dont les communes de plein exercice, ce qui les a dotées d'une réserve foncière importante pour le lancement de grands travaux d'urbanisme. L'extension du régime d'expropriation pour cause d'utilité publique aux immeubles régis par les coutumes et l'autorisation de contracter des hypothèques pour les titulaires de droits individuels, même en l'absence de l'immatriculation, ont facilité la gestion des terrains urbains. Cette période française s'achève avec la loi n° 59-47 du 17 juin 1959 portant organisation domaniale et foncière. Ce dernier texte crée la notion de propriété coutumière des terres et réaffirme la suppression de la notion de terres vacantes et sans maître. C'est un renforcement des droits fonciers des indigènes que ce texte vient confirmer. Un nouveau mode d'appropriation de la terre était créé dans cette loi par les législateurs camerounais dans un contexte d'autonomie interne. En effet, selon cette loi, les Camerounais de naissance exploitant depuis au moins cinq ans une terre acquise définitivement à titre onéreux ou gratuit dans leurs régions d'origine devenaient de ce fait les propriétaires. Ils avaient le droit de jouir et de disposer de celle-ci selon les réglementations en vigueur. Il faut déjà mentionner que le statut politique du territoire avait évolué avec la constitution d'une assemblée dont les membres étaient élus. Issus des collectivités coutumières locales, ceux-ci n'approuvaient pas la conception française de l'appropriation du sol. Cette consécration se rapproche davantage de la situation de départ où les autochtones étaient propriétaires des terres et organisaient leurs modes d'appropriation. C'est ce régime foncier qui va servir de base à l'élaboration des instruments de planification urbaine dont le permis de bâtir va assurer la régulation de l'espace.

3-1-1-2- Le permis de bâtir, un instrument de gestion de l'espace

Le permis de bâtir est *un acte administratif par lequel une autorité publique constate au nom de l'État que l'exécution des travaux de construction projetés peut être autorisée au regard des règles de droit public qui les concernent* (Yepmou, 1991). Cette définition peut être complétée par une autre qui considère le permis de bâtir comme « *Un acte administratif individuel complétant l'accord préalable par lequel une autorité administrative autorise une construction après avoir vérifié que celle-ci respectera les règles d'urbanisme applicables au lieu prévu pour son implantation* » (Njiako, 2003). Il n'est pas discrétionnaire, car son autorisation ou son refus par l'administration est fonction, objectivement, des règlements en vigueur en matière de construction ; le refus fondé sur un motif étranger au droit de la construction serait sanctionné par voie de détournement de pouvoir (Ngomsik-Kamgang, 2012). Cet instrument sera introduit au Cameroun à travers l'arrêté n° 1447 du 5 juin 1947, modifiant et complétant l'arrêté du 1er octobre 1937, modifié à son tour par l'arrêté n° 308 du 10 juin 1949.

Ces différents textes limitent le permis de construire dans les grands centres urbains, dont Douala et Yaoundé. Cet instrument peut être appréhendé comme une institution sociologique faisant référence à la police des constructions. Il permet pour le cas du Cameroun, de questionner les raisons de la mésentente entre les citoyens et les autorités administratives en matière de construction (Yepmou, 1991). C'est une institution conçue par l'État pour mener à bien sa stratégie d'urbanisation dans le domaine du développement social et d'amélioration du cadre de vie des citoyens (Njiako, 2003). C'est dans cette préoccupation en termes d'aménagement, d'organisation et de construction de l'espace urbain qu'il faut chercher l'origine du permis de bâtir. Si les premières règles relatives à la répartition du sol, remontent à la période allemande, l'institution du permis de bâtir quant à lui est une institution française. Il est principalement utilisé pour contrôler la qualité du bâti urbain dans un périmètre préalablement circonscrit. En effet, après avoir permis aux autochtones de vendre leurs terres à la suite du décret de 1932 instituant le régime de l'immatriculation, les autorités vont désormais s'intéresser aux formes d'occupation des sols. Pour éviter de recourir à un urbanisme répressif dans ce contexte socio-politique tendu, le choix d'un permis de bâtir s'impose comme mesure préventive. Les Allemands avaient déjà procédé à la destruction des habitations indigènes des années plus tôt et cela avait été très mal perçu par les chefs locaux et leurs populations contribuant à accroître les tensions entre les deux parties. Pour éviter d'en arriver à ce niveau, la France va prendre des mesures dont le permis de construire se veut un exemple.

En 1927, un arrêté du gouverneur français stipule que l'intérieur du périmètre urbain de Douala est divisé en deux zones en ce qui concerne les prescriptions applicables aux constructions à l'observation desquelles est subordonné la délivrance d'un permis de construire. La zone soumise à cette démarche concerne principalement la ville blanche[75], laissant dans les zones peuplées de noirs et situées au-delà du périmètre urbain reconnu, le soin à chacun de construire selon ses moyens et sa volonté. Il faut attendre l'arrêté n°1447 du 5 juin 1947, modifiant et complétant l'arrêté 1er octobre 1937, pour étendre le permis dans tous les centres urbains. Il est alors décidé que :

> « *Dans tous les centres urbains, aucune construction de quelque nature qu'elle soit, aucune modification aux constructions existantes ne peuvent être entreprises sans autorisation du chef de région* ».

Ce texte pose ainsi le principe de l'assujettissement de tous les travaux de construction à Douala et à Yaoundé au permis de construire. C'est un moyen de contrôle de l'occupation du sol dans un contexte où le périmètre d'urbanisation s'agrandit de plus en plus porté par une démographie urbaine galopante. L'encadrement des modalités d'obtention de cet instrument permet aussi de s'assurer que son détenteur dispose des droits réels sur le terrain qu'il envisage exploité même si ce document ne constitue pas en lui-même un acte de propriété. À cet effet, le texte dispose que la demande du permis de construire doit être présentée par le propriétaire du terrain ou son mandataire. Cette demande doit préciser l'identité du demandeur ou de son mandataire ou encore de toute personne pouvant justifier d'un titre qui l'habilite à construire sur le terrain.

3-2- Les instruments fixant l'orientation des territoires

À leur arrivée, les Français trouvent des villes déjà en construction avec un noyau urbain qui se distingue de la ville africaine. Les deux villes présentent une même physionomie : une ville européenne bâtie sur le modèle de la ville occidentale et une ville africaine qui s'étale loin de toute réglementation. Ceux-ci vont dans un premier temps s'atteler à reprendre les instruments déjà élaborés par les Allemands. Afin de mieux les exploiter sans se heurter une fois de plus à la résistance des populations locales, la décision sera prise de les modifier pour les adapter à leur contexte. Cette démarche concerne les instruments classiques d'une part et les projets et procédures non adaptés d'autre part.

Le plan et le projet ont précédemment été analysés comme les instruments classiques de la planification urbaine. Ces deux instruments ont été utilisés par les Allemands à leur arrivée et seront également repris par les Français. En

[75] Il s'agit de la zone comprenant les quartiers habités exclusivement ou en grande majorité par les occidentaux.

effet, l'Ordonnance n° 45-1423 du 28 juin 1945 relative à l'urbanisme aux colonies avait institué en son article 3 *le projet d'aménagement* comme instrument de planification urbaine dans les agglomérations de l'empire colonial. Ces projets fixent les orientations à moyen et à long terme des territoires et se traduisent dans des documents prévisionnels. En plus de ces documents, le système de planification reposait sur une réglementation applicable aux usagers de l'espace délimité par les plans d'urbanisme notamment. Le décret N°46-1496 du 18 juin 1946, rendant applicables les dispositions de l'ordonnance du 28 juin 1945, fixe les modalités d'établissement, d'approbation et de mise en vigueur des projets d'urbanisme pour les territoires relevant du ministère de la France d'Outre-mer. Ce texte dresse en son article 2 les différentes formes que peuvent revêtir les projets énumérés dans l'ordonnance de 1945. Aussi distingue-t-il, le Projet directeur élaboré selon les étapes suivantes : (enquête, exposé des motifs, plan directeur, programme) ; le Projet d'aménagement dont l'élaboration suivra la procédure suivante : (enquête, exposé des motifs, plan d'aménagement, règlements d'urbanisme, de voirie et d'hygiène) ; et enfin le Plan partiel de protection des parcs nationaux et des sites qui est établi en fonction des étapes suivantes : (rapports, plans, règlements). Ces documents sont élaborés pour les régions, agglomérations et sites inscrits sur une liste dressée par les chefs de territoires dites « listes des projets d'urbanisme d'intérêt local ». Celles-ci sont ensuite proposées au ministre des colonies par les chefs de territoire ou le comité de l'urbanisme et de l'habitation aux colonies qui, à travers un arrêté publie la « liste des projets d'urbanisme d'intérêt général ». Pour ce qui est des personnes habilitées à établir ces projets, l'article 4 dispose que ceux-ci *sont établis par des urbanistes ou, éventuellement, par des services locaux dirigés par un urbaniste ayant fait l'objet, dans l'un et l'autre cas, d'une décision d'agrément signée par le ministre*. Ces urbanistes sont selon le même article : *Les auteurs de plans, diplômés de l'institut d'urbanisme de l'université de Paris ou de l'institut d'urbanisme de l'université d'Alger ; Les auteurs de plans, membres actifs de la société française des urbanistes. À titre exceptionnel, les auteurs de plans admis comme spécialistes de valeur reconnue par le comité de l'urbanisme et de l'habitation aux colonies.* Toutefois, on est en droit de se poser des questions sur une telle centralisation de la procédure de planification dans la mesure où une bonne planification nécessite une bonne connaissance du territoire ainsi que ses dynamiques internes.

L'élaboration de ces projets commence selon l'article 5 par une enquête monographique qui vise à porter à la connaissance du public dans toutes les unités administratives la date de lancement du projet. Cette communication est faite à travers la publication dans le journal officiel et son affichage, de l'arrêté du chef du territoire annonçant le projet en question. La période comprise entre cette publication et l'entrée en vigueur du projet conditionne la validation de toute transaction immobilière à l'autorisation formelle du chef de territoire. Pour une durée de 45 jours, les personnes agissant dans le cadre individuel ou en qualité de représentant d'une communauté peuvent apporter par écrit à l'urbaniste, toute documentation ou suggestion. Cette mesure n'était cependant pas propice pour l'intervention des indigènes qui étaient en grande majorité analphabètes en cette période. Toutefois, il est prévu que l'avant-projet soit examiné par les représentants des intérêts locaux avant d'être soumis à une enquête publique. Une fois cette enquête terminée, le projet est soumis au ministre après son examen par le comité de l'urbanisme et de l'habitation aux colonies. Ce dernier approuve alors le projet qui sera dès lors déclaré d'utilité publique et ce, pour une durée de 8 ans au terme de laquelle sa révision peut être demandée par le chef du territoire. Toutefois, le ministre peut demander sa révision avant la fin de cette période si les *circonstances l'imposent.*

Etant donné que nous sommes dans une approche locale de la planification urbaine qui se concentre uniquement sur les villes de Douala et de Yaoundé, il importe de mentionner que les projets désignés dans le présent décret sont les projets d'intérêt local. À ce propos, le décret dispose que ceux-ci sont adressés à la diligence du chef de territoire et approuvés par ce dernier. Ces dispositions ont donné lieu à l'élaboration de deux instruments qui seront étudiés ici à savoir les plans d'urbanisme et la ségrégation urbaine.

3-2-1- Des plans d'urbanisme de conciliation à Douala : des instruments de projet directeur

L'adoption de la nouvelle constitution française de 1946 va donner un coup d'accélérateur au phénomène de planification urbaine au Cameroun. À la faveur de cette constitution, et pour faire face au sentiment de rejet grandissant nourri par des pétitions de plus en plus consistantes, la France va se lancer dans une opération visant à renforcer les liens entre la métropole et les territoires africains. Il sera demandé aux autorités coloniales d'élaborer une nouvelle doctrine en matière d'habitat et d'urbanisme. Le comité de l'urbanisme et de l'habitat propose pour Douala, deux plans d'urbanisme axés sur le développement des industries, des transports, de la zone portuaire et des quartiers coloniaux. C'est dans ce sens que l'architecte et urbaniste Henri-Jean Calsat va proposer en 1950 un nouveau plan d'urbanisme ou plan Jean Calsat. Celui-ci propose un zoning simplifié de la ville et une modernisation du plateau Joss. Il propose également une séparation entre la ville européenne et la ville africaine.

Cette séparation n'est cependant pas la même que celle opérée par les Allemands quelques années plus tôt. Alors que la séparation allemande se fait entre le secteur habité par les colons et celui des indigènes, celle de la France se fait entre une zone résidentielle destinée aux populations européennes et une zone résidentielle destinée aux Africains. Par cette configuration, l'État colonial vise à créer une classe sociale noire ou indigène qui serait une sorte de copie à la société européenne. Plusieurs infrastructures seront construites dans cette dynamique. Le port de Douala va connaître une accélération dans son processus de modernisation. Le pont sur le Wouri commencé en 1951 sera achevé en 1955. L'augmentation de la population urbaine stimulée par la croissance économique de la ville va également influencer les autorités en charge de l'urbanisme. De 50 000 habitants en 1945, la ville compte désormais 120 000 habitants (Michelon et Yango, (2009) et les étrangers sont désormais plus nombreux que les autochtones. Afin de loger cette importante main-d'œuvre, plusieurs lotissements sont réalisés pour bâtir des habitants. Il en sera ainsi pour la cité Chardy, construite en 1951 sur quatre hectares pour 34 logements, la cité SIC Bassa, construite en 1955 sur trente hectares avec 620 logements ou encore la cité des douanes à Koumassi, construite en 1956 qui est en réalité une opération d'habitat individuel groupé bâti sur deux hectares et demi pour 90 logements.

Avec son érection en 1955 en commune de plein exercice, l'urbanisation de Douala prend une autre dimension et se fait désormais sur trois secteurs. Un secteur européen à Bonanjo et Bonapriso, le quartier de New Bell où l'on note une grande concentration de la population urbaine, et enfin les quartiers d'Akwa, de Deido et Bonaberi. Le projet de viabilisation du quartier New Bell élaboré quelques années plus tôt pour l'alimenter en équipements publics de base fut abandonné faute de moyens.

En 1959, un nouveau plan d'urbanisme voit le jour. Il s'agit du plan Dorian, conçu par l'architecte urbaniste Jean Dorian. Celui-ci modifie certains quartiers sans toutefois transformer le zoning et crée de nouveaux ensembles urbains. En plus, il définit les emprises réservées à la voirie, les espaces libres et les servitudes publiques. Le programme 'aménagement qui l'accompagne détermine les règles et les servitudes hygiéniques, historiques et esthétiques. Ce plan établi trois zones afin de définir les fonctions de la ville. Il s'agit notamment :

- des zones d'habitation qui cette fois s'étendent au-delà du noyau urbain initial pour intégrer les zones de commerce à l'instar de Bali, Deido, Bonabéri et New Bell. Ce sont également les zones d'artisanat et les zones accueillant les constructions traditionnelles ;
- la zone industrielle, zone D comprenant les quartiers Bassa et Bonabéri ;
- la zone portuaire, zone E comprenant les quartiers Bonabéri, les falaises de Bonanjo et Akwa.

Dans ces nouveaux schémas d'urbanisme ainsi élaborés, les populations autochtones, allogènes et européennes donnent l'impression de s'effacer dans un nouveau zonage de l'espace même si les caractéristiques socio-économiques et ethniques vont définir l'organisation des quartiers qui perdure jusqu'à ce jour. Cet urbanisme, influencé par les règles d'hygiène et la salubrité, va consacrer la ségrégation comme instrument dans l'aménagement de l'espace urbain.

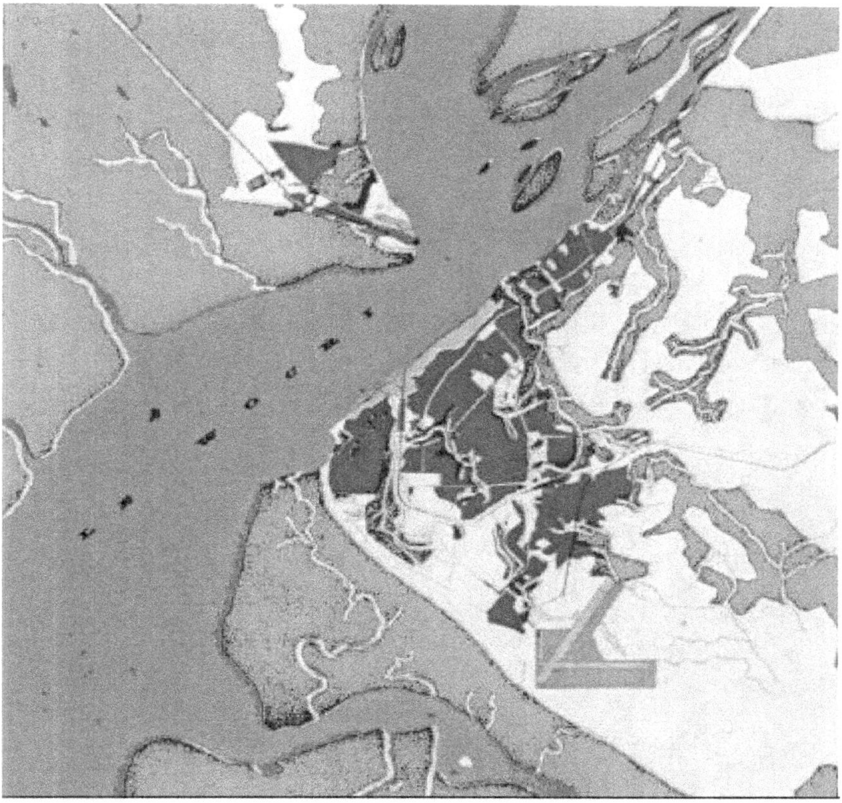

Figure 10 : Plan Calsat 1945,
Source CUD

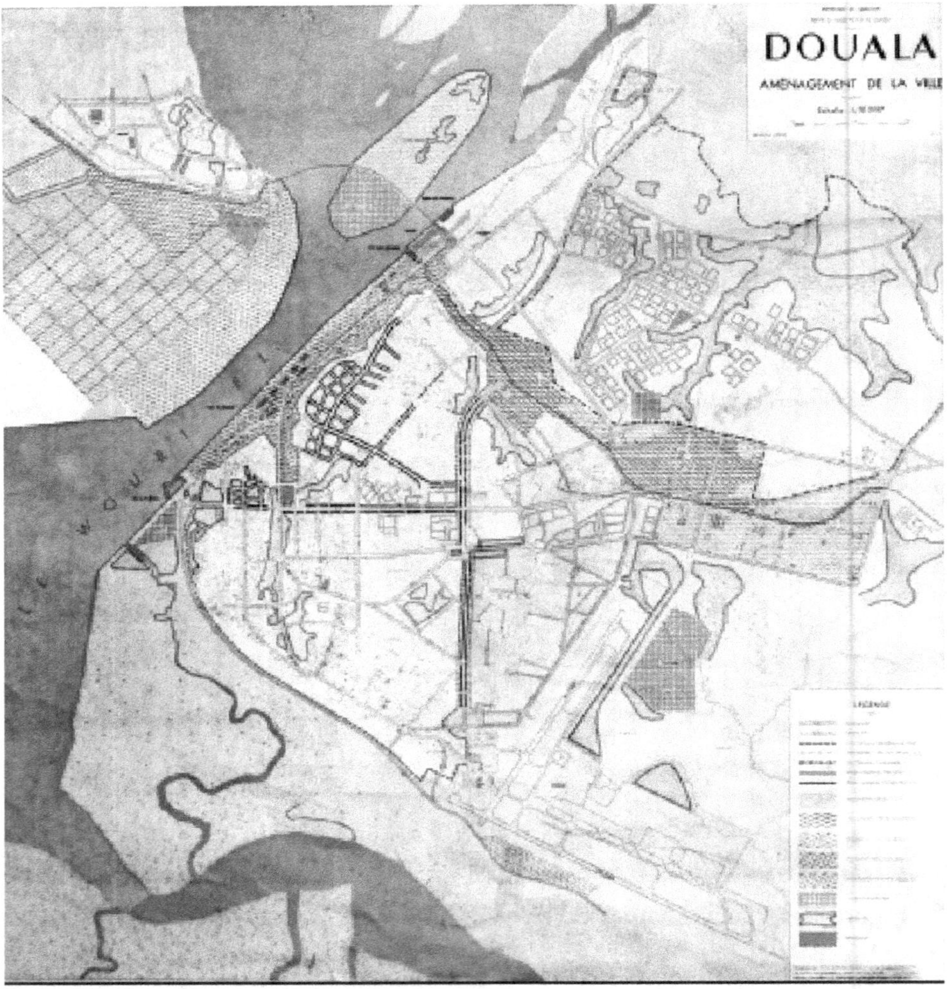

Figure 11 : Plan Dorian de 1959
Source : CUD

3-2-2- La ségrégation comme instrument de planification urbaine à Yaoundé

En application des mesures d'hygiène et de salubrité publique, la politique d'urbanisme va consacrer la ségrégation urbaine dans la ville de Yaoundé. C'est l'arrêté n° 37 du 1er octobre 1937 fixant les règles générales d'hygiène et de salubrité publiques applicables dans le territoire du Cameroun sous mandat français, et l'arrêté n° 3716 du 27 novembre 1937 issus de l'arrêté du 24 novembre 1914 rendant applicable en Afrique Equatoriale (AEF) le décret du 2 septembre portant protection de la santé publique, qui consacrent cette ségrégation. Celle-ci est d'abord hygiéniste, ensuite raciale. Ces textes vont énoncer plusieurs mesures à respecter dans les périmètres urbains des colonies. L'arrêté du 27 novembre consacré aux obligations diverses d'hygiène va prendre des allures de règlement de construction, notamment en son titre I. Celui-ci distingue les règles applicables dans la construction et l'aménagement des locaux à usage d'habitation, les locaux communs et dépendances, les installations sanitaires, les permis de bâtir, les certificats d'habitation, etc. Ce texte interdit pour des motifs d'hygiène et de salubrité, la construction des maisons en pailles et autres matériaux provisoires dans le périmètre urbain. Cette mesure permettra d'éjecter hors de la ville l'ensemble des populations indigènes dont la situation financière ne permettait pas à l'époque de se conformer à ces règles de construction. Comme on peut le lire dans le rapport annuel du gouvernement français sur l'administration sous mandat des territoires du Cameroun :

> « Toutes *les cases indigènes ou en paillotes habitées par les noirs ont été transférées hors du périmètre urbain...ce périmètre, largement établi, permet une ségrégation sérieuse et efficace. La population européenne a été invitée à ne pas laisser se former de villages indigènes aux alentours de ses maisons d'habitation* » (cité par Franqueville, 1968).

Si en ce moment la ségrégation peut prendre des allures de ruse administrative sous prétexte des exigences d'hygiène et de salubrité, l'avènement du régime de mandat survenu en 1946 va changer la donne. En effet, le climat de tension qui prévaut à l'arrivée des Français, ainsi que la réticence des populations locales vis-à-vis de leur présence, contraignaient l'administration à procéder d'une manière moins violente dans l'application de ces mesures. C'est ce qui justifie que la ségrégation n'ait pas été appliquée tout de suite après l'arrivée des Français au Cameroun. C'est seulement après avoir installé son appareil administratif dans l'ensemble du pays que certaines mesures seront appliquées comme la ségrégation. L'arrêté n° 308 du 10 juin 1949 relatif au permis de bâtir viendra consacrer une autre ségrégation, non plus pour les motifs d'hygiène comme c'était le cas dans les deux précédents arrêtés, mais sur la base raciale. En effet, l'article premier de ce texte précise que : « dans tous les centres urbains de nouvelle formation et partout où cette mesure pourra être appliquée, il sera prévu, entre les quartiers européens et indigènes, une zone non bâtie et débroussée de 800 mètres au minimum ». Les Allemands avaient déjà tenté d'appliquer cette mesure à Douala par la création d'une zone tampon, dite *Frei zone,* entre les quartiers européens et africains. Afin d'éviter que les indigènes se retrouvent dans les mêmes quartiers que les Européens, l'article 2 du même texte précise qu'*à l'exception d'un domestique indigène par habitation européenne et sauf autorisation spéciale du chef de région après avis conforme du service d'hygiène, aucun indigène ne peut être autorisé à habiter le quartier européen.* Il n'est plus question de faire côtoyer au sein d'un même espace de vie les indigènes et les colons, et ce peu importe que les indigènes respectent ou non les règles d'hygiène et de construction. Le critère d'exclusion du périmètre réglementaire délimité par le plan d'urbanisme n'est plus le non-respect des mesures d'hygiène, mais l'appartenance à une race particulière.

Il importe cependant de préciser que cette ségrégation sera facilement appliquée à Yaoundé, contrairement à Douala où le projet fut abandonné après le départ de l'Allemagne, à cause des tensions nées de l'expropriation du plateau Joss. À Yaoundé, le relief montagneux va faciliter l'application de cette mesure de création d'une zone de séparation. La mise en application de ces mesures d'hygiène et de salubrité va pousser les autorités à procéder à un déplacement des populations indigènes pour les reloger dans des endroits plus éloignés des quartiers européens. Ainsi, les campements Haoussas qui avaient été établis près de l'hippodrome actuel par les Allemands en vue de les protéger et surtout de les détourner de la traite qu'ils pratiquaient avec les Anglais et les Français, furent déplacés vers l'ouest et les Bamilékés furent quant à eux rejetés vers la route de Douala (Franqueville 1968). Un récit de 1928 décrit la ville en ces termes :

> « *Étagée sur deux collines séparées par un ravin, que suit le chemin de fer. La partie ouest est celle de l'administration et des services publics ; la partie est occupée par les maisons de commerce. La place est très mesurée et l'extension de la ville en est gênée* » (Cité par Franqueville 1967).

L'agrandissement du périmètre urbain en vue d'englober l'ensemble du plateau Atemengue qui est devenu une zone militaire va entraîner le déplacement des habitants de Ngoa-Ekellé vers l'actuel quartier d'Obili. Le déclenchement de la deuxième guerre mondiale mit un terme à ces travaux entrepris çà et là et les Français décidèrent de transférer la capitale à Douala par mesure de sécurité. Pendant cette période, le périmètre urbain de ce qui n'était plus la capitale fut élargi pour englober la première fois les quartiers indigènes.

Après la fin de la guerre et l'avènement du régime de tutelle, le paysage urbain de Yaoundé va connaître une importante métamorphose. La croissance de la population indigène et européenne aura un impact sur l'occupation spatiale et la morphologie urbaine entrainant ainsi un élargissement des fonctions de la ville.

La création des premières industries en 1946 et l'accélération de l'aménagement infrastructurel changent la morphologie de la ville. En 1948, un arrêté va introduire les quartiers de la Briqueterie, Messa, Mokolo, Ndamvout, Mvog-Mbi, Mvog-Ada, Etoa-Méki dans le nouveau périmètre qui va même doubler en 1956. Le nombre d'habitants et l'étendue des espaces à gouverner deviennent plus importants pour ériger la ville en Commune de Plein Exercice (CPE). Afin de gérer la masse importante de la population qui arrive dans la ville, et maîtriser l'étalement urbain, les autorités coloniales créent la Société Immobilière du Cameroun (SIC) en 1952 qui se chargera du lotissement des terrains et de la construction de logements. Ces opérations sont financées et cordonnées dans le cadre d'une planification économique.

3-2-3- Les instruments de pilotage de l'action publique de planification urbaine : les plans FIDES

Les plans FIDES, tout comme les plans quinquennaux qui vont suivre, apparaissent ici comme des instruments de fatalité de l'hétérogestion du pays, parce qu'ils imposent un principe de cohérence dans le but de hiérarchiser et d'ordonner la reproduction des différents secteurs. Cette orientation marque une rupture avec l'approche allemande et française de la planification qui a jusqu'ici été territoriale. Désormais, c'est à travers un mode d'organisation sectoriel que va s'organiser la planification urbaine dans les villes de Douala et Yaoundé. Celle-ci est une activité qui nécessite une mobilisation importante de moyens financiers. Or, il se trouve que les colonies françaises à l'instar du Cameroun est autonome du point de vue financier. L'administration coloniale se finançait à partir des ressources locales en levant l'impôt direct et indirect, ainsi que les prestations de travail. Jusqu'en 1922, l'impôt ne pouvait être levé que sur la partie côtière où l'administration était présente ce qui empêchait la réalisation de plusieurs projets pour manque de ressources financières.

Après la Deuxième Guerre mondiale, le principe d'autonomie des colonies fut abandonné et la France mettra sur pied un nouveau mode de financement de ses colonies à travers les Fonds FIDES. Désormais, c'est à travers ces plans que s'organiseront le développement local y compris la planification urbaine. Le premier plan FIDES adopté pour la période 1948-1953 est orienté vers quatre objectifs fondamentaux, à savoir :

- moderniser et développer l'infrastructure et les moyens de communication ;
- favoriser le développement des services sociaux (santé, enseignement, habitat) ;
- créer les ressources nouvelles en développant la production agricole d'exportation et minière tout en améliorant qualitativement et quantitativement les cultures vivrières ;
- entreprendre une étude systématique du sol et du sous-sol en vue, en particulier, de faciliter ultérieurement les recherches minières.

Ce plan, élaboré depuis Paris, n'a pas intégré les acteurs locaux au Cameroun notamment les indigènes. Aussi, l'une des premières difficultés de sa réalisation fut le délai relativement court laissé à l'administration locale pour élaborer des propositions. Les orientations furent donc élaborées depuis Paris loin des réalités locales. Toutefois, il convient de noter que c'est à travers lui que sera réalisé l'un des plans d'urbanisme le plus ambitieux de la colonisation française dans la ville de Douala, à savoir le plan Calsat. Il permettra la réalisation d'un nombre important d'infrastructures telles que le pont sur le Wouri, les nombreuses cités d'habitation et la densification de l'urbanisation sur trois secteurs. À Yaoundé, ce plan permettra d'élargir le périmètre urbain en intégrant les quartiers indigènes, mais aussi, il aidera à la création de la SIC chargée de la construction des habitats destinés à accueillir les nombreux migrants qui affluent dans la ville. Il faut dire que ce plan premier plan FIDES est axé sur le développement infrastructurel et le financement conséquent qui l'accompagne est issu à 75 % de la métropole alors que les dépenses sur le plan social sont entièrement supportées par Paris.

Face aux nombreuses difficultés rencontrées lors de l'implémentation du premier plan, un autre fut élaboré pour la période 1953 à 1959. En effet, l'alourdissement de l'appareil administratif des territoires d'Outre-Mer et la mise en œuvre d'une politique sociale généreuse et très coûteuse pour des économies vulnérables et peu développées força les autorités coloniales à revoir ce dispositif. Cette concentration de la dépense sur le fonctionnement de l'appareil administratif et la politique sociale va limiter les moyens alloués aux investissements notamment sur l'urbanisme. C'est alors qu'une commission constituée du Gouverneur Roland Pré, des hauts fonctionnaires et des représentants des groupes financiers et industriels ayant des intérêts directs ou indirects dans les territoires d'Outre-Mer mettra sur pied le deuxième plan FIDES. Bien que ce dernier poursuive les investissements à caractère culturel et social, il accorde tout de même la priorité au développement de la production, car « l'augmentation de la production et l'augmentation de la richesse correspondante sont seules en mesure e rétablir une situation budgétaire fortement obérée »[76]. Pour la commission, il est important de se concentrer sur le développement de la production qui est selon elle seul support fondamental de tout progrès social réel si on cherche des solutions durables pour assurer une élévation substantielle du niveau des vies des populations.

Les réalisations sur le plan urbain seront moins importantes dans ce plan par rapport au précédent. L'accent est mis sur la production au dépens des autres secteurs qui rentrent dans le processus de planification urbaine. Les pétitions qui s'enchaînent ne font pas la part belle à l'urbanisation qui est sacrifiée au profit de l'amélioration des conditions de vie à travers l'augmentation de la production. La différence de pourcentage affecté aux différents secteurs par les deux plans est très significative, comme le montre le tableau ci-dessous :

[76] Extrait du deuxième plan FIDES

Tableau 4 : Comparaison des investissements effectués au cours du premier plan et des projets du deuxième plan

	Premier Plan (réel)	Deuxième Plan (projets)	Différence
Voies de communications	**50 %**	**22 %**	**-28 %**
Équipements sociaux	**20 %**	**12 %**	**-8 %**
Production agricole	**12 %**	**18 %**	**+6 %**
Production minière, énergétique industrielle, etc. Recherches afférentes	**18 %**	**48 %**	**+30 %**

Source : A.-L. Dumaine, 1955.

Comme on peut le constater dans le tableau ci-dessus, la commission a préféré orienter ses investissements sur des terrains qui accordent moins d'intérêt à la planification urbaine notamment la production économique. Si ce deuxième plan FIDES a permis la réalisation puis l'implémentation du plan Dorian de 1959 à Douala, il n'aura cependant pas un impact aussi considérable que le premier plan. Cela peut être dû à la composition de la commission de son élaboration. En effet, dans cette commission en dehors du gouverneur et de quelques hauts fonctionnaires, on n'y trouve des industriels comme Paul Bernard, de Brie, le directeur de la société d'electro-chimie, d'electro-métallurgie et des aciéries électriques d'Ugine, Gareau-Dombasle, président de la compagnie minière de Conakry, Gonon, président-directeur général de la banque de Madagascar, Lefaucheux, directeur de la régie Renault, Lemaignen, président de la S.C.O.A., de Vitry, directeur de la société Péchiney, etc. (Dumaine, 1955). Il en est de même pour les personnalités ayant participé aux travaux dans les sous-commissions. Ces acteurs ont orienté les dépenses vers les domaines qui leur permettent de réaliser des bénéfices au dépens de l'urbanisation. Cette orientation vers la production va freiner l'élan de planification déjà amorcé d'autant plus que les revendications d'indépendance qui commencent à semer la révolte au sein de la population se font de plus en plus pressantes. C'est sur cette note que va se refermer la présence française au Cameroun.

CONCLUSION DU CHAPITRE 4

À la veille de son accession à l'indépendance, le Cameroun dispose déjà de centres urbains bien planifiés. Le processus entamé par les Allemands a été bien repris et amélioré par les Français. Au moment où le Cameroun accède à l'indépendance, les villes de Douala et de Yaoundé disposent déjà d'instruments essentiels pour leur planification. Toutefois, il reste que les ressources humaines, matérielles et financières nécessaires pour ce processus proviennent en grande majorité de la métropole. Cette situation va créer une dépendance qui forcera le nouvel État indépendant à sombrer dans un paternalisme qui va largement impacter sur son développement urbain durant de longues années. Sur le plan foncier, le contexte politique va largement influencer la politique française en la matière. Comme la planification urbaine, la politique foncière de la France va s'inspirer des bases posées plus tôt par les Allemands et va également consacrer la propriété coutumière de manière restrictive à savoir que les droits fonciers des autochtones ne peuvent s'étendre au-delà des espaces mis en valeur par ces derniers. Les autres espaces rentrant pour dans la catégorie des terres vacantes et sans maître suivant les prescriptions de l'ordonnance impériale du 15 juin 1896. C'est un droit d'usage que les autochtones reçoivent sur leurs terres en ce début du mandat français au Cameroun. Avec la succession des crises politiques, la France va revoir sa politique en accordant de plus en plus une grande place au droit coutumier. Le régime de l'immatriculation qui est institué en 1932 va révolutionner la politique foncière en consacrant la propriété foncière individuelle des autochtones après constatation de leurs droits coutumiers. Ce sera la porte ouverte à la vente des terres dont l'impact sur la planification sera considérable. Avec la croissance démographique qui s'accélère, l'étalement urbain aidé par des modes d'accès à la propriété foncière devenus moins compliquées va poser de nombreux problèmes aux autorités administratives. Si la France a su mobiliser les instruments de planification adaptés au contexte politico-économique et aux nombreuses difficultés sociales qu'elle rencontrait, il revenait aux autorités de l'État indépendant de maintenir le rythme tout en trouvant des moyens d'adaptation. À son départ du Cameroun, les nouvelles autorités doivent relever le défi de la gestion foncière qui cristallise toujours toutes les tensions et trouver des instruments de planification urbaine dans un contexte où la croissance démographique favorise l'étalement urbain.

CHAPITRE 5 : UNE PLANIFICATION POST-COLONIALE A L'EPREUVE DE LA CULTURE POLITIQUE

L'accession à l'indépendance du Cameroun français le 1er janvier 1960 constitue une autre étape dans l'action publique de planification urbaine. En effet, cette indépendance a conduit selon Eboko (2015) à un double phénomène « d'africanisation des cadres » et de construction formelle des États, à la suite ou en rupture partielle avec les politiques édictées pendant la période coloniale. Selon cet auteur, les indépendances portent la continuité de la construction de l'État qui doit être daté au début de la colonisation. Les politiques publiques post-indépendantistes sont conçues pour fonder l'unité nationale et le socle d'une citoyenneté nationale. Le nouvel État qui vient de voir le jour n'est plus assujetti aux injonctions de la métropole, mais s'inspire de leur passé colonial commun (Eboko, 2015). La domination et la colonisation ont cédé place à une coopération qui inspire les modèles des politiques nationales dans des domaines comme l'éducation, la formation et la planification de l'action publique. À « l'Etat importé » (Badie, 1992), se substituent des « États en action » (Eboko, 2015) dont la formation suit le cours. La sélection des politiques publiques tient alors compte de ce processus qui ne s'est pas arrêté après 1960, mais qui tente plutôt de suivre le chemin tracé pour achever sa construction. Pour ce qui est de l'aménagement du territoire, Eboko (2015), souligne que le souci de la construction de l'unité nationale dans des États qui connaissent les diversités géographiques, ethno-régionales et économiques va encourager les détenteurs du pouvoir à geler la compétition politique et d'instaurer le régime du parti unique.

Cette recherche d'équilibre entre les factions politiques est selon lui, au centre de la planification des politiques publiques mises en place dès les années 1960 notamment en ce qui concerne l'aménagement du territoire. Ces dynamiques n'ont pas épargné l'action publique de planification urbaine dans son instrumentation. Le centralisme mis en place va fragiliser le processus de décentralisation entamé timidement pendant l'époque coloniale. Les conséquences de la mise en veille de l'institution communale associée aux enjeux sociaux sur la planification seront énormes et influenceront les politiques urbaines pendant des décennies. Avant de procéder à une analyse des différents instruments d'action publique mobilisés durant cette période, il importe de présenter la situation institutionnelle et le contexte social de cette période. Cette présentation permettra de mieux appréhender la justification du choix de certains instruments étudiés dans la deuxième section.

SECTION 1- ENJEUX SOCIAUX ET STRUCTURES ÉTATIQUES DANS LA PLANIFICATION URBAINE CENTRALISÉE (1960-2004)

Depuis son accession à l'indépendance en 1960, jusqu'en 2004, le Cameroun a pratiqué une planification urbaine plutôt centralisée. Celle-ci était menée par l'État central et ses organes déconcentrés. Ce centralisme n'a pas aidé l'État à mieux gérer les flux migratoires qui déferlaient sur ses centres urbains, notamment Douala et Yaoundé qui, durant cette période, ont concentré l'essentiel de la population urbaine du pays. En 1982, l'État a élaboré pour ces deux villes des Schémas Directeurs d'Aménagement et d'Urbanisme (SDAU). Ces documents de planification urbaine ne seront pas approuvés par les autorités compétentes, en l'occurrence les préfets. Cette non-approbation a laissé les villes sans document de planification durant de nombreuses années. Durant cette période, l'État a privilégié une approche par projet, à laquelle on pouvait associer une réglementation foncière. Toutefois, le dispositif institutionnel durant cette période va contribuer au renforcement du centralisme étatique, qui constitue pour la circonstance un frein à l'élaboration d'une planification urbaine adaptée aux défis du moment. Les nombreux problèmes sociaux que rencontre le pays, ainsi que le mode de gestion mis en place, vont largement influencer le choix des IAP.

1- La question sociale comme enjeux de la planification urbaine

L'accession du Cameroun à l'indépendance dans un contexte social et politique tendu va influencer considérablement l'action publique de planification urbaine. En effet, face à l'impératif de construction et de consolidation de l'unité nationale et pressée par les ambitions d'exploitations économiques de la France, le pays va orienter l'essentiel de ses politiques vers la production et la transformation économique. Pendant ce temps, le fait urbain nouveau dans ces territoires et le rêve d'une vie meilleure fondée sur les avantages du capitalisme et de l'industrialisation attirent de nombreux citoyens qui quittent les zones rurales en masse pour s'installer dans les villes de Yaoundé et de Douala. En quelques années, la population urbaine de ces villes va exploser (cf. figure 16 ci-dessus). Ces déplacements de citoyens des zones rurales vers la ville auront pour première conséquence une extension rapide et non contrôlée de la ville. Les nombreuses populations arrivées en ville s'installent au-delà du périmètre délimité dans les plans d'urbanisme et

dans l'indifférence des autorités concentrées sur des thématiques jugées plus importantes[77] pour l'État. Cette croissance spatiale rapide se fera également au mépris de la réglementation foncière et des règles d'urbanisme encouragé par l'absence des agents locaux (notamment municipaux) de contrôle et de répression en matière de règlement d'urbanisme et de construction. L'ampleur du phénomène migratoire avec pour conséquence l'étalement urbain non maîtrisé va pousser les autorités à élaborer une riposte en vue de maîtriser l'urbanisation. Cependant, il importe de noter que le vide institutionnel laissé depuis l'accession à l'indépendance aura des répercussions énormes sur l'urbanisation, d'autant plus que l'État doit affronter en plus de ce manquement, un problème de disponibilité des ressources.
Quelques années après son l'accession du Cameroun à l'indépendance, Guy Mainet (1981) disait de Douala qu'elle est une ville d'affaires actives où les étrangers[78] viennent vivre et travailler en grand nombre. C'est une ville où l'activité est intense et plus variée qu'à Yaoundé. Cette concentration d'activités dans la ville de Douala va faire de lui le principal pôle d'immigration après l'indépendance du pays. Si cette immigration est plus importante à Douala, Yaoundé de par ses fonctions administratives et industrielles suivra le pas bien qu'à des rythmes différents. Cette vague impressionnante et rapide d'immigration va bousculer la planification urbaine de ces villes et forcer les autorités à réagir dans un contexte où la planification urbaine n'était pas leur priorité. Cet intérêt forcé pour cette politique sera causé par les effets de la migration sur l'extension spatiale des villes et les modes d'occupation du sol qui les accompagnent.

La migration urbaine et l'extension spatiale

L'arrivée massive des citoyens camerounais dans les zones urbaines aura des impacts significatifs sur la morphologie de la ville avec à la clé, une explosion de la demande en termes d'infrastructures sociales. Le développement spatial des villes s'effectue au gré du dynamisme des mouvements d'immigration qui l'alimentent (Djatcheu, 2018). Il s'ensuit un étalement urbain non contrôlé dans un contexte de rareté de ressources et d'infrastructures.

---

[77] Ces priorités se retrouvent codifiées dans le premier plan quinquennal et parmi celles-ci figurent l'augmentation du revenu des habitants et l'industrialisation du pays. L'urbanisme n'est pas une priorité pour les autorités en cette période. Sur le plan politique, les autorités sont également concentrées sur la réunification du pays. Toute la politique tourne autour de l'unité nationale devenue la priorité absolue du président Ahidjo.
[78] Il s'agit des personnes venues des autres régions du pays mais aussi des pays voisins comme le Nigeria qui a jusqu'à ce jour, le plus gros contingent des expatriés au Cameroun.

Un étalement urbain rapide et non contrôlé

L'affluence massive des citoyens vers les villes dans ce Cameroun indépendant va immédiatement impacter sur la planification urbaine. En effet, les nouveaux arrivants vont directement s'installer hors du périmètre d'urbanisation délimité par le plan d'urbanisme de 1959 laissé par les Français. Ce phénomène va aboutir à un étalement urbain rapide et sans contrôle. Les raisons de cette installation en dehors du périmètre urbain sont nombreuses. Lors de nos entretiens de terrain à Douala, Monsieur Nyamsi, un habitant du quartier Sic-Cacao, nous faisait remarquer que :

> « *Je me suis installé ici parce que mon oncle qui m'a accueilli à Douala y vivait déjà avec toute sa famille et une importante délégation de notre communauté. Quand j'ai eu les moyens d'acquérir une parcelle de 200 mètres carrés, on est allé voir le propriétaire terrien qui m'en a cédé une part non loin de mon oncle. Je voulais être près des miens ; cela me donnait un sentiment d'être dans mon village bien qu'étant à Douala* ».

Ici, c'est un regroupement sur la base communautaire qui guide ces nouveaux migrants. Le même sentiment est partagé par monsieur François du quartier Nylon à Douala. Ce phénomène va favoriser la naissance des quartiers communautaires à Douala et c'est ainsi que nous aurons des quartiers comme New-Bell Bamiléké, Campa Yabassi, quartier Haoussa etc. pour Djatcheu (2018), « les migrants de plus en plus nombreux qui affluent des campagnes sont accueillis par leurs proches plus anciennement établis. Ceux-ci ont à charge non seulement de leur offrir un toit et le couvert, mais aussi de les aider à s'intégrer dans la nouvelle société urbaine ».

À Yaoundé, on aura le même phénomène d'occupation spatiale. Monsieur Albert, habitant le secteur dit carrefour SAFCA du quartier Omnisport à Yaoundé, nous rappelle que :

> « *C'est ma grande sœur qui a acquis cette parcelle. Elle a avancé une partie des fonds destinés à l'achat du terrain et nous avons ensuite complété avec nos petits boulots qu'on faisait. C'est comme ça que j'ai eu ma part de terrain que tu vois ici* ».

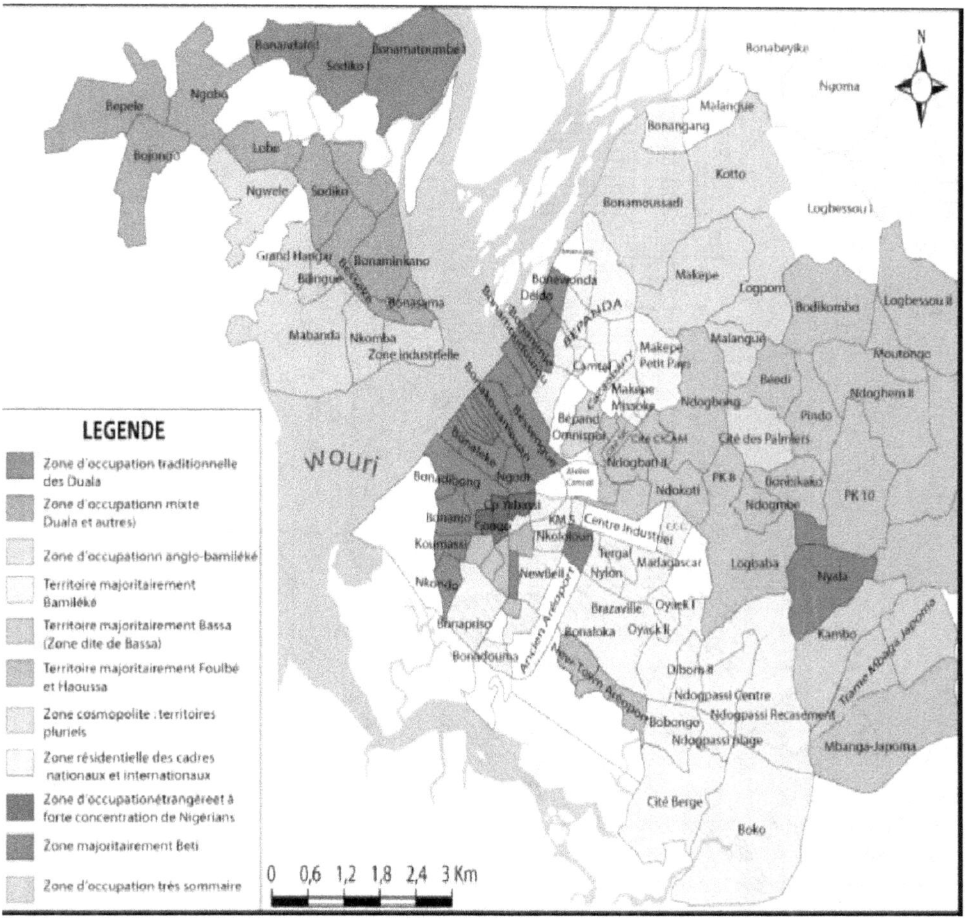

Figure 12 : Fragmentation socio-spatiale et micro-territoires identitaires à Douala.
Source : CUD

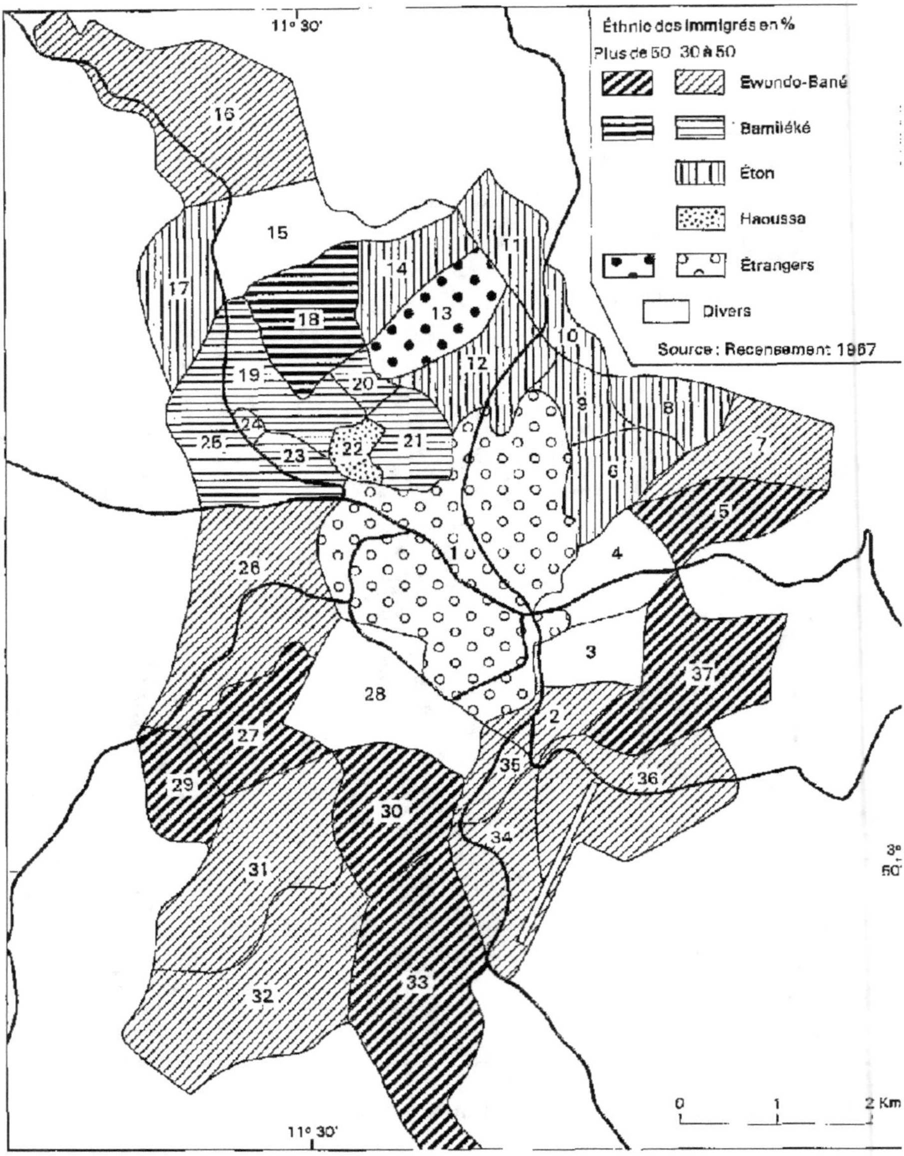

Figure 13 : Répartition ethno-régionale de Yaoundé en 1967
Source, Franqueville, 1984.

En plus de cette installation sur la base des regroupements communautaires, un autre critère a retenu notre attention lors des enquêtes de terrain, il s'agit des modalités d'accès à la terre notamment le coût financier. En effet, plusieurs enquêtés nous ont fait remarquer que le prix du mètre carré du terrain dans leur quartier situé à l'époque loin du centre urbain a été l'élément déterminant pour leur installer hors du périmètre d'urbanisation. Monsieur Nyamsi nous renseigne à ce propos :

> « *Pour ces 200 mètres carrés, j'ai déboursé une somme de 75 000 FCFA et deux bouteilles de whisky. On m'avait proposé le même terrain à Banguè mais c'était trop cher pour moi, même comme ça me plaisait parce que là-bas c'était en ville. Mais je ne pouvais pas accepter cette offre parce que je n'avais pas les moyens* ».

Figure 14 : Évolution spatiale de l'urbanisation de Douala.
Source : CUD

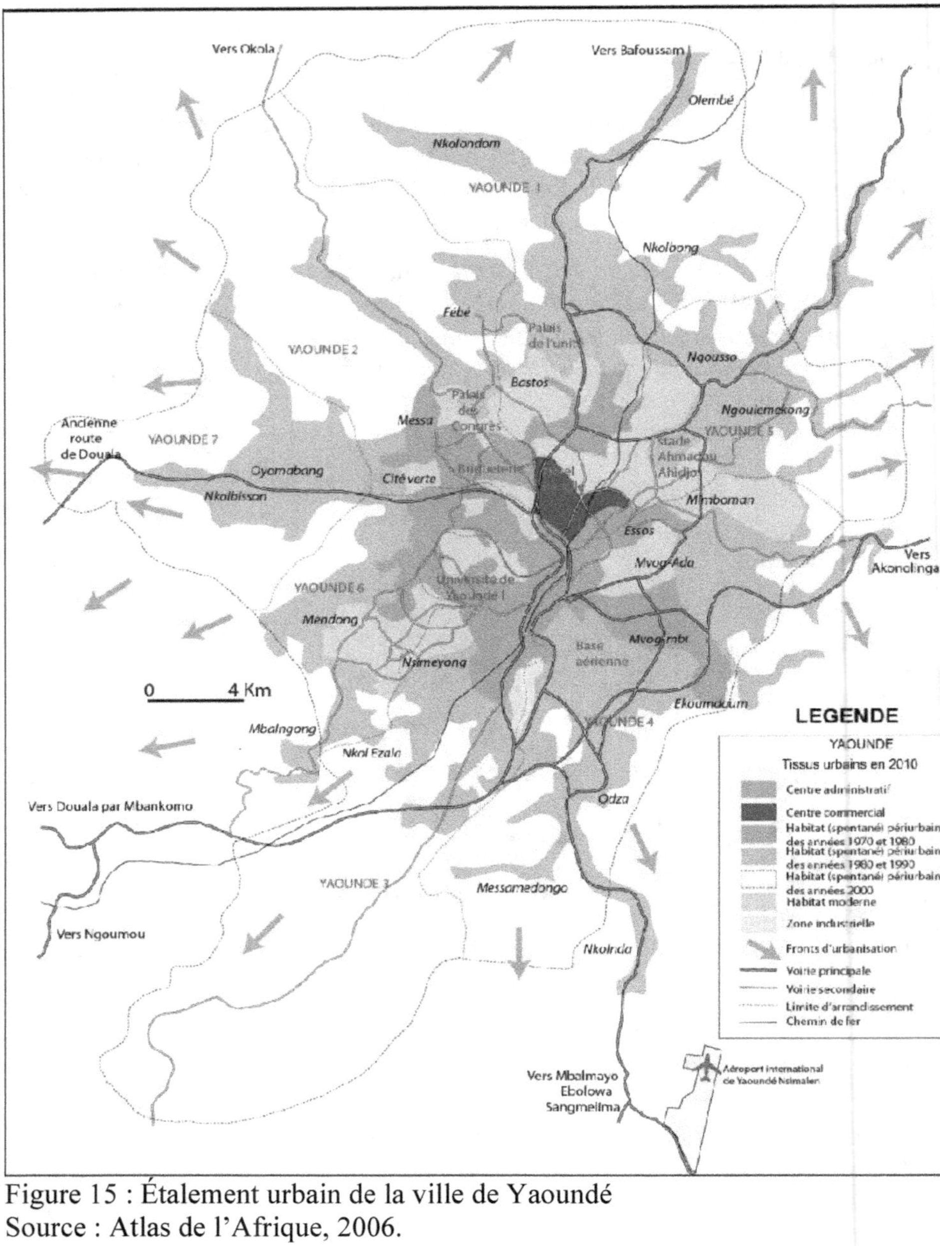

Figure 15 : Étalement urbain de la ville de Yaoundé
Source : Atlas de l'Afrique, 2006.

Les nombreuses populations qui débarquent à Douala et Yaoundé sont en quête d'un bien-être social avec l'espoir de trouver un emploi dans les multiples industries et sociétés qui se déploient dans le pays. Leur installation hors de la zone soumise aux règles d'urbanisme complique davantage l'implémentation des politiques sociales ce d'autant plus que les autorités sont occupés ailleurs et ne semblent pas avoir le développement urbain comme une priorité. Les documents de planification laissés par les Français seront très vite dépassés par une croissante exponentielle de la population urbaine. En quelques années, la population de ces deux villes a triplé. Sur la base de l'estimation minimale ou maximale adoptée en 1976, l'afflux migratoire s'établit entre 140 000 et 350 000 personnes (Mainet, 1981). Selon ces estimations, Douala aurait attiré entre le tiers et la moitié de l'exode rural ou des migrations intérieures au Cameroun. Selon Mainet, en 1968, un recensement indiquait que 25,8 % des habitants de la ville étaient nés à Douala, 69,9 % dans le reste du Cameroun, et 4,3 % à l'étranger. Cette évolution va s'accélérer dès 1968 et va rapidement franchir le cap du million d'habitants dès les années 2000.

Tableau 5 : Évolution de la population de Douala de 1960 à 2005

1960	1968	1976	1981	1987	1999	2005
150 000 h.	229 000	458 000	738 000	834 471	938 287	1 931 977

Source : adapté de nos recherches

Yaoundé connaîtra le même sort que Douala en termes d'explosion démographique. En effet, de par ses fonctions, la ville va s'imposer comme le deuxième pôle d'immigration du pays.

Tableau 6 : évolution de la population de Yaoundé de 1960 à 2005

1963	**1976**	**1987**	**1996**	**1997**	**1998**	**1999**	**2000**	**2005**
100 000	**318 000**	**703 588**	**1 104 500**	**1 137 000**	**1 169 000**	**1 201 900**	**1 538 192**	**1881 817**

Source : adapté de nos recherches

Cet étalement urbain s'est accompagné d'une demande en infrastructures de base échappant de fait à la maîtrise des autorités.

Un besoin infrastructurel non maîtrisable

L'étalement urbain né de la migration urbaine a fait émerger d'autres problèmes dont l'équipement en infrastructures. En effet, cette urbanisation post-indépendance s'est faite au-delà des zones couvertes en infrastructures, favorisée par une « démission » de l'État de ses missions dans la construction et l'aménagement du territoire. Que ce soit l'habitat, les routes, l'électrification ou encore les structures sanitaires et scolaires, les autorités ont très vite été débordées et les citadins se sont vus abandonnés à leur propre sort.

Certains quartiers sont restés longtemps coupés du reste de la ville faute de route comme nous l'explique cet habitant du quartier Dernier Poteau vers éleveur :

> « *Pour sortir d'ici en temps de pluie, il fallait prévoir deux tenues parce que la boue et le torrent étaient très forts. Des fois, c'était même impossible de sortir ou d'entrer dans ce quartier quand il pleut. Même pendant la saison sèche ce n'était toujours pas facile. La poussière jaunissait toutes les maisons et les herbes ; quand tu t'habillais pour sortir, il fallait te couvrir et cela décourageait les gens pour sortir du quartier* ».

Ce manque d'infrastructures va favoriser la croissance d'une ville anarchique loin de toute réglementation foncière. Cette dernière va même favoriser les transactions entre parties pour l'achat et la vente des terrains destinés à l'habitat. Le difficile accès sur le site va tenir les autorités en charge de la surveillance et la répression des fraudes loin des sites qui s'étalent en dehors de ce qui est établi depuis 1959 comme périmètre urbain à Douala et les limites fixées par les Français à Yaoundé.

Que ce soit pour l'étalement urbain ou pour le besoin en infrastructures, les conséquences sur les prévisions en termes d'urbanisation seront significatives dans la mesure où cette situation va elle aussi favoriser une double dérive qui est l'occupation anarchique de l'espace et des zones interdites à la construction.

2-Une occupation spatiale non conforme aux règles d'urbanisme

L'expansion spatiale rapide de Douala et Yaoundé qui se fait en dehors du périmètre urbain créant un besoin en infrastructures va parfois se faire de façon anarchique, en donnant la largesse aux populations de s'installer sur des zones interdites à la construction.

Cette dynamique spatiale évoquée plus haut, va engendrer comme nous le ferons à la suite de notre travail, une construction anarchique du périurbain qui commence en ces débuts des années 60 et va continuer jusqu'à ce jour. En l'absence de toute réglementation et d'un contrôle des services en charge de l'urbanisation, les populations vont s'installer de manière anarchique sur les différents sites dans les villes de Douala et Yaoundé. À Yaoundé, par exemple, on note une multiplication des cases[79] qui poussent autour du noyau originel situé au sommet des interfluves, dévalant les pentes, et au fur et à mesure que la place devenait rare, les citadins ont été contraints de s'installer au fond des vallées marécageuses.

---

[79] Il s'agit des habitations traditionnelles faites en pailles et en terre battue.

Cette urbanisation dite « populaire » prend le relais de l'urbanisme planifié favorisant ainsi un étalement peu maîtrisé de la ville vers son périurbain. Pour Franqueville (1984), « *l'entassement est d'autant plus remarquable que seul est de règle dans ces quartiers un habitat individuel de type horizontal* ». Cette expansion spatiale n'épargne pas les zones *non aedificandi*[80] comme les collines à fortes pentes et les vallées hydromorphes. Cette occupation spatiale incontrôlée dans les reliefs dangereux entraîne selon Assongmo (2002), une rupture de l'équilibre homme-milieu qui se traduit aujourd'hui en termes de violences naturelles (inondations, glissements de terrain, éboulements, etc.). Faisant allusion aux effets négatifs des quartiers à habitat précaire, Kengne Fodouop (2003) pense que ceux-ci participent à la dégradation du paysage physique des villes et à la dégradation des conditions socio-économiques des habitants par le manque d'eau potable, la sous-alimentation, l'amplification de l'insécurité, de la criminalité et de la prostitution. La croissance démographique entraîne automatiquement une augmentation de l'espace urbain dans les villes de Douala et Yaoundé.

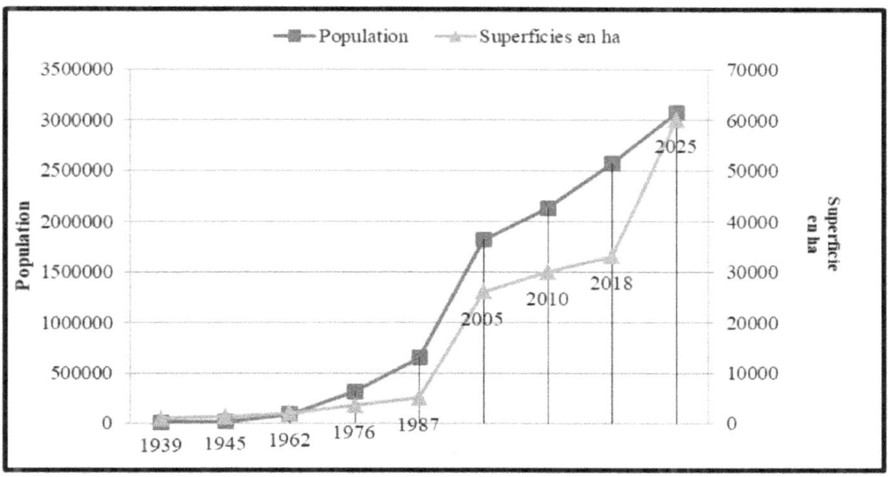

Figure 16 : Corrélation entre la croissance démographique et la croissance spatiale à Yaoundé entre 1939 et 2025
Source : Djatcheu, 2008.

[80] On ne trouve pas de définition de ce terme dans les documents d'urbanisme camerounais. On le retrouve dans le code de l'urbanisme de 2004 qui dispose en son article 105 alinéa 2 que le permis d'implanter ne peut être délivré pour une occupation sur une réserve foncière et des zones non aedificandi. Une définition ne sera donnée par la responsable de la Division des Affaires Juridiques de la CUD qui la définit comme une zone non constructible à cause de certaines contraintes relatives à la nature marécageuse ou montagneuse du terrain, mais aussi pour son affectation à d'autres utilités. En bref, c'est une zone proscrite à la construction des habitations.

Ces fléaux sont amplifiés par la pauvreté des populations et un manque de ressources de la part de l'État. Ce qui permet une reproduction du cycle de la construction/destruction de ces sites.

Un phénomène renforcé par le manque de ressources

Ce phénomène que nous pouvons décrire de manière globale par la pauvreté touche aussi bien l'État que les nombreuses populations qui s'installent dans la périphérie urbaine. En effet, si pour l'État on peut parler de ressources en quantité insuffisante ou d'une forme quelconque de désengagement, pour les populations, il est question d'un manque de ressources les forçant à orienter leurs choix sur des zones dont les coûts d'installation sont moins importants.

Une absence de ressources de l'État

Dès son accession à l'indépendance, le Cameroun va opter pour une politique de développement privilégiant l'émergence d'un secteur industriel. Cette orientation privera le secteur de l'urbanisme d'un apport de ressources matérielles nécessaires pour continuer l'œuvre de planification urbaine engagée plus tôt par les Allemands et les Français. Pour financer son développement et coordonner ses actions, le Cameroun va adopter la méthode des plans, à l'image des plans FIDES. C'est ainsi que six plans quinquennaux seront élaborés de 1960 à 1991. L'affectation budgétaire entre les différents secteurs n'accorde pas une priorité à l'urbanisation. Le premier plan quinquennal (1960-1965) porte sur le développement des infrastructures (45 % des investissements). Et demeure comme celui qui accordera plus d'intérêt aux problématiques d'urbanisme. Les autres plans qui vont suivre ne s'intéresseront pas à la planification urbaine, favorisant ainsi l'occupation anarchique et l'étalement non contrôlé décrits plus haut. En l'absence des fonds d'investissement et de la disponibilité des ressources humaines, la ville camerounaise n'est pas inscrite au tableau des priorités des nouvelles autorités. La planification urbaine va marquer un coup d'arrêt et continuera d'évoluer avec les instruments élaborés de manière éparse par les acteurs de l'État central.

Une population relativement très pauvre

Les migrants qui arrivent en masse dans les villes camerounaises en ce début d'année 1960 sont en grande partie des personnes démunies en quête de bien-être. Au fil des années, cette démographie urbaine, aidée par une forte natalité dans les villes, va augmenter alors que le niveau de vie des populations se dégrade. Faute de disposer de moyens suffisants pour acquérir des terres dans le périmètre urbain, les nouveaux arrivants vont s'installer dans les zones marécageuses souvent sans propriétaire ou dans les quartiers éloignés du centre urbain dans lesquels le prix du terrain au mètre carré est très bas par rapport à la moyenne générale. Ce difficile accès au marché foncier sera suivi d'une autre complication. En effet, les règles de construction édictées par les Français dans le périmètre urbain restent en vigueur et cela complique davantage les calculs de ces personnes à revenus modestes qui s'installent loin de la ville planifiée. Les mécanismes de solidarité communautaire qui se mettent en place pour faciliter l'accueil et l'intégration de nouveaux venus limitent leur pouvoir d'achat, donc leur capacité à financer des travaux de grande envergure dans le périmètre urbain. En plus, certains acteurs, ne pouvant pas répondre aux normes de droit foncier, s'installent à la périphérie, où persiste un flou juridique (Assako et Djomo, 2016). Cette situation va aller croissant forçant les autorités à réagir en élaborant des instruments dont l'objectif sera de freiner l'étalement urbain en limitant l'accès à la terre et en essayant de mettre de l'ordre dans un secteur laissé longtemps à l'abandon. Le choix sera porté sur des instruments de régulation de l'action publique notamment, juridiques mais aussi financiers.

SECTION 2- UNE PLANIFICATION URBAINE PORTÉE PAR L'ÉTAT CENTRAL

La politique de planification urbaine élaborée après l'indépendance est largement influencée par le contexte politique durant cette période. Si le régime mis en place après les indépendances est une dictature, l'ouverture démocratique amorcée au début des années 90 va impacter la politique urbaine. Il faut alors attendre 2004 avec l'adoption du code général d'urbanisme et le transfert des compétences de l'État vers les Collectivités territoriales Décentralisées (CTD) avec la loi d'orientation de la décentralisation pour que la planification cesse d'être un monopole de l'État central. Avant 2004, l'État intervient sur cette politique de manière directe à travers ses organes. Cette intervention s'est faite dans un contexte de mise en retrait de la décentralisation au profit des intérêts politiques.

1-La décentralisation territoriale comme instrument organisationnel de l'action publique

Selon Hood (1983/1990), les ressources découlant de la propriété de l'Etat permettent de distinguer quatre types d'instruments (cf section du chapitre 1 ci-dessus) parmi lesquels les instruments organisationnels. Ceux-ci sont issus de la capacité d'un État à posséder les ressources organisationnelles sous la forme de ressources humaines (on peut citer à ce niveau les fonctionnaires et les compétences nécessaires), de territoire, d'infrastructure et d'équipement. La décentralisation est souvent définie comme un transfert de l'État vers les collectivités territoriales décentralisées, de compétences et d'attributions dans des domaines bien identifiés. Ce transfert de compétences est souvent accompagné d'un transfert de ressources nécessaires à l'autonomie administrative et financière des collectivités. L'idée de ce mode d'organisation de l'État est d'impliquer les populations au développement de leur localité et du pays en général. En termes de planification urbaine, il s'agit de donner la possibilité aux populations de participer autant que possible à l'élaboration des politiques portant sur le devenir de leur territoire. Les organes décentralisés bénéficient alors des prérogatives en matière d'élaboration des documents d'urbanisme et peuvent mettre en place des politiques fiscales pour le financement de leurs activités. Le Cameroun qui accède à l'indépendance en 1960 bénéficie d'une structure primaire de la décentralisation avec l'existence dans quelques villes dont Douala et Yaoundé, des communes de plein exercice créées par l'administration coloniale française. La politique de l'unité nationale portée par le pouvoir en place ne va cependant pas aider au renforcement de la décentralisation. Au contraire, cet impératif va pousser les autorités à étouffer toute politique de décentralisation ce qui aura des conséquences énormes sur la planification urbaine durant cette période[81]. L'histoire de la décentralisation durant cette période est marquée par deux faits majeurs que sont la consécration implicite de la décentralisation et le retrait des dispositions portant sur celle-ci dans les différentes constitutions.

1-1- La consécration constitutionnelle de la décentralisation territoriale dans le Cameroun post-indépendant

La Constitution adoptée le 4 mars 1960 proclame en son article 46 l'existence des collectivités locales au Cameroun. Elle dispose dans cet article que : « Les collectivités locales du Cameroun sont les provinces et les communes. Ces collectivités s'administrent librement par des conseils dans les dispositions de l'article 23 de la présente Constitution. Elles sont dotées de

[81] Nous faisons allusion à la période comprise entre 1960, date d'accès à l'indépendance (plus précisément le 4 mars 1960 qui correspond à la date de promulgation de la première constitution du Cameroun), et 1996, année de la consécration constitutionnelle de la décentralisation mise en application jusqu'à ce jour.

la personnalité morale et jouissent de l'autonomie financière... ». Cette disposition posait ainsi les bases de la décentralisation territoriale dans le Cameroun nouvellement indépendant, ce d'autant plus que le pays avait hérité comme mentionné plus haut des structures de base que sont les communes de plein exercice. Mais cette disposition constitutionnelle ne fut jamais mise en œuvre à cause d'une forte centralisation administrative mise en place par les autorités du régime du parti unique. En plus de cela, *le Cameroun, encore sous la pression d'asseoir sa souveraineté et de procéder à la réunification de toutes les composantes territoriales, ne pouvait mettre en œuvre des dispositions constitutionnelles exogènes qui ne reflétaient pas la réalité de ses préoccupations internes* (Tsimi Ngono, 2010, p. 40). Les autorités étaient alors plus préoccupées à rechercher la réunification du pays et ne voulaient pas se disperser dans une mise en place de la décentralisation. Les communes héritées de la période coloniale continuaient d'exister, mais sans réel pouvoir sur la planification urbaine qui restait du domaine de l'Etat central. Les provinces créées avec les communes correspondaient, quant à elles, à une volonté de déconcentration administrative. La planification dans ce contexte est restée une activité des services déconcentrés de l'État qui s'inspirent des orientations nationales sur la planification économique pour élaborer et mettre en œuvre leur politique d'urbanisation. L'absence de cadres de l'État en nombre suffisant durant cette période allait poser de nombreux problèmes pour l'élaboration de cette politique. La réunification au centre de toutes les attentions aura finalement lieu en 1961. La conséquence de celle-ci fut le retrait des dispositions relatives à la décentralisation dans la Constitution.

1-2- L'inexistence des dispositions sur les collectivités territoriales dans les constitutions de 1961 à 1996

La loi constitutionnelle du 1er septembre 1961, suite à la réunification du Cameroun oriental sous tutelle française et le Cameroun occidental sous tutelle anglaise, a simplement supprimé la disposition relative aux collectivités locales. Les communes laissées par les Français continueront d'exister avec des pouvoirs quasi-inexistants sur la planification urbaine. En fait, celles-ci sont gérées par les autorités comme des unités déconcentrées (Ngono, 2010), ce qui laisse au pouvoir central l'essentiel des prérogatives en matière de planification urbaine. Le passage de la République fédérale à la République unie à l'issue du référendum du 20 mai 1972 va contribuer à renforcer cette domination des autorités centrales sur les questions liées à la planification urbaine. Ce passage permet aux acteurs politiques du Cameroun oriental de mettre en application la politique de centralisation héritée de la tradition jacobine de la France. Ngono explique à ce propos que : *Les premiers leaders politiques de la décolonisation formés exclusivement à l'école du jacobinisme administratif ne pouvaient rêver que de vastes ensembles territoriaux pour appliquer les méthodes acquises.*

Pour cet auteur, cette transformation de la forme de l'Etat *venait de briser les derniers espoirs des initiatives locales, dont l'imprégnation de l'esprit d'autonomie s'imposait comme une condition sine qua non d'un fédéralisme équilibré.* La Constitution qui est adoptée par la suite, bien que confiant l'organisation des collectivités locales au législateur, ne fait aucune mention de leur classification. La période qui s'ouvre avec l'unification va tout de même apporter des changements importants en matière de planification, notamment dans les domaines du droit foncier et de l'aménagement. Pour ce qui est de la commune, la loi n° 74/23 du 5 décembre 1974 portant organisation communale dispose qu'elle est « l'unique collectivité locale » et fait la distinction entre une commune urbaine et une commune rurale[82]. Les communes de plein exercice deviendront, selon les dispositions de l'article 178 de cette loi, des communes urbaines. Leurs compétences en matière de planification urbaine s'exercent dans l'approbation des documents d'urbanisme (article 46). La création d'un autre type de collectivités locales par la loi, telle que garantie par la Constitution, va aboutir à la promulgation de la loi du 15 juillet 1987 créant les communautés urbaines de Douala et à Yaoundé. Ces collectivités locales sont définies par cette loi en son article 1, qui dispose que « la communauté urbaine est une collectivité publique décentralisée et une personne morale de droit public. Elle est dotée de la personnalité juridique et de l'autonomie financière. Elle gère, sous tutelle de l'État, les affaires locales en vue du développement économique, social et culturel de ses populations ». Elle est, selon l'alinéa 2 de l'article 2, divisée en communes d'arrondissement. L'année 1987 sera marquée par la création des communautés urbaines de Douala et de Yaoundé ainsi que de plusieurs communes d'arrondissement. Cette innovation institutionnelle vise alors à apporter une réponse aux nombreuses crises sociales qui secouent le pays avec des incidences importantes sur l'urbanisme. Cette période va trouver un dénouement avec la promulgation en 1996 d'une nouvelle Constitution à la suite de l'ouverture du jeu politique avec le multipartisme. Cette Constitution va alors consacrer la décentralisation territoriale qui est mise en application jusqu'à ce jour. Durant cette période, la planification urbaine est une prérogative du pouvoir central et de ses organes déconcentrés qui l'exercent par voie réglementaire. Cette situation a donné lieu à l'adoption de plusieurs textes juridiques[83] dont l'application n'a pas été

---

[82] La loi les définit comme étant celles dont le ressort territorial se réduit à une agglomération urbanisée (pour ce qui est des communes urbaines), tandis que les communes rurales sont celles dont le ressort territorial s'étend à la fois sur les agglomérations urbanisées ou non et sur des zones rurales.

[83] Parmi ces textes réglementant l'urbanisme dans la période 1960 à 1996 on peut citer : Décret-Loi no. 63-2 COR du 9 janvier 1963 fixant le régime foncier et domanial du Cameroun oriental,

facile à cause, d'une absence de suivi au niveau local. Cette mise en retrait de l'institution communale a permis aux institutions étatiques d'investir ce secteur dont les enjeux étaient très souvent liés aux ambitions politiques.

2- Une politique foncière et urbaine portée par un cadre institutionnel fortement centralisé

La réforme communale de 1974 avait consacré la responsabilité première de l'État dans la planification urbaine, notamment la rédaction des documents d'urbanisme. La loi communale du 5 décembre 1974 avait confié, en son article 79, la gestion d'un domaine public communal à ce dernier. Toutefois, fidèle à sa logique de centralisme, cette gestion devait se faire conformément aux textes régissant le domaine national. Ce centralisme dans la planification urbaine correspond à la culture du parti unique et de la figure paternaliste du président de la République en vogue dans le pays en cette période. Pour élaborer et mettre en œuvre sa politique de planification urbaine, il sera décidé la création de deux types d'institutions. : celles qui œuvrent dans le secteur foncier et celles qui s'attellent à fournir un habitat à une population urbaine de plus en plus croissante. Celles-ci s'appuient sur une politique foncière traversée par les tensions permanentes entre le droit moderne et le droit coutumier.

2-1-L'évolution de la politique foncière au Cameroun de 1960 à 2004

L'analyse des règles foncières et domaniales dans cette étude commande de s'attarder sur les aspects dont la réglementation a eu une influence sur l'urbanisme au Cameroun. Il en est ainsi des modes d'appropriation de la terre et surtout de la collaboration entre le droit coutumier et le droit dit moderne

---

Décret no. 64-8 COR du 30 janvier 1964 organisant le régime de l'incorporation au domaine privé de l'État pour cause d'utilité publique des terrains coutumiers faisant l'objet de droits non constatés (ce décret sera abrogé par la loi n° 66/44 du 10 juin 1966 réglementant la procédure d'expropriation pour cause d'utilité publique dans l'État fédéré du Cameroun oriental). Décret no. 64-9 du 30 janvier 1964 organisant le régime de constatation
des droits coutumiers fonciers individuels, Loi no. 66-10-COR du 18 novembre 1966 portant partie législative du
code de l'urbanisme au Cameroun oriental, Décret no. 68-58-COR du 30 avril 1968 relatif à l'urbanisme, Décret no. 68-59 du 30 avril 1968 relatif à la construction, Décret no. 68-60 COR du 30 avril 1968 relatif aux lotissements, Décret no. 68-61 COR du 30 avril 1968 relatif aux zones à urbaniser par
priorité, Décret no. 68-62-COR du 30 avril 1968 approuvant les mesures de sauvegarde du plan d'urbanisme de détail du futur quartier de l'hôtel de ville de Yaoundé, Ordonnance no. 73-20 du 19 mai 1973 régissant l'urbanisme en République unie du Cameroun,

dans la gestion foncière. Cette analyse commande de s'attarder sur deux périodes précises à savoir la période 1960 à 1973 et la période qui va de 1974 à 2004. Le premier texte en la matière dans le Cameroun indépendant est la loi n° 61-20 du 27 juin 1961. Ce texte vise à renforcer l'encadrement juridique des modes d'accès à la propriété foncière. Son article premier dispose que tout acte constitutif, déclaratif, translatif et extinctif de droits réels immobiliers est frappé de nullité s'il n'est pas sous la forme notariée. Cette exigence concerne également les actes de changement des titulaires de droits réels ou tout acte déterminant ou modifiant l'étendue, la consistance ou le mode de jouissance des droits réels immobiliers. Une dérogation existe cependant pour les baux d'une durée inférieure à trois ans. Sur le plan domanial, une loi complémentaire promulguée le 3 juillet 1961 crée le « patrimoine collectif national » défini comme l'ensemble des terres retirées aux collectivités coutumières mis à part : les possessions des collectivités, les terres immatriculées ou transcrites soit en vertu du régime du code civil, soit à la suite de la procédure de constatation des droits coutumiers et les dépendances des domaines public et privé définis par les textes. Le décret-loi n° 63-2-COR du 9 janvier 1963 reconduit cette catégorie juridique contribuant ainsi à réduire au maximum la part des terres réservées aux collectivités coutumières. L'idée pour le jeune État était de se constituer d'immenses réserves foncières pour le lancement des projets de développement comme l'agriculture ou les grands projets urbains comme les villes nouvelles. Sur le plan individuel, ce texte donnait la possibilité aux titulaires de droits acquis par la procédure d'immatriculation sur les terres de les aliéner même si quelques années plus tard, c'est-à-dire en 1968, un autre texte organisera la vente sous condition suspensive des terrains non immatriculés. Ces dispositions ont favorisé l'extension urbaine en permettant aux autochtones de procéder à la vente des terres. L'une des conséquences fut l'occupation anarchique de l'espace urbain dans un contexte où les documents d'urbanisme étaient caducs.

La distinction entre le « patrimoine collectif national », le domaine public (affecté à l'usage de tous) et le domaine privé (exploité de manière personnelle ou collective par certaines collectivités coutumières) est établie avec la loi n° 63-6 du 3 juillet 1963 portant ratification et modification du décret-loi du 9 janvier 1963. Son décret d'application n° 64-10 du 30 janvier 1964 précise la répartition des terres entre le patrimoine collectif national et les terres des collectivités coutumières. Toutefois, il convient de noter que ce texte de par son imprécision notamment sur la délimitation des terres a créé des tensions avec les autochtones qui l'ont mal appréhendé en y voyant une tentative de spoliation de leurs terres. C'est certainement pour contourner ces blocages que sera adoptée la loi du 3 juillet 1963 et son décret d'application N°64-8/Cor du 30 janvier 1964, organisant le régime de l'incorporation au domaine privé de l'État pour cause d'utilité publique des terrains coutumiers faisant l'objet de droits non constatés. Ce décret fait de l'Etat le gérant du patrimoine collectif national qui sera d'ailleurs étendu à l'ensemble des terres vacantes et sans maître. On se serait attendu à ce que les législateurs issus des milieux ruraux influencés par les règles coutumières penchent pour une prédominance de celles-ci dans la gestion foncière ; mais il n'en a pas été le cas. Le contexte de crise dans lequel le pays accède à l'indépendance et surtout le régime politique en place marqué par la dictature aura certainement contribué à favoriser l'adoption de ces textes. La reconnaissance de la propriété sur les modes coutumiers sera tout de même consacrée par le décret n° 64-9 du 30 janvier 1964 portant régime de constatation des droits coutumiers fonciers individuels. Celui-ci permet aux citoyens de faire reconnaître leurs droits fonciers coutumiers sur les terres pour en faire un droit de propriété reconnu par la loi. En plus de ceci, le décret de 1964 va conforter les droits coutumiers des citoyens sur leurs terres à travers l'institution de la procédure spéciale dite de « la délimitation des terres collectives ». Celle-ci semble être un bon compromis entre le droit coutumier et le droit moderne. En effet, elle permet aux individus d'accéder à la propriété foncière selon les dispositions du droit moderne tout en gardant le caractère collectif lié à la conception coutumière de la terre. Les terres faisant l'objet de droits non constatés sont incorporées dans le domaine privé de l'État pour cause d'utilité publique selon les dispositions du décret d'application N°64-8/Cor du 30 janvier 1964 de la loi du 3 juillet 1963. L'extension du patrimoine collectif national vise à mettre un terme à la disposition des terres vacantes et sans maître tel qu'établi depuis la période allemande. Le décret de 1964 qui avait conforté les droits coutumiers des citoyens visait à trouver un compromis entre le droit moderne et le droit coutumier. Cette vision sera poursuivie avec la loi n° 66-3/Cor du 7 juillet 1966. Celle-ci permettait aux citoyens de se constituer des droits sur un terrain qu'il exploite et qu'ils auraient reçu à titre gratuit ou onéreux par les propriétaires coutumiers des droits. L'avènement de la République unie le 20 mai 1972 va entraîner d'importants changements dans cette politique foncière et domaniale. Soucieux d'harmoniser les législations des deux Cameroun (anglais et français), les autorités vont adopter dès 1974, un nouveau régime foncier et domanial.

Portée par les ambitions économiques et politiques, les ordonnances loi 74-1 et 74-2 du 06 juillet 1974 fixant respectivement le régime foncier et le régime domanial visaient d'abord à uniformiser le régime foncier et domanial du Cameroun. Ces textes, qui visent la mise en valeur des terres, ont créé une nouvelle catégorie juridique des terres à savoir le domaine national. Celui-ci est défini selon l'article 14 comme de l'ordonnance 74/1 du 6 juillet comme *l'ensemble des terres qui, à la date d'entrée en vigueur de la loi ne sont pas classées dans le domaine public ou privé de l'état ou des autres personnes morales de droit public. Ne sont pas également incluses dans le domaine national les terres faisant l'objet d'un droit de propriété privée matérialisée par un titre foncier. Les terres coutumières qui ne font pas l'objet d'un titre foncier entrent dans le domaine national.* Le domaine national créé par cette ordonnance est divisé en deux catégories : une première catégorie relevant des terres occupées ou exploitées et une deuxième constituée des terres libres de toute occupation. Les droits acquis par les différentes procédures passées restent maintenus et la création du domaine national permet aux uns de conserver leurs droits sur les terres exploitées. Dans les villes de Douala, ces textes comme ceux qui les ont précédés ont permis aux collectivités coutumières de se constituer des réserves foncières importantes faisant de ces acteurs les principaux détenteurs des terres de ces villes.

Pour ce qui est de l'accès à la propriété foncière, l'Etat se pose en gardien de toutes les terres et à ce titre, il intervient pour assurer un usage rationnel en tenant compte des impératifs de défense ou des ambitions économiques de la nation (article 1). Ce texte va également ouvrir la voie à la procédure de certification officielle de la propriété comme on verra plus bas. Afin de veiller au bon déroulement de cette procédure, les mesures répressives sont prévues pour les personnes qui procéderaient à la cession ainsi qu'à la location de terrains urbains ou ruraux non immatriculés au nom du vendeur ou du bailleur. Les pressions foncières alimentées par une urbanisation galopante ont certainement favorisé l'adoption de cette mesure en vue de dissuader les individus de se livrer à des actes d'escroquerie. L'exploitation des terrains privés est libre sous réserve des lois et des règlements relatifs à l'urbanisme, à l'hygiène et à la police. L'article 12 consacre une fois de plus la procédure d'expropriation dans le cadre de la réalisation des objectifs d'intérêt général. Cette procédure vise à faciliter la réalisation de certains projets notamment en milieu urbain ou dans la périphérie. Ce texte va également instituer l'immatriculation qui se déroule de trois manières à savoir :

1°- la transformation des titres et actes relatifs aux immeubles non immatriculés, en titres fonciers ;

2°- la cession à titre onéreux ou gratuit donnant lieu selon le cas, à une mutation totale ou partielle, en cas de démembrement, au profit du nouvel acquéreur ou encore à la fusion de deux terrains préexistants ;

3°- la délivrance d'un titre foncier après occupation ou exploitation d'un terrain du domaine national (consolidation des situations antérieures à 1974) et obtention d'un titre foncier après mise en valeur d'un terrain du domaine national. (Ngomsik, 2012).

La nouveauté ici réside dans le fait que l'immatriculation est désormais soumise à la mise en valeur du terrain. C'est dans cette configuration que l'État va gérer la politique d'urbanisme dans les deux principales villes du pays durant la période 1960 à 2004. Pour mettre en œuvre celle-ci, il va s'appuyer sur ses institutions en matière de gestion foncière, d'urbanisme et d'habitat.

2-2- Les institutions de gestion foncière dans la planification urbaine centralisée

Cette gestion se fait par l'entremise de plusieurs sociétés aux missions complémentaires. Au regard de leur impact sur la planification urbaine, nous avons choisi de retenir la Mission d'Aménagement et d'Équipement des Terrains Urbains et Ruraux (MAETUR), le Crédit Foncier du Cameroun (CFC) et la Société d'Aménagement de Douala (SAD).

2-2-1- La MAETUR, un instrument d'aménagement urbain

C'est un instrument opérationnel de l'État dans l'aménagement des terrains urbains et ruraux. Cette société, créée en 1977 a permis à l'État d'engager des transactions foncières avec les propriétaires coutumiers qui détiennent les terres aussi bien à Douala qu'à Yaoundé. Cette situation empêche à l'État d'entreprendre les travaux d'urbanisation nécessaires pour planifier la ville et loger les nombreux citadins des deux agglomérations. Dès sa création, cette société va s'engager dans l'acquisition des terrains dont elle va aménager et mettre à la disposition des citoyens pour la vente. En plus de la vente de ces terrains aménagés, elle s'engage dans la prestation des travaux publics comme l'étude technique, les voiries, l'assainissement, l'électrification, le drainage des eaux, l'adduction d'eau potable, etc. Quelques années après sa création, elle va initier de grands projets de lotissement comme on peut le voir dans le tableau ci-dessous. En effet, de sa création en 1977 jusqu'à 1986, la MAETUR s'appuyant sur une politique volontariste de l'État et aidée par un dispositif juridique avantageux, va réaliser des avancées notables dans la réalisation de lotissement des terrains. Elle bénéficie dans ses missions, d'un appui considérablement de l'État, notamment :

- la mise à disposition de la MAETUR des terrains d'assiettes libres de toute occupation ;
- le versement à la MAETUR d'une subvention destinée à couvrir le coût des voiries et réseaux divers (VRD) primaires du lotissement ;
- le versement à la MAETUR d'une subvention destinée à couvrir le coût des voiries et réseaux divers (VRD) secondaires et tertiaires correspondant aux zones réservées à la réalisation des logements sociaux par la SIC ou par toute autre société similaire de promotion agrée par le gouvernement.

Tableau 8 : Grands projets de lotissement de la MAETUR

Ville	Projet	Superficie en ha	Date de démarrage
Douala	Akwa nord	3000	1980
	Nylon	50	1983
	Mbanga Bakoko	60	
Yaoundé	Yaoundé Sud-Est (Biyem-Assi, Mendong, Nsimeyong)	3000	1980
	Olembe	300	
	Ngoulmekong	40	
	Nkomo		
	Nyom		

Source : adapté de nos recherches

Ces lotissements ont permis à l'État d'anticiper sur le désordre dans certains quartiers périphériques de ses grandes villes en mettant à la disposition des acquéreurs, des terrains lotis dans un cadre spatial qui correspond aux normes en matière d'urbanisme.

En plus de ces lotissements, la MAETUR va entreprendre certains grands projets comme l'aménagement du centre-ville de Yaoundé et la restructuration du quartier Nylon à Douala.

2-2-2- Le Crédit Foncier du Cameroun (CFC), un instrument financier au service de l'habitat

Celui-ci a été créé par décret N°77-140 du 13 mai 1977 et complété par le décret N° 81/236 du 17 juin 1981, dans l'optique de faciliter l'accès à la propriété foncière et au logement à des ménages à faibles revenus. C'est une institution plutôt bancaire qui offre des prêts, à des taux d'intérêt faible aux citoyens. L'idée est, comme nous l'avons fait remarquer, de faciliter l'accès au logement. Cet établissement financier spécialisé (Owoundi, 2005) du point de vue de son organisation, sa mission et son fonctionnement a été d'un apport considérable sur l'urbanisme (notamment opérationnel) au Cameroun. Il a pour mission d'apporter un soutien financier à la mise en œuvre de tout projet destiné à promouvoir l'habitat. L'article 3 du décret de sa création stipule qu'il est chargé de :

- financer les travaux d'équipement, destinés à la construction de logements économiques ;
- rechercher et mettre en place les financements nécessaires aux sociétés immobilières et de promotion, ainsi qu'à la réalisation de tous les programmes de logements économiques entrant dans les objectifs du plan et dont les caractéristiques techniques répondent aux normes définies par arrêté du Premier ministre ;
- collecter, recevoir, en vue de faciliter l'accès à la propriété immobilière, les dépôts d'épargne des personnes physiques ou morales ;
- accomplir toutes les opérations financières, commerciales, mobilières et immobilières se rattachant directement ou indirectement à son objet social.
- faciliter l'accès des ménages défavorisés à des parcelles de terrain dotées d'un équipement minimum sur lesquelles ils pourront progressivement construire un logement correspondant à leurs revenus, grâce à des prêts adaptés ;
- assainir le marché foncier en créant des lotissements, éligibles à des financements à taux privilégiés ;
- assurer à long terme la construction d'un parc immobilier de qualité répondant aux aspirations des couches moyennes.

Les fonds devant alimenter cette société sont issus à 100 % des ressources de l'État à travers diverses institutions. Cet acteur accompagne l'État dans cette mission de sa création jusqu'à ce jour.

2-2-3- La SAD, un instrument de gestion concertée

C'est une société née en 1998 à la suite d'un accord signé le 05 mai 1995 entre l'État représenté par le Ministère de l'Urbanisme et de l'Habitat (MINUH), la Communauté Urbaine de Douala (CUD) et la collectivité coutumière du canton Bakoko dans le troisième arrondissement de Douala. Cette société d'économie mixte a pour mission l'aménagement foncier et est détenue à 56 % par la CUD. Créée à la fin des années 90 dans un contexte marqué par la rétrocession par l'État aux collectivités coutumières de certains terrains du domaine national, sa mission au départ est celle d'un aménageur grossiste qui se contente de la vente des îlots de 1 à 5 hectares à des promoteurs qui les lotiront pour l'auto construction. Il faut dire que cette société voit le jour dans le cadre du projet grande Trame Mbanga-Japoma (cf paragraphe suivant) initié au milieu des années 90.

L'un des avantages de cette société est qu'elle négocie directement avec les propriétaires coutumiers pour l'acquisition des terrains. Cette démarche lui permet d'éviter les problèmes rencontrés par les autres aménageurs. Le mode d'aménagement concerté qu'elle a choisi est l'un de ses principaux atouts en incluant trois acteurs essentiels qui sont l'État, les CTD et les collectivités coutumières. Même si les négociations avec ces propriétaires terriens qui sont souvent réticents à l'idée de céder leurs terres sont parfois très difficiles, il apparaît que la société a acquis un capital-confiance important auprès des populations lors des premières opérations et qui plaide à sa faveur. Toutefois, il apparaît néanmoins que le coût de ses prestations tout comme celles de la MAETUR reste encore largement au-dessus du Camerounais moyen ce qui favorise le développement du lotissement informel.

Les efforts des autorités à travers la création de ces institutions visent à réguler les transactions foncières et à reprendre le contrôle de l'expansion spatiale de la ville. Ces opérations s'accompagnent de la mise à disposition des citoyens, d'un habitat conforme à la réglementation.

3- Évolution de la politique d'urbanisme de 1960 à 2004

La réglementation de l'urbanisme héritée par l'expérience coloniale était fortement influencée par les règles d'hygiène et de salubrité. Cette orientation poussait les autorités à s'attarder sur les règles de construction afin d'éviter le développement des maladies tropicales et la formation des eaux stagnantes autour des habitations. Cette vision hygiéniste sera reprise par les autorités de l'État indépendant. Le premier texte régissant l'urbanisme en cette période est le La Loi n°66/10 cor du 18/11/1966 complété par le décret N°68-58/COR du 30 avril 1968. Selon ce texte, ce sont les règlements d'administration publique qui déterminent les règles générales applicables en matière d'utilisation du sol, pour ce qui est de la localisation, la desserte, l'implantation et l'architecture des constructions. Il en est de même pour le mode de clôture et la tenue décente des propriétés foncières et des constructions. Cette disposition a favorisé l'anarchie urbaine dans la mesure où le centralisme en vigueur en cette période ne facilitait pas le suivi et l'application des mesures édictées. En plus de cela, le fait que ces mesures soient adoptées par les autorités centrales souvent loin du lieu d'implémentation posait un problème dans leur mise en œuvre dans la mesure où les mesures édictées n'étaient pas toujours appropriées aux problèmes qu'il fallait prévenir. En plus de cela, la force probante de ces règles générales est selon Ghomsik (2012) assez faible en raison non seulement de leur caractère essentiellement permissif, mais également des facultés de dérogation prévues pour celles de ses dispositions qui révéleraient impératives. En plus de ces règlements d'administration publique, le texte prévoyait l'élaboration des documents de planification urbaine donc le Schéma Directeur d'Aménagement et d'Urbanisme (SDAU) qui sera élaboré plus tard en 1982. Ces légèretés ont favorisé le désordre urbain avec une occupation anarchique et rapide de l'espace. L'ordonnance n°73-20 du 20 mai 1973 n'avait pas permis de trouver une solution à ce problème. La commission consultative sur l'habitat créée en l'occasion n'aura pas les moyens nécessaires pour mieux se déployer ce d'autant plus qu'aucun texte d'application n'a suivi sa promulgation. Une tentative de solution sera cependant apportée avec la signature de plusieurs décrets donc celui relatif à la limitation des centres urbains ou celui relatif à la création des lotissements. Le changement de président qui s'ensuivra en 1982 ainsi que les crises politiques et économiques vont influencer le développement de la politique d'urbanisme en maintenant la dominance des structures étatiques sur cette activité.

3-1-Une politique fortement orientée vers l'habitat

Cette politique permet surtout de contourner l'épineux problème de l'accès à la propriété foncière dans les villes du Cameroun. Le principal instrument de l'État dans la politique de l'habitat au Cameroun est la Société Immobilière du Cameroun (SIC). Cette société, créée en 1952 par l'administration coloniale française, sera d'une aide précieuse pour l'État dans sa politique de l'habitat. Cette dernière occupera une place de choix dans les programmes politiques successifs des présidents de cette république en témoignent la création dès 1977 d'un ministère de l'urbanisme et de l'habitat. Cette société s'emploie à fournir aux habitants des villes du Cameroun un habitat décent et conforme aux normes en matière d'urbanisme. Son déploiement sur la politique de l'habitat a été marqué par deux phases :

- une première qui va de 1960 à 1987 est marquée par la subvention de l'État dans la construction des logements sociaux ;
- et une deuxième qui commence en 1987, marquée par la fin des subventions étatiques suite au désengagement de l'État du secteur de l'habitat à la faveur de l'avènement des Programmes d'Ajustement structurel.

Dans l'ensemble, le travail abattu par cette société est appréciable, car on peut recenser pour la ville de Douala un parc immobilier estimé à 2385 logements dont la plupart ont été construits entre sa création et la fin des années 1970. Pour ce qui est de Yaoundé, on dénombre un total de 5250 logements. Il est à noter que certains de ces logements ont été cédés à des particuliers ou à l'État et aux collectivités territoriales. C'est dans cette optique que la cité SIC Bassa de Douala appartient aujourd'hui aux particuliers, de même que la cité SIC Tsinga à Yaoundé a été cédée par la SIC à la Communauté Urbaine de Yaoundé.

Si les coûts locatifs de ces logements sont accessibles au grand nombre par rapport à ceux du marché privé, les logements sont en priorité réservés au personnel de l'État et l'acquisition d'un logement demeure un véritable défi faisant de ces transactions un haut lieu de corruption comme nous l'a confirmé un habitant de ces cités. Ce citoyen père de quatre enfants nous a affirmé avoir versé des pots-de-vin pour avoir un loyer dans la cité SIC nouvellement reconstruite de Tsinga. Toutes ces opérations favorisent l'adoption ou le choix d'un urbanisme informel souvent moins coûteux et moins processuel aboutissant à un étalement et un désordre urbains. Cette dynamique ne freine cependant pas les efforts du Gouvernement dans sa volonté de doter les villes de véritables instruments de planification en mobilisant des projets urbains ambitieux et des opérations de restructuration urbaine.

3-2- Les institutions étatiques en charge de l'urbanisme

Après son accession à l'indépendance, les autorités vont mettre en place une commission supérieure de l'urbanisme. Cette commission est la première structure en charge de l'urbanisme et composée entièrement des Camerounais. Elle est composée de plusieurs membres qui se recrutent dans différentes structures étatiques dont le Premier ministre ou son représentant en qualité de président, le secrétaire d'État aux travaux publics ou son représentant qui assure la vice-présidence, trois parlementaires élus par l'Assemblée nationale, un représentant du Conseil fédéral de l'aménagement du territoire et enfin trois experts désignés par le gouvernement et l'Assemblée nationale. Il est à noter que cette commission n'a cependant qu'un rôle subsidiaire qui lui permet de donner son avis sur tous les projets d'urbanisme, mais également d'entendre toute personne dont l'audition pourrait être utile. L'essentiel des pouvoirs en matière d'urbanisme était détenu entre les mains du secrétaire d'État aux travaux publics. Selon le décret n° 61-4 du 13 décembre 1961 fixant les attributions des membres du gouvernement du Cameroun Oriental, ce dernier était responsable de *l'urbanisme et de l'habitat, y compris les services publics de distribution d'eau et d'électricité* (article premier). Le même article dispose qu'en cas d'empêchement du Premier ministre, le secrétaire d'État aux travaux publics le supplée.

Quelques années plus tard, ses pouvoirs seront élargis pour intégrer différents domaines dont l'habitat rural et la délivrance des autorisations de construire, de lotir et le maintien des bâtiments publics. La promulgation de la loi n° 70-107 du 5 août 1970 va instituer le Secrétariat d'État au développement urbain qui reprend ainsi les prérogatives du secrétariat d'État aux travaux publics. L'année 1973 marque un tournant dans la politique institutionnelle d'urbanisme au Cameroun avec la transformation du secrétariat d'État aux travaux publics en ministère de l'Équipement, de l'Habitat et des Domaines, chargé de la politique de l'habitat urbain et rural, du développement urbain et rural. Cette année marque également la création des services régionaux de développement urbain, notamment à Douala et à Yaoundé. Face aux nombreux défis urbains relevés plus haut, le Cameroun va se doter en 1973 d'un ministère de l'urbanisme et de l'habitat. Cette orientation correspond à la vision politique du président de la République qui a mis l'accent sur le développement et la modernisation ainsi que l'habitat. La réforme de 1985 va ajouter à ce département ministériel la charge des politiques du cadastre et de l'aménagement du territoire. Il convient de rappeler que, durant cette période, les autorités communales n'avaient pas d'initiative en matière de planification urbaine. Celle-ci était l'initiative des autorités centrales à travers ces différents départements ministériels énumérés ici. Les réformes de 2004 vont changer la donne en faisant des Collectivités territoriales Décentralisées (CTD) les acteurs exclusifs de la planification urbaine.

SECTION 3- DES INSTRUMENTS DE L'ÉTAT PORTEURS D'UNE AMBITION DE LA RÉGULATION ET DE CADRAGE DE L'ACTION PUBLIQUE

Les règles d'urbanisme durant la planification centralisée de 1960 à 2004 seront dans leur écrasante majorité une continuité de celles édictées par la France. Les autorités camerounaises vont se contenter de les reprendre en vue de les adapter au contexte de l'explosion démographique et de l'extension urbaine. Face à l'afflux massif des populations en zone urbaine et les conséquences qui en découlent sur le plan de la planification urbaine, les autorités ont été débordées dans les opérations de planification. Les instruments de prévision et de maîtrise liés à la planification urbaine étaient devenus rapidement obsolètes. En effet, le plan d'urbanisme qui a servi d'orientation à la politique urbaine d'une ville comme Douala datait de 1959 et ne permettait plus de répondre aux attentes de cette période. Le déficit de ressources humaines pour l'élaboration des plans d'urbanisme laissera aux autorités le choix d'opter pour une mobilisation des instruments juridiques liés à la gestion foncière dans une procédure centralisée. Les opérations de restructuration urbaine fortement encouragées seront motivées par des ambitions politiques et de modernisation du pays.

1- Des instruments qui régulent l'action publique

Dans cette section, il est question de montrer comment les autorités se sont employées, après l'indépendance, à contrôler l'étalement urbain et à réglementer l'utilisation du sol à travers les actes juridiques et les cadres d'action. La baisse des financements alloués à la planification urbaine aura un impact sur le choix de ces instruments mobilisés par les autorités. Cette baisse de ressources financières va affecter doublement la planification, d'abord sur le financement des opérations d'urbanisation et ensuite sur le recrutement d'une main-d'œuvre conséquente adaptée aux attentes du secteur. Il s'agit, pour ce qui est de la ressource humaine, d'un personnel étatique ou communal pour assurer en permanence les missions de contrôle à la conformité aux règles d'urbanisme. Face à cette double difficulté, les autorités vont mobiliser le droit pour tenter de freiner l'occupation anarchique de l'espace en essayant de le contrôler par des procédures centralisées[84].

1-1- La création de la propriété comme instrument de contrôle territorial

La planification urbaine dans le Cameroun post-colonial s'est heurtée aux difficultés liées à la disponibilité des ressources financières pour l'État ainsi que pour les habitants. La rapide extension du tissu urbain a favorisé l'occupation anarchique du sol, tout comme le développement des quartiers précaires. Durant cette période marquée par la centralisation, les autorités vont s'appuyer principalement sur le cadre juridique et les villes nouvelles comme principaux instruments de planification urbaine. Pour ce qui est du cadre juridique, c'est principalement vers le droit foncier que vont se tourner les autorités pour mener la politique de planification urbaine. Ce cadre juridique a pour ambition de contrôler la rapide extension du tissu urbain et de maîtriser son développement. Cela aboutira à l'adoption de plusieurs textes juridiques portés par une ambition de la régulation.

[84] À cette époque les opérations de planification comme les lotissements ou les procédures de délivrance du titre foncier sont gérées par les représentants de l'État central ou les ministères en charges des questions urbaines et foncières.

1-1-1- Le titre foncier comme instrument d'harmonisation de la propriété foncière

Avant l'institution du titre foncier, la propriété foncière au Cameroun était attestée par plusieurs mécanismes issus de l'histoire institutionnelle du pays. Plusieurs procédures[85] permettaient alors d'attester de la propriété foncière et ce, jusqu'en 1976. À ces mécanismes de reconnaissance de la propriété foncière, il faut ajouter ceux issus des pratiques coutumières ou, mieux, du droit coutumier, le titre foncier est alors un instrument visant à uniformiser l'acte de propriété. Le décret-loi n° 63-2 du 9 janvier 1963 fixant le régime foncier et domanial du Cameroun oriental avait fait de l'État le gestionnaire du patrimoine collectif national. L'État, à travers ce mécanisme, s'appropriait l'exclusivité des terres tout en se gardant d'attribuer un droit d'usage[86] aux collectivités coutumières. Celles des collectivités qui avaient des droits sur des terres devaient les faire valoir, sinon elles étaient incorporées dans le domaine privé de l'État pour cause d'utilité publique[87]. Cette imbrication des formes d'appropriation de la terre a rendu complexe la justification des droits de propriété sur la terre dans un contexte d'urbanisation. Le titre foncier né de la réforme ambitieuse de 1974 vise alors à centraliser cette procédure de constatation de la propriété foncière. Il peut être appréhendé ici comme un instrument d'action publique dans la mesure où il est porteur d'une ambition de régulation, en même temps qu'il apparaît en tant que dispositif social. Son institution a été actée par le décret n° 76-165 du 27 avril 1976 fixant les conditions de son obtention. L'article premier de ce décret dispose que le titre foncier est la certification officielle de la propriété immobilière. Comme on l'a mentionné plus haut, il est l'aboutissement d'un processus de certification de la propriété foncière entamé depuis la période allemande et vise à harmoniser le droit de propriété privée. Il bénéficie de l'appui du décret n° 66-307 du 25 novembre 1966 pris en application de la loi n°66-3 du 7 juillet 1966, fixant la procédure permettant l'immatriculation des droits fonciers coutumiers individuels. Ce dernier décret a permis aux particuliers de revendiquer la propriété foncière individuelle dans une société régie par la collectivité foncière à Douala tout comme à Yaoundé. Celle-ci est attestée par le titre foncier qui est une preuve de propriété immobilière opposable à la fois

---

85 On peut citer à ce stade l'inscription des terres dans les registres fonciers allemands, leur immatriculation sous la colonisation française ou encore les *certificates of occupancy* dans le Cameroun sous-mandat britannique, etc.

86 Ce droit permettait aux citoyens de s'installer sur des terres vacantes classées dans le domaine national pour leur exploitation sans en revendiquer un droit de propriété.

87 Décret no. 64-8 COR du 30 janvier 1964 organisant le régime de l'incorporation au domaine privé de l'État pour cause d'utilité publique des terrains coutumiers faisant l'objet de droits non constatés

à l'administration et aux tiers. En l'absence de la constatation d'éventuels droits antérieurs sur un terrain, le titre foncier devient inattaquable, intangible et définitif (Mpesa, 2004). Cette triple garantie vise à assurer la stabilité du système et à éviter les contentieux répétitifs. Un tel dispositif est une bonne garantie pour les propriétaires d'un pays comme le Cameroun où les procès liés aux questions foncières sont souvent nombreux. Mais durant nos investigations de terrain, il nous a été donné de constater que le titre foncier était l'un des documents d'urbanisme les plus connus par les habitants des deux villes, mais aussi celui qu'ils sollicitent le moins. La cause selon eux est due à la lourdeur de la procédure en vue de son obtention et à la complexité des démarches à effectuer. Dans une étude conduite par Assako Assako en 2015 dans la périphérie nord de la ville de Yaoundé, il ressort que plus de 60 % de la population enquêtée reconnaît l'existence des textes juridiques en matière foncière, dont le titre foncier, mais estiment ne pas s'y intéresser, tellement ils sont nombreux et complexes.

Ce désintérêt fait que le titre censé garantir à tous, la sécurité foncière est mis en minorité dans la liste des documents sollicités par la majorité des propriétaires. La délivrance du titre foncier est précédée de plusieurs opérations qui permettent aux autorités de s'assurer que le requérant respecte dans une certaine mesure les dispositions contenues dans les documents d'urbanisme[88]. Craignant que leur démarche ne soit pas conforme aux normes de construction, certains préfèrent y renoncer. En conséquence, les situations d'insécurité foncière entraînant des déguerpissements ou des contentieux fonciers se sont multipliées, impactant par la même occasion l'occupation spatiale de la ville. Le décret n° 76/165 du 27 avril 1976 instituant le titre foncier a été modifié par le décret 2005 fixant les conditions de son obtention. Ce dernier décret a tenté d'assouplir les démarches en vue de l'obtention du titre foncier, mais cela n'a pas eu un grand impact sur la décision des habitants à le solliciter. Pour des personnes qui acquièrent leur terrain très souvent à travers des formes de transactions informelles, la suite de la procédure s'avère très compliquée pour aboutir à un titre foncier. Les démarches à effectuer en vue de l'obtention du titre foncier sont résumées dans l'encadré 2 ci-dessous.

---

[88] Cette période est marquée par l'absence d'un document de planification dans les deux villes. Les plans d'urbanisme laissés par la France sont devenus inopérants du fait de la rapide extension spatiale des villes et des énormes enjeux liés au phénomène migratoire. Il fallaut atteindre 2012 pour que les villes se dotent de nouveaux documents de planification, les SDAU de 1982 n'ayant pas été approuvés par l'autorité préfectorale

Encadré 2 : quelques démarches en vue de l'obtention du titre foncier

D'après la réforme de 2005, quand le Sous-préfet reçoit la demande (en 04 exemplaires), dont un exemplaire timbré, il délivre au demandeur un récépissé de dépôt. Par la suite, il transmet le dossier au service départemental des affaires foncières via le délégué départemental. Quand il reçoit la demande et le récépissé de dépôt, le délégué départemental des affaires foncières prépare un avis au public pour susciter de probables oppositions et d'éventuelles revendications. Par la suite, on prend le certificat d'affichage qui prouve que l'avis au public a été publié pendant un mois. Après ce certificat d'affichage, le Sous-préfet prend une décision (avant on parlait de l'arrêté préfectoral dans l'ancienne procédure). C'est le délégué départemental du MINCDAF (Ministère du Cadastre, des Domaines et des Affaires Foncières) qui prépare la décision et dresse un calendrier qu'il va soumettre à la signature du Sous-préfet pour fixer la date de la descente de la commission consultative, pour constater les mises en valeur réalisées sur la parcelle sollicitée en immatriculation. Avec la réforme, on ne peut plus se baser sur la détention coutumière pour recevoir opposition, car il faut que la mise en valeur soit effective sur le terrain. D'où, le procès-verbal de constat de mise en valeur ou d'exploitation. La commission essaie d'examiner tous les problèmes et émet son avis. Après, le géomètre matérialise les bornes. Ceci permet de boucler le dossier administratif.
Pour ce qui est du dossier technique, il est constitué du procès-verbal de bornage et des plans. Une fois le dossier complet, le délégué départemental des affaires foncières prépare un bordereau de transmission à destination de la délégation régionale. Dans un délai de 30 jours à partir de la publication, le dossier est transmis au Conservateur pour l'établissement du titre foncier, s'il n'y a pas d'opposition.

Source : Décret n°2005/481 du 16 décembre 2005 fixant les conditions d'obtention du titre foncier.
Source : Adapté par Djatcheu (2018).

À côté de cette démarche jugée complexe pour les habitants, il faut ajouter les lenteurs administratives qui contribuent également à décourager ces derniers. Du côté de l'administration, on justifie ces démarches par le souci d'éviter des contentieux après la délivrance d'un titre foncier ce d'autant plus que celui-ci a un caractère irrévocable. Face à cette situation, les autorités ont délégué dans le cadre de la décentralisation certains pouvoirs de police aux communes en vue de s'assurer du respect des règles d'utilisation du sol et de la construction. Cette tentative d'harmonisation de la propriété foncière a permis de faciliter le processus de contrôle territorial d'autant plus qu'elle s'appuyait sur un instrument de gestion foncière qui est le lotissement.

1-1-2- Le lotissement comme instrument de propriété individuelle dans une conception collective de droits fonciers

La vie politique du Cameroun post-indépendant est marquée par le régime du parti unique dans lequel le président de la République, par ailleurs président du parti, concentre l'essentiel des pouvoirs. La planification urbaine à travers la gestion foncière et domaniale ne va pas échapper à ce phénomène. Le président de la République sera autorisé, à travers la loi n° 73-3 du 09 juillet 1973, à fixer par ordonnance le régime foncier et domanial du pays. La sensibilité des thématiques liées à l'accès à la terre a certainement contribué à dissuader le président de passer par l'Assemblée nationale et éviter les débats qui ne manqueront pas d'être très longs en opposant les élus aux intérêts divergents sur la question foncière. Ainsi, le président investi de ce pouvoir va signer, en 1974, l'ordonnance n° 74/1 du 06 juillet 1974 fixant le régime foncier. Ce dernier dispose en son article premier que « *L'État garantit à toutes les personnes physiques ou morales possédant des terrains en propriété, le droit d'en jouir et d'en disposer librement.* » Cet article vient aussi reconnaître les droits de propriété des individus acquis à travers les différents mécanismes mis en place durant la colonisation allemande et française, y compris le droit coutumier. L'article 2 de cette ordonnance énumère les terres faisant l'objet du droit de propriété privée. Il en est ainsi des terres immatriculées, les « freehold lands »[89], les terres acquises sous le régime de la transcription, les concessions domaniales définitives, les terres consignées au « Grundbuch »[90].

Toutefois, il est prévu à l'article 5 de cette ordonnance que les titulaires de jugements définitifs constitutifs ou translatifs des droits sur les terrains en milieu urbain ont un délai de 10 ans à compter du 15 août 1974 pour faire valoir leur droit et entrer en possession du titre foncier qui sera dès lors preuve officielle de détention des droits sur un terrain. À Douala comme à Yaoundé, ce texte permet aux autochtones de se constituer des réserves foncières conséquentes qui, selon Monsieur Priso, conseiller technique à la Communauté Urbaine de Douala, feront des collectivités coutumières les détentrices de l'essentiel des réserves foncières de ces villes. En effet, même

[89] Ce sont les terres reconnues comme propriétés de certaines collectivités coutumières et dont la validité des droits n'est pas limitée. Ce système était mis en place dans le Cameroun sous-mandat britannique.

[90] Il s'agit des terres ayant fait l'objet de propriété durant la colonisation allemande et étant consignées dans un livre foncier.

si ce texte limite grandement l'exercice des pratiques coutumières codifiées (Melone, 1986, cité par Njiako, 2003), il ne nie pas en revanche leur légitimité. L'article 17 alinéa 2 de cette ordonnance dispose que « les collectivités coutumières, leurs membres ou toute personne de nationalité camerounaise qui, à date de l'entrée en vigueur de l'ordonnance, occupent ou exploitent paisiblement des dépendances de la première catégorie[91], prévue à l'article 15, continuent à les occuper ou à les exploiter. Ils pourront, sur leur demande, y obtenir des titres de propriété conformément aux dispositions de l'article 7 ». En d'autres termes, les autochtones ne peuvent revendiquer un droit de propriété sur ces terres sans se conformer à la procédure de l'immatriculation. On reprend ici la procédure qui avait été déjà utilisée par les Français en 1932 lorsque les régimes de la transcription et de la constatation des droits coutumiers n'accordaient aux indigènes qu'un droit d'usage du sol. La deuxième catégorie des dépendances du domaine national créée dans cette ordonnance est une catégorie domaniale qui se substitue aux anciennes terres vacantes et sans maître, comme l'ont fait les Allemands avec les terres dites de la couronne. Cette disposition permet à l'État de prendre le contrôle des espaces non occupés tout autour des villes et de se libérer ainsi de la contrainte des droits coutumiers des autochtones sur ces terres, dont certaines n'avaient aucune preuve d'occupation, mais entraient dans la propriété foncière selon la tradition coutumière[92].

Ce mécanisme n'empêchera pas que l'essentiel du domaine foncier urbain soit aux mains des populations autochtones à Douala tout comme à Yaoundé. En effet, ceux-ci ont habilement su prouver, par la présence des champs, des traces d'occupation comme les tombes fictives ou réelles de leurs ancêtres, que le terrain était leur propriété, devenant, par les dispositions de l'article 17 de l'ordonnance de 1974, les détenteurs de droits sur ces terres. Face à la poussée de l'urbanisation et aidés par la possibilité offerte dix ans plus tôt aux individus d'obtenir des droits privés sur les terres coutumières, souvent collectives, certains vont initier des transactions foncières, encouragés par une demande importante. Ces opérations, qui s'effectuent sans assistance technique et très souvent en marge des dispositions prévues dans les documents d'urbanisme, vont générer une trame urbaine caractérisée par le désordre. En réaction à cette situation, il sera créé en 1977, à travers le décret

---

[91] Selon l'article 15 de l'ordonnance de 1974, les dépendances du domaine national de première catégorie sont : « les terrains d'habitation, les terres de culture, de plantation, de pâturage et de parcours dont l'occupation se traduit par une emprise évidente de l'homme sur la terre et une mise en valeur probante ». Celles de deuxième catégorie étant : « Les terres libres de toute occupation effective ».

[92] Ici nous faisons référence au mode d'occupation de l'espace dans le droit coutumier. En effet, alors que pour le droit moderne introduit par les colons, seuls les espaces mis en valeur peuvent faire acte de propriété, dans la conception coutumière, la propriété s'étant au-delà de l'espace occupé ou mis en valeur par les plantations notamment. Il n'est pas rare de voir une famille ou individu posséder des terrains qui s'étendent sur des centaines d'hectares. Les limites sont souvent marquées par les cours d'eaux, les reliefs montagneux ou des arbustes particuliers.

n° 77·193 du 23 juin 1977, la Mission d'aménagement et d'équipement des terrains urbains et ruraux (MAETUR) dont l'objectif est de réguler non seulement l'extension spatiale dans les villes, mais aussi le contrôle de son développement. Cette société qui a pour mission de faire réaliser, sous sa responsabilité, les opérations d'aménagement et d'équipement de terrains (article 2 du décret de 1977) va s'atteler à réduire l'anarchie dans les zones urbaines et à mieux implanter les directives contenues dans les réglementations d'urbanisme. L'aménagement des terrains et leur mise à disposition pour exploitation va contribuer à la structuration d'une trame urbaine plus conforme aux normes réglementaires. Cette société sera notamment très active lors de l'aménagement des terrains en vue de la construction des villes nouvelles (cf. section 3-2-2 ci-dessous).

Cette ambition de régulation aura pour principal instrument le lotissement. Le décret n° 79-194 du 19 mai 1979 fixant les règles relatives à la création des lotissements définit cette procédure comme l'opération ayant pour résultat la division d'une propriété foncière en lots (article premier). Cette division vise à faciliter l'accès à la propriété foncière dans la mesure où la division d'un terrain en plusieurs lots permet de répondre à la demande de plus en plus grande d'accès à la propriété des citadins. Elle vise aussi à faciliter le partage de la terre entre les membres d'une même collectivité coutumière. Les lots ainsi obtenus sont distribués aux différents membres de la collectivité ou mis en vente dans le cadre d'une propriété individuelle. La terre étant dans la coutume des autochtones de Douala et de Yaoundé un bien collectif, la procédure de lotissement permet à ces collectivités de passer d'une gestion collective de la terre à une gestion individuelle en octroyant à chaque membre pris individuellement une propriété qui devient privée. De plus, ce processus entend également limiter autant que possible les effets de l'occupation anarchique du sol dans la mesure où l'article 2 de ce décret dispose que les lotissements sont créés à l'initiative de leurs propriétaires (personnes privées ou institutions étatiques). Ils doivent être approuvés par l'autorité compétente (en l'occurrence le préfet) lorsqu'ils sont constitués de plus de quatre lots, sous peine de nullité des actes afférents. Cette approbation vise à s'assurer de la conformité à la fois technique et juridique de la démarche.

Sur le plan de la planification urbaine, le lotissement eut comme conséquence le développement contrasté des villes. En effet, les zones urbaines affectées à l'habitation et aménagées par les sociétés d'État, comme la MAETUR, ou les investisseurs privés disposant de moyens conséquents, sont mieux construites et aménagées conformément aux normes d'urbanismes et des modes d'occupation du sol. Cette offre contribue à attirer une clientèle issue de la classe moyenne et en quête d'un standard de vie proche des quartiers luxueux du centre-ville. En conséquence, on a d'un côté le développement des quartiers plutôt cossus comme Log-Pom ou Log-Bessou à Douala et Odza à Yaoundé qui se développent dans le respect des règles d'urbanisme et en conformité des dispositions des plans d'urbanisme et, de l'autre, une reproduction des bidonvilles sur le modèle de ceux des années 70. Dans ces nouveaux bidonvilles, l'insécurité foncière favorise la construction des habitations en matériaux provisoires ou sans se soumettre aux règles d'urbanisme. L'autre conséquence a été l'augmentation des prix des lots aménagés par rapport aux secteurs de la ville où les propriétaires fonciers proposaient des terrains non lotis. L'occupation spatiale fut fortement impactée, tout comme l'équipement des quartiers en infrastructures.

La procédure de lotissement permettait aux autorités de mieux contrôler le respect de leur politique en matière d'urbanisme à travers la constitution même du dossier de lotissement. L'article 4 du décret de 1979 fixant les règles relatives à la création des lotissements dispose en son alinéa 2 que chaque dossier déposé à la mairie doit contenir *un certificat de propriété, un plan de situation à l'échelle de 1/5 000 ou 1/10 000, extrait du plan d'urbanisme directeur s'il y a lieu, indiquant clairement la position du terrain.* Ces mesures visent à s'assurer de la conformité de ces opérations aux normes juridiques et techniques de l'urbanisme. Plusieurs autres textes juridiques furent adoptés pour aider les autorités dans la mise en œuvre des opérations de police en matière de construction et d'utilisation du sol. Une loi[93] est promulguée pour sanctionner les manquements liés aux respects des dispositions relatives à la propriété foncière et domaniale. Ceci était d'autant plus nécessaire que l'augmentation du volume des transactions foncières après les indépendances et la complexité du système foncier camerounais, dans lequel existait jusqu'en 1974 plusieurs régimes fonciers, avaient donné lieu à une récurrence des violations des normes urbaines et foncières en marge de toute réglementation. Ces textes sont dans le cadre de l'action publique d'urbanisme au Cameroun postcolonial, des outils de direction publique des conduites humaines. Une assertion qui rejoint celle d'Amselek, (1989), cité par Duran (1993), selon laquelle « le droit ne peut être conçu indépendamment de l'exercice du pouvoir public et de tout le contexte spécifique d'actes et de rapports sociaux d'autorité dans lequel il s'insère et qui lui donne son véritable relief ».

La consécration par l'ordonnance du 06 juillet 1974 du régime de la domanialité souple fait de l'Etat non pas le propriétaire de toutes les terres, mais le gardien de celles-ci. Pour éviter les blocages rencontrés par les Allemands des années plus tôt, la loi dispose que les populations établies sur des terres classées domaine public national sont déguerpies, moyennant le paiement d'une indemnité visant à compenser les investissements réalisés sur ces terres. Le départ des populations des terres classées domaine public étant une obligation, cette disposition va faciliter la mobilisation de nouveaux instruments de planification urbaine, dont les villes nouvelles. À travers ce dispositif juridique, l'État veut, par l'accès à la propriété foncière privée,

---

[93] Loi n°80-22 du 14 juillet 1980 portant répression des atteintes à la propriété foncière et domaniale

reprendre le contrôle sur le développement urbain en mobilisant des cadres d'action rigides comme le financement et le plan d'urbanisme.

1-2- Des instruments d'action rigides

Cette rigidité tient au fait que ceux-ci ne pouvaient pas subir de modifications non prévues en vue de s'adapter à une situation que ses concepteurs n'avaient pas envisagée lors de son élaboration. Comme mentionné plus haut, la migration urbaine étant rapide, il n'était pas rare de voir des quartiers entiers se remplir en quelques années, faussant par ce fait les prévisions des autorités. Lors de notre entretien avec Monsieur Jean-Claude du quartier éleveur à Yaoundé, il nous a été rapporté que l'occupation du quartier s'est accélérée au début des années 80 et en quelques années, il n'existait plus de terrain libre. Cette situation n'était pas favorable pour la planification urbaine d'autant plus que les instruments affectés à son implémentation s'avéraient souvent limités soit par leur nature comme nous le verrons avec les plans quinquennaux, soit par leur rigidité comme ce fut le cas avec le SDAU.

1-2-1-Les plans quinquennaux comme cadre d'élaboration de la planification urbaine

Copié sur le modèle des plans FIDES, le plan quinquennal est un instrument d'intervention de l'État central. Il vise les domaines tels que le développement économique, social et culturel. La mise en place de cet instrument correspond à la vision politique du premier président de la République qui voyait en celui-ci un moyen d'intervention de l'État à travers les structures centrales d'intervention ; par le biais des structures publiques autonomes d'intervention ; dans l'action incitative. Le plan[94] est une sorte de boussole qui oriente l'ensemble des politiques de développement du Cameroun. Le premier plan quinquennal voit le jour en 1960, mais il faut attendre 4e plan (1976-1981) pour accorder une place importante à la planification urbaine. En effet, durant ce plan qui accorde 21,6 % de ses investissements aux infrastructures et 6,6 % aux services, les études seront

---

[94] Dans l'Encyclopédie de la République unie du Cameroun, 1981, le tome 3 consacré à l'Economie, dispose à la page 284 que : « *Le plan définit les objectifs globaux à atteindre et le cadre du développement économique. Son élaboration traduit l'option du libéralisme planifié...* »

engagées en vue de l'élaboration des SDAU de Douala et de Yaoundé. Dès le deuxième plan (1966-1971), la tendance sera la régionalisation pour essayer de diluer les effets trop pressants du centralisme. Le plan régionalisé s'est imposé comme une nécessité du fait de la grande diversité des régions sur les plans physique, humain et économique. Toutefois, l'on ne saurait perdre de vue que la constitution de cette période confiait au président de la République Fédérale la conduite des affaires de la République. À ce titre, c'est lui qui arrête les grandes lignes de la politique de planification et de développement économique et social et assure en même temps les principaux arbitrages. Une telle disposition aura le mérite malgré les apparences de concentrer une activité aussi sensible comme la planification urbaine dans un processus centralisé. Comme on peut le lire dans un fascicule de cours à l'Ecole Nationale d'Administration et de Magistrature (ENAM),

« Il apparaît que jusqu'à présent, mis à part les Conseils Régionaux de Développement, les structures locales de planification n'ont pas été un facteur de participation vraiment décisif. Elles sont plutôt un instrument de coordination, sous l'autorité du préfet ou du Sous-préfet, des services techniques et l'occasion d'adresser des vœux aux instances supérieures en matière de crédits d'équipement ».[95]

Cette omniprésence de la figure paternelle du président n'a pas aidé dans la participation de l'ensemble des acteurs au processus de planification durant cette période, d'autant plus que les fonds alloués à cette activité par les différents plans étaient moins importants. C'est peut-être ce qui explique l'échec de la mise en œuvre du SDAU adopté un an après le 4e plan quinquennal.

1-2-2- Les Schémas Directeur d'Aménagement et d'Urbanisme (SDAU)

À la faveur de la mise en œuvre du cinquième plan quinquennal (1981-1986), les villes de Douala et de Yaoundé vont se doter d'un instrument de planification urbaine dont l'objectif est d'accompagner l'urbanisation de ces villes. Ces SDAU fixent des objectifs et formulent des recommandations en

---

[95] M. Winner, Ecole Nationale d'Administration et de Magistrature Cycle A, 2e année, *Cours de planification,* 1969-1970. Cours disponible en ligne à l'adresse suivante :https://horizon.documentation.ird.fr/exldoc/pleins_textes/pleins_textes_5/b_fdi_04-05/04047.pdf. Lire également sur les plans quinquennaux : République Fédérale du Cameroun ministère du Flan et de l'aménagement du Territoire et Office de la Recherche scientifique et Technique Outre - Mer., *les méthodes de planification au Cameroun.* Document disponible en ligne à l'adresse suivante : https://horizon.documentation.ird.fr/exl-doc/pleins_textes/divers13-03/01145.pdf

matière d'urbanisation, de destination et d'utilisation des sols. Il en est de même sur l'équipement des villes en infrastructures, notamment les voiries et le ravitaillement en eau potable. Ces SDAU sont à la fois des instruments d'action publique et des instruments de gouvernance territoriale.

Ils visent à structurer la planification stratégique dans les deux villes en y introduisant une vision plus stratégique du point de vue de la prospective, et à mettre en cohérence l'ensemble des politiques urbaines et leur articulation territoriale. Cette approche rompt avec la conception de la planification urbaine coloniale ancrée dans une dimension purement technique où les enjeux spatiaux prédominaient. Désormais, la démarche projet[96] est mise en avant d'autant plus qu'elle permet la réalisation des objectifs de mobilisation sociale. Même si ces SDAU ne seront jamais approuvés par les préfets des deux villes, il apparaît à l'examen que leurs recommandations ont été quelquefois suivies. Leur non-approbation ne les rendait pas opposables, ce qui a contribué à leur non-mise en œuvre[97]. Dans l'ensemble, les projets urbains seront privilégiés dans cette borne chronologique et changeront la morphologie urbaine pour ce qui est de Douala et donneront un nouveau souffle à l'urbanisation de Yaoundé.

---

[96] Il s'agit de mettre en oeuvre la planification urbaine à travers des projets urbains comme ce fut le cas avec les villes nouvelles ou les grands équipements tels que les ponts et les routes.

[97] De l'aveu de certains analystes comme Monsieur Priso, cette non approbation doit beaucoup au contexte politique de l'époque marquée par la première transition démocratique du pays suivie quelques années plus tard du coup d'État. Cette situation a contribué à détourner l'attention sur d'autres priorités ce, d'autant plus que le SDAU pouvait poser les problèmes notamment fonciers que les autorités ne voulaient pas aborder de peur de se heurter à un conflit d'intérêt qui risque ébranler encore plus son pouvoir. Ce même constat est partagé par un responsable de la Direction des Affaires Juridiques de la CUD qui pointe du doigt une volonté du gouvernement de ne pas entreprendre des activités qui pouvaient à l'époque heurter les intérêts ni des allogènes encore moins des autochtones. Elle en voulait pour preuve la situation du bois des singes qui est une vaste décharge dont les abords ont été occupés par les citoyens. Chaque tentative de déguerpissement de ces derniers s'est heurtée au refus de l'administration centrale qui dit ne pas vouloir causer un mouvement d'humeur ce d'autant que le lieu de relogement de ces citadins n'est pas encore trouvé.

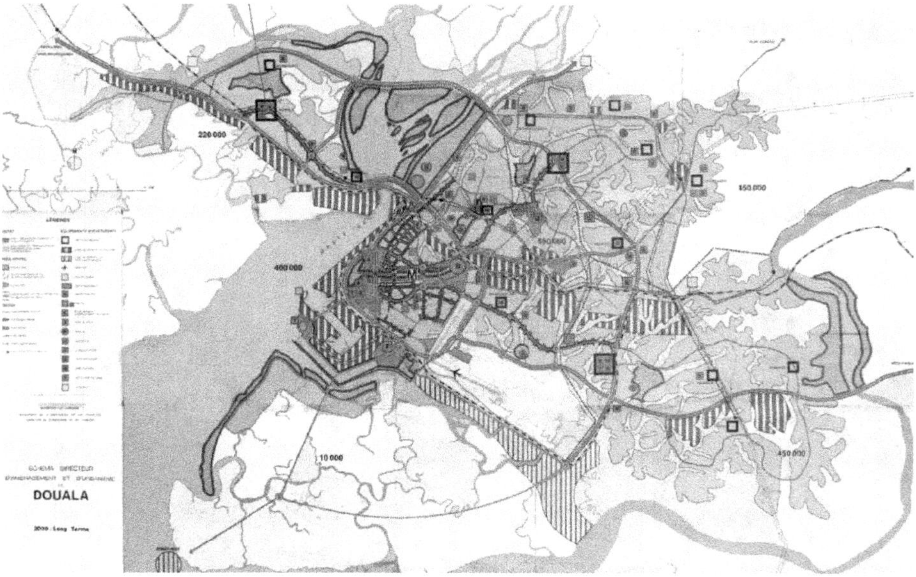

Figure 17 : SDAU de Douala de 1982
Source : CUD

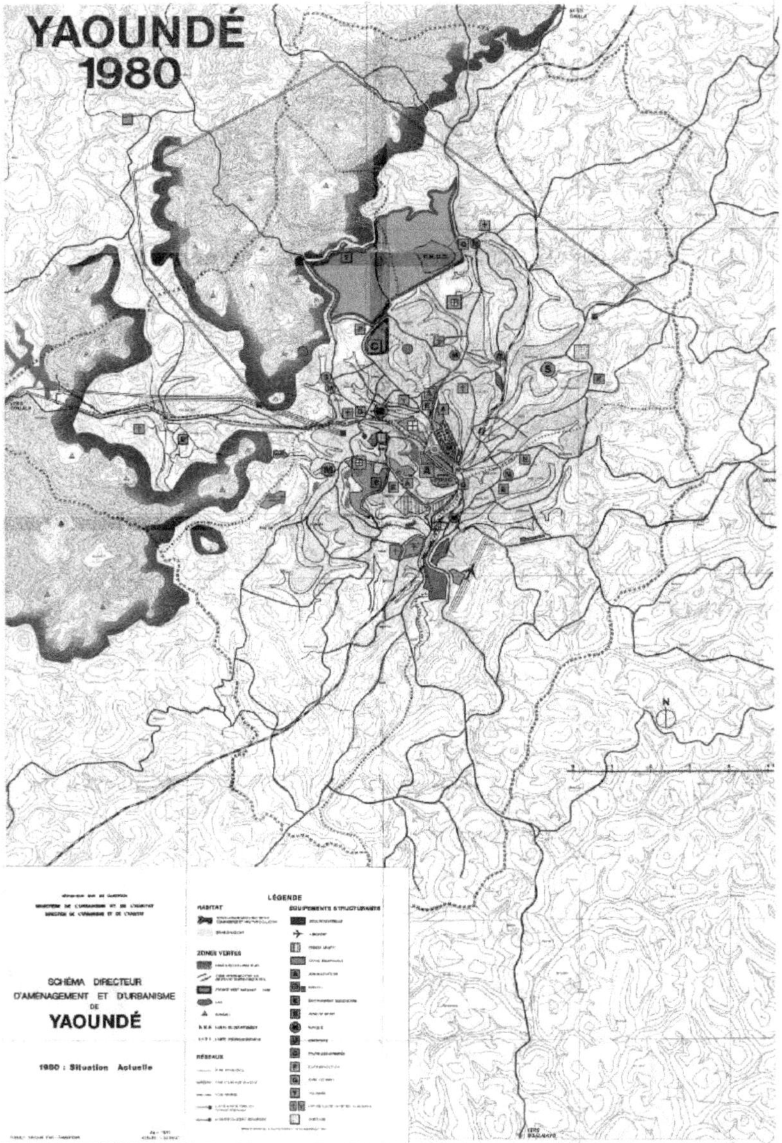

Figure 18 : SDAU de Yaoundé de 1980. Source : CUY

1-2-3- Les Zones à Urbaniser en Priorité (ZUP)

Cette notion renvoie aux zones à l'intérieur desquelles une collectivité publique ou un établissement public y ayant vocation décide d'intervenir pour réaliser ou faire réaliser l'aménagement et l'équipement des terrains, notamment de ceux que cette collectivité ou cet établissement a acquis ou acquerra, en vue de les céder ou de les concéder ultérieurement à des utilisateurs publics ou privés (Njiako, 2003). C'est un instrument de planification urbaine mis en place par les autorités après l'indépendance en vue du lancement futur des grandes opérations d'urbanisme, dont les villes nouvelles. Sa mise en place s'accompagne de l'élaboration du système d'aide financière comme on l'a vu avec la CFC ou encore du système de réserves foncières avec la MAETUR. Cet instrument est institué au Cameroun par le décret n° 68-61/Cor du 30 avril 1968 relatif aux zones à urbaniser par priorité. Selon ce texte, les ZUP ont pour vocation la réalisation, au sein d'un périmètre défini, de constructions massives et l'implantation d'équipements programmés. C'est ce dispositif qui a permis la réalisation des villes nouvelles qui sont analysées ci-dessus en permettant notamment à l'État du Cameroun d'user du droit de préemption dans l'acquisition des immeubles et autres droits auprès des collectivités coutumières. Plus tard, avec le code de l'urbanisme de 2004, cet instrument sera remplacé par les Zones d'Aménagement Concerté (ZAC). Si le premier instrument est marqué par un interventionnisme trop pressant de l'État central, le second se veut plus ouvert et intègre une gamme variée d'acteurs. La constitution des ZUP a ainsi ouvert la voie au lancement de certaines opérations d'aménagement qu'il convient d'analyser ici pour leur impact sur la maîtrise de l'extension spatiale des villes, à savoir les villes nouvelles. Ces dernières sont, du point de vue de cette étude, appréhendées comme des instruments politisés de la planification urbaine dans la mesure où elles relèvent d'une vision politique de modernisation du pays et de développement.

2- Une politisation des projets urbains

Les projets urbains conçus et mis en œuvre dans la période 1960 à 2004 correspondent à des ambitions politiques portées par les dirigeants de l'époque pour la grande majorité. Ceux-ci participent le plus souvent à l'implémentation d'une vision politique de la ville et sont le reflet de l'engagement de leurs géniteurs. Il en est ainsi du projet de restructuration urbaine du quartier Nylon à Douala et des opérations de restructuration urbaine à Yaoundé.

2-1-La prégnance d'un instrument organisationnel : la restructuration urbaine

En cette période de rareté de ressources et d'orientation budgétaire qui ne fait pas de la planification urbaine une priorité, le choix a été porté sur un instrument dont l'implémentation ne se heurtait pas aux obstacles rencontrés par les colons des décennies plus tôt. La conception comme la mise en œuvre de cet instrument accordait une largesse aux autorités étatiques de se déployer sans se heurter aux blocages notamment fonciers. La restructuration urbaine sera ainsi le principal instrument de l'État durant cette période dans la ville de Douala comme à Yaoundé.

2-1-1- Le projet de restructuration urbaine du quartier Nylon à Douala

Le projet urbain, nous dit Gilles Pinson, peut être appréhendé comme un instrument de mobilisation sociale. C'est dans cette optique que nous analysons ce projet conçu dans les années 80 dans le quartier périphérique de Douala. En effet, dans les années 1970, la population de Douala métropole économique croit à un taux moyen de 6 % par an. Ces nouveaux arrivants pour la grande majorité démunis vont s'installer dans les zones marécageuses où l'accès à la terre est plus facile. C'est ainsi qu'une vaste zone marécageuse de 700 hectares sera prise d'assaut dans les années 60 pour constituer un ensemble suburbain où vivent selon les estimations de 1980, 200.000 habitants. Cet ensemble forme ainsi le quartier Nylon. Dès 1980, ce quartier constitue le plus gros bidonville du pays et la vision du président Ahidjo qui lie croissance économique et expansion démographique au développement va s'intéresser au sort de ces populations et quartiers. Cet intérêt des autorités publiques est marqué par la création dès 1982, de l'Agence de Restructuration et d'Aménagement de la zone Nylon (MAETUR-ARAN), sous la tutelle du Ministère de l'urbanisme et de l'habitat avec pour objectif, la viabilisation des quartiers périurbains d'habitat spontané. Cette politique recevra pour son implémentation, l'appui de deux partenaires après la signature d'accords de coopération. Il s'agit d'une filiale de la Banque Mondiale (BM) c'est-à-dire de la Banque Internationale de Reconstruction et de Développement (BIRD) pour la mise en place d'un réseau d'infrastructures urbaines (voies et drains), et le remembrement d'une zone habitée de 60 hectares.

L'autre accord est signé avec la direction de la coopération au développement et de l'aide humanitaire de l'État Suisse pour la construction d'équipements collectifs et l'appui aux initiatives de développement communautaire. Tous ces acteurs visent à aménager les terrains bâtis pour les mettre à disposition des familles installées sur le site et permettre à ces derniers de les sécuriser par l'obtention du titre foncier. Il s'agit alors du premier projet de restructuration et d'aménagement du Cameroun.

Pour y parvenir, les autorités vont organiser une collaboration avec les populations présentes sur le site, organisées en groupements de quartiers. Ce qui constitue alors une originalité dans la prise en considération de l'organisation sociale préexistante. Cependant, cette démarche somme toute originale va montrer les limites dans la mesure où les propositions formulées vont relever une divergence entre, d'une part, les pouvoirs publics et, d'autre part, les comités de quartier qui représentent la population. En effet, pour les pouvoirs publics, la logique qui est mise en avant est dominée par un caractère moderniste, empreinte de rationalité et de technicité alors que les représentants des riverains, vont valoir des logiques plus informelles issues des modes d'action et des pratiques engendrées par les populations au cours de l'histoire de cette zone. Cette confrontation entre les dimensions sociales et les contingences administratives et techniques ne va pas aider le projet, rendant la mise en œuvre très délicate. Un exemple de cette confrontation est donné dans l'encadré 2 ci-dessous.

3.1. Le crédit à l'habitat

Un systéme d'épargne tournante dénommée "tontine" est pratiqué régulièrement par la majorité des habitants de la zone Nylon au sein de groupes de parents. Ce mode d'épargne a été réaménagé dans le cadre du projet afin d'ouvrir l'accès au crédit à l'habitat à des individus non salariés. Les participants à de telles "tontines" déposent leurs avoirs dans une banque coopérative de quartier, la Caisse poplaire de Nylon (CPN), et sont avalisés par cette dernière auprés du Credit foncier du Cameroun (CFC), dans le but d'obtenir des prêts à long terme pour l'habitat.

Des groupes d'épargne pour l'habitat de 20 à 30 individus se constituent, sur le modèle traditionnel de la tontine. Les membres se réunissent chaque semaine et déposent un monta[nt] fixe et préétabli. Ces épargnes sont ensuite versées à la CPN qui avalisera les demandeurs de crédit auprès du Crédit foncier du Cameroun.

La Caisse Populaire de Nylon représente l'axe central du montage, incitant à la création des groupes d'épargne, percevant les cotisations des groupes, créant un fonds de garantie égal à 20% des prêts consentis par le CFC, rembour-sant au CFC le montant des prêts accordés. Pour résumer, la CPN active l'ensemble de la gestion financière et administrative et permet au montage d'être fonctionnel.

Si les difficultés institutionnelles ont été résolues par la signature d'un protocole d'accord entre les trois partenaires concernés: le CFC, la CPN et al MAETUR-ARAN, la mise en fonction s'avère longue et ardue.

Voyons quelles sont les difficultés recontrées: les groupes de base se sont, dans un premier temps, rapidement multipliés, pour atteindre à ce jour le nombre de 14 et regroupent 580 membres. Le montant des épargnes encaissées s'élève à plus de 36 millions de FCFA (environ 127.000 U.S. dollars). Une certaine défiance a subsisté à l'égard de la gestion de la CPN. Il a fallu que la MAETUR-ARAN intervienne avec fermeté afin que le virement de fonds à la CPN, prévu dans le montage, devienne réalité. Tenue au départ par des bénévoles, la CPN a souffert de nombreuses disgressions aux règles de saine gestion. N'ont été respectés: le contrôle comptable des opérations de caisse, le rapprochement systématique entre les situations comptable et bancaire, les règles d'octroi de prêts, le recouvrement des créances, la tenue d'assem-blées générales des coopérateurs, la présenta-tion de bilans annuels devant le conseil d'administration. Ce qui s'est répercuté en une baisse d'intérêt des membres face à l'évolution de cet organisme et une diminution du capital.

Un appui financier et technique à la CPN est part intégrante des accords liant la Suisse et le Cameroun. Cela se traduit par la prise en charge financière du questionnaire, la mise à disposition d'un fonds de garantie et le financement de nouveaux locaux.

Depuis plus de 12 mois la CPN n'a pu jouer son rôle de courroie de transmission entre la population déshéritée et le CFC. Ceci s'avère très long lorsque l'on sait l'urgence devant laquelle les gens, dont le logement fut détruit se trouvent pour obtenir les moyens d'entamer la construction de leur nouvelle maison.

Les accords entre le CFC et la MAETUR-ARAN ont abouti à une procédure simplifiée d'octroi de prêts aux attributaires de parcelles pour l'achat de terrains et/ou la construction de maisons suivant des plans types communément approuvés ainsi qu'à la délivrance de crédits aux personnes non salariées jouissant de l'aval financier de la CPN. En contrepartie, et ce afin de garantir ses déboursements, le CFC demande que chaque propriétaire dispose du titre foncier de son terrain. De très grands retards ont été constatés dans le traitement administratif de ces dossiers fonciers, ce qui a entraîne:

- un durcissement de la position adoptée par le CFC
- le ralentissement ou l'interruption de chantiers de construction
- le découragement des acquéreurs de parcelles de recasement

A ce problème foncier s'ajoute depuis une année les sérieuses difficultés de liquidité financière qu'affronte le CFC, touché comme tout organisme d'Etat par la conjoncture actuelle.

Après avoir engage 131 crédits pour un montant global de 561 millions de FCFA d'octobre 1984 à mars 1987, le CFC est depuis cette date dans l'impossibilité de remplir sa fonction.

Ce qui remet provisoirement en question l'application du montage de crédit populaire à l'habitat, et fragilise la dimension sociale du projet.

Encadré 3 : mécanisme d'accès au crédit à l'habitat lors du projet MAETUR-ARAN Source : Jean-Claude Bolay, (1989)

À ces difficultés de coordination de l'accès au crédit d'habitation, il faut ajouter d'autres blocages relatifs aux PME. En effet, il est prévu conformément à la politique autocentrée du président Ahidjo que l'essentiel de la réalisation des projets sera exécuté par des entreprises locales. S'il est vrai que 80 % des entreprises contractées sont des Petites et Moyennes Entreprises (PME) camerounaises avec lesquelles l'agence d'exécution a signé 60 % des marchés, il apparaît néanmoins que la plus grosse part des dépenses d'investissement a été faite au profit des entreprises étrangères, les paiements réservés aux PME locales n'étant que de l'ordre de 15 %. Ce problème peut se justifier par le manque de ressources de ces PME et l'absence de réelles qualifications de son personnel. Les autorités, conformément à la volonté du président, se sont adaptées à ces PME en sélectionnant les plus performantes dans le but de les accompagner vers la réalisation des projets plus importants dans le futur. Cette réalité va compliquer davantage le travail du maître d'ouvrage notamment dans la sélection e ces PME et le respect des procédures diverses lors de l'exécution de ce type de travaux.

Sur le plan des relations entre les populations et les autorités, il convient de noter que le centralisme révélé plus haut influence grandement les approches des uns et des autres et l'implication des structures politiques et administratives chargées de faire appliquer les décisions et visions du président de la République. Cette structure ascendante de la communication n'est pas toujours propice à la collaboration. Ce projet même, s'il a permis une mobilisation inédite de par son caractère précurseur, n'a pas enseigné les autres villes comme Yaoundé où on a noté une augmentation des opérations de restructuration urbaine plutôt contraignantes.

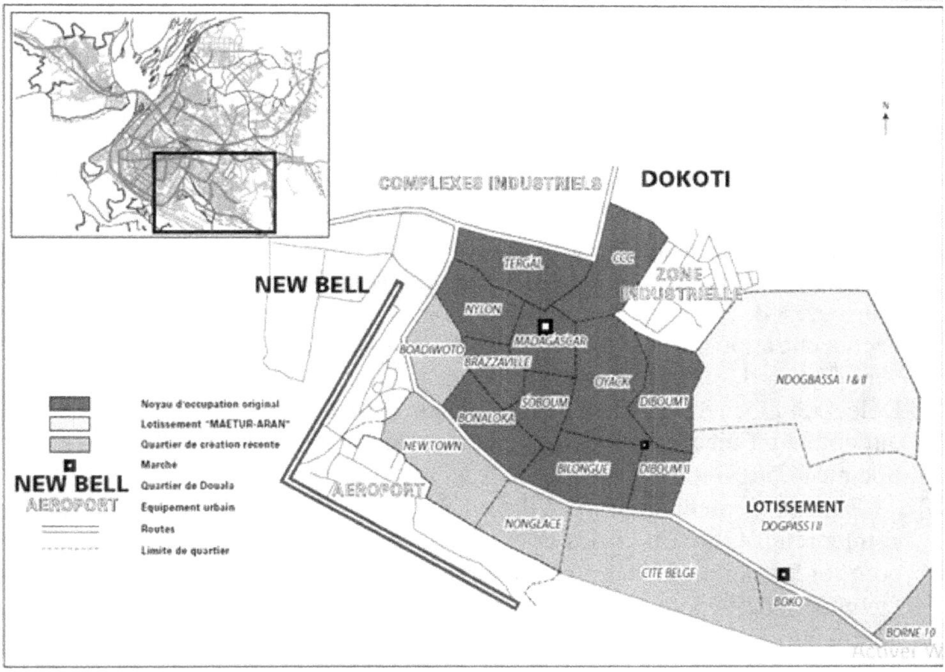

Figure 19 : la zone Nylon
Source : Hatcheu, 2003.

2-1-2- La restructuration du centre-ville de Yaoundé et ses quartiers périphériques

Pour ce qui est de Yaoundé, l'essentiel de la politique urbaine dans cette borne chronologique sera axé sur deux points : la reconstruction du centre urbain avec pour ambition de doter à la ville des joyaux architecturaux à la hauteur d'une capitale comme c'est le cas dans les autres pays d'Afrique, et ensuite, élaborer une politique urbaine qui prenne en compte la croissance de la population urbaine. Cette restructuration concerne le réaménagement de la voirie et la modification du tissu urbain légué par les colons.

Pour ce qui est de la voirie, le réseau urbain a été refait, ainsi que l'aménagement des liaisons routières régionales pour permettre aux usagers de rejoindre les villes situées autour de Yaoundé. Le plan de 1963 prévoyait déjà une insuffisance de la voirie au vu des prévisions, mais jusqu'à l'élaboration du SDAU en 1981, rien n'avait été fait. Aussi, ce dernier va prévoir un investissement de 6 milliards de francs CFA par an pour réaliser ces travaux.

Quant à la reconstruction du centre urbain, il était question de faire de Yaoundé une ville à la hauteur de son rang de capitale d'un pays. Les vieux bâtiments construits lors de la colonisation ont donc été remplacés par des immeubles plus modernes et plus imposants. L'idée était de doter d'abord la ville d'un véritable centre urbain qui, jusqu'ici, lui faisait défaut. Le quartier résidentiel avec ses maisons en brique situé au cœur de la ville devait céder la place aux nouveaux bâtiments imposants pour abriter les ministères. C'est ainsi que seront construits les immeubles du ministère des Postes et Télécommunications ou encore ceux de l'Éducation nationale. Il est également prévu de détruire les bâtiments qui abritent les services des ministères de la Santé, de l'Urbanisme et l'habitat. Le phénomène de la déconcentration des services administratifs a permis d'élargir le centre urbain vers le nord, en construisant des bâtiments imposants pour abriter la Délégation Générale à la Sûreté Nationale (DGSN) ou encore l'hôtel de ville qui côtoie en face l'immeuble original de la Caisse Nationale de Prévoyance Sociale (CNPS).

L'aménagement du centre-ville n'a pas épargné la restructuration du centre commercial. L'ambition des nouvelles autorités est de transformer ce cadre pour lui donner un aspect plus moderne tranchant avec l'image des anciennes factoreries de l'époque coloniale. Aussi a-t-on procédé à la destruction de 383 bâtiments sur les 432 existants, conformément aux prévisions du plan d'aménagement du quartier élaboré en 1973. La réalisation de cette opération de restructuration a vu l'implication des pouvoirs publics et des personnes privées dont il était demandé d'ajouter un ou deux étages à leur propriété. Cette mobilisation a permis la construction d'un imposant bâtiment (immeuble T. BELLA) par un homme d'affaires situé dans le même secteur commercial. Toutefois, il convient de mentionner que cet effort de restructuration va se heurter aux difficultés d'ordre financier. Le IVe plan quinquennal prévoyait une enveloppe de 5.500 millions de FCFA, mais vu que ce secteur n'était pas si prioritaire, cela a eu un impact dans l'évolution des travaux.

L'une des priorités des autorités en cette période était aussi la restructuration des quartiers péricentraux. D'un coût estimatif de 1,5 milliard par an pour un aménagement de 100 hectares, cette opération s'avérait plus compliquée que la construction du centre-ville. En effet, dans celle-ci, il fallait prendre en compte la gestion foncière et surtout le relogement des populations déjà installées sur ces sites. C'est dans cette logique que le quartier Nlongkak sera entièrement détruit et ses habitants disposant de titres fonciers relogés à Essos dans des lotissements municipaux réalisés à cet effet. D'autres destructions suivront comme celles du marché Mokolo pour permettre l'agrandissement du marché ou celles des quartiers Messa et Briqueterie lors de l'élargissement de la route. La restructuration des quartiers péri-urbains situés au nord-ouest de la ville a été classée comme prioritaire par les autorités. Ceci les a poussés à élaborer dès 1967, un schéma d'aménagement particulier. Malgré cette mobilisation, rien ne fut fait comme on peut le lire dans le PDU : *« les éléments (du Schéma de 1967) qui prenaient en compte les tendances naturelles de la croissance urbaine ont été réalisés, alors que la plupart des éléments qui dépendaient des investissements du secteur public ne l'ont pas été ».*

Une analyse des opérations de relogement laisse penser que les autorités ont préféré les zones dont la valorisation financière est plus évidente, à cause de leur proximité avec le centre urbain. C'est le cas avec l'aménagement d'un terrain communal de 20 hectares situé en face du cinéma le Fébé. Ces opérations de restructuration n'ont pas freiné la rapide extension spatiale des villes en étude, forçant les autorités à trouver des mécanismes pour endiguer ce phénomène.

2-2- La ville nouvelle : un instrument de contrôle de l'extension spatiale

Face à la rapide extension du tissu urbain qui s'amorcera après les indépendances, les autorités se sont rapidement trouvées dans une situation de non-maîtrise de l'étalement de la ville. Les effets de ce phénomène ont fait naître des problèmes nécessitant une intervention urgente de l'État central. La ville nouvelle est en réalité la première intervention de l'État sur la planification urbaine depuis le dernier plan urbain élaboré par les Français en 1959 notamment pour ce qui est de Douala. Cette intervientíon étatique vient mettre un arrêt au monopole des collectivités coutumières et des allogènes dans la construction de la ville par la gestion foncière. Car, en effet, la ville de Douala est jusqu'à cette date le fait des lotisseurs coutumiers doualas, bakokos ou bassas et des populations bamiléké soucieuses de s'approprier une parcelle de terre dans cette ville où la question foncière est au centre de toute stratégie de stabilisation et d'enrichissement (Haeringer, 1993). Ceci justifie la persistance des problèmes liés au foncier, l'équipement en infrastructures de ces nouveaux quartiers, le respect des règles d'urbanisme et des normes d'hygiène, l'occupation ordonnée des sites, etc.

Pour mettre un terme à toutes ces dérives, les autorités ont opté pour la création des villes nouvelles à Douala comme à Yaoundé. En dehors de la résolution des problèmes nés du phénomène de l'extension urbaine, la ville nouvelle vise à décongestionner les quartiers centraux qui deviennent de plus en plus des réserves de misère et des cadres de l'habitat spontané. Il devient urgent de fournir au peuple, un cadre de vie décent. Une ambition qui passe par son installation sur des terrains aménagés et la promotion d'une politique de l'habitat social. La ville nouvelle vise selon Hatcheu (2013), à absorber une part significative de la croissance urbaine. Selon cet auteur, la fabrication de la ville et des quartiers périphériques s'est opérée selon les mécanismes conflictuels et contradictoires mis en œuvre par les différents acteurs de la ville (autochtones, allogènes, administration coloniale et post-coloniale, entreprise ». L'occupation progressive des espaces périphériques est marquée par des conflits et des rivalités non seulement entre groupes sociaux, mais de plus en plus entre les structures étatiques, et ce, en raison des enjeux de survie pour les uns, économiques pour certaines et de domination pour les autres. Plusieurs projets de villes nouvelles sont initiés par les autorités dès les années 1980 parmi lesquels on peut citer :

- le projet d'extension de l'université de Douala dans le village Makoula Souza à 5 kilomètres de Bonabéri ;
- le projet Sawa Beach ;
- et le projet Douala Nord.

Ces projets sont des instruments correspondant à la planification étatique, mise en place dans la décennie 80. Ici, l'organisation spatiale est opérée par une stricte application des principes du zonage. Le projet Douala Nord va nous intéresser dans le cadre de cette partie de notre recherche au vu des enjeux qu'il soulève et des dynamiques que notre analyse permet de mettre à jour.

2-2-1- La ville nouvelle de Douala Nord

Comme on l'annonçait plus haut, la volonté des autorités étatiques de prendre le contrôle de l'expansion urbaine a favorisé la création des villes nouvelles dont Douala Nord. En effet, cette zone devait abriter une nouvelle ville qui tranche avec la ville coloniale créée quelques décennies plus tôt. Il était question d'aménager 1700 ha sur une surface totale de 2.745 ha comprenant les secteurs de Bonamoussadi, Maképé, Kotto, Logpom et Logbessou. L'idée était de promouvoir un habitat social en vue de loger 26 040 ménages pour 230.000 habitants.

Cet ambitieux projet devait cependant heurter deux éléments essentiels de la vie des citadins dans la ville de Douala, à savoir le déplacement massif des populations de la vieille ville vers la ville nouvelle et l'innovation en matière de droit foncier dans l'acquisition des terres. Si le déplacement massif des populations peut facilement s'appréhender, il n'en est pas de même pour les pratiques innovantes du droit foncier. En effet, selon les élaborations de ce projet, les transactions foncières n'étaient pas ici du ressort des collectivités coutumières comme ce fut le cas dans l'ancienne ville. L'un des acteurs principaux dans ces transactions était le Crédit Foncier du Cameroun agissant en qualité de puissance publique. Il était prévu de mettre sur le marché immobilier, des parcelles de terrain disposant de titres fonciers ainsi que l'établissement d'un prix de référence pour le marché du logement. La gestion foncière de Douala Nord est passée sous le contrôle de l'État qui se fondant sur l'ordonnance de 1974 avait incorporé cet espace dans le domaine national. Les collectivités coutumières ont concédé un abandon de droits coutumiers à l'État. Ce mécanisme a permis alors à l'État d'appliquer son projet, évitant au passage les blocages fonciers récurrents dans les deux villes.

Une fois cet obstacle surmonté, le projet est passé à la phase opérationnelle avec la réalisation de plusieurs infrastructures parmi lesquels le stade, l'hôpital et le lycée. Le désengagement de l'État du financement de l'habitat social consécutivement à l'avènement des PAS va marquer l'arrêt des travaux dans ce projet. Ce qui a eu comme conséquence, une baisse du niveau de standing des infrastructures et le développement d'un habitat spontané qui côtoie les nouveaux immeubles. Sur le plan foncier, les communautés coutumières locales ont obtenu de l'État, une rétrocession des parcelles inexploitées et laissées à l'abandon.

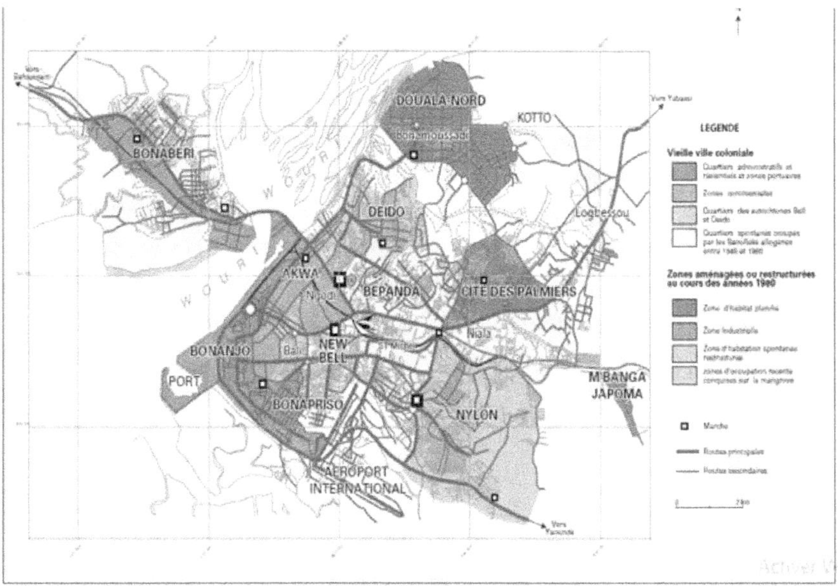

Figure 19 : Des villes nouvelles qui ceinturent la ville de Douala

Source : CUD

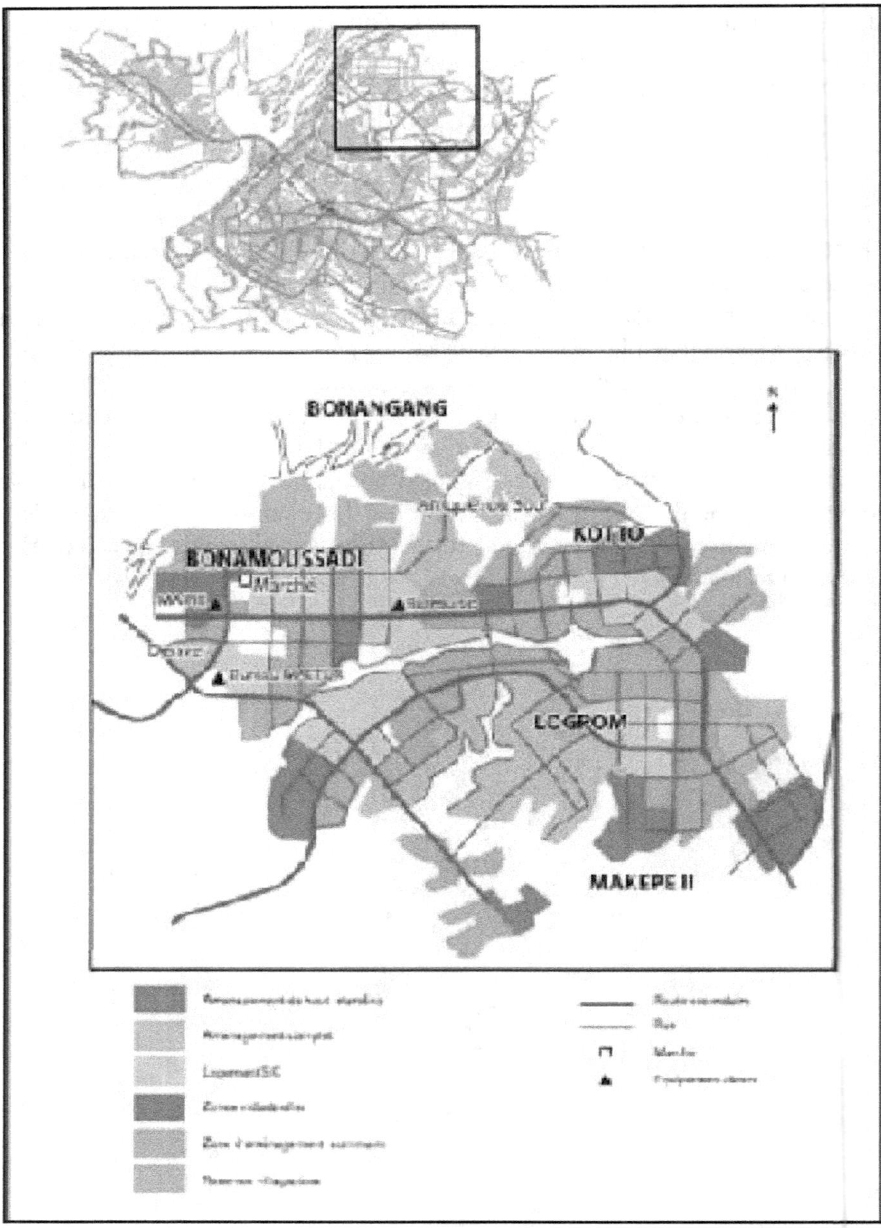

Figure 20 : La ville nouvelle de Douala Nord.
Source : Hatcheu, 2003.

2-2-2- Le projet Biyem-Assi 1

Dans la même logique que le projet Douala Nord, Biyem-Assi 1 est une ville nouvelle lancée par la MAETUR dès sa création. Ce projet consiste à aménager et à lotir une vaste zone restée semi-rurale au sud-ouest de la ville de Yaoundé. Dès 1981, on pouvait déjà recenser un lotissement de 36 hectares sur lesquels étaient construits 300 logements et 620 parcelles mis en vente par la SIC. Ce projet prévoit un agrandissement du site dès l'année suivante pour implanter 2 200 parcelles mises également en vente et la construction par la SIC de 172 logements. Ces parcelles d'une superficie de 150 à 300 mètres carrés sont destinées à fournir aux habitants un relatif confort qui tranche avec la précarité des quartiers en pleine démolition dans le péri-urbain. L'équipement de ces bâtiments en adduction d'eau, d'électricité et éclairage public, ainsi qu'un réseau d'assainissement des eaux usées et des voies bitumées correspond à la vision de modernisation du Cameroun, portée par son président. Le développement d'une classe moyenne et les coûts relativement bas des logements avaient pour objectif de permettre à plus de 80 % des ménages d'entrer en possession d'un loyer. Face au succès plutôt encourageant de ce projet, des opérations similaires vont se multiplier dans les quartiers de Mballa où il est prévu le lotissement de 320 parcelles sur 60 hectares, tout comme 52 hectares pour 1 564 parcelles à Etoug-Ebe.

Ces opérations menées sous la direction de la MAETUR et de la SIC représentant l'État, connaîtront également un coup d'arrêt avec le désengagement de l'État suite à l'avènement des PAS. Ce blocage ne sera pas sans conséquence sur l'action publique urbaine de planification et les instruments élaborés prochainement en seront fortement marqués. En effet, le désengagement d'État financièrement essoufflé, et les distorsions entre les politiques publiques et les attentes des populations, ont poussé l'État à revoir sa démarche en termes de planification. La rareté des ressources a également ouvert la voie à l'arrivée sur la scène des acteurs infra-étatiques qui mettent un accent sur la réforme de l'action publique urbaine. Ainsi commence une nouvelle phase de l'instrumentation de l'action publique de planification dans laquelle les instruments collaboratifs semblent s'imposer.

Cette section a permis de revenir sur les défis de la planification urbaine post-coloniale. En effet, pressée par des vagues successives et importantes de migration, la planification urbaine s'est heurtée à l'épineux problème de la disponibilité des moyens financiers et matériels nécessaires pour son implémentation. Cette situation de précarité force les autorités à recourir à un urbanisme de réaction en favorisant les instruments qui s'efforcent tant bien que mal de colmater les brèches d'une urbanisation de prévision et d'anticipation aux abois. Dans les deux villes, les projets d'urbanisme tout comme l'ensemble des instruments classiques de planification urbaine se déploient dans un contexte non pas de prévision, mais plutôt de réaction ou de rattrapage. Les villes nouvelles qui semblent se démarquer de ce schéma classique sont confrontées au manque de ressources matérielles pour aller à leur terme. En plus, la situation politique du pays ne plaide pas en faveur d'une pleine exploitation des ressources territoriales de ces villes. Au moment où le nouveau management public s'impose comme le paradigme de gouvernance par excellence, le Cameroun se trémousse encore dans un centralisme qui rappelle aux habitants les années sombres du colonialisme. Toutefois, la nécessité de sortir de ce registre de management va se faire plus pressante et face à la pression de ses partenaires au développement, le pays s'ouvrira d'abord au jeu démocratique pour intégrer ensuite certains principes du nouveau management public dans sa planification urbaine. Cette nouvelle dynamique viendra alors consacrer une co-construction de l'action publique de planification urbaine dans laquelle participe plusieurs acteurs à la fois supra et infra-étatiques.

CONCLUSION DU CHAPITRE 5

Deux critères ont influencé la planification urbaine dans le Cameroun post-colonial. Il s'agit de la nature du régime politique et la disponibilité des ressources financières. Pour ce qui est de la nature du régime politique, le centralisme mis en place par les autorités a eu comme conséquence la concentration de l'essentiel des prérogatives en matière de planification urbaine aux mains des autorités centrales. Cette politique du nouvel État indépendant est héritée de l'ancienne puissance tutélaire, qui a repris les instruments de coordination de la politique de planification urbaine à l'instar des plans quinquennaux et des instruments classiques comme le plan d'urbanisme. Il en est de même du jeu politique qui sera aussi influencé par le paternalisme colonial de la France. En effet, comme la majorité de ses anciennes colonies, le Cameroun optera pour le système du parti unique qui consacre la toute-puissance d'un personnage autour duquel est concentré l'essentiel des pouvoirs dans tous les domaines. Ce centralisme, encouragé par la France, aura un impact considérable sur l'instrumentation de l'action publique urbaine. Les projets urbains seront durant cette première phase adossée à une ambition politique et à la vision politique du président de la République.

Sur le plan foncier, les crises nées de la confrontation entre le droit foncier coutumier et le droit moderne n'ont pas été résolues. En effet, avec l'accession à l'indépendance, on s'attendait à parvenir à un compromis entre la préservation des intérêts fonciers des collectivités coutumières, et les impératifs de développement économique. Le choix des autorités sera tout du moins surprenant dans la mesure où, elles vont reprendre certaines dispositions déjà élaborées par les puissances coloniales notamment la reconnaissance restrictive des droits fonciers aux collectivités coutumières. Cette disposition éloignait alors la perspective d'un consensus juridique entre le droit foncier coutumier et le droit moderne. La création du domaine national en 1974, reprenait les dispositions des terres vacantes et sans maître instituées avec l'ordonnance impériale de 1896. Pour les collectivités coutumières, les maigres avantages obtenus durant la colonisation française venaient de s'envoler. Cette situation n'était pas de nature à concilier les deux acteurs (collectivités coutumières et puissance publique). Les autochtones s'employèrent à trouver des moyens pour contourner les dispositions juridiques et préserver malgré tout, leurs droits fonciers coutumiers. Cette résistance allait permettre la consécration du pluralisme juridique dans la gestion foncière au Cameroun.

Sur le plan de l'urbanisation, les collectivités coutumières en conservant le monopole du marché foncier dans les villes du pays, seront au cœur de ce processus. Les transactions foncières qui se font en grande partie loin de toute réglementation vont favoriser l'émergence de nouveaux défis dans la planification urbaine. Parmi ces défis, l'étalement urbain et l'occupation anarchique du sol vont poser de sérieux problèmes à l'État central qui reste l'acteur principal de la planification urbaine. Le centralisme hérité de l'époque coloniale française ne sera pas propice à la mise en place d'une décentralisation pourtant nécessaire pour l'élaboration d'une politique de planification urbaine efficace. Pour ce qui est du financement des opérations d'urbanisme, l'absence des moyens financiers en quantité suffisante sera un sérieux handicap pour les autorités. Les subventions obtenues des accords de coopération avec la France seront la principale source de financement des opérations d'urbanisme. Les ambitions de développement économique vont diminuer la part des ressources affectées à la planification urbaine. Les problèmes rencontrés durant cette période vont persister jusqu'à l'adoption en 2004 du code général de l'urbanisme. Cette loi inaugure une nouvelle ère dans la planification urbaine marquée par la mise en place de la décentralisation et la co-construction de l'action publique urbaine.

CONCLUSION DE LA DEUXIÈME PARTIE

L'analyse des politiques d'urbanisation durant les trois périodes analysées dans cette partie a permis de mettre en lumière l'évolution de la politique foncière et la planification urbaine depuis l'introduction du droit moderne par les Allemands jusqu'à l'adoption en 2004 du code général de l'urbanisme. Cette période, marquée par le centralisme étatique, est traversée par les tensions permanentes entre le droit moderne et le droit coutumier sur la gestion foncière. Ces tensions qui seront régulées par la nature des liens établis entre les tenants de la puissance publique et les populations, vont varier selon les époques. La période allemande, marquée par une opposition radicale au projet d'annexion allemand va déboucher sur une grave crise avec les Doualas. Ce qui constituera un important obstacle à la mise en œuvre de leur politique foncière inspirée du droit moderne. La France que lui succède va dans un premier temps reprendre l'essentiel de ses politiques foncières et urbaines fondées sur l'hygiénisme. Face à la persistance des crises politiques, la politique foncière va connaître une nette inflexion en tentant de concilier les approches modernes et coutumières du droit foncier. L'avènement de l'indépendance va marquer un retour dans l'ancien système en consacrant le domaine national qui vient restreindre la part des droits fonciers coutumiers des autochtones. La croissance démographique qui s'accélère va créer de nombreux problèmes qui vont s'aggraver à cause du système politique centraliste non propice à la mise en place d'une décentralisation capable de porter les ambitions de développement local.

Le centralisme qui a dominé la vie politique post-indépendance a durablement marqué la planification urbaine et ses instruments au Cameroun. L'instrumentation de la planification urbaine durant cette période s'est faite dans un processus cyclique marqué par la rupture et la continuité entre le système traditionnel de planification reposant essentiellement sur la procédure de schéma directeur et la démarche de projet. Alors que le schéma directeur a montré ses limites notamment en l'absence ou la capacité de son implémentation, le projet quant à lui a permis quelques avancées sur le plan de la planification urbaine. Face aux difficultés rencontrées lors de la mise en œuvre de ces instruments classiques, les autorités vont mobiliser d'autres instruments de l'État afin de combler les lacunes de ceux-ci. Les instruments utilisés dans la suite étant des relais ou des supports des deux instruments classiques dont la mobilisation vise à combler les lacunes des précédents. L'État demeure durant cette phase, seul acteur ou alors acteur majoritaire de la planification urbaine. L'image du président omniprésent que véhiculent les médias s'incarne aussi sur ses différents représentants aux diverses échelles de commandement. Cette attitude constitue de fait un blocage pour une collaboration efficace entre puissance publique et population, faisant de l'instrumentation de la planification urbaine un domaine réservé.

La crise économique qui frappe le pays dès le début des années 80 va freiner les efforts d'urbanisation engagés par les autorités. Comme on peut le constater dans le tableau ci-dessous, il s'agit des sommes dont a pu disposer le ministère de l'Urbanisme et de l'Habitat (MINUH) au cours des dernières années. Il montre à la fois la part importante du budget spécial au début de la période et la réduction sensible des moyens disponibles au cours des exercices les plus récents, « *résultat direct de la baisse des revenus du pétrole et des difficultés financières auxquelles le gouvernement a dû faire face dans cette décennie* », (Banque mondiale, 1988).

Tableau 9 : Budget du MINUH de 1981 à 1988

Catégorie	81/82	82/83	83/84	84/85	85/86	86/87	87/88
Budget spécial	11,5	16,6	5,0	19,4	0,0	0,0	0,0
Budget d'investissement	4,8	7,0	11,3	12,0	24,0	27,7	10,0
Budget de fonctionnement	6,7	8,2	9,7	12,1	15,0	16,8	15,6
TOTAL	23,0	31,8	26,0	43,5	39,0	44,5	25,6

Source : Banque Mondiale, 1988.

Face aux nombreux échecs des politiques urbaines conçues par les autorités publiques dans un cadre moins coopératif, et au vu des nouvelles orientations en matière de gouvernance qui s'imposent de par le monde, le Cameroun va revoir sa politique urbaine dans le prochain quinquennal. Une nouvelle conception de l'action publique sera dès lors consacrée avec pour conséquence, une modification des IAP de planification urbaine. Les nouveaux objectifs seront, entre autres :

- établir les priorités en matière d'investissements publics ;
- améliorer la mobilisation des ressources locales ;
- améliorer la sécurité foncière pour encourager les investissements privés ;
- augmenter le rôle du secteur privé dans la production de logements et l'aménagement de terrains.

Cette nouvelle politique est la traduction, sur le plan de l'urbanisme, de la politique d'ajustement structurel négociée avec le Fonds Monétaire International et qui vise, globalement, à diminuer les dépenses de l'État, en transférant sur le secteur privé l'essentiel des engagements économiques.

PARTIE III : LA CO-CONSTRUCTION ASSUMÉE DE L'ACTION PUBLIQUE DE PLANIFICATION URBAINE

Selon Bruno Jobert et Pierre Muller (1987), une étude de l'action de l'État passe par un rapprochement entre l'analyse des politiques publiques et la théorisation de l'État. L'idée est d'analyser, dans une société donnée, les transformations produites par les interventions publiques et d'étudier les politiques publiques en tant que méthode pour comprendre l'action de l'État[98]. C'est cette démarche qui guide notre recherche depuis le début et qui nous a conduit à analyser la planification urbaine sous les différents régimes institutionnels ou étatiques du Cameroun de la colonisation à ce jour. La période comprise entre 1990 à nos jours, constitue la borne chronologique de cette troisième partie. Elle est marquée par la fin du monopole étatique dans l'instrumentation de la planification urbaine au Cameroun. C'est également la fin d'une manière de faire correspondant dans la littérature politiste à ce que l'on appelle les politiques publiques et leur remplacement par l'action publique. Désormais, l'action publique est une mobilisation de plusieurs acteurs aux intérêts divergents en interaction. Analyser une telle action ne peut se faire sans prendre en compte les acteurs qui participent au processus comme l'ont démontré les tenant d'une sociohistoire comme Payre et Pollet (2013) ou encore ceux d'une sociologie de l'action publique comme Hassenteufel (2008). Ainsi, dans cette partie qui est celle de l'analyse d'une action publique de la planification urbaine via ses instruments, il nous revient d'étudier à la fois, comme le recommandent Emmanuel Grégoire et Marie-France Lange (2018), l'action de l'État et le rôle des différentes autorités publiques, sans se limiter à l'étude des actions des institutions ou des administrations, mais en considérant l'ensemble des acteurs sociaux, publics ou privés, qui peuvent interagir, au niveau local (celui de la mise en application d'une politique) ou national ou supra national (ceux de l'élaboration d'une politique publique).

Une telle démarche contraint le chercheur à se lancer dans une pluridisciplinarité en vue de mieux cerner les contours de ce processus interactionniste. De l'analyse multiniveaux, à la pluridisciplinarité, l'analyse de l'action publique tranche avec une approche des politiques publiques centrée pour la majorité sur le seul acteur étatique. Cependant, il convient de relever que l'approche en termes d'action publique n'est pas la même selon qu'on est en Occident ou en Afrique. En effet, alors qu'en Occident, les études visent à analyser l'intervention croissante d'acteurs internationaux ou transnationaux dans la définition, la mise en œuvre et l'évaluation des politiques publiques afin de mieux comprendre l'impact de la globalisation sur la transformation des formes de l'action publique et donc la dimension

[98] Muller, 1990, cité par Emmanuel Grégoire et Marie-France Lange, Politiques publiques, développement et mondialisation en Afrique subsaharienne, in L'État réhabilité en Afrique, réinventer les politiques publiques à l'ère néolibérale, Karthala, Paris, 2018.

globale, en Afrique, ces études visent pour l'essentiel à évaluer l'impact de la dépendance et des réactions à celle-ci pour comprendre les nouvelles conditions de l'action publique (Coussy, 2003). L'action publique de planification urbaine au Cameroun depuis les années 90 est marquée par l'émergence de nouveaux et nombreux acteurs (partenaires bilatéraux et multilatéraux, ONG internationales et nationales, organisations citoyennes et coutumières, etc.) qui interagissent à un niveau local, national et international. Selon Emmanuel Grégoire et Marie-France Lange (2018), ces politiques sont l'expression d'un choix des autorités publiques et comportent par conséquent une toile de fond idéologique qui peut aller de la solidarité nationale à l'individualisme, voire la discrimination.

Depuis les années 1990, l'on a pu observer l'émergence de nombreux acteurs sur la scène de l'instrumentation de l'action publique de planification urbaine au Cameroun. C'est le constat que nous développons dans le sixième chapitre de cet ouvrage. Il sera également question de l'analyse de l'interaction de ces acteurs dans le cadre des différents instruments sélectionnés pour leur pertinence par rapport à notre thématique. L'on s'efforcera de montrer que chacun de ces acteurs poursuit ses propres intérêts qu'il cherche à préserver, amenant ceux-ci à faire parfois des compromis avec les autres participants au processus. Cette partie sera close par un dernier chapitre qui fait la projection sur les futurs instruments d'action publique en mettant un accent particulier sur la planification stratégique qui semble depuis peu s'imposer comme l'ultime recours à une planification réussie au Cameroun.

CHAPITRE 6 : L'ESSOUFLEMENT DES POLITIQUES PUBLIQUES ET L'ÉMERGENCE DE NOUVEAUX ACTEURS DANS UN NOUVEAU PARADIGME DE GOUVERNANCE

Rendu à ce niveau, il nous a semblé nécessaire de procéder à une analyse qui se veut synchronique des acteurs intervenants durant cette période sur les grandes opérations urbaines ayant contribué à la transformation du paysage urbain au Cameroun. L'approche par les instruments nous commande d'effectuer une analyse organisationnelle des acteurs afin de les saisir en tant qu'instance de pouvoir intervenant dans le même domaine d'activité. L'idée ici est de comprendre les capacités d'appropriation d'un instrument qui peuvent évoluer en fonction des acteurs et de leur capacité d'action propre. La situation des acteurs en fonction de leurs instances de rattachement et leurs compétences fonctionnelles a une influence sur l'élaboration des instruments ainsi que leur appropriation par ces acteurs.

La prééminence de l'État et ses organes dans la planification urbaine a connu une inflexion au cours des années 2000, permettant ainsi à une multitude d'acteurs d'investir ce champ social aux enjeux énormes. Face à la rareté des capitaux pour contenir une demande sociale et urbaine de plus en plus forte, les autorités camerounaises vont se tourner vers les partenaires étrangers pour avoir les ressources nécessaires afin de trouver les solutions pour juguler les crises nées de la planification urbaine. Aussi, le choix sera porté sur deux bailleurs de fonds dont le Fonds Monétaire International (FMI) et la Banque Mondiale (BM). À côté de ceux-ci, il y aura les partenaires bilatéraux qui, à travers certaines institutions, vont continuer d'assister le pays dans l'élaboration de sa politique d'urbanisme. Ces acteurs bilatéraux ne sont pas en réalité nouveaux, vu que pour l'essentiel, ce sont les agences de coopération des États qui appuient les efforts du Cameroun depuis les indépendances[99]. Le phénomène de l'ouverture du jeu démocratique qui accompagne la mise en œuvre des PAS dans le début des années 1990 va également favoriser l'émergence d'acteurs, issus des couches populaires de la société comme les collectivités coutumières ou des organisations citoyennes regroupées sous le terme générique d'ONG. Il faut compter parmi ceux-ci, des initiatives locales portées par les habitants de quartier et agissant au niveau de

[99] C'est notamment le cas avec l'Agence Française de Développement qui soutient le Cameroun bien avant cette période.

leur secteur d'habitation. Ainsi, dans ce chapitre, il sera question d'abord de l'analyse des acteurs institutionnels dont ceux de l'État central et des collectivités locales décentralisées, mais également les instruments des partenaires au développement. Ensuite, nous allons analyser, dans une approche par le bas, l'organisation des citoyens en vue de participer à l'instrumentation de l'action publique de planification urbaine dans le contexte de la co-construction assumée par l'État central. Il s'agit en somme d'étudier le déploiement de l'action publique dans le paradigme de la gouvernance urbaine.

SECTION 1 : LES ACTEURS INSTITUTIONNELS DE LA PLANIFICATION URBAINE AU CAMEROUN

Au regard des enjeux sociaux, économiques et politiques qui entourent les opérations d'urbanisation, notamment la planification urbaine, il apparaît plutôt évident que l'État n'a pas totalement disparu de ce processus. Si son rôle a été revu selon le principe du « moins d'Etat, mieux d'État », il n'en demeure pas moins que celui-ci a su se redéployer pour essayer de garder un regard sur cette activité. À côté de lui, plusieurs acteurs se déploient au gré de leurs intérêts et accompagnent l'Etat, ou mieux, ses démembrements ou représentants dans la planification urbaine aujourd'hui. Avec l'apparition de nouveaux enjeux notamment environnementaux, l'on a vu émerger d'autres acteurs qui bien qu'internationaux, n'étaient portés par aucun État, mais par des citoyens partageant les mêmes passions et idéologies. Face à cet afflux massif d'acteurs dans un domaine qui était jadis, son monopole, l'Etat a déployé des moyens pour se soustraire de la contrainte de mise en retrait et des exigences concernant l'ouverture démocratique portées par ses partenaires internationaux. Quant à ces derniers, les impératifs de la lutte contre la pauvreté et le respect des droits de l'homme les ont poussés à investir davantage le domaine de l'urbanisme et à accompagner le Cameroun dans les divers projets d'urbanisme. Parmi les acteurs intervenant dans ce processus, on a d'abord ceux qui sont issus de la décentralisation, ensuite ceux qui sont étrangers au cadre national d'élaboration de l'action publique.

1 - La répartition des compétences dans une action publique multiniveaux

Comme mentionné à l'introduction de ce chapitre, l'afflux des nouveaux acteurs dans le domaine de la planification urbaine au Cameroun, les conditionnalités des bailleurs de fonds en matière de pratiques démocratiques et de participation citoyenne, les enjeux de plus en plus complexes des opérations d'urbanisme en lien avec le contexte socio-politique du pays, sont autant d'éléments qui ont poussé les autorités de l'État central à adopter des mesures en vue d'impliquer d'autres acteurs dans l'instrumentation de la planification urbaine. Il faut dire que le passage d'un système de parti unique au pluralisme qui s'opère au début de la décennie 1990 ne se fait pas dans un climat apaisé. Face à la contestation populaire[100] qui secoue le pays ces années, l'État décide d'ouvrir le jeu démocratique en convoquant quelques mois plus tard les premières élections pluralistes du pays. Sous la pression de ses partenaires au développement, la commune en tant que cadre d'exercice de la souveraineté populaire est très vite apparue aux dirigeants comme un cadre peu favorable aux projets d'unification et de modernisation[101]. Ces craintes expliquent d'ailleurs l'étendue des pouvoirs attribués aux autorités administratives régionales, pouvoirs qui n'ont guère favorisé le développement d'institutions locales dotées de financements suffisants et de moyens d'intervention adéquats (Bakulay B., 1995). Deux décennies plus tard, l'État décide tout d'abord de relancer le processus de planification mis en berne par les PAS, mais aussi d'impliquer davantage les Collectivités territoriales Décentralisées (CTD) dans le développement local. La loi n° 96/06 du 18 janvier 1996 portant révision de la Constitution du 02 juin 1972 donne les grandes orientations de la décentralisation et dispose en son article 55 alinéa 1 que « les collectivités territoriales décentralisées de la République sont les régions et les communes », une disposition reprise dans la loi n° 2019/024 du 24 décembre 2019 portant code général des collectivités territoriales décentralisées en son article 2 alinéa 1. À côté de ces deux collectivités territoriales décentralisées ayant statut constitutionnel, la Constitution de 1996 a laissé au législateur la possibilité de créer un autre type de CTD en disposant en son article 55 alinéa 1 que « tout autre type de collectivité décentralisée est créé par la loi ». Cette disposition contenue dans la Constitution de 1972 avait déjà permis de créer par la loi n° 87/15 du juillet 1987 les communautés urbaines de Douala et de Yaoundé.

[100] Le 18 avril 1991, débutait à Douala ce qui fut baptisé « villes mortes ». Ces opérations sont organisées par l'opposition qui conteste le refus du gouvernement de convoquer une conférence nationale souveraine. Cet épisode marque le début de plusieurs mois de manifestations et d'émeutes dans plusieurs villes. Le pays va s'embraser et vivre désormais au rythme de grèves générales, des pillages, du saccage et des arrestations en masse avec plusieurs centaines de morts enregistrées. Ces manifestations vont déboucher sur l'organisation d'une concertation appelée « tripartite », le 30 octobre 1992, au cours de laquelle seront jetées les bases du jeu démocratique. Pour aller plus loin, lire Ngouo Woungly Massaga (alias commandant Kissamba), dans *Combat pour la démocratie*, Yaoundé, Saint Paul, 1994., ou encore Onana Mvondo, dans *1990-1992 au Cameroun : chronique des années rebelles*, Paris, éd. Des Ecrivains, 2004.

[101] Prats, 1973, cité par Bakulay Briltey, « Gestion municipale sous tutelle au Cameroun ». In: *Villes en parallèle*, n°22, décembre 1995. Villes secondaires d'Afrique. pp. 68-85; consulté le 03-08-2020.

Ces acteurs vont obtenir de l'État un transfert des compétences dans le processus de planification urbaine conformément à leurs missions de promotion du développement économique, social, sanitaire, éducatif, culturel et sportif de leurs localités[102]. C'est par ce biais qu'ils participent à l'action publique de planification urbaine et jouissent de l'autonomie administrative et financière en s'administrant librement par des conseils élus et dans les conditions fixées par la loi (article 55, alinéa 2). Même si des réserves peuvent être apportées à ces compétences par l'État comme nous le verrons ci-dessous, il importe de souligner qu'avec cette loi, l'État s'engage à transférer l'essentiel de ses responsabilités dans la planification urbaine au Cameroun à ces acteurs locaux. Toutefois, il importe de préciser que l'Etat peut intervenir dans ces domaines de compétences transférées suivant les dispositions de l'article 18 de la loi de 2009, pour garantir le développement harmonieux du territoire ou en vue de résorber une situation d'urgence ou en cas de carence de la CTD dûment constatée par arrêté du ministre chargé des collectivités territoriales. Cette section sera consacrée à l'étude des collectivités territoriales et leur implication dans la planification urbaine, ainsi qu'aux mécanismes d'intervention étatique dans ce domaine.

1-1-La décentralisation communale et régionale dans la planification urbaine

Appréhender la décentralisation comme instrument revient à concevoir les Collectivités territoriales Décentralisées (CTD) comme les outils d'un dispositif technique et social mis en place par l'État en fonction de ses ressources territoriales d'abord et humaines ensuite. Leur création ou leur instrumentalisation par les acteurs du pouvoir central vise très souvent un objectif. En effet, la décentralisation qui entérine la création des CTD est le fruit d'un compromis entre les tenants d'une forme fédéraliste de l'État et ceux de l'État unitaire centralisé. Si cette voie semble médiane, elle traduit, selon l'état des rapports de force dans la société politique camerounaise, un avantage du pouvoir en place qui a conduit seul le processus de réforme jusqu'à son terme (Guimdo, 1998).

Il est vrai que la constitutionnalisation de la décentralisation n'est pas un fait nouveau au Cameroun comme on a pu le constater ci-haut, mais l'ampleur ou du moins la portée de la consécration de 1996 mérite de retenir notre attention. La constitution de 1996 tout comme celle de 1960 consacre cette institutionnalisation avec la particularité pour celle de 1996 que ce résultat est issu d'une interaction entre différentes forces politiques et permet de concilier

[102] Article 55 alinéa 2 de la loi n°96/06 du 18 janvier 1996 portant révision de la Constitution du 02 juin 1972.

leurs positions lors de la tripartite[103]. Cette consécration est également le produit des exigences des bailleurs de fonds et des partenaires bilatéraux au premier rang desquels la France[104]. En droite ligne avec cette consécration de la décentralisation territoriale, les lois d'urbanisme feront de la communauté urbaine un acteur de premier plan de la planification urbaine à laquelle participe la commune d'arrondissement et la région.

1-1-1- La communauté urbaine : un acteur exclusif de la planification urbaine

L'histoire de cette institution remonte à l'année 1987 avec la création par la loi n° 87/015 du 15 juillet 1987 portant sur les communautés urbaines de Douala et de Yaoundé. Cette autre forme de collectivité territoriale est définie par l'article 1er de la loi de 1987 comme « ...une collectivité publique décentralisée et une personne morale de droit public. Elle est dotée de la personnalité juridique et de l'autonomie financière. Elle gère, sous tutelle de l'État, les affaires locales en vue du développement économique, social et culturel de ses populations ». Les compétences transférées à cette CTD selon cette loi vont englober l'ensemble des compétences transférées aux communes d'arrondissement. Cette situation ne va pas manquer de poser des conflits entre les deux entités locales. Toutefois, le statut de la communauté urbaine fera d'elle une institution supra-communale[105] d'autant plus qu'elle est dirigée par un délégué du gouvernement nommé par décret présidentiel et très souvent membre du parti au pouvoir. Cette disposition n'est pas sans incidence sur l'impact psychologique des acteurs dans un pays marqué par la centralisation.

---

103 Encore appelé « conférence tripartite », il s'agit des assises convoquées par le président de la république au palais des congrès de Yaoundé entre le 30 octobre 1991 et le 15 novembre 1991. Elle réunit les responsables des partis politiques, les personnalités de la société civile et les représentants des pouvoirs publics. Elle est convoquée après des mois d'émeutes connues sous le terme de « villes mortes), entre les partisans d'une ouverture démocratique et les forces de l'ordre. Il s'agit alors de trouver ensemble une nouvelle orientation pour la vie politique du pays en ce qui concerne son régime politique, sa constitution et la forme de l'État. Pour aller plus loin sur la question, voir : Martial Fridolin Fokou, *le symbole de la paix dans le processus de démocratisation des régimes monolithiques d'Afrique noire. Le cas du Cameroun.*DIPES, ENS, Yaoundé I, 2012.

104 Cette exigence française est mentionnée lors du discours de la Baulle le 20 juin 1990 à l'occasion du sommet France-Afrique. Pour le président Mitterand, « *la France liera tout son effort de contribution au efforts qui seront accomplis pour aller vers plus de liberté* ». Le multipartisme et ses dérivés sont donc pour la France une priorité et une conditionnalité qui déterminera la suite de sa politique d'aide au développement.

105 La supra-communalité à laquelle il est fait allusion ici renvoie notamment à son périmètre d'action qui englobe l'ensemble des mairies des villes de Douala et de Yaoundé et au fait que cette institution concentre la grande majorité des domaines de compétence des communes qu'elle exerce à l'échelle du périmètre de toutes les communes de la ville.

La controverse née de ce mécanisme de désignation du maire de la ville a fait l'objet de vifs débats. Pour Assako Assako (2012), cette forme d'organisation de la gouvernance est faussement controversée. Pour ce spécialiste des questions urbaines au Cameroun, le prétendu anachronisme évoqué par la société civile et les partis d'opposition au regard des évolutions démocratique et pluraliste ne doit aucunement faire l'objet de débats, car selon lui, cet attelage de gouvernance urbaine est justifié par plusieurs raisons dont la première tient à la légitimité des différents responsables. Si le maire de la commune d'arrondissement parce que élu par ses populations tient sa légitimité de celles-ci, le délégué du gouvernement quant à lui tient la sienne d'un acte discrétionnaire du président de la République à qui il rend compte. Cette position confère au délégué du gouvernement une liberté d'action dans les opérations urbaines dont les démolitions et les déguerpissements sont une fatalité, tant le désordre urbain est important dans les deux villes. Le maire de la commune d'arrondissement tenu par les ambitions de réélection serait moins apte à appliquer une politique qui fait des mécontents dans sa circonscription.

Il serait donc préférable de confier cette lourde mission à un responsable qui ne doit sa nomination qu'à un homme qui est le président de la République. En plus de cela, le maintien de cette communauté urbaine permettait de mieux appréhender la gestion de certains problèmes dont les effets se font ressentir sur plusieurs communes d'arrondissement. La gestion de tels problèmes commande de penser soit à un jumelage des communes d'arrondissement pour élaborer une riposte commune à ces problèmes, ou simplement de mettre en place une structure dont le spectre d'action englobe l'ensemble des communes en vue d'une coordination de ces actions. L'autre raison mentionnée par le chercheur est la garantie pour le pouvoir central de préserver son influence sur un espace social aux enjeux énormes. Depuis les premières élections en 1996, les communes d'arrondissement de Douala sont partagées entre le parti au pouvoir et les partis d'opposition notamment le *Social Democratic Front* (SDF). Le maintien des délégués du gouvernement permet à l'État central de garder le contrôle sur la politique d'urbanisme à travers le mécanisme de la nomination d'un délégué.

Le processus de décentralisation entamé avec la réforme constitutionnelle de 1996 marque un tournant en 2019 avec la révision de la communauté urbaine. La loi 2019/024 du 24 décembre 2019 portant code général des collectivités territoriales décentralisées instaure l'élection du maire *au scrutin uninominal majoritaire à deux (02) tours*[106] par l'ensemble des conseillers des communes d'arrondissement formant la communauté urbaine. Cette dernière est définie selon l'article 240 alinéa 2 de la loi portant code général des Collectivités territoriales Décentralisées comme « *une collectivité territoriale*

[106] Article 200 alinéa 1 de la loi 2019/024 du 24 décembre 2019 portant code général des collectivités territoriales décentralisées

composée d'au moins deux (02) communes ». Elle prend selon l'alinéa 2 de cet article *« ...l'appellation 'ville de...', immédiatement suivie de la dénomination de l'agglomération concernée ».* Sur cette base, l'appellation ville de Douala et ville de Yaoundé désigne respectivement la communauté urbaine de Douala et la communauté urbaine de Yaoundé. C'est principalement dans le mode de désignation du maire de la communauté que se situe la différence entre la communauté urbaine créée par la loi de 1987 et celle qui voit le jour en 2019. Le Conseil municipal de cette communauté urbaine est composé de tous les maires des communes d'arrondissement et des représentants désignés au sein des communes d'arrondissement[107].

S'agissant de planification urbaine, la loi du 24 décembre dispose en son article 241 alinéa 3 que sont de la « *compétence exclusive* de la communauté urbaine, *la planification urbaine, les plans et schémas directeurs d'aménagement concerté, de rénovation urbaine et de remembrement. À cet effet, la Communauté Urbaine donne son avis sur le projet de schéma régional d'aménagement du territoire avant son approbation. »* Cette disposition fait de la communauté urbaine l'acteur exclusif de la planification urbaine. Elle définit en même temps les principes, les objectifs et les orientations de la planification, de même qu'elle veille à leur application à travers *la délivrance des certificats d'urbanisme, des autorisations de lotir, des permis d'implanter, des permis de construire et démolir*[108].

Le processus d'élaboration de ces instruments reste codifié par le code général de l'urbanisme de 2004 qui accordait déjà l'exclusivité de la planification urbaine à la communauté urbaine. Ce transfert de compétences en matière de planification urbaine s'accompagne d'un transfert de ressources participant à la planification comme on verra avec les instruments de financement de la planification ci-dessous. La loi n° 2004-003 du 21 avril 2004 régissant l'urbanisme au Cameroun, faisait du délégué du gouvernement le personnage central dans la planification des villes camerounaises. Le PDU qui fixe les orientations fondamentales de l'aménagement d'un territoire urbain, la destination générale des sols et la programmation des équipements est réalisé sous son autorité sur la prescription du ministre de l'urbanisme et la loi dispose que tous les autres documents conçus à la suite soient conformes à celui-ci. En substituant le délégué du gouvernement au maire de la ville et la communauté urbaine à la mairie de la ville, cette dernière et son magistrat municipal conservent les mêmes pouvoirs.

Du point de vue de la sociologie politique, cette institution vise à régler le problème du leadership politique au niveau local à travers les élus et aussi à l'échelle centrale par l'intermédiaire de l'Etat (Smith and Sorberts, 2003, cité par Douay, 2007). En effet, selon Douay, la mise en œuvre de la planification collaboratrice nécessite un leadership politique capable de créer de nouvelles

---

[107] Article 244 alinéa 1 de la loi du 24 décembre 2019

[108] Article 241 alinéa 3 de la loi du 24 décembre 2019

relations entre les différents acteurs. Il s'agit selon lui *de faire preuve de « créativité institutionnelle » afin de concevoir des arènes (formelles ou informelles) de négociation.* C'est ce mécanisme qui a motivé la création de la CU qui concentre l'ensemble des prérogatives en matière de planification urbaine. Le code général de l'urbanisme adopté en 2004 donne la possibilité au maire de la ville d'édicter, à travers un arrêté municipal, certaines règles d'urbanisme dans l'hypothèse où celles-ci ne seraient pas précisées par les documents d'urbanisme.

Cette exclusivité en matière de planification urbaine n'empêche cependant pas à deux autres acteurs de participer au processus. Il s'agit de la commune et de la région. Si cette participation est obligatoire dans certains cas en ce qui concerne la commune d'arrondissement, le législateur n'a cependant pas prévu une mesure contraignante pour celle de la région.

1-1-2-La commune d'arrondissement : un acteur d'application et de contrôle des actes d'urbanisme

Le constituant de 1996 a énuméré la commune d'arrondissement et la région comme les deux collectivités territoriales décentralisées au Cameroun[109]. Celles-ci participent selon les dispositions du code général des collectivités territoriales et du code de l'urbanisme au processus de planification urbaine. Toutefois, ayant déjà confié l'exclusif de la planification urbaine à la communauté urbaine, ces deux acteurs n'interviennent qu'en qualité de participant au processus d'élaboration des instruments d'urbanisme, dont l'initiative appartient à la communauté urbaine. Toutefois, cette participation n'a pas la même portée pour les deux institutions. Si la participation de la commune est, selon les cas, impérative, celle de la région est restée facultative. En plus de cette participation au processus d'élaboration des instruments, le rôle de la commune est aussi de veiller à l'application des directives en matière de règles d'urbanisme édictées par la commune.

Le rôle de la commune dans la planification urbaine au Cameroun a été marginal au cours de l'histoire du Cameroun comme il a été démontré plus haut. Cette collectivité territoriale étouffée par le centralisme après l'indépendance et ce, jusqu'en 1996, n'a pas été un acteur central de cette politique. Les communes d'arrondissement (CA) sont des collectivités territoriales décentralisées qui constituent la communauté urbaine au Cameroun[110]. Elles sont dirigées par des maires élus par des conseillers municipaux issus d'un vote au suffrage universel direct. L'article 250 dispose en son alinéa 2 que celles-ci « *exercent toutes les compétences transférées aux*

[109] Article 55 alinéa 1 de la constitution du 18 janvier 1996

[110] Article 240 alinéa 3.

communes (...), à l'exception de celles expressément attribuées à la communauté urbaine », parmi lesquelles la planification urbaine. Toutefois, le législateur a rendu la participation de la commune d'arrondissement au processus de planification urbaine obligatoire en disposant à l'alinéa 2 de l'article 252 que la consultation de celle-ci est obligatoire «*pour toute opération ou tout projet d'intérêt général à exécuter, en totalité ou en partie, sur son territoire »*. Cette disposition garantit une participation de la commune d'arrondissement à l'action publique de planification urbaine quand on sait que les instruments de cette politique ont des effets qui s'étendent souvent sur l'ensemble du périmètre de la communauté urbaine. En plus, le maire de la CA étant « membre de droit du conseil de la communauté » (article 251 alinéa 1 de la loi du 24 décembre 2019), tout comme dix conseillers de sa commune, cette participation permet à cette CTD de prendre activement part aux travaux relatifs à la planification urbaine. Les garanties de l'exclusivité de la planification urbaine à la CU sont renforcées par plusieurs dispositions de la loi de 2019. En effet, celle-ci interdit à la CA par exemple de délibérer sur une compétence transférée à la CU, à moins que cette délibération ne relève d'une consultation telle que prévue à l'article 252 de la même loi.

Cette consultation ne pouvant elle-même être contraire à celle du conseil de la CU, le législateur renforce la primauté de la CU sur ses compétences exclusives. La seule hypothèse de validation d'une délibération du conseil de la CA contraire à celle de la CU est la violation par cette dernière des textes en vigueur (article 254 alinéa 3). C'est dans la mise en œuvre des directives de la planification urbaine qu'intervient la commune, notamment en matière de contrôle des règles d'urbanisme et de construction. Ces opérations participent à la mise en application des directives contenues dans les documents d'urbanisme élaborés par la CU. Si les actions de la commune se situent en amont et en aval du processus de planification urbaine, celles de la région se limitent exclusivement en amont de cette politique.

1-1-3- La région comme acteur de pilotage de la planification urbaine

La région est définie par l'article 259 alinéa 1 de la loi de 2019 comme « une collectivité territoriale constituée de plusieurs départements. Elle couvre le même ressort territorial que la région, circonscription administrative ». Il faut donc faire une distinction entre la région CTD dirigée par un président élu par les conseillers régionaux, eux-mêmes élus au suffrage universel indirect, et la région circonscription administrative dirigée par le gouverneur nommé par décret présidentiel. Les deux entités partagent le même chef-lieu, mais ne remplissent pas les mêmes fonctions. Alors que la circonscription administrative remplit une mission administrative, la CTD est, selon l'article 259 alinéa 2 de la loi de 2019, *investie d'une mission générale de progrès économique et social.* C'est dans le cadre de cette mission générale qu'elle intervient dans le processus de planification urbaine à travers le transfert de compétences dans le domaine de la planification, de l'aménagement du territoire, des travaux publics, de l'urbanisme et de l'habitat. Cette intervention se fait par l'élaboration et l'exécution des plans régionaux de développement, ainsi que dans l'élaboration des documents de planification urbaine et des schémas directeurs des collectivités territoriales. Prévue par la Constitution de 1996, cette CTD ne verra le jour qu'en 2020.

Le Plan Régional de Développement (PRD) qui fixe les objectifs et priorités de développement de la région, en fonction des besoins économiques, sociaux, environnementaux et de mobilité, est un instrument de planification globale du développement régional dans le cadre du développement durable[111]. Les documents de planification élaborés par la CU doivent prendre en compte les orientations et les objectifs contenus dans le PRD.

Pour ce qui est de la participation de la région à l'élaboration des documents d'urbanisme, ce mécanisme est garanti par la loi de 2019 en son article 269. Même si cette participation n'est pas établie de manière contraignante comme celle de la CA, il n'en demeure pas moins que le législateur fait de celle-ci une compétence de la région.

Pour mener à bien cette mission de planification urbaine, les autorités ont doté les CTD d'un ensemble de ressources à travers le processus de décentralisation fiscale. Celui-ci, pour être encore plus efficace, vise à permettre une autonomie financière des CTD.

1-2- La décentralisation fiscale, un instrument de financement de l'action publique

La décentralisation fiscale peut s'entendre comme l'ensemble des rapports financiers entre l'État et les collectivités territoriales. Ces rapports financiers se composent de quatre éléments : la définition d'un champ de ressources propres aux collectivités territoriales, l'identification d'un champ de ressources partagées entre l'État et ces dernières, le transfert de ressources nationales, et l'accès à l'emprunt (Coquart, 2013).

Les recettes fiscales constituent l'une des sources de financement des CTD au Cameroun. Celles-ci sont créées par le législateur qui s'est octroyé l'exclusivité de la création d'impôts locaux, laissant aux CTD le soin de sa perception selon une répartition bien déterminée comme il est exposé dans la section (1-3) ci-dessous. Ces recettes sont énumérées par le code général des impôts, comme il est fait mention plus haut. En plus de ces recettes, les

[111] Perspective.brussels, *Plan Régional de Développement,* Plan Régional de Développement (PRD) | perspective.brussels

redevances associées à des actes d'urbanisme constituent une source de financement importante pour les CTD. Parmi ces recettes, deux feront ici l'objet d'une attention pour leur proximité avec notre sujet de l'action publique de planification urbaine. En même temps qu'elles permettent à la CU de prélever des ressources nécessaires pour l'exercice de ses prérogatives, dont la planification urbaine, elles contribuent à la structuration de cette action publique en veillant notamment au respect des règles en matière d'urbanisme. Il s'agit des redevances liées au permis de bâtir et au permis d'implanter.

1-2-1- Le permis de bâtir : une source de financement liée à l'urbanisme

Le permis de bâtir est défini par l'article 107 alinéa 1 de la loi de 2004 sur l'urbanisme comme « un acte administratif qui autorise une construction après vérification de sa conformité avec les règles de l'art et les règles d'urbanisme en vigueur ». C'est une autorisation administrative qui revêt un caractère obligatoire. La loi précise que toutes les constructions, y compris les modifications affectant la destination, l'aspect extérieur ou le volume de celles existantes, sont soumises à l'obtention de ce document. La délivrance de ce permis est soumise au respect de plusieurs conditions visant à garantir le respect des règles d'urbanisme, notamment en matière d'occupation du sol, mais aussi des règles de construction. Il vise à garantir l'occupation ordonnée du sol et à prévenir toute opération de déguerpissement future suite à une infraction aux règles d'urbanisme[112].

La loi régissant le code de l'urbanisme impose un délai de 45 jours après dépôt du dossier complet en cinq exemplaires pour répondre aux demandes déposées contre récépissé auprès des services de la mairie. Les démarches administratives relatives à l'obtention de ce document commencent avec le retrait d'un formulaire disponible à la mairie. Le dossier est composé de :

- une demande de permis de bâtir timbrée ;
- un certificat d'urbanisme datant de moins de trois mois ;
- un certificat de propriété datant de moins de trois mois ;
- un plan de masse à l'échelle 1/1000 ;
- un plan de situation du terrain à l'échelle 1/2000 ;
- des plans architecturaux (plans de distribution des étages, façades, coupes) à l'échelle 1/50 ;
- un plan parcellaire l'échelle 1/500 ;
- un plan d'implantation et d'aménagement des abords ;
- un plan de fondation à l'échelle 1/50 ;

[112] Ce commentaire est du responsable de la Division des Affaires Juridiques de la CUD qui tentait d'expliquer lors de notre entrevue pourquoi la CUD accordait beaucoup d'attention à ce document.

- un plan de fosses septiques ;
- un plan de toiture à l'échelle 1/50 ;

- un devis descriptif des ouvrages à construire ;
- un devis quantitatif et estimatif.

En plus de ces documents, il peut être demandé certains compléments dans le cas des constructions dont la hauteur est supérieure ou égale à 10 mètres au-dessus des fondations. Il faudra alors ajouter :

- un rapport d'étude du sol élaboré par un laboratoire géotechnique agréé par le ministère des travaux publics ;
- un dossier de plans de structures élaboré et visé par un ingénieur de génie civil inscrit au tableau de l'ONIGC ;
- un contrat de maîtrise d'œuvre (comprenant le contrôle et le suivi de l'exécution des travaux) signé entre le promoteur du projet et un ingénieur de génie civil inscrit au taleau de l'ONIGC ;
- une notice de sécurité de l'ouvrage.

Dans le cas où le terrain sur lequel l'ouvrage doit être bâti fait l'objet d'un morcellement en cours du titre foncier, il faut ajouter à ce dossier :

- un certificat de propriété du vendeur ;
- un contrat de vente ou l'attestation d'abandon des droits coutumiers ;
- une procuration légalisée du vendeur autorisant l'acquéreur à construire sur le lot concerné par la demande du permis de bâtir.

Une fois ce dossier constitué, il faut procéder au paiement des frais de dossier avant son dépôt. Ces frais de dossier en plus des recettes issues de la vente des timbres communaux représentent une source de financement pour la commune. Pour ce qui est du permis de bâtir, ils représentent 1 % du montant total de la construction. L'autre méthode consiste à évaluer le montant des frais de dossier en tenant compte de la surface bâtie de construction et de la valeur fixée en fonction du standing de construction. À ce niveau, on peut avoir une grille des prix établie ainsi qu'il suit :

- *très Haut standing : 450.000 FCFA/m^2 ;*
- *haut Standing: 350.000 FCFA/m^2 ;*
- *moyen Standing : 290.000 FCFA/m^2 ;*
- *standing Ordinaire : 225.000 FCFA/m^2 ;*
- *semi-dur : 80.000 FCFA/m^2 ;*
- *construction en bois : 50.000 FCFA/m^2.*

Après évaluation du montant à payer, le service financier établit un bulletin d'émission et de versement qui est ensuite transmis à la caisse pour le paiement de la redevance contre reçu. Le dossier déposé est alors analysé par la commission d'examen du permis de construire qui prend ses décisions à la majorité des membres présents et les consigne dans un procès-verbal. Si aucune décision n'est prise au-delà de 45 jours à compter de la date de dépôt du dossier, le permis est réputé acquis. Dans le cas où les travaux ne sont pas engagés au bout de deux ans, le permis de bâtir se périme. Il en est de même pour les travaux abandonnés au bout d'un an. La reprise de ceux-ci est alors soumise à une demande de renouvellement d'un permis de bâtir. Les travaux de construction qui n'ont reçu aucune autorisation préalable de l'administration sont soumis à des sanctions dont les plus courants sont l'interruption des travaux, le paiement d'une amende pour défaut de permis de construire équivalent au minimum au double du montant redevable, ou encore la démolition pure et simple de l'ouvrage et ce, aux frais du contrevenant.

Dans le cas d'une construction bénéficiant de toutes les autorisations, la fin des travaux est sanctionnée par la délivrance d'un certificat de conformité. Ce dernier est un document de validation, signifiant que les travaux sont conformes à la description figurant dans le dossier déposé pour l'obtention du permis de bâtir. Il faut cependant noter que certaines constructions par la surface du sol qu'elles occupent (moins de 2 mètres carrés) et leur hauteur (inférieure à 1,50 mètre) sont exemptes du permis de construire.

Dans un contexte où l'accès à la propriété foncière se fait en grande partie par des procédures en marge de toute réglementation et face à la précarité des habitants, le législateur a prévu un mécanisme d'occupation légale du domaine public qui peut se faire par l'obtention d'un permis d'implanter.

1-2-2- Le permis d'implanter, une forme de financement adaptée aux enjeux sociaux

Celui-ci est défini par l'article 104 de la loi 2004/003 de 2004 comme « un acte administratif d'urbanisme exigé pour toute construction non-éligible au permis de construire ». Il ajoute par ailleurs que « Quiconque désire implanter une construction non-éligible au permis de construire, ou apporter des modifications à des constructions existantes de même statut doit au préalable, avoir obtenu un permis d'implanter délivré par le Maire de la Commune concernée ». Cet acte administratif permet de contrôler l'occupation des espaces, notamment dans les zones urbaines, qui se fait souvent en marge de toute réglementation. C'est un mécanisme qui permet à des citoyens de s'installer légalement sur un terrain et à y implanter des constructions en matériaux provisoires[113], sans toutefois revendiquer la propriété foncière sur

[113] L'article 20 (3) du Décret N° 2008/0739/PM du 23 Avril 2008 fixant les règles d'utilisation du sol et de la construction précise que « Les matériaux utilisés doivent être provisoires et précaires »

cet espace[114]. Ce mécanisme peut être associé à la tolérance administrative en matière d'urbanisme et permet aux habitants les plus démunis de pouvoir se loger dans les périphéries urbaines. Toutefois, il convient de noter que ce permis ne peut être délivré sur les terres classées comme réserves foncières, ainsi que sur des zones non aedificandi.
La demande relative à l'obtention du permis d'implanter doit préciser certaines informations parmi lesquelles l'identité du demandeur, la superficie du terrain, la nature, la surface hors œuvre et la dimension de la construction. Établi en deux exemplaires, ce dossier déposé contre récépissé comprend :

- une demande timbrée au tarif réglementaire établie sur formulaire administratif ;
- un Certificat d'Urbanisme ;
- une attestation de jouissance paisible, signée du chef du quartier du lieu de situation de la parcelle et de deux (2) riverains :
- un plan de situation ;
- un plan sommaire de la construction projetée ;
- un devis sommaire descriptif et estimatif.

Ce dossier est déposé contre le paiement de certains frais tels que les frais de salubrité. Un avis de dépôt de demande de permis d'implanter comprenant le nom du demandeur, le numéro et la date d'enregistrement de la demande, la situation du terrain, ainsi que la destination de la construction, est affiché par le maire pendant toute la durée de l'instruction. Si aucune décision n'est notifiée au demandeur, le permis est réputé acquis à l'issue d'un délai de quinze jours à compter de la date de dépôt de la demande. Le permis est alors valable pour une durée d'un an au terme duquel il perd sa validité si aucune construction n'est entreprise. Le bénéficiaire du permis d'implanter doit afficher sur le terrain, de manière visible et pendant toute la durée des travaux, le numéro, la date de délivrance du permis ou, le cas échéant, le récépissé de dépôt du dossier. Il adresse au maire de la commune, lors du démarrage des travaux, une déclaration d'ouverture de chantier en vue de permettre aux services techniques de la commune ou de l'État de vérifier l'implantation pour s'assurer de la sécurité, de la salubrité et de l'alignement de l'ouvrage (article 20 alinéa 1 et 2 du décret de 2008). La modification d'un document de planification urbaine ou de son élaboration entraîne un sursis à statuer à la demande de permis instruite.

Selon les informations collectées auprès des agents municipaux et des usagers, le permis de bâtir et le permis d'implanter restent les deux documents relatifs aux règles d'utilisation du sol et de la construction les plus utilisés à côté du certificat d'urbanisme et du certificat de démolir. Expliquer ce que sont ces deux certificats.

[114] Article 105(3) de la loi n°2004-003 du 21 avril 2004, régissant l'urbanisme au Cameroun

Les procédures relatives à la demande de ces différents documents constituent une source de revenus pour les communes en même temps qu'elles participent à l'application des règles d'utilisation du sol et de la construction.

Face au faible taux de prélèvement fiscal qui touche les pays d'Afrique, dont le Cameroun ainsi que ses CTD[115], le recours à une autre forme de financement s'avère nécessaire pour compléter l'assiette budgétaire de ces CTD. Ainsi, les recettes fiscales énumérées ci-dessus sont complétées par une deuxième catégorie de ressources issues de l'État et des autres acteurs.

1-2-3-Les recettes issues des autres acteurs

En plus de ces recettes fiscales, la loi a prévu d'autres formes de financement des CTD, au rang desquelles la dotation générale de la décentralisation consacrée par l'article 25 du code général des collectivités territoriales de 2019. Cette loi dispose que cette dotation est destinée au financement partiel de la décentralisation. Le montant alloué aux CTD est fixé chaque année par la loi et ne peut être inférieur à 15 % du budget de l'État (alinéa 3 du même article). Dans le but d'assurer un équilibre entre les compétences et les ressources transférées, il est prévu que l'État octroie des dotations spéciales aux CTD afin d'aider celles-ci à réaliser ou à accomplir les missions de service public. Ces dotations spéciales sont à ajouter aux financements que les CTD peuvent recevoir de la coopération décentralisée avec les bailleurs de fonds internationaux et autres partenaires étrangers suivant les dispositions de l'article 384 du code général des CTD. Ce mode de financement peut enfin être complété par les emprunts, autorisés aux CTD qui sont des personnes morales de droit public dans le cadre du financement de leurs activités (article 278, 398, 399 du code général des CTD).

La décentralisation ainsi actée n'entraîne pas un retrait total de l'État. Celui-ci prend également part à cette planification urbaine participative, bien que de manière indirecte, en assurant sur les CTD les missions qui vont de la tutelle au contrôle.

1-3- L'autonomie financière comme instrument de l'action publique de planification urbaine

Cet instrument de financement de la planification urbaine est consécutif au transfert des compétences énumérées ci-dessus. La décentralisation, nous

[115] Cette faible fiscalisation a des incidences énormes dans la mesure où elle contribue à encourager les citoyens à contourner l'impôt.

l'avons vu, consiste en un transfert des compétences de l'État vers les CTD. Ce transfert concerne aussi bien des prérogatives en termes d'action publique que d'un transfert de ressources nécessaires pour la réalisation des missions transférées. L'idée est d'octroyer à la CTD une autonomie administrative par la libre administration et une autonomie matérielle par la délégation de pouvoir en matière fiscale. Cette autonomie financière est consacrée par l'article 11 de la loi du 24 décembre qui dispose en son article 1 que « Les Collectivités territoriales disposent de budgets et de ressources propres pour la gestion des intérêts régionaux et locaux.
À ce titre, elles :

- élaborent et votent librement leur budget ;
- disposent de ressources propres ;
- bénéficient des ressources provenant de I 'Etat et des autres personnes publiques ou privées ;
- reçoivent tout ou partie du produit tiré de l'exploitation des ressources naturelles sur leur territoire dans les conditions fixées par la loi ;
- produisent des ressources propres nécessaires à la promotion du développement économique, social, sanitaire, éducatif, culturel et sportif de leur territoire ». Cette autonomie financière est actée par le transfert de ressources qui se fait, selon la loi précédemment mentionnée, *« soit par transfert de fiscalité, soit par dotations, soit par les deux à la fois »* (article 12).

Pour le cas de la région, le législateur a prévu que des mesures d'incitations fiscales et économiques spéciales pouvaient être accordées à certaines, en fonction de leur contexte, par des textes particuliers (article 4). Pour ce qui est de la CU et de la CA, il convient de faire une distinction entre les recettes réservées à l'une ou à l'autre. À ce propos, l'article C 115 dispose que : « Les recettes fiscales de la communauté urbaine comprennent :

- le produit de la contribution des patentes et licences ;
- le produit des centimes additionnels communaux ;
- le produit des droits des stades omnisports ;
- le produit des droits de timbre automobile affecté conformément au plafond annuel arrêté par la loi de finances ;
- le produit de la taxe de développement local ;
- le produit de la taxe sur la publicité ;
- le produit des droits d'occupation des parcs de stationnement de la communauté urbaine ;
- le produit de la taxe sur les jeux de hasard et de divertissement ;
- le produit des droits de place sur les marchés de la communauté urbaine ;
- le produit des droits de fourrière de la communauté urbaine ;
- le produit des droits de permis de bâtir ou d'implanter ;
- le produit de la taxe de stationnement ;
- le produit des droits de timbre communal.

Pour ce qui des recettes fiscales de la CA, l'alinéa 2 de l'article sus-cité fait mention de :

- le produit de l'impôt libératoire ;
- le produit des centimes additionnels communaux ;
- le produit de la taxe communale sur le bétail ;
- le produit de la redevance forestière issue de la péréquation ;
- le produit de la taxe d'abattage du bétail ;
- le produit des droits de place sur les marchés de la commune d'arrondissement ;
- le produit des droits d'occupation temporaire de la voie publique ;
- le produit de la taxe d'hygiène et de salubrité ;
- le produit des droits de parcs de stationnement de la commune d'arrondissement ;
- le produit des droits de stade à l'exception des stades omnisports ;
- le produit de la taxe sur les spectacles ;
- le produit de la taxe communale de transit ou de transhumance ;
- le produit de la taxe sur le transport des produits de carrières ;
- le produit des droits de fourrière de la commune d'arrondissement ;
- le produit de la taxe sur les armes à feu ;
- les produits de la taxe de récupération.

Certaines recettes sont partagées entre les deux CTD et le Fonds d'Équipement et d'Investissement Communal (FEICOM). Il s'agit du produit de la taxe foncière sur la propriété immobilière et de celui de mutations immobilières. Dans ces cas, la CU s'en sort avec la plus grosse part, à savoir 60 %, laissant aux deux autres une part de 20 % chacun.

2- La participation des structures de l'État central et ses partenaires

L'État central participe aux opérations d'aménagement et de planification des villes à travers des procédures comme la tutelle ou le contrôle sur les CTD. Bien que la tendance soit aujourd'hui à la promotion de la gouvernance locale, cela n'entraîne pas nécessairement un retrait total de l'État. Aussi, deux types d'acteurs permettent à l'État de se redéployer dans le champ de la planification urbaine en contexte de décentralisation. Il s'agit des organes centraux et déconcentrés et de la préfecture.

2-1- Les organes centraux et déconcentrés de l'État

La décentralisation implique un transfert de compétences et de ressources de l'État vers les collectivités territoriales, avec un droit de regard de l'État sur la conduite des affaires locales découlant desdites compétences transférées[116]. Ce droit de regard est appelé tutelle et celui-ci s'exerce selon l'article 72 alinéa 1 du code des CTD par le biais du contrôle de légalité. La loi dispose que le contrôle est exercé, sous l'autorité du président de la République, par le ministre en charge des CTD et par les représentants de l'État dans ces CTD. À ce titre, le gouverneur nommé par le président de la République assure la tutelle sur la région alors que le préfet assure la tutelle dans la commune. Les autorités de l'État central se situent alors en amont et en aval du processus d'élaboration des documents d'urbanisme, renforçant encore le caractère participatif de la planification urbaine.

Parmi les acteurs étatiques participant au processus de planification urbaine dans les villes de Douala et Yaoundé, on a :

- le ministère de l'habitat et de l'urbanisme (MINHDU) qui est responsable de l'élaboration et de la mise en œuvre de la politique du Gouvernement en matière d'habitat et de développement urbain ;
- le ministère du domaine, du cadastre et des affaires foncières (MINDCAF) : créé en 2004, il est chargé de l'élaboration des textes législatifs et réglementaires relatifs aux secteurs domaniaux, cadastraux et fonciers, ainsi que de la gestion des domaines public et privé de l'État. C'est à ce titre qu'il participe à l'élaboration des documents de planification urbaine.
- le ministère de la planification, de la programmation du développement et de l'aménagement du territoire (MINEPAT) : celui-ci intervient dans le processus de planification urbaine en ce sens qu'il est chargé de la coordination et de la réalisation des études d'aménagement du territoire, tant au niveau national que régional, mais aussi de l'élaboration des normes et règles d'aménagement du territoire et du contrôle de leur application.
- les délégations régionales et départementales des ministères suscités, qui encadrent les CU et les accompagnent en leur fournissant notamment la main-d'œuvre et l'expertise nécessaire dans le cadre de l'élaboration des documents d'urbanisme.
- les établissements publics comme la SIC, la MAETUR, la MAGZI…

[116] Fouakeu Tatieze, *la tutelle préfectorale,* 2020, article disponible en ligne à l'adresse : https://www.minddevel.gov.cm/index.php/2020/02/12/la-tutelle-de-letat/

D'une manière générale, ces acteurs interviennent dans la planification urbaine à travers la prescription et l'approbation des documents d'urbanisme, ainsi que la délimitation des périmètres des territoires concernés.

2-1-1- La prescription des documents de planification urbaine

La prescription des documents de planification urbaine est une exclusivité de l'autorité centrale et de ses agents locaux. À ce propos, Jean-Claude Némery (1981) fait la distinction entre la prescription obligatoire et la prescription facultative.

Pour ce qui est de la prescription obligatoire, celle-ci concerne notamment le Plan Directeur d'Urbanisme (PDU), qui est prescrit selon la loi n° 2004-003 du 21 avril 2004 régissant l'urbanisme au Cameroun, en son article 4, pour tous les établissements humains dont les centres urbains ou les communautés rurales concentrent au moins deux mille habitants et qui occupent un espace bâti de façon continue et manifeste. La prescription de ce document entraîne de fait la suspension par les maires de l'examen des demandes d'occupation des sols à compter du jour de la prescription. L'autorité investie du pouvoir de prescription du PDU est le ministre en charge de l'urbanisme ou des questions urbaines. Ce document qui fixe les orientations fondamentales de l'aménagement d'un territoire urbain, la destination générale des sols et la programmation des équipements (art. 32 al.1 de la loi de 2004) est, du point de vue de l'aménagement du territoire, l'un des plus importants. C'est certainement pour cette raison qu'il est le seul à être prescrit par une autorité centrale et non pas par un agent local comme le préfet pour le Plan d'Occupation des Sols (POS). Pour ce dernier, il est prescrit par arrêté préfectoral, même si ce document peut être remplacé à titre provisoire par un autre qui est le Plan Sommaire d'Urbanisme (PSU). C'est ce mécanisme de substitution qui fait intervenir ce que nous qualifiions ici de prescription facultative.

Cette dernière concerne, comme nous l'avons mentionné, le Plan d'Occupation des Sols. En effet, selon l'article 38 alinéa 1 de la loi de 2004, ce document de planification urbaine est élaboré pour tous les centres urbains, CU et communes urbaines d'arrondissement[117]. Toutefois, dans l'attente de son élaboration, les communes peuvent élaborer un document de planification

[117] Il s'agit ici des communes d'arrondissement qui constituent la communauté urbaine en milieu urbain. L'expression « commune urbaine d'arrondissement » vise à faire une distinction entre la commune d'arrondissement situé en milieu rural composé de moins de deux milles habitants et celle située en milieu urbain ayant une population de plus de deux milles habitants.

moins complexe qui est le Plan Sommaire d'Urbanisme[118]. Ce dernier est alors prescrit par le préfet après avis des services locaux de l'urbanisme. De tous ces documents d'urbanisme énumérés à l'article 26 de la loi de 2004, seul le Plan Secteur (PS) échappe à cette prescription de l'autorité centrale dans la mesure où il est prescrit par arrêté municipal[119].

2-1-2- L'approbation des documents d'urbanisme

Celle-ci est parallèle à la prescription décrite plus haut. À ce titre, l'approbation des documents de planification urbaine relève de la compétence du préfet de département ou d'un arrêté conjoint des préfets de département lorsque le périmètre de mise en œuvre du document concerne plusieurs départements, comme pour le PDU. Pour ce qui est du POS, la loi prévoit que l'approbation se fasse par arrêté préfectoral après délibération du conseil municipal et avis des services locaux d'urbanisme ou ceux charges des questions urbaines. Cette approbation rend opposables les documents de planification conformément aux dispositions de la loi. C'est une forme de contrôle que se réserve l'autorité centrale sur ce processus de planification urbaine dans un contexte de gouvernance urbaine. À côté de ces deux mécanismes, l'autorité centrale intervient dans ce processus de délimitation du périmètre urbain.

2-1-3- La délimitation du périmètre urbain

Aux termes de l'article 5, « La délimitation du périmètre urbain, ainsi que les modifications subséquentes de celui-ci sont déterminées par un arrêté du ministre chargé des domaines, à l'initiative de l'État ou de la commune concernée, après avis des ministres chargés de l'urbanisme ou des questions urbaines selon le cas ». Cette disposition fait de la délimitation et de la modification du périmètre urbain un processus d'interaction correspondant au paradigme de gouvernance urbaine. Elle donne également la possibilité aux acteurs locaux, à savoir les communes, d'initier la procédure de modification de leur périmètre en fonction de leurs enjeux locaux. Si l'initiative de cette délimitation ou de cette modification peut appartenir à plusieurs acteurs, l'État central reste seul juge de l'opportunité d'une telle action en accédant ou non

---

[118] Le Plan Sommaire d'Urbanisme est un document qui fixe l'affectation des sols et définit le périmètre de chacune des zones d'affectation. Il édicte de façon sommaire, pour chacune d'entre elles, les règles, restrictions et servitudes particulières d'utilisation du sol (art. 45(1), loi de 2004

[119] Article 43 alinéa 1.

à la requête de l'initiateur. La possibilité laissée aux autres acteurs, dont la commune, permet de susciter le débat et de recueillir les différents avis pour enfin formuler une décision qui prenne en compte l'intérêt général. Ce dernier se veut alors collectif, mais surtout négocié, tranchant avec une approche visant la rationalité de celui-ci, adoptée dans une démarche transcendante.

Les différents acteurs intervenant dans ce processus sont, du point de vue du postulat de la sociologie des organisations, autonomes, dans la mesure où ils parviennent toujours à s'affranchir partiellement des contraintes visant à circonscrire leurs comportements (Musselin, 2005, cité par Hassenteufel, 2011). Parmi ces acteurs, les préfets retiennent l'attention dans cette section grâce à leur tutelle sur l'institution communale. Ces derniers, que l'on peut décrire comme des « fonctionnaires politiques » dont la caractéristique principale est d'être directement subordonnés au pouvoir politique (Hassenteufel, 2011), influencent la vie de la commune au Cameroun et, partant, la planification urbaine.

2-1-4-La tutelle préfectorale

Le préfet assure la tutelle sur la CU tout comme le gouverneur sur la région. Cette tutelle est également associée à une mission permanente d'assistance, de coordination, d'information et de contrôle auprès des communes et établissements communaux. À ce titre, il est prévu que les autorités de tutelle recueillent auprès des magistrats municipaux les renseignements, avis, explications, comptes rendus ou rapports qu'elles jugent nécessaires à l'exercice de leurs fonctions. Elles ont accès à tous les bureaux, ateliers et chantiers municipaux ainsi qu'à tous les établissements communaux. Cette tutelle concerne également les actes pris par les organes municipaux et dispose d'un pouvoir de sanction et de contrôle qu'elle exerce par voie d'approbation, d'annulation et de constitution. Ces dispositions permettaient alors de distinguer une tutelle sur les personnes et une tutelle sur les actes.

Pour ce qui est de la tutelle sur les personnes, elle concerne le contrôle de l'Etat sur les autorités communales notamment le Conseil municipal qui selon l'article 18 de la loi pouvait être dissout par un décret et suspendu en cas d'urgence par un arrêté du ministre de l'administration territoriale pour une durée ne pouvant excéder deux mois. Pour ce qui est du maire, la loi prévoit une révocation par décret du président de la République, de même que les délégués du gouvernement par et ses adjoints par un arrêté du Premier ministre.

Concernant la tutelle sur les actes, elle concerne la vérification de la légalité des décisions et des actes. Ces pouvoirs varient selon la nature des actes et peuvent être classés en trois catégories.

- **Le pouvoir d'annulation :** celui-ci s'exerce en premier sur l'élection du Conseil municipal. En cas d'irrégularité dans le déroulement d'un scrutin dans une commune, le ministre de l'administration territoriale peut procéder à l'annulation de cette élection. Il en est de même des délibérations du Conseil municipal dont l'annulation enlève à cette dernière son caractère exécutoire. La loi donne également au préfet la faculté d'annuler ou suspendre tout acte du délégué du gouvernement ou du maire pris en violation des lois et règlements.
- **Le pouvoir d'approbation préalable :** C'est un pouvoir exceptionnel qui concerne notamment le budget communal. Il en est ainsi de l'approbation par le gouverneur après avis du trésorier-payeur général, territorialement compétent des comptes administratifs des communes et syndicats de communes tout comme les comptes de gestion des receveurs municipaux.
- **Le pouvoir de substitution :** Il- permet à l'autorité administrative de se substituer au maire, ou au délégué du gouvernement. Il est consacré par l'article 34 du Décret n° 90/1464 du 09 novembre 1990 modifiant certaines dispositions du décret n077/91 du 25 novembre 1977 déterminant les pouvoirs de tutelle qui dispose que :

  « *Dans les domaines relavant de leurs compétences respectives, le ministre de l'A.T., le gouverneur et le préfet peuvent, selon le cas, se substituer d'office au délégué du gouvernement ou au maire lorsque celui-ci refuse, après mise en demeure écrite, soit d'effectuer un acte prescrit par les lois et règlements, soit d'exécuter ou de faire exécuter une délibération devenue exécutoire ou d'une décision de justice passée en force de chose jugée* ».

Ces dispositions contribuent à renforcer le caractère participatif de la planification urbaine post 2004. L'intégration de tous les acteurs au processus d'élaboration des documents de planification est ainsi conforme à certaines recommandations formulées par certains partenaires au développement.

2-2-Une intervention orientée des partenaires au développement

L'accroissement de la population urbaine a suscité un grand nombre d'approches analytiques pour rendre compte des phénomènes récents auxquels sont confrontés les gouvernements et surtout les gestionnaires des villes. Il en est ainsi de la violence, de l'approvisionnement en eau et en nourriture, de l'accès au réseau électrique, du changement climatique, etc. Ces phénomènes qui ont connu une amplification à cause de la rapide extension spatiale des villes et l'augmentation du nombre des habitants n'ont pas rendu les opérations de planification et d'aménagement d'urbains faciles. La rareté des ressources d'un État qui est resté depuis les indépendances le principal acteur de l'urbanisation est encore venue accentuer ces phénomènes. À la fragmentation territoriale déjà importante en ce début des années 90, s'est ajoutée une fragmentation sociale dont les effets interpellent au-delà des frontières. D'après les Nations unies, le pourcentage des citadins qui vivent dans les bidonvilles est d'environ un milliard depuis 2008. Un chiffre qui représente environ 14 % de la population citadine globale.

Ces espaces sont le lieu où le taux d'accroissement de la population urbaine est le plus élevé portant l'estimation à deux milliards d'habitants dans les bidonvilles en 2020, pour une fréquence d'installation annuelle de 30 à 50 millions. Au Cameroun, c'est un problème qui est intégré dans les politiques de lutte contre la pauvreté. Cette intégration ainsi que les effets d'une planification urbaine non maîtrisée, ont poussé les acteurs internationaux à apporter leur soutien à l'État camerounais et ses démembrements dans la lutte contre la pauvreté tout comme dans l'élaboration de solutions pour éradiquer ces phénomènes. Si les partenaires bilatéraux peuvent se vanter d'une longue expérience en termes de coopération au développement intégrant la planification urbaine avec le Cameroun, les partenaires multilatéraux sont quant à eux le fait de l'apparition des problèmes liés à l'urbanisation en Afrique et leurs exacerbations en Occident.

2-2-1-Les partenaires bilatéraux : entre assistance technique et financière

Il s'agit des principaux partenaires au développement du Cameroun dont l'urbanisme occupe une place importante depuis quelques années. C'est à travers la mise en place des politiques de développement que ceux-ci interviennent dans la planification urbaine au Cameroun. Leurs interventions se déroulent dans le cadre de l'accompagnement du Cameroun dans le processus de développement. Ils interviennent à travers les modes opératoires comme l'assistance technique et/ou financière. Ils participent ou assistent le pays dans l'élaboration des instruments de planification et surtout leur mise en œuvre. Cette participation est directe à travers le versement par les autorités gouvernementales des pays partenaires des fonds destinés à financer les politiques de développement ou urbaines. Elle peut également prendre la forme d'assistance technique à travers l'intervention des structures spécialisées d'aide au développement. Parmi ces acteurs, on peut citer la France et la Chine.

2-2-1-1- Le Contrat de Désendettement et de Développement (C2D) : un instrument de financement et d'assistance technique porté par la France

Partenaire historique du Cameroun depuis le départ des Allemands, ce pays n'a jamais quitté la scène politique camerounaise. Avec l'instauration du régime de mandat puis celui de tutelle, le pays sera sous son administration jusqu'à l'obtention de son indépendance en 1960. Elle aura contribué à tracer les contours des espaces des deux villes en étude ici comme nous l'avons vu précédemment. Après l'indépendance, la France, à travers le mécanisme du paternalisme colonial, restera un acteur de la planification urbaine à travers la mise à disposition des fonds destinés à la réalisation de certains travaux ou la mise à disposition des autorités camerounaises concernées, un personnel qualifié et des ressources nécessaires. Pour accompagner l'Afrique dans cette aventure, la France a mis sur pieds une structure spécialisée dans les questions de développement à savoir l'Agence Française de Développement (AFD).

L'AFD : Ce groupe, créé par l'État français, est chargé du financement et de l'accompagnement des Etats et des structures infra étatiques dans leurs efforts de développement. Il intervient dans divers domaines dont l'urbanisme et la gouvernance. Depuis 1990, il a accompagné le Cameroun dans la réalisation et l'implémentation de l'ensemble de ses projets urbains. Comme on peut le lire sur leur site internet, cette assistance a un bilan plutôt louable. En effet, avec plus de 50 ans de partenariat, cette structure a pu financer 90 projets et engager deux milliards d'euros et 300 millions d'euros d'investissement pour les Petites et Moyennes Entreprises (PME). Que ce soit la conception du Plan Directeur d'Urbanisme de Douala ou le financement des opérations de planification comme le plan de mobilité urbaine de Yaoundé, les autorités ont toujours su compter sur l'appui de l'AFD. Si ce soutien multiforme cache selon certaines indiscrétions à la Communauté Urbaine de Yaoundé (CUY), une forme de paternalisme colonial qui se manifeste par le contrôle des fonds alloués au développement, au niveau des autorités françaises on justifie ce contrôle par la seule volonté d'accompagnement et la promotion de la bonne gouvernance.

Cette coopération, qui participe à la co-construction de l'action publique de planification urbaine, s'effectue en termes de coordinations plus que d'emboîtements hiérarchiques comme ce fut le cas dans l'époque coloniale voire dans les décennies passées. L'un des objectifs de l'AFD est de limiter la migration vers les villes principales dont Douala et Yaoundé afin de les réorienter vers les villes secondaires. C'est ce qui justifie certainement son choix pour le financement des infrastructures de transport dans la ville de Douala. Dans cette lancée, elle a lancé le projet « capitales régionales », dont sont bénéficiaires les villes de Bertoua dans la région de l'Est, celle de Bafoussam à l'Ouest et Garoua au Nord. L'un des outils de cette coopération sera sans doute le Contrat de Désendettement et de Développement (C2D).

Le C2D est un mécanisme de remise de la dette et de financement du développement mis en place par l'État français en 1996 pour venir en aide aux pays les plus pauvres. Il consiste pour le bailleur qui est la France de transformer une créance en investissement après remboursement par le pays d'une partie de la somme. En échange, cette somme est immédiatement réinvestie dans les infrastructures locales. Ce mécanisme a permis à un pays comme le Cameroun de bénéficier d'une somme de 537 millions d'euros dont un tiers fut affectées à l'urbanisme et aux infrastructures routières. Ce mécanisme a ainsi permis la réalisation des projets comme le deuxième pont sur le fleuve Wouri à Douala, la réhabilitation de la douche municipale à Akwa ou encore la réhabilitation des pénétrantes Est et Ouest de la même ville. À Yaoundé c'est l'appui dans la réalisation des opérations.

2-2-1-2- La Chine : Un acteur du financement du développement

Premier fournisseur du Cameroun depuis 2013, elle accompagne le Cameroun en finançant à taux faible plusieurs projets liés à la planification urbaine. En s'engageant dans un processus de financement des projets dans l'ensemble des secteurs, la Chine s'est imposée comme le premier bailleur de fonds du Cameroun selon les chiffres du Ministère de l'Économie, de la Planification et de l'Aménagement du Territoire (MINEPAT). En 2006, dans le cadre de l'initiative Pays Pauvre Très Endettés (PPTE), le Cameroun va bénéficier d'une annulation de la dette et le montant des financements chinois dans ce pays va atteindre 3 282 milliards de FCFA, soit environ 5 milliards d'euros. Ce financement est réparti entre les prêts concessionnels, les prêts commerciaux et les prêts préférentiels.

Fort de ce statut de partenaire privilégié, la Chine a remporté plusieurs grands projets notamment urbains dans lesquels elle apporte son expertise au Cameroun. Il s'agit notamment de la construction de l'autoroute Yaoundé-Nsimalen et du financement du projet d'adduction en eau potable de la ville de Yaoundé (PAEPYS) d'un montant total de 400 milliards de FCFA soit 600 millions d'euros. Dans le cadre de la mise en œuvre du programme global de gouvernement visant la relance de l'habitat social par la construction de 10.000 logements et l'aménagement de 50.000 parcelles constructibles, la Chine a signé une convention de prêt avec le Cameroun pour un montant total de 33,5 milliards de FCFA représentant 85 % du coût total du programme. Un mécanisme de facilitation de paiement permet en parallèle à l'État camerounais de supporter à titre de contrepartie, l'équivalent de 15 % de ce montant soit environ 5 milliards de FCFA.

À côté de ces acteurs bilatéraux se développent également une autre forme multilatérale qui apporte assistance technique et financière au Cameroun dans ce processus.

2-2-2- Les partenaires multilatéraux et la régulation de l'ambition qualitative

Sur le plan de l'urbanisme, les acteurs multilatéraux participant au processus de planification urbaine au Cameroun sont nombreux et variés. Ces partenaires ont pour rôles principaux, le financement et l'assistance technique des autorités dans l'élaboration et la mise en œuvre des instruments de planification urbaine. On peut, dans le cadre de cette recherche et suivant la borne chronologique définie, citer ONU-Habitat et la Banque Mondiale (BM). Ces deux organisations internationales ont été constituées par les États en vue d'atteindre en commun certains objectifs. Les éléments de convergence entre les deux acteurs se situent au niveau des idéaux tels que la lutte contre la pauvreté ou la mise en place des stratégies de développement que ces deux acteurs se rejoignent. En effet, les principes opérationnels de base qui guident ces deux organisations peuvent se retrouver au sein des éléments énumérés ci-dessus et qui motivent chaque acteur à prendre une part dans le processus de planification urbaine à Douala et à Yaoundé. Il s'agit :

- **du renforcement des droits :** celui-ci doit constituer le point essentiel des programmes et projets opérationnel et concerne le renforcement des capacités des individus tout comme celui des groupes sociaux et des pouvoirs publics cibles ;
- **du développement participatif :** les programmes de coopération seront déterminés sur la base des besoins, priorités et solutions élaborés ou suggérés par les personnes bénéficiaires de ses réalisations ;
- **du partenariat : l'**élaboration des programmes en tenant de l'agenda des pays concernés ;
- **de l'impact sur l'environnement :** le choix et la conception des programmes doit prendre en compte leur impact sur l'environnement dans son acception la plus large ;
- **et d'une intégration dans une planification à long terme :** la consécration du développement durable, implique de s'inscrire dans une planification à long terme associant les pays partenaires et les différents acteurs.

C'est dans ce cadre que les actions de la BM et ONU-Habitat se rejoignent dans la planification urbaine au Cameroun notamment dans les villes de Douala et de Yaoundé.

2-2-2-1- Une urbanisation de la dignité humaine portée par ONU-Habitat

C'est le principal acteur en matière de politiques urbaines dans le monde. Son rôle est de promouvoir des agglomérations urbaines socialement et environnementalement viables, l'objectif étant d'assurer à tous un logement décent. Il assure la coordination de toutes les activités du système des Nations Unies concernant l'urbanisation et les établissements humains. Comme indiqué sur son site, il a pour objectif de parvenir à des villes et autres établissements humains bien planifiés, bien gouvernés et efficaces, offrant des logements et des infrastructures adéquats ainsi qu'un accès universel à l'emploi et aux services de base, notamment l'eau, l'énergie et l'assainissement[120]. Les actions de cette organisation internationale centrées sur l'habitat urbain visent également l'amélioration du cadre de vie. Ainsi, elle a participé au financement de plusieurs projets urbains durant cette période parmi lesquels le projet d'accès à la propriété, le logement locatif et l'amélioration des quartiers via des processus inclusifs et démocratiques.

Dans cette lancée, l'organisation onusienne parraine d'autres initiatives qui visent traduire dans les faits, les documents de planification urbaine selon l'aveu du ministre de l'urbanisme Madame Célestine Ketcha, comme l'atelier de formation des femmes à la fabrication des kits et lampadaires solaires et des sacs cuiseurs. Sur le plan financier, l'organisation appuie également le gouvernement Cameroun en finançant son Programme participatif d'amélioration des bidonvilles (PPAB) qui est un projet de restructuration des villes et dont la quatrième phase est déjà engagée.

Dans une perspective plus ancrée dans la planification urbaine, on peut dire qu'ONU-Habitat mène très souvent des études en vue de doter le pays d'instruments ou d'outils de planification urbaine adaptés au contexte actuel. C'est dans ce cadre qu'elle a été chargée par le gouvernement camerounais en 2016, du projet de formulation de la Politique Urbaine Nationale (PUN). C'est un acteur à la fois institutionnel, mais également de terrain qui accompagne le Cameroun dans sa politique de planification en lui apportant des ressources à la fois informationnelles, humaines et matérielles tout comme la BM.

2-2-2-2-L'urbanisation comme facteur de développement pour la Banque Mondiale

Cette institution a pour principale mission le financement des projets de développement et de lutte contre la pauvreté. C'est dans cette optique qu'elle

---

[120]https://www.un.org/ruleoflaw/fr/un-and-the-rule-of-law/united-nations-human-settlements-programme/ consulté le 05-08-2020.

a participé au financement de plusieurs projets urbains tels que le Projet de Développement des Secteurs Urbain et de l'Approvisionnement en Eau (PDUE). Ce projet ambitieux d'un budget global de 80 millions de dollars US était entièrement financé par cette organisation et comportait trois composantes qui ont une influence dans le processus de planification urbaine. Il s'agit renforcement des capacités et appui à la décentralisation, des travaux d'infrastructure dans les quartiers défavorisés, et enfin l'appui à la mise en place d'un partenariat public-privé dans les services d'approvisionnement en eau des zones urbaines. Il en est de même du Projet de Développement des Villes Inclusives et Résilientes (PDVIR), qui sera financé par la BM et constitué de quatre composantes à savoir :

- le renforcement des capacités de gestion urbaine inclusive et résiliente ;
- l'amélioration de la connectivité et du cadre de vie dans les villes bénéficiaires ;
- la mise en place d'une contingence d'intervention en situation d'urgence ;
- la gestion, la coordination, le suivi et l'évaluation du projet.

L'organisation envisage également de lancer depuis l'an passé un projet portant sur la mobilité urbaine.

Comme ONU-Habitat, ces organisations appuient le Cameroun dans ses efforts de se doter d'instruments de planifications urbaines adaptés. Le cadre de collaboration et d'assistance qui définit cette relation est fait de compromis et d'exigences particulières. En effet, comme l'a si bien mentionné Jean-Pierre Godin (2004), l'État pratique ce que l'on appelle la politique du « noyau dur » qui consiste à considérer que certaines de ses priorités ne sont pas négociables en particulier au nom de la cohérence nationale des choix. Jusqu'ici certaines problématiques bien que de plus en plus inscrites dans les mentalités tardent à s'imposer dans les faits ; citons notamment le développement durable ou la préservation de l'environnement en témoigne les nombreux projets portant mention développement durable qui n'émane en grande quantité que de ces organisations internationales.

2-2-2-3-L'urbanisation comme cadre pour l'implémentation de la gouvernance : un défi porté par l'Union européenne

Elle constitue, avec les deux autres organisations internationales, les principales collaboratrices du Cameroun dans la planification et l'aménagement. Contrairement aux deux autres, l'Union européenne (UE) semble mettre au centre de ses priorités les questions de développement urbain en lien avec des thématiques politiques comme la décentralisation, la bonne gouvernance, la gouvernance locale, etc. Cette assertion se fonde sur la récurrence des projets financés en lien avec ces thématiques. Le plan de mobilité urbaine de Douala et Yaoundé financé en 2019 à hauteur de 2,7 milliards de FCFA a pour finalité d'améliorer la gouvernance locale, notamment dans ce secteur. Il en est de même des ateliers de formation des femmes aux outils nécessaires à l'alimentation en énergie électrique.

Cette disponibilité de fonds et les facilités de paiement permettent à l'État camerounais et aux CTD de mener avec moins de contraintes leurs politiques de planification urbaine, même si les blocages juridiques et politiques liés à la disponibilité foncière et à l'intervention des populations. Cette intervention citoyenne est souvent limitée par le désintérêt politique, la rigidité des procédures d'élaboration des instruments des actions publiques, ou encore la non-maîtrise des différentes problématiques par les citoyens. Face à l'impérieuse nécessité de la collaboration citoyenne, plusieurs acteurs institutionnels se sont organisés pour encadrer la collaboration des populations dans les processus de planification urbaine.

SECTION 2 : DES ACTEURS EN INTERACTION DANS LE PARADIGME DE LA GOUVERNANCE URBAINE

Ce paradigme s'impose comme la référence en ce qui concerne la planification urbaine au Cameroun depuis quelques décennies. En effet, le développement infrastructurel consécutif à la mutation de l'Etat et l'érosion de son monopole a permis à la gouvernance de trouver son chemin dans le champ de l'action publique au Cameroun. Comme nous l'avons développé plus haut (cf chapitre premier), ce paradigme, appréhendé comme un mode de gestion a eu comme conséquence un réaménagement des processus de planification urbaine avec à la clé une réforme du système des acteurs. Désormais, la planification urbaine tend inlassablement vers une gouvernance des villes.

1- Des acteurs impulsés par une dynamique de la gouvernance urbaine

C'est à travers la promotion de la gouvernance urbaine que plusieurs acteurs vont faire irruption dans la sphère des politiques publiques. La crise économique qui frappe les États africains dont le Cameroun dans les années 1980 va apporter un grand changement dans le mode d'intervention étatique. Ce bouleversement va favoriser l'intervention de nouveaux acteurs dans la programmation, la planification et la gestion des politiques publiques nationales. Sous les recommandations des organisations internationales, notamment onusiennes en plus des institutions de Bretton Woods et de l'UE, l'État va peu à peu ouvrir le cercle restreint de l'action publique pour faire la place à des acteurs issus de la société civile ou de la population souvent concernées par les politiques publiques en cours d'élaboration. De l'autre côté, les organisations internationales et les structures vont encourager les citoyens à s'organiser en vue d'investir le domaine de l'action publique. La conjugaison de ces efforts aura pour effet l'intervention des acteurs non institutionnels dans le processus de l'action publique avec pour conséquence, une perte de légitimité de l'État, ou encore sa régression dans certains domaines au profit de ces acteurs.

Dans certains processus, l'État et ses représentants sont traités avec méfiance par les populations qui ne voient en eux que l'expression de dépossession comme nous avons pu le constater lors de nos recherches de terrain. Dans ces situations, les agents communautaires qui se revendiquent de la société civile sont des interlocuteurs privilégiés entre les populations et les pouvoirs publics.

Comme nous l'avons vu avec l'intervention des autochtones doualas lors de leur expulsion du plateau Joss, les citoyens camerounais sont toujours intervenus dans les politiques publiques depuis l'époque coloniale. Toutefois, cette intervention très souvent n'a pas permis de modifier les orientations des actions concernées ni de les changer de façon substantielle. La forte implication des populations lors de l'opération de restructuration de la zone Nylon à Douala dans les années 70 constitue une exception dans cette période de forte centralisation de l'action étatique. Si les pesanteurs d'un État fortement centralisé n'ont pas permis de mieux exploiter le potentiel d'une collaboration citoyenne, les résultats obtenus sont tout de même encourageants. Avec l'ouverture démocratique qui s'amorce dans les années 90 et la convocation des premières élections pluralistes, notamment municipales de 1996, l'implication citoyenne va commencer à se faire de plus en plus importante. La consécration de l'érosion du monopole de l'État dans la conception des politiques sera alors actée par l'implication de plusieurs acteurs dans le procédé consistant à identifier des problèmes propres à un territoire ou une communauté et à élaborer les pistes de solution.

Cette forme d'intervention s'est dès lors institutionnalisée et plusieurs acteurs ont vu le jour et restent actifs dans les formes d'intervention étatique comme la planification urbaine. Si ces acteurs sont organisés en agences autonomes à statut privé, d'autres agissent à côté d'eux sous la forme des organisations communautaires ou associations de quartier. On peut ainsi les classer en deux groupes : ceux qui sont organisés sur la base des textes juridiques et réglementaires, et ceux qui sont d'inspiration communautaire ou qui s'appuient sur des individus.

Pour ce qui est des acteurs juridiquement consacrés, ce sont principalement les Organisations Non Gouvernementales (ONG). Aborder la question des ONG n'est pas toujours aisé, dans la mesure où elles sont aussi diverses et variées. Toutefois, on peut admettre qu'elles constituent une variété d'acteurs parmi bien d'autres dans le champ du développement Deler et Al. (1998). Autant elles couvrent un large spectre, se déployant aussi bien au niveau local, national, régional et international, de même les problèmes auxquels elles s'attaquent sont variés. Sur le plan juridique, celles-ci sont encadrées au Cameroun par la loi sur la liberté d'association et la création des ONG[121]. Celles-ci sont arrivées tardivement sur-le-champ des problématiques relatives à l'urbanisme. En effet, leur terrain favori a été pendant longtemps l'espace rural, cadre adéquat pour l'implémentation des politiques de développement. Ce positionnement peut se justifier sur le fait que la crise économique de 1980 a beaucoup plus fragilisé un monde rural dépourvu de moyens nécessaires pour supporter le choc venu au-delà des frontières nationales.

C'est depuis les zones rurales que vont se déployer les ONG pour arriver dans le milieu urbain. Une fois dans ce cadre urbain, le choix des thématiques ne fera pas de la planification urbaine une priorité ou un choix évident. Ce sont les effets liés à une planification urbaine mal orientée ou ne prenant pas suffisamment en compte les intérêts des populations qui vont mettre les ONG sur cette piste. Ainsi, certaines ONG vont s'engager dans la lutte contre l'absence des infrastructures de base dans les périphéries des grandes alors que d'autres s'emploieront à participer à la restructuration de certains quartiers.

1-1- L'équipement des périphéries urbaines en infrastructures

Les derniers grands projets de planification urbaine furent, comme nous l'avons vu, les projets de ville nouvelle à Douala-Nord et à Biyem-Assi 1 et 2. Toutefois, il convient de rappeler que ces projets n'aboutirent pas à terme à cause notamment de la crise financière qui frappa le pays dans la décennie 80. Cette crise contraignit alors l'Etat à abandonner ces projets dont la réalisation n'était que de l'ordre de trois des six phases pour ce qui est de l'opération douala nord. L'une des conséquences fut l'installation d'un désordre après le départ des autorités et l'instauration d'un urbanisme non planifié même si les constructions ont respecté la trame urbaine. Pour aider les citoyens installés dans ces territoires à accéder à certaines commodités, des ONG se sont engagées auprès d'eux pour engager les initiatives qui continuent jusqu'à ce jour d'impacter leur quotidien. Parmi ces ONG on peut citer Environnement Recherche Action-Cameroun (ERA-Cameroun) et Association Enfants, Jeunes et Avenir (ASSEJA).

---

[121] Loi n°99/014 du 22 décembre 1999 portant création des ONG, notamment les articles 1, 2 et 3.

1-1-1-Des citoyens acteurs de l'aménagement : ERA-Cameroun

Créée en septembre 1995, cette association deviendra une ONG à la faveur de l'arrêté du 23 janvier 2013 du ministre de l'Administration territoriale et de la Décentralisation (MINATD). Composé d'une équipe de professionnels pluridisciplinaires, ses activités visent à baisser le taux de concentration des déchets dans les villes et campagnes, à accroître l'accès à l'eau potable dans les périphéries des grandes villes à l'instar de Douala et Yaoundé. Cette ONG œuvre également pour la participation des populations dans l'action publique urbaine. Cette activité d'information est nécessaire pour susciter l'intérêt des populations dans la participation de prise de décision en ce qui concerne la vie de leur cité. Un bulletin d'information et de sensibilisation des populations au développement local et à la citoyenneté est ainsi produit quatre fois par an. Cette fréquence de parution est limitée par la disponibilité des moyens de production selon son référent qui est le coordonnateur général de l'ONG.

Ces efforts de sensibilisation aboutissent souvent à la création des Comités d'Animation au Développement (CAD) qui assurent la matérialisation des actions de développement au quotidien. Ses relais sur le terrain sont les organisations de base dont elle assure l'accompagnement technique comme les groupes d'initiatives communes[122], les associations du quartier et les comités œuvrant pour le développement. L'ONG coopère également avec d'autres Organisations non gouvernementales pour offrir aux populations urbaines, des services de proximité comme l'eau potable. Sa coopération avec l'ONG Catalogne Ingénieur Sans Frontière (ISF) a permis la réalisation du « projet AQUA », qui est une initiative visant à fournir de l'eau potable aux habitants de plusieurs quartiers de Yaoundé. Ce projet a également favorisé l'implication de nombreux autres acteurs tels que :

- l'UE à travers les fonds ACP ;
- le Centre de Recherche et de Développement International du Canada (CRDI) à travers le réseau LESEAU ;
- l'hôpital dominicain de Mvog-Beti ;
- et le Ministère de l'Énergie et de l'Eau avec le concours de la Camerounaise Des Eaux (CDE) et la Cameroun Water (CAMWATER).

Cette collaboration a permis de réaliser plusieurs points de distribution d'eau potable notamment dans les quartiers périphériques de la ville.

---

[122] Les groupes d'initiatives communes (GIC) ont été supprimées et remplacées les coopératives

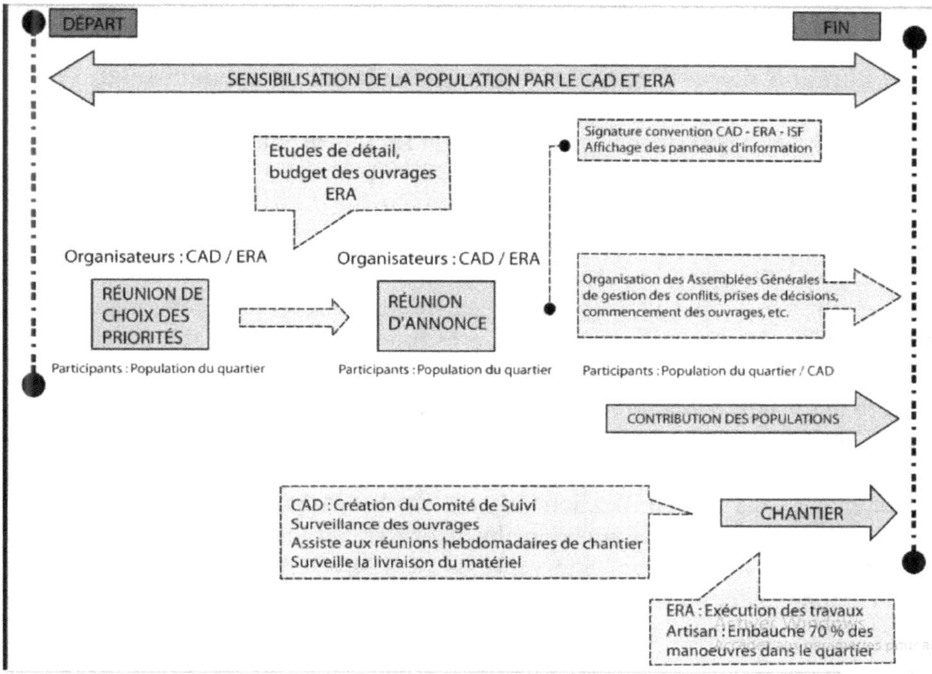

Figure 20 : Cycle de participation des populations pendant la conception et la réalisation des projets ERA-Cameroun.

Source : Djatcheu, 2018.

1-1-2- Association Enfants, Jeunes et Avenir ASSEJA et l'approche local du développement

C'est une ONG camerounaise qui se veut apolitique et à but non-lucratif. Créée à la suite de l'ouverture démocratique des années 1990, soit en octobre 1994, cette organisation est reconnue par le gouvernement par l'arrêté N°000420 A/MINATD/DAP/SDLP/SAC. Elle est régie par les lois sur la liberté d'association et celle sur les ONG au Cameroun. Comme ERA-Cameroun, c'est une organisation qui permet aux citoyens de participer de manière active bien que limitée sur la planification urbaine. En effet, cette ONG qui a pour vision générale le développement socio-économique stable et durable dans lequel les jeunes et les groupes défavorisés prennent une part active et en sont les bénéficiaires, intègre aussi une vision du développement local. C'est à ce niveau local que l'on retrouve sa participation dans le processus de planification urbaine. L'approche holistique du développement adoptée par cette organisation se décline en trois niveaux d'intervention sur le plan opérationnel. Le premier niveau est celui des enfants et des jeunes en difficultés. À ce niveau, l'organisation assiste les jeunes en leur fournissant une éducation de base et en les accompagnant dans l'apprentissage d'un métier. Concrètement, l'ONG dispose d'un centre d'accueil et de formation au quartier NYOM II dans la ville de Yaoundé. Elle accompagne les jeunes à se perfectionner dans les ateliers le plus souvent situés à proximité de leurs lieux de résidence. Le deuxième niveau d'intervention est celui des parents, des familles et des groupes sociaux. À ce niveau, l'organisation appuie les groupes désignés dans la prise en charge de leurs membres et progénitures. Cet appui se traduit par une aide au renforcement de leurs capacités organisationnelles, matérielles, financières, mais aussi d'éducation à travers le volet ADLP (Actions Directes de Lutte contre la Pauvreté).

L'ONG accompagne alors les groupes identifiés en conseil, en formation et en organisation pour une meilleure rentabilité de leurs activités économiques. Le dernier niveau d'intervention qui entre d'ailleurs directement dans la planification urbaine est la communauté dans laquelle vive les deux catégories énumérées plus haut à savoir les enfants et les jeunes et parents défavorisés. Les interventions de l'ONG ici visent à améliorer durablement les conditions de vie et d'activité des populations urbaines, à travers une assistance à la réalisation des micro-projets communautaires. Parmi ces micro-projets, on peut citer les travaux relatifs à l'accessibilité dans les quartiers, de l'accès à l'eau potable, de l'assainissement ou de l'amélioration de l'habitat. À côté de ces actions pratiques de terrain, on peut citer des opérations de management comme le renforcement des capacités de gestion et de mobilisation des organisations de quartiers ou encore la promotion d'un réel partenariat entre le gouvernement local et la société civile. C'est un aspect important dans l'élaboration et la mise en œuvre des instruments collaboratifs qu'actionne ASSEJA ici. Cette ONG devra alors recevoir de la part des autorités une attention particulière et des aides en vue d'accroître le spectre de son action et d'impliquer le maximum de citoyens, mais aussi de disposer assez de moyens pour venir en aide à une grande quantité de personnes sans oublier la réalisation d'un nombre important de micro-projets.

1-2-De l'habitat au foncier : un terrain fertile pour les ONG

L'accès au logement, l'amélioration de la politique gouvernementale du logement, ou encore l'aide à l'accès à la propriété foncière, sont autant de problématiques qui intéressent plusieurs ONG dans les villes de Douala et Yaoundé. Parmi celles-ci, nous avons retenu L'Association pour les Amoureux du Livre (ASSOAL) et le Réseau National des Habitants du Cameroun (RNHC).

1-2-1-ASSOAL et la formation citoyenne au droit de l'urbanisme

Cette organisation de la société civile a été créée en 1998 par un groupe d'étudiants dans le but de sensibiliser les habitants des quartiers de Yaoundé à la lecture. En 2002, ASSOAL s'est recentrée comme organisation sociale d'appui aux acteurs et processus de développement local et, de ce fait, a adopté une seconde dénomination en 2006, parallèle à la première, à savoir « Actions Solidaires de Soutien aux Organisations et d'Appui aux Libertés ». Depuis le mois d'août 2009, cette Organisation est dotée du statut consultatif spécial du Conseil Economique et Social des Nations-Unies (ECOSOC)[123]. Celle-ci a retenu notre attention grâce à ses actions sur l'élaboration de plusieurs outils contribuant à la planification urbaine et qui sont portés essentiellement par les acteurs non étatiques.

La participation citoyenne a été, depuis son réorientation comme organisation sociale en 2002, au cœur de son processus d'action, tout comme la promotion et la défense et la protection des droits sociaux, économiques et culturels des citoyens. Ses équipes opérationnelles appuient régulièrement les CTD notamment les communes dans la planification locale, la budgétisation participative ou encore la mise en œuvre des outils de gestion urbaine. C'est le cas avec la mise en place du budget participatif dans la commune de Manoka à Douala 6. Ses efforts de sensibilisation et de formation dans les méthodes d'élaboration des outils comme le budget participatif sont appuyés par un financement de l'UE qui, comme nous l'avons annoncé plus haut est très sensible à tout ce qui tourne autour de la gouvernance locale. Du côté des autorités nationales, c'est sur le plan de la politique du logement qu'ASSOAL axe sa collaboration avec celles-ci. En effet, même si de l'avis de Jules Nguebou il est très difficile pour eux d'influencer ou d'infléchir la politique gouvernementale en la matière, il n'en demeure pas moins que l'État les consulte régulièrement. L'ONG dispose également d'un magazine d'information servant à appuyer ses efforts en matière de sensibilisation.

1-2-2-Le Réseau National des Habitants du Cameroun (RNHC)

C'est une association composée de citoyens, habitants « des quartiers populaires des villes, des villages et des communautés locales camerounaises, engagés au quotidien à divers titres : personnel, associatif, traditionnel, professionnel, dans des actions de transformation sociale positive, de lutte contre la pauvreté et l'amélioration des conditions de vie. »[124] La particularité

[123]http://www.assoal.org/ consulté le 06/08/2020
[124] **rnhc.assoal.org**/.../qui_sommes_nous.html

de cette association est qu'elle peut inclure même les ONG déjà étudiées ici comme ASSOAL. Ses actions ont une plus grande portée grâce à sa capacité de mobilisation. En plus d'œuvrer pour l'amélioration des conditions de vie, l'association s'engage dans la lutte contre les évictions et la destruction des habitats en jetant les citoyens dans la rue. Elle intervient également dans le règlement des litiges fonciers. Ses objectifs spécifiques sont, entre autres :

- « une Coalition nationale pour l'Habitat social au Cameroun améliore le droit au logement social ainsi que la sécurisation foncière des victimes d'évictions et d'accaparement des terres ;
- les propositions citoyennes pour l'habitat et le logement social sont adoptées et traduites en mesures opérationnelles par les acteurs ;
- un plan d'action pour loger décemment 5 000 000 ménages à l'horizon 2035 est adopté et exécuté par les acteurs ;
- un observatoire National des DESC et du logement social suit les politiques, les projets et produit des rapports ;
- 374 communes du Cameroun adoptent et mettent en œuvre le Budget Participatif inclusifs, sensibles au climat et à l'habitat social ;
- les membres du réseau des habitants se mobilisent au sein des mutuelles de santé et participent à la couverture universelle ;
- le débat sur les principes et les perspectives du droit à la ville au Cameroun est ouvert. »[125]

L'une des grandes réalisations de cette organisation est sans doute la triennale des habitants qui est une rencontre des citoyens venant de 150 communes et villes couvertes par le RNHC dans les dix régions du Cameroun. Ces événements ont souvent pour cibles, les représentants des organisations d'habitants des quartiers en difficultés et des villages du Cameroun, les victimes d'éviction, les représentants des chercheurs et des universitaires, etc.

Ces acteurs travaillent souvent en partenariat avec les organisations coutumières locales, ainsi que les personnes-ressources au sein des communautés.

2 - Des acteurs d'inspiration communautaire

Ceux-ci sont souvent issus des communautés autochtones établies sur les terres destinées à accueillir les projets urbains. L'extension du périmètre urbain fait intervenir de nouveaux acteurs dans ce sens. À Douala, les communautés Douala et Bassa ne sont plus les seuls acteurs prenant part au processus de planification urbaine, l'extension de la ville a fait intervenir par exemple la communauté Bakoko. À Yaoundé, les clans Ewondo continuent

---

[125] **rnhc.assoal.org**/.../qui_sommes_nous.html

d'être au centre de toutes les transactions foncières faisant de ces derniers, des acteurs incontournables de la planification urbaine à l'ère de la gouvernance urbaine. Nous pouvons classer ces acteurs en deux groupes. D'une part les chefferies traditionnelles et d'autre part, les investisseurs privés.

2-1-Les chefferies traditionnelles

Leur situation est intimement liée à l'histoire de l'urbanisation des deux villes en étude, dans la mesure où c'est sur la base de leur légitimité (notamment pour ce qui est de Douala) que les Allemands s'installèrent sur les côtes du Cameroun. De même à Yaoundé, il fallut le consentement ou la soumission par la force de ces autorités pour installer le fort militaire qui deviendra plus tard la ville actuelle. Depuis la signature de l'accord germano-duala de 1884, les chefs traditionnels ont toujours été au cœur des grandes manœuvres dans les villes camerounaises. Gardiennes des traditions ancestrales et garants de l'avenir de leurs peuples, ces autorités ont acquis un autre statut avec l'avènement du phénomène d'urbanisation. Ils s'imposent comme des acteurs de premier plan de l'urbanisme dans un contexte où l'accès à la propriété foncière reste dominé par les mécanismes traditionnels issus du droit coutumier.

En effet, les nombreuses carences de mise en œuvre de la législation foncière inspirée du droit moderne ont consacré le pluralisme juridique dans le droit foncier camerounais. Pour mieux comprendre la position de ces autorités dans la gestion foncière, il importe de faire un rappel sur les mécanismes d'appropriation du sol dans les communautés autochtones de Douala et de Yaoundé. En effet, la terre, dans la coutume ewondo[126] et sawa[127], est une propriété collective qui appartient à la communauté. Chaque membre de la communauté en reçoit une portion pour ses divers besoins sans en être le détenteur exclusif. Ce mode d'organisation ayant été mis à rude épreuve avec l'introduction par le colon de la propriété foncière privée, les sociétés coutumières ont adapté leur organisation. Avec l'urbanisation, les transactions foncières se sont multipliées et les individus issus des collectivités autochtones de ces villes se sont retrouvés au premier plan des transactions foncières. Les grands projets d'aménagement urbain nécessitent le consentement des collectivités coutumières afin que ces derniers, par la voie de leurs chefs, cèdent leurs droits fonciers aux acquéreurs.

---

[126] Les Ewondos sont un peuple de la forêt que l'on retrouve dans les régions du centre et du sud Cameroun. Ils sont souvent désignés comme les autochtones de la ville de Yaoundé

[127] Terme générique désignant les peuples de la côte camerounaise et plus principalement les Doualas, les Bassas de la zone côtière, les Bakokos, les Malimbas, les Bakweri, etc.

Dans les transactions entre particuliers, la procédure d'achat d'un terrain passe très souvent par la délivrance d'un document appelé « abandon des droits coutumiers ». Celui-ci est délivré moyennant le versement d'une somme ou des objets d'une valeur symbolique comme une bouteille de whisky. Ce passage auprès des autorités traditionnelles confère à l'acquéreur des droits coutumiers sur la parcelle de terrain acquise, empêchant alors toute forme de dépossession ultérieure initiée par un membre de la communauté. Même si de l'avis d'un cadre de la délégation départementale du cadastre du Mfoundi à Yaoundé, ce document n'a aucune valeur juridique, il reste néanmoins très prisé par les personnes désireuses d'acquérir une parcelle de terrain dans ces villes. Ce mécanisme de légitimation des transactions foncières fait des chefs traditionnels des autorités investies d'un pouvoir en matière de droit foncier et d'urbanisation à Douala tout comme à Yaoundé. Bopda, (1993) dira alors que : *les chefferies locales ont une autre signification pour les populations, plus particulièrement pour les autochtones, pris dans la tourmente de l'urbanisation.* Celles-ci sont selon lui des *survivances tenaces de l'âme culturelle indigène en situation de résistance passive dans le monde moderne*, et *l'instrument d'expression de leurs besoins et de leurs volontés sur la scène publique ou administrative, le défenseur de leurs intérêts.*

Si Yaoundé est majoritairement constitué des familles ewondo divisées en plusieurs clans, Douala par contre présente la particularité de s'être constituée à partir de plusieurs groupes ethniques. Les trois villages originels, Bell, Akwa, Deido (et Bonabéri sur la rive droite) sont, d'après eux, les autochtones originels. Bassa et Bakoko qui les y ont précédés étaient déjà présents sur le site, sur les plateaux et collines à l'est. Toutes ces familles sont appelées des Sawa (peuple de l'eau) et sont organisées en chefferies traditionnelles. Depuis l'extension de la ville au-delà des villages douala, les chefferies bassa et bakoko font désormais partie du processus. D'ailleurs, ces deux communautés semblent être aujourd'hui les principaux acteurs communautaires dans la planification urbaine. Cela s'explique par le fait que l'extension de la ville et ses projets urbains se situent sur leurs terres. En effet, c'est sur l'accès au foncier que ces acteurs font peser leur poids dans la planification urbaine. L'affectation d'une terre pour des projets urbains ne peut se réaliser sans l'accord préalable de ces chefferies considérées comme les gardiens de la tradition et des biens de la communauté. Même si la conception communautaire de la propriété collective tend à disparaître, les chefferies traditionnelles demeurent les instances de concertation très actives. C'est dans ce cadre qu'on a pu voir ces chefferies à l'œuvre lors du projet de la grande trame Mbanga-Bakoko. Un autre acteur de premier plan intervient dans ce processus à savoir les investisseurs privés.

2-2-Les investisseurs privés

Essentiellement portés par des motivations économiques, ces acteurs sont souvent pourvoyeurs de fonds en quête d'investissement. Ils participent le plus souvent dans les projets d'aménagement urbain comme le cas du projet Sawa Beach ou encore celui de l'aménagement du lac municipal à Yaoundé. Il se trouve que leurs intérêts se heurtent à ceux de l'État et dans certains cas, les autorités publiques ont cédé face aux investisseurs. Si le cas des exemples d'affrontement entre logiques impliquant ces investisseurs notamment étatiques ne sont pas très connus à cause de l'opacité des procédures de négociation et le verrouillage d'accès aux informations, on peut tout de même relever le différend qui a opposé la Société Anonyme des Brasseries du Cameroun (SABC), aux aménageurs publics lors de l'élaboration du PDU en 2012. En effet, selon les informations recueillies auprès du personnel de la CUD, lors de l'élaboration du PDU, il a été proposé de déplacer les usines de cette puissante société brassicole vers les zones de PK 12 au-delà de Ndokoti. Une proposition qui se heurtera à l'opposition de la SABC. Aux termes des débats, ces usines situées en plein cœur de la ville, resteront en place, et ce malgré les recommandations des spécialistes. Cette décision illustre le poids des sociétés capitalistes dans le processus de planification urbaine dans cette capitale économique. Sans être au-dessus de l'autorité de l'État, ces acteurs économiques disposent des éléments de persuasion pour infléchir les orientations des décisions publiques.

À côté de ceux-ci, on peut citer les bureaux d'études et les organisations professionnelles comme l'Ordre National des Architectes du Cameroun (ONAC), l'Ordre National des Urbanistes du Cameroun (ONUC).

CONCLUSION DU CHAPITRE 6

L'avènement de la démocratie et l'adoption en 2004 du code général de l'urbanisme ont permis d'ouvrir le processus d'instrumentation de l'action publique de planification urbaine à plusieurs nouveaux acteurs au Cameroun dont les plus en vue sont les communes. À côté de celles-ci on trouve des acteurs issus de milieux divers. Cette ouverture a été encouragée par les recommandations ou du moins les pressions des bailleurs de fonds principaux pourvoyeurs de fonds. Ceux-ci ont poussé l'État du Cameroun a desserrer le processus pour faire la place à de nouveaux acteurs qui interagissent dans le cadre d'une co-construction de l'action publique urbaine elle-même inspirée du paradigme de la gouvernance. Consciente des enjeux énormes de la planification urbaine, la décentralisation qui accompagne ce processus s'est renforcée avec l'adoption du code général des CTD qui accorde plus de pouvoir aux institutions locales en matière de planification urbaine. La mise en place de ce mécanisme a permis à l'État central, de se décharger d'une part importante de ses prérogatives pour les transférer vers les CTD, facilitant ainsi l'implication de l'ensemble des acteurs prenant part au processus de planification urbaine. La persistance de certains problèmes malgré les efforts des autorités va les dissuader d'ouvrir davantage le processus institutionnalisant ainsi une action publique multiniveaux.

CHAPITRE 7 : UNE ACTION PUBLIQUE MULTINIVEAUX FONDÉE SUR LA GOUVERNANCE URBAINE

Le recul de l'Etat ou du moins son essoufflement dans l'élaboration et l'implémentation des politiques publiques urbaines a favorisé l'émergence, dans ce domaine, d'acteurs venant d'horizons divers, et intéressés par les nombreuses problématiques qui s'entrecroisent dans la planification urbaine. Cette irruption presque soudaine et important des acteurs infra-étatiques ou supra-étatiques et des ONG a bénéficié d'un changement de paradigme des politiques publiques porté par les institutions de promotion du développement. Depuis l'avènement des PAS, dans les années 1990, les instruments de planification urbaine sont le produit d'un compromis de plusieurs acteurs en interaction négociant les termes d'une intervention à plusieurs niveaux. Cette configuration comme les précédentes trouve sa justification sur le contexte politique qui marque ces années de crise économique durant lesquelles le Cameroun s'en remet totalement aux bailleurs de fonds internationaux pour financer ses politiques publiques. Cette orientation aura des conséquences sur son mode de gestion des politiques urbaines. En plus du fait que ces bailleurs de fonds internationaux soient les principaux pourvoyeurs des fonds nécessaires pour la conception et l'implémentation de ces politiques, ceux-ci vont également penser un nouveau paradigme de l'action publique en Afrique, imposant de ce fait la gouvernance comme mode de gestion. Appliquée sur le plan de l'urbanisme, la gouvernance urbaine s'impose dans la planification urbaine contribuant ainsi à déplacer les lieux de régulation des sociétés urbaines. Ce déplacement permet de mettre en valeur de nouveaux espaces urbains d'échange et de confrontation, de négociation, de décisions où s'expriment des transformations de l'action publique locale. Tout ce processus mobilise un nombre croissant d'acteurs divers qui sont en interaction dans des formes nouvelles de planification urbaine influencée par les nouveaux dispositifs de gouvernance urbaine.

Beaucoup d'espoirs ont été placés dans ces derniers pour accroître l'efficacité (*responsiveness)*, la responsabilité (des autorités organisatrices envers les citoyens usagers notamment) et la transparence des systèmes publics locaux (Cohen & Peterson, 1997). Face à la rareté des ressources et pour lutter contre le phénomène très préoccupant du détournement des derniers publics, il est vivement recommandé de renforcer les modalités de gestion et de participation des acteurs divers à l'action publique. Le but ici est de concilier les objectifs de croissance et de redistribution dans un cadre institutionnel en mutation avec des ressources limitées. C'est dans ce cadre que s'élaborent et s'appliquent, depuis le début de la décennie 1990, les instruments d'action publique de planification urbaine au Cameroun. Ce chapitre sera consacré à l'analyse de la gouvernance urbaine dans le champ de l'instrumentation de la planification urbaine au Cameroun. Cette entrée nous permettra de relever les instruments élaborés ou influencés par ce paradigme. Ce sera le lieu d'analyser les IAP de l'action publique contemporaine et ses effets sur la politique en question.

SECTION 1 -LA GOUVERNANCE URBAINE AU PRISME DE LA PLANIFICATION DES VILLES AU CAMEROUN

Aborder la gouvernance urbaine dans le champ de la planification urbaine au Cameroun revient à analyser les modalités d'introduction de ce paradigme dans l'action publique au Cameroun en général et dans l'urbanisme en particulier. Une telle approche ne doit pas nous perdre dans un réductionnisme thématique qui se bornerait à ne retenir que la trajectoire historique de ce concept. La gouvernance urbaine qui peut se définir comme la manière dont le pouvoir est exercé en vue de la gestion des ressources économique et sociale d'une ville dans une perspective de développement est aussi synonyme de gouvernance locale et devrait être l'un des facteurs clés de l'efficacité de différentes politiques de l'emploi du pays (Tassou, 2013). C'est également un système de gouvernement local qui articule et associe des institutions politiques, des acteurs sociaux et des organisations privées, dans un processus d'élaboration des choix collectifs (Ascher 2001). Nous essayerons d'analyser les modifications substantielles apportées par ce concept dans l'action publique tout en mettant en exergue son influence sur l'action publique urbaine et le réseau d'acteur. Abordée sous cet angle, nous essayerons enfin d'étudier l'hypothèse de la gouvernance urbaine comme un instrument d'action publique de planification urbaine.

1 - La décentralisation comme cadre opérationnel de la gouvernance urbaine

Aborder la gouvernance urbaine à travers l'analyse de la réorganisation du mode de gestion de l'Etat est une démarche qui nous permet de cerner notre objet en prenant en compte le jeu d'échelles qui est incontournable dans la compréhension politique du « local » (Dahou & Foucher 2005), tout comme dans l'analyse de la cité-État et plus généralement de la cité en Afrique

(Holder & Peatrik 2004). Ces interrogations sur les relations externes de la ville évitent de tomber dans un nouveau localisme (*new localism)* qui considère isolément les stratégies locales, la capacité des acteurs locaux, les régulations locales (Le Galès 2003). Vu sous cet angle, il apparaît évident que les stratégies d'acteurs ne peuvent se faire indépendamment des transformations plus larges comme la réorganisation de l'État et les restructurations de l'économie (Fourchard, 2004). La gouvernance urbaine que nous analysons ici est introduite au Cameroun à la faveur d'une transformation du mode de gestion étatique porté par les bailleurs de fonds internationaux. Il s'agit de la décentralisation, qui en cette décennie 1990 s'impose comme le mode par excellence de gestion de la cité et donc la gouvernance urbaine semble être un marqueur d'effectivité.

1-1-La gouvernance urbaine comme nouveau mode d'organisation de l'action de l'État

Selon Thierry Bangui (2011), la gouvernance urbaine naît par définition, à une échelle territoriale locale. C'est le plus souvent à travers des programmes dits d'appui à la décentralisation qu'on voit promus des dispositifs de gouvernance locale. L'auteur poursuit en relevant que, dans un certain nombre de cas, ces projets sont précédés d'une réforme institutionnelle urbaine, dotée (ou non) d'instances en principe élues. C'est ici qu'intervient la décentralisation. Au Cameroun, c'est avec l'instauration du multipartisme dans le début des années 90 qu'elle fait vraiment son apparition au Cameroun avec les premières élections pluralistes au Cameroun. C'est également la période où la maîtrise de l'État sur la territorialisation des politiques urbaines fait face à un contexte plus complexe qui met en jeu la croissance de la démographie urbaine, entrainant de vastes conflits dont l'État et les pouvoirs publics expriment de plus en plus leur défaillance, les forçant à intégrer les acteurs locaux élus dans la gestion durable de la ville (Binam, 2015).

Cette ouverture démocratique intervient au même moment que la réforme des procédures managériales de l'État prônées par les bailleurs de fonds internationaux. Cette réforme inspirée du Nouveau Management Public (NMP) fait de la gouvernance urbaine le levier des différentes interactions entre les acteurs pour la gestion de la ville. La gouvernance peut alors être appréhendée comme le produit de la réforme de l'État centralisé, mais aussi comme une dépolitisation de la scène politique locale.

1-1-1- La gouvernance comme produit de la réforme de l'État centralisé

La décentralisation entendue comme le transfert de compétences et de ressources de l'État vers les CTD ne favorisait pas la gestion efficace des villes devenues des lieux de tension cristallisant des enjeux divers et variés. La forte centralisation étatique sous laquelle s'est opérée la planification urbaine depuis les indépendances s'étant essoufflée dans les années 80, la décentralisation s'est avérée insuffisante. Cette insuffisance est due au fait que les procédures de gestion étaient en dépit du transfert de compétence, encore trop exclusifs et ne prenant pas suffisamment en compte les avis des populations souvent cible de l'action publique. Par souci d'effectivité, mais aussi d'efficacité du processus de décentralisation, les autorités camerounaises sur les recommandations des bailleurs de fonds internationaux introduisent des pratiques de gouvernance telles que le partenariat local qui semble s'imposer comme un instrument de bonne gouvernance, de développement local et de lutte contre la pauvreté, dans la législation camerounaise.

Certains textes juridiques consacrent la gouvernance urbaine au Cameroun. Parmi ceux-ci, on peut citer la loi N°2004 /17 portant orientation de la décentralisation ; la loi N°2004/18 fixant les règles applicables aux communes et la loi N 2004/19 fixant les règles applicables aux régions, promulguées le 22 juillet 2004. À ces textes, on peut ajouter la constitution du 18 janvier 1996 modifiée en 2008 et la loi n° 2004/003 du 21 avril 2004 régissant l'urbanisme au Cameroun qui bien que consacrant la primauté des CTD dans le développement urbain, ouvrent tout de même la voie pour la mise en œuvre de la décentralisation, mobilisant de fait un instrument incontournable pour son application à savoir le partenariat local.

1-1-2-Le contrat de partenariat public-privé : un instrument de dépolitisation de la scène politique locale

Le contrat de partenariat connu sous le terme générique de Partenariat Public-Privé (PPP), est un contrat administratif par lequel l'État ou un établissement public de l'État confie à un tiers, pour une période déterminée en fonction de la durée d'amortissement des investissements ou des modalités de financement retenues, une mission globale ayant pour objet la construction ou la transformation, l'entretien, la maintenance, l'exploitation ou la gestion d'ouvrages, d'équipements ou de biens immatériels nécessaires au service public[128]. C'est dans les villes étudiées dans le cadre de cette recherche que cet instrument se manifeste le plus au Cameroun eu égard aux nombreux projets urbains qui naissent tous les jours. Cette forme d'organisation a été adoptée par le gouvernement camerounais qui a régulièrement recours à trois types de PPP, il s'agit :

- du contrat de partenariat de type administratif : ici, le partenaire privé se rémunère uniquement avec un loyer payé directement par le partenaire public ;
- du contrat de partenariat de type capitalistique ou de concession : ici le partenaire privé se rémunère uniquement sur la base des paiements directs des usagers du service fourni via une taxe, une redevance, un tarif, etc. ;
- du contrat de partenariat de type mixte : ici, le partenaire privé se rémunère avec un loyer payé par le partenaire public et en partie par les usagers du service fourni.

Le recours à ces formes de partenariats sera régulé par un ensemble de textes juridiques adoptés par le législateur. Le nombre élevé de ces textes témoigne de l'importance que le gouvernement accorde à cet instrument d'action publique. Ainsi, plusieurs textes ont vu le jour parmi lesquels : la Loi n°2006/012 du 29 décembre 2006 fixant le régime général des contrats de partenariat, le Décret n°2008/035 du 23 janvier 2008 portant organisation et fonctionnement du conseil d'appui à la réalisation des contrats de partenariat (CARPA), du Décret n° 2008/0115/PM du 24 janvier 2008 précisant les modalités d'application de la loi n° 2006/012, la loi n° 2008/009 du 16 juillet 2008 fixant le régime fiscal, financier et comptable applicable aux contrats de partenariat, l'arrêté n° 186/CAB/PM du 15 novembre 2011 fixant les taux et les modalités de perception des frais éligibles au titre des contrats de partenariat, et enfin du Décret n° 2012/148 du 21 mars 2012 modifiant et complétant certaines dispositions du Décret n°2008/035. Ces textes visent à donner plus de poids aux PPP en faisant d'eux des instruments efficaces de la gestion urbaine.

Dans un contexte politique pluraliste, l'intervention de ces divers acteurs tend à diluer les effets politiques en faisant intervenir dans un même projet des acteurs aux logiques différentes, voire contradictoires. Cette forme d'organisation semble rejoindre la technicisation des organisations qui serait, selon Max Weber, l'avènement salutaire d'une autorité rationnelle légale adaptée aux organisations modernes soucieuses de se projeter sur le long terme. Les fonctionnaires politiques qui administrent forcément de façon partisane ne sont pas les mieux placés pour exercer cette autorité. Il faut alors

[128] Définition du contrat de partenariat au sens de l'ordonnance n°2004-559 du 17 juin 2004, modifiée par la loi n°2008-735 du 28 juillet 2008 relative aux contrats de partenariat en France.

recourir à un système bureaucratique impersonnel, fondé sur des règles, des procédures et une hiérarchie. La force des instruments réside ici dans leur capacité à objectiver l'action gouvernementale pour éviter qu'elle ne souffre de l'inconsistance du politique. Rhodes (2003), parle d'une société a-centrique, dans laquelle le gouvernement centralisé cède sa place à des réseaux de politiques publiques. L'enjeu ici n'est plus de maîtriser l'ensemble des rouages de l'action publique, mais plutôt de manager les liens entre les différentes parties prenantes au processus. Dans ce « *governing without government* », les instruments sont mobilisés pour mettre en œuvre la nouvelle gouvernance. Pour Salamon et Rhodes[129], les caractéristiques de ces instruments doivent servir la cause de la décentralisation et de la coopération, c'est-à-dire de la perte du monopole du pouvoir politique sur l'intervention publique au profit de multiples entités pluralistes dans leur composition. Une « administration publique postmoderne » (Postmodern Public Administration) pourrait alors se réaliser (Rhodes, 2003).

Pour les tenants de la gouvernance urbaine, l'intégration, l'agrégation des préférences individuelles, activités essentielles imparties à la sphère politique, ne se manifestent plus uniquement au niveau de l'État. Les politiques urbaines sont désormais appréhendées comme le produit de trois variables à savoir : l'évolution du capitalisme moderne, l'évolution des systèmes institutionnels nationaux et les rapports politiques entre groupes sociaux à l'intérieur d'une ville. Toutes choses qui participent à dépolitiser l'action publique urbaine.

1-2-La décentralisation comme régulation sectorielle portée par la gouvernance urbaine

Aux termes de la loi n°2004/017 du 22 juillet 2004, portant orientation de la décentralisation, il est mentionné que « *la décentralisation constitue l'axe fondamental de promotion du développement, de démocratie et de la bonne gouvernance au niveau local* »[130]. Pour le législateur camerounais, les principaux acteurs du développement local porté par les CTD sont entre autres, les délégués du gouvernement, les maires et les conseillers municipaux. Les populations souvent principales usagères ou bénéficiaires du résultat de l'action publique, viennent après ces acteurs. Nous avons analysé dans le chapitre précédent, la forte influence que l'État centralisé continue d'avoir dans la planification urbaine en contexte de décentralisation à travers les mécanismes de redéploiement. L'État central s'est toujours gardé

---

[129] Cité par Ferguson Yann, Politiser l'action publique : une approche par les instruments : le cas du programme
Constellation. Sociologie. Université Toulouse le Mirail - Toulouse II, 2014
[130] Article 2 alinéa 2 de ladite loi.

d'accorder une réelle autonomie fonctionnelle aux CTD nécessaire pour sa libre administration ou une autonomie de gestion.

2- La gouvernance urbaine un instrument d'action publique de planification urbaine ?

Nous avons appréhendé dans notre recherche, la gouvernance urbaine comme un instrument d'action publique que l'on peut ranger dans la catégorie des instruments organisationnels qui découlent de la capacité à posséder les ressources organisationnelles sous la forme de ressources humaines, de territoire, d'infrastructures et d'équipements. Cette catégorie qui découle des recherches de Hood et sa conception de l'État comme une boîte à instruments nous permet de mieux étayer notre argumentaire. En effet, comme nous avons procédé dès le début, il est important d'expliquer le contexte de mobilisation de cet instrument pour mieux analyser sa portée. Aussi, il importe de s'attarder sur les raisons de son choix, mais également sur ses effets dans l'action publique urbaine au Cameroun notamment la planification urbaine.

2-1-La gouvernance urbaine : un instrument de régulation territoriale

Face à la complexité des enjeux de la planification urbaine, il s'est avéré important de trouver une solution aux nombreuses difficultés que rencontraient les autorités dans la gestion urbaine au quotidien. La combinaison des phénomènes comme l'exode rural et la pauvreté extrême en milieu urbain ont favorisé un étalement urbain rapide et mal maîtrisé. Le manque de ressources de l'État a encore aggravé la situation. Le peu de ressources disponibles a servi à la conception de documents de planification dont l'implémentation n'a pas permis d'anticiper sur les effets d'une urbanisation galopante. L'approche stato centrée qui a souvent été privilégiée n'a également pas permis de mieux cerner les attentes des populations bénéficiaires des politiques élaborées. La présence des autochtones qui sont restés maîtres du patrimoine foncier commande à l'État de revoir ses procédures d'aménagement en incluant ces terroirs dans les différents projets urbains. Il en est de même pour les habitants des lieux d'implantation du projet qui en qualité de bénéficiaires du projet expriment le besoin de se faire entendre par les autorités pour faire valoir leurs intérêts.

Pressé par les partenaires au développement, le Cameroun va encourager la gouvernance urbaine comme mode de gestion de l'action urbaine. L'implication de tous les acteurs devient la règle et leurs apports en termes de maîtrise pratique du cadre spatial d'implémentation de l'action, ou leur capacité réelle ou supposée de mobilisation des ressources humaines ou matérielles constitue un atout essentiel. On a souvent vu les autochtones, tout comme les occupants d'un site au Cameroun, s'opposer à une action des autorités forçant ceux-ci à renoncer au projet initialement prévu[131]. D'un autre côté, certains projets n'ayant pas eu le consentement de la population n'ont pas pu aller à terme à cause de la non-participation de celle-ci. Afin d'éviter ces écarts, et de mieux cibler les problèmes liés à son intervention, l'État du Cameroun s'est résolu à institutionnaliser la gouvernance urbaine. Ainsi, dans la procédure d'élaboration des documents d'urbanisme, il est prévu de procéder à la consultation, la concertation et la participation des populations qui sont les principaux récipiendaires des politiques publiques et de l'ensemble des projets urbains.

Cette consultation est aujourd'hui incontournable pour la conception ou la mise en œuvre d'une politique urbaine. Cette disposition a permis de mettre sur pied les conseils de quartier qui participent à la gestion urbaine modifiant par conséquent, les modalités d'intervention des acteurs publics. Partant de l'hypothèse implicite que la proximité géographique induit une proximité institutionnelle, la commune détient la responsabilité d'exécuter les projets municipaux en collaboration avec l'ensemble des parties prenantes. (Biwolo, 2018).

2-2-La gouvernance urbaine comme instrument de structuration de l'action collective

La gouvernance est un terme polysémique servant à désigner une transformation des cadres et du contenu des politiques urbaines. Cette transformation s'opère sur fond de globalisation des sphères politiques, économiques et culturelles de recomposition des relations entre les Etats et les collectivités locales, de recherche de « partenariats » entre institutions publiques et privées, de mouvements associatifs particulièrement actifs en milieu urbain et demandant un plus grand respect pour la démocratie locale (Hamel, 1998). La gouvernance urbaine peut être conçue comme une mise aux normes internationales, une recommandation portée par les bailleurs de fonds internationaux qui accompagnent le Cameroun dans le développement urbain. Cet instrument permet la mobilisation d'un ensemble de dispositifs participatifs permettant aux citoyens de prendre une part dans l'action collective.

---

[131] C'est le cas actuellement avec le classement de milliers d'hectares de forêt dans la vallée du Ntem dans le registre domanial public. Il en est de même avec les forêts dans le Nkam et la Sanaga-Maritime.

Pour garantir la bonne participation de ces derniers, les autorités en charge de l'urbanisme ont mis sur pied le Programme de Gouvernance Urbain (PGU) qui s'est fixé pour objectif de réduire le déficit structurel et systémique causé par certains problèmes liés au système de fonctionnement de l'État et au manque de participation généralisé des acteurs non-étatiques à la gestion des affaires publiques. Le PGU a pour but le renforcement des capacités institutionnelles des collectivités territoriales décentralisées et le développement de mécanismes spécifiques de gouvernance au niveau local ; mécanismes aptes à garantir la participation active de la société civile et du secteur privé dans la gestion urbaine. Il vise tout particulièrement le renforcement des capacités des autorités locales (communales notamment) et de leurs partenaires du secteur public, du secteur privé et de la société civile afin de leur permettre de développer de manière consensuelle des processus de planification stratégique en vue d'améliorer les conditions de vie des populations urbaines, en réduisant la pauvreté et l'insécurité[132]. La mise en place des dispositifs participatifs et des mécanismes d'incitation pour permettre aux citoyens de s'intéresser à l'action publique urbaine concentre les efforts des autorités camerounaises depuis quelques années. Il faut dire que cette période est celle de la démocratie participative marquée par la crise de la représentativité. L'institutionnalisation de la gouvernance a permis aux citoyens de s'exprimer dans tous les cas en fonction du résultat de l'action publique. Dans le cas où les citoyens ne seraient pas satisfaits des résultats de l'action, ils peuvent initier des actions collectives s'inscrivant dans une logique de contestation ou d'opposition. Dans la plupart des cas que nous avons étudiés, ces actions ont souvent été pacifiques et les manifestants ont reçu le soutien de l'élite intellectuelle très souvent des ONG comme ASSOAL ou Monde avenir.

La gouvernance urbaine s'impose dans l'action publique de planification urbaine et apparaît alors comme une réforme du gouvernement urbain connu jusqu'ici. Ce phénomène est de plus en plus visible à cause d'un recours constant à l'urbanisme de projet qui est désormais préféré à l'urbanisme de plan, mais aussi à cause du «*prêt-à-porter gestionnaire* [133]» de l'aide international (Jaglin, 1997, cité par Barthel et Al., 2008). Ce dernier modifie les modes de pilotage de l'action publique et impose de nouveaux principes, comme la marchandisation des services urbains, le PPP, la contractualisation et la participation populaire. Il favorise également l'entrée en scène de nouveaux acteurs.

La gouvernance urbaine a également révolutionné les techniques et les procédures liées à la mise en œuvre des politiques participatives au Cameroun. Avec les actions des ONG telle que ASSOAL qui œuvre en amont et en aval

---

[132]http://minhdu.gov.cm/index.php?option=com_content&view=category&id=19&layout=blog&Itemid=100031&lang=fr, consulté le 12/08/2020.

des projets pour informer et former les citoyens dans les dispositifs comme le budget participatif ou les universités itinérantes, c'est tout le processus qui s'en trouve affecté, transformant de fait les modalités d'exécution des projets. Plusieurs dispositifs permettent aujourd'hui de faciliter la participation des populations dans la planification urbaine avec la mise en place de plusieurs scènes de négociation et d'échange comme les réunions publiques, les forums, les comités de quartier, etc.

Cette structuration a favorisé l'élaboration de plusieurs instruments innovants en matière d'action publique de planification urbaine.

SECTION 2 : DES INSTRUMENTS MOBILISÉS PAR UNE PLANIFICATION PARTICIPATIVE

Jusqu'en 2004, le modèle de planification en vigueur au Cameroun est celui de la planification stratégique qui s'est substitué à celui de la planification spatiale traditionnelle de l'époque coloniale. Ces deux modèles ont fait de cette activité un monopole des pouvoirs publics et des experts Face aux nombreuses difficultés rencontrées dans la mise en œuvre des politiques urbaines, et pressées par les multiples problèmes qui affectent ce secteur, les autorités vont opérer un important changement dans l'action publique de planification urbaine. Inspiré par le paradigme de la gouvernance désormais en vigueur, celles-ci vont opter pour une planification dite collaboratrice. Ce changement vise à parvenir à une coordination des interventions publiques et privées afin d'optimiser l'utilisation des ressources devenues rares. Il en est de même de la programmation de travaux neufs destinés à maintenir le niveau de service, en organisant les réseaux dans les zones d'extension des villes et en réaménageant les quartiers anciens dont l'environnement s'est dégradé (Mossoa, 2012). Cette période ouvre alors la voie à la production des documents de planification urbaine suivant un processus dans lequel interviennent plusieurs acteurs. La réduction considérable du volume des investissements de l'État dans la période précédente (décennie 80), va aussi pousser l'État camerounais avec le concours de ses partenaires au développement à mettre en place une politique de mobilisation des ressources et d'autofinancement des équipements urbains avec récupération partielle ou totale des coûts. Plusieurs instruments vont accompagner le déploiement de cette politique notamment dans la planification urbaine. Si certains de ces instruments semblent s'inspirer de ceux élaborés dans la phase précédente, l'innovation ici apparaît dans leur processus d'élaboration. À côté de ceux-ci, on note une prolifération des instruments participatifs qui attestent du changement d'un paradigme de gestion de la ville désormais dominé par la gouvernance urbaine.

1 - Des instruments qui véhiculent une vision des territoires

Après les villes nouvelles et les projets de restructuration urbaine qui ont concentré l'effort des autorités centrales dans la phase précédente, la relance de la planification urbaine qui intervient dans le début des années 2000 sera marquée par un recours à une gamme variée d'instruments, parmi lesquels les instruments classiques que sont le PDU et le POS. Ces instruments classiques sont mobilisés dans le cadre d'une planification qui se veut collaborative[134], influencée par le paradigme de la gouvernance urbaine portée par les bailleurs de fonds internationaux. Cette orientation collaborative aura des conséquences importantes sur les instruments mobilisés, notamment en ce qui concerne leur élaboration. La première conséquence sur ces instruments est leur structuration fondée sur l'information et la communication entre les différents acteurs. Cette structure n'échappe pas aux instruments classiques que sont le PDU et le POS, dont les procédures d'élaboration s'en trouveront fortement influencées. Ces instruments renvoient à l'idée d'interaction et peuvent prendre la forme de forums, de débats, voire d'ententes (Douay, 2013). Cette interaction vise à obtenir un consensus entre les acteurs prenant part au processus de planification urbaine en intégrant dans ce circuit de nouveaux acteurs. La dimension juridique mise en avant après les indépendances à travers l'ordonnance de 1974 sur le régime foncier et d'autres lois d'urbanisme cède la place dès les années 2000, plus précisément en 2004 avec la promulgation du code général de l'urbanisme, à une approche interactive de la planification urbaine. On l'aura compris, la planification urbaine collaborative renvoie à une forme de planification dans laquelle l'accent est mis sur l'échange et l'interaction entre les différents acteurs pouvant prendre part au processus. Comme l'a noté Douay (2013), *« l'objectif de la planification collaborative est de parvenir à des consensus par l'intermédiaire d'une bonne interaction au sein d'un grand rassemblement d'acteurs »*. La consécration de ce modèle de planification se fera à travers le processus d'élaboration du PDU ainsi que du POS.

[134] Le code général de l'urbanisme dispose en son article 49 que : L'implication des populations, des groupes organisés et de la société civile à la mise en œuvre des règles générales d'urbanisme, d'aménagement urbain et de construction, doit être encouragé à travers: le libre accès aux documents d'urbanisme ; les mécanismes de consultation permettant de recueillir leur opinion et leur apport ; leur représentation au sein des organes de consultation ; la production de l'information relative à l'aménagement et à l'urbanisme ; la sensibilisation, la formation, la recherche et l'éducation en matière d'aménagement et d'urbanisme. À cette participation populaire qui est nouvelle, il faut ajouter celle des différents acteurs institutionnels énumérés dans le chapitre 5 ci-dessus. Cette participation à l'élaboration des documents de planification ainsi que les modalités de participation vont acter ce que nous appelons la planification collaborative.

1-1- Le PDU, un instrument collaboratif de planification urbaine

La promulgation de la loi de 2004 a donné un nouveau souffle au processus de planification urbaine au Cameroun, principalement dans les villes de Douala et Yaoundé. Depuis l'adoption du dernier plan français en 1959, une ville comme Douala ne s'était plus dotée de documents de planification urbaine. Les SDAU élaborés en 1982 conjointement à Douala et à Yaoundé n'avaient pas été approuvés par les préfets, ce qui rendait ces documents non-opposables. Les PDU adoptés en 2008 pour la ville de Yaoundé et 2012 pour celle de Douala constituent en réalité les premiers véritables documents de planification urbaine dans le Cameroun post-colonial. Si le processus d'élaboration de ces documents est le même, les enjeux ainsi que les orientations de l'un et de l'autre ne seront pas les mêmes. Cette différence réside dans les fonctions de la ville et surtout dans les rôles que les autorités ont décidé de leur attribuer. Ainsi, le PDU de Yaoundé sera grandement influencé par l'image d'une ville politique siège des institutions politiques et diplomatiques alors que celui de Douala sera orienté vers l'attraction économique du site.

1-1-1- Le PDU de Yaoundé : un instrument politisé de l'action publique urbaine

En 2008, le PDU de la ville de Yaoundé a été élaboré par la CU et approuvé par le préfet du Mfoundi selon les dispositions prévues dans le code général de l'urbanisme. Après des décennies d'urbanisation sans réel plan d'urbanisme, la ville se dote enfin d'un outil d'urbanisme réglementaire opposable qui doit guider les actions des autorités et des habitants. Toutefois, il ne s'agit pas seulement pour les autorités de fixer les orientations en termes d'aménagement d'une simple ville, mais aussi et surtout de « renforcer durablement le rôle de capitale du Cameroun en inscrivant celle-ci dans une politique d'aménagement du territoire et en lui conférant une vocation internationale et culturelle de premier plan »[135]. Yaoundé est d'abord pour les planificateurs, une capitale politique qui doit refléter l'image du Cameroun que les autorités politiques veulent véhiculer. Le PDU est élaboré durant le mandat dit des « grandes ambitions » portées par le président de la République et l'image d'une capitale moderne et bien aménagée sera au menu des projections des acteurs. Les ambitions du PDU 2020 seront alors les suivantes :

[135] Yaoundé 2020, plan directeur urbanisme, p.44

• **remédier** aux dysfonctionnements graves constatés, tels que le développement spontané et anarchique de l'urbanisation, l'insuffisance de transports en commun.
• **rattraper** les retards en matière d'habitat, d'équipements, de desserte (voiries, réseaux divers) et de déplacements déjà recommandés dans le SDAU de 1982, mais qui n'ont été que très partiellement réalisés.
• **revaloriser** la fonction symbolique de Capitale et de Ville internationale.
• **incorporer** le principe de développement d'un réseau de villes ou villages proches de Yaoundé[136].

Cette ambition de transformation de la ville à l'image de son rôle politique va considérablement impacter sur les objectifs du PDU, tout comme les politiques d'aménagement qui s'en suivront, parmi lesquelles la relance des opérations de restructuration urbaine, afin de lutter contre l'habitat précaire notamment, la création des parcs urbains et des forêts communautaires, etc. Les objectifs, tout comme la stratégie de ce PDU 2020, seront développés dans cinq thèmes qui renseignent sur l'image de la ville que projettent de construire les acteurs.

Le premier thème est *capitale et centralité*. Le fait de le placer en tête des thèmes retenus illustre parfaitement la position de la ville et l'image que veulent construire les acteurs. Il est question de positionner la ville de Yaoundé comme centre urbain attractif au niveau régional et national. Sur le plan régional, il est prévu notamment de le raccorder aux villes voisines afin d'en faire le cœur de la région. Il en est de même sur le plan national. La politique d'extension polycentrée passe alors par le renforcement du réseau de communication entre la ville et les sites environnants, mais aussi entre celle-ci et les grandes villes du pays.

Pour le deuxième thème qui est *habitat et recomposition urbaine,* la priorité est toujours accordée à la modernisation à travers la lutte contre l'insalubrité et la destruction des habitats n'obéissant pas aux règles d'urbanisme et de construction, notamment dans les quartiers péricentraux. Un accent est également mis sur la politique de logement, qui permettra à la fois de lutter contre l'occupation anarchique du sol et de garantir aux habitants l'accès à l'habitat, conformément aux recommandations des bailleurs de fonds internationaux. À cet effet, le PDU prévoit l'élaboration d'une technique[137]

---

136 *Ibid.* P.45

137 Lascoumes (2008) fait une distinction entre instrument, technique et outil. Pour lui, l'instrument est un type d'institution sociale (le recensement, la cartographie, la réglementation, la taxation), la technique, un dispositif concret opérationnalisant l'instrument (la nomenclature statistique, le type de figuration graphique, le type de loi ou de décret), et l'outil, un micro dispositif au sein d'une type d'obligation prévu par un texte, une obligation prévue par un texte, une équation calculant un indice). Sur cette base, les instruments prévus par le PDU sont

visant à définir les objectifs et les principes de la politique en matière d'habitat : le Plan Local de l'Habitat (PLH). « Ce dernier doit garder un lien juridique avec le PDU qui le prescrit. Par conséquent son élaboration, son approbation et son suivi relèvent d'un esprit partenarial et volontariste sous l'encadrement d'un comité de pilotage représentatif des différents acteurs concernés par l'habitat »[138]. Il faut cependant noter que cet instrument n'est prévu par aucun texte juridique en matière d'urbanisme. On peut l'appréhender plus comme une technique ou un dispositif concret participant à l'opérationnalisation d'un instrument qui est le PDU.

Cette technique ne peut s'appliquer sans prendre en compte les dispositions contenues dans un autre document de planification urbaine qui est le POS. La mise en œuvre du POS et du PLH se heurte cependant à **un sérieux problème** qui est celui de l'accès au foncier, tant pour les autorités publiques que pour les personnes privées. Pour résoudre ce problème, le PDU 2020 recommande à la CU de maîtriser l'espace foncier de Yaoundé III, qui sera selon lui une réserve pour son développement au-delà de 2010. Cette maîtrise passe par la récupération des terrains situés dans des zones dites précaires en raison d'une illégalité domaniale[139], foncière[140] ou simplement de l'informalité administrative[141], ou en raison des problèmes écologiques et sécuritaires pour les zones non *aedificandi.* Cependant, il convient de noter que ce mécanisme peut se heurter à **de sérieux problèmes** (répétition) d'injustice. En effet, l'absence d'un titre de propriété du point de vue juridique ne signifie pas toujours qu'on est dans une situation précaire. Le titre foncier qui est la certification officielle de propriété est, comme nous l'avons vu plus haut, boudé par les habitants en raison de sa procédure complexe. Le PDU institue l'immatriculation et le permis comme seuls processus de mise en conformité relevant de l'autorité de police. Cette démarche a de grandes chances de ne pas prospérer dans le contexte camerounais fortement influencé par les modes coutumiers d'appropriation du sol. C'est certainement ce qui explique le bilan mitigé de cette projection aujourd'hui.

Le troisième thème aborde la question des *déplacements, transports et réseaux.* Tout comme le PLH, ce thème a favorisé l'élaboration d'un autre instrument que l'on peut ranger dans la catégorie de technique, à savoir le Schéma de Déplacements Urbains (SDU). De l'avis des concepteurs du PDU,

---

appréhendés ici comme des dispositifs concrets qui permettent d'opérationnaliser le plan d'urbanisme.

138 *Ibid.* p. 59

139 L'illégalité domaniale renvoie à une occupation des terrains préalablement destinés à des opérations publiques. Très souvent il arrive que les gens occupent des terrains qui avaient autrefois été requis pour un projet public, mais qui n'a pas pu se concrétiser.

140 Il s'agit ici de l'absence d'un titre foncier ou d'un titre foncier non conforme. On a remarqué que beaucoup de personnes disposaient de titres fonciers souvent frauduleux ou obtenus contrairement aux procédures en vigueur.

141 Il s'agit ici des constructions sans permis de bâtir ou non répertoriées.

« le SDU est un outil essentiel à la mise en œuvre du PDU et à ce titre, il doit intégrer le dispositif opérationnel et juridique du « Nouveau code de l'urbanisme ». Son élaboration nécessite l'application d'une procédure novatrice de concertation technique, politique et publique »[142]. Cette démarche collaborative implique l'ensemble des acteurs institutionnels participant à la planification urbaine, tout comme les concessionnaires des services urbains et de transports au-delà de la ville. On peut cependant regretter que la participation des organisations civiles ne soit pas une mesure contraignante pour forcer les responsables du projet à prendre également en compte l'avis des populations qui sont les premiers usagers de ces services. Les projections parlent des innovations dans le secteur des moyens de transport comme les tramways.

Ces innovations visent à améliorer l'*environnement et le cadre de vie* qui constituent le quatrième thème de ce PDU. À ce niveau, l'enjeu tournera toujours autour de la construction d'une image de la ville rayonnante, capitale politique du pays. La création des parcs et des espaces verts sera envisagée pour donner à la ville une image de ville verte conformément aux nouvelles règles en matière de protection de l'environnement.

Le cinquième et dernier thème, *économie et équipements,* vise à fournir à la ville les outils pour soutenir son développement économique. Selon le PDU Yaoundé 2020, l'activité dominante dans cette ville est l'administration. Les politiques élaborées visent à développer les emplois dans le secteur formel et à réduire dans le même temps l'influence du secteur informel. C'est autour de cette variante que vont se concentrer les projections dans cette thématique en mettant en place des projets en lien étroit avec l'image de la capitale politique.

Cette image politique de la ville de Yaoundé tranche avec celle de la cité portuaire et commerciale qu'est Douala. Le contenu de son PDU sera forcément impacté en mettant en avant l'exploitation de son potentiel économique.

1-1-2- Le PDU de Douala : un instrument d'attraction économique

Adopté en 2012, le PDU de Douala à l'horizon 2025, a été largement influencé par les fonctions économiques de la ville. Si le problème de l'extension urbaine s'est posé comme à Yaoundé, il demeure que les principales orientations du plan tournent autour de deux techniques que sont le centre d'affaires et le zonage.

---

[142] YAOUNDE 2020, P.72

1-1-2-1- Le Central Business District (CBD)

Celui-ci est à la hauteur des ambitions de la capitale économique du pays[143]. Selon le PDU, ce projet, qui tient compte des éléments de prospective de développement national définis par le gouvernement, vise à assurer la continuation de la croissance économique de Douala. Il s'agit d'un centre d'affaires et de commerce de niveau international. C'est la compétitivité régionale de la ville en tant que pôle économique et centre d'affaires de référence internationale qui est visée à travers ce projet. La mise en exploitation du port en eau profonde de Kribi constitue une réelle menace pour l'attractivité de la ville de Douala. En effet, la concentration massive des industries minières dans le sud du pays et l'ouverture du port en eau profonde a fait craindre aux dirigeants de la ville de Douala un basculement du trafic maritime vers le nouveau port, ce qui aurait un impact considérable sur l'économie de la ville de Douala. Aussi ont-ils pensé à mettre en œuvre ce centre d'affaires qui changera la morphologie de la ville ainsi que l'affectation des sols dans certains secteurs de la ville. La mise en œuvre de ce projet nécessite la mise à disposition par la CU de réserves foncières pour implanter les immeubles, bureaux, hôtels et autres infrastructures. Le choix du site aura également un impact sur la planification urbaine et celui-ci s'est porté sur le plateau Joss. Ce site est constitué de terrains urbains appartenant dans la grande majorité à l'État.

Toutefois, de l'aveu même des porteurs du projet, cette concentration de la propriété foncière entre les mains de l'État ne suffit pas pour mettre en œuvre ce projet. En effet, l'absence d'un document cadastral du site mis à jour ne permet pas de se renseigner sur les conditions de détention des terrains tout comme des titres de propriété dont disposent les habitants. Comme nous l'avons évoqué plus haut, la colonisation allemande et la colonisation française ont bouleversé les modes d'appropriation du sol. Les successions des différents régimes ont contribué à créer des malentendus à propos des titres de propriété sur certains terrains, notamment dans les quartiers anciens comme le plateau Joss. Parmi les problèmes mentionnés, on peut citer la superposition des titres de propriété détenus par plusieurs ayants droit sur un même terrain, ou encore la détention des titres fonciers sur un terrain classé domaine privé de l'État. Selon la DAJ de la CUD, les enquêtes menées par leurs services auprès des habitants de ce secteur ont relevé beaucoup de problèmes liés à la propriété foncière et les populations étant installées sur ces terrains parfois depuis la fin de la colonisation, il est difficile de les expulser bien que les terrains appartiennent en principe à l'État du Cameroun. Ce secteur classé comme zone administrative, est également habité, notamment par les autochtones doualas. Dans le cas où ces derniers possèderaient des

[143] PDU Douala, 2012, Pp 156

titres de propriété en règle, l'État et/ou la CUD essaie de les convaincre de céder leurs terrains et d'accepter d'aller s'installer ailleurs, conformément aux mécanismes d'expropriation pour cause d'utilité publique.

Pour finir, la délimitation d'un périmètre sur cinq secteurs incluant uniquement les terrains sur lesquels sont bâties les infrastructures publiques sera retenue. La mise en œuvre de ce centre va affecter la morphologie urbaine en modifiant les règles d'occupation du sol. Certains bâtiments administratifs vont céder la place à de nouvelles infrastructures alors que d'autres considérés comme étant en bon état seront maintenus. La formulation de ce projet ainsi que l'approbation du PDU ont eu comme conséquence un gel de toute construction dans la zone, tout comme la délivrance des titres de propriété. Pour ce qui est du gel de toute construction, celui-ci a été levé peu de temps après l'adoption du POS de la ville et des différentes CA.

Si le projet CBD n'impliquait que le seul plateau Joss, le zonage, pour sa part, a concerné la ville dans une grande partie, en incluant les périmètres de certaines CA.

1-1-2-2- Le zonage, un instrument d'amélioration des performances économiques

Cet instrument participe à l'orientation de l'avenir économique et urbanistique de la ville de Douala. Cette ville, qui s'impose comme le centre commercial de la sous-région, doit se doter des infrastructures portuaires et organiser son espace de manière à faciliter le trafic des marchandises déchargées dans son port. Influencée par ses ambitions économiques, la ville va faire de l'organisation de ses activités portuaires un aspect important de sa planification urbaine. Le PDU envisage dans ce sens d'accorder une large part de l'affectation des sols de la zone portuaire et au-delà à la logistique. Ce zonage aura pour effet de diviser la zone portuaire en plusieurs secteurs dont trois Zones Logistiques et Industrielles (ZLI), deux zones à restructurer et deux zones non *aedificandi.* Ce zonage aura pour effet immédiat de limiter l'occupation des zones classées non *aedificandi* tout en engageant dans la zone à restructurer des travaux d'aménagement.

Pour les trois ZLI, il est question d'accroître les activités portuaires et d'améliorer l'offre des services pour mieux résister à la concurrence annoncée avec la mise en service du port en eau profonde de Kribi. Ces trois zones seront réparties sur des surfaces de 190 hectares pour la ZLI1, 80 hectares pour la ZLI2 et 100 hectares pour la ZLI3. Leur mise en œuvre nécessite la construction de plusieurs infrastructures routières et ferroviaires afin de rallier les zones entre elles, mais aussi de les désenclaver. Le PDU de 2012 est essentiellement tourné vers la confortation des fonctions centrales de la capitale économique qu'est Douala, tout en ayant aussi à l'esprit l'extension de la ville.

À côté de ces principaux instruments de planification urbaine, plusieurs autres IAP participent à la planification urbaine collaborative et ont joué un rôle non-négligeable dans le contenu et l'orientation des instruments ci-dessus analysés.

2 - Une profusion de nouveaux instruments d'action publique participatifs

Depuis le début des années 2000, l'action de planification urbaine est marquée par un recours massif aux instruments et techniques de type participatif. S'ils visent à intégrer tous les acteurs dans le processus d'urbanisation, l'initiative de leur mobilisation appartient aux autorités publiques, mais aussi à la société civile. Il faut à ce niveau préciser que certaines de ces techniques ou instruments ne participent pas directement à la planification urbaine. Ce sont des mécanismes d'intervention qui visent à accompagner ou à influencer la politique de planification urbaine.

2-1-Des instruments portés par les pouvoirs publics

Depuis la relance de la planification urbaine dans les années 2000, les pouvoirs publics ont mobilisé les instruments portés par les fondements idéologiques du développement tels que définis par les bailleurs de fonds internationaux. Ces instruments sont le contrat et le partenariat.

2-1-1- Le contrat de ville : un nouveau procédé d'action publique

Au lendemain de la conférence d'Istanbul (Habitat II)[144], le constat partagé d'une urbanisation mal contrôlée des villes camerounaises aux plans spatial et qualitatif, et l'imminence de la mise en œuvre de la décentralisation ont conduit l'ex-Ministère de la Ville[145] à élaborer avec certaines communautés dont celles de Douala et de Yaoundé, des « contrats d'objectifs », plateforme de collaboration et de suivi des programmes et des projets choisis et exécutés

---

[144] Cette deuxième Conférence des Nations Unies sur les établissements humains, Habitat II, s'est tenue du 3 au 14 juin 1996, à Istanbul en Turquie.

[145] Aujourd'hui ministère du Développent urbain et de l'habitat

d'accord parties. Les résultats peu satisfaisants obtenus au terme de la mise en œuvre de ces contrats d'objectifs ont conduit à expérimenter une autre forme de contractualisation, dénommée le « Contrat de Ville ». Ce dernier est un dispositif qui permet de fédérer autour de la formulation d'un projet urbain, les partenaires techniques et financiers dans un but d'optimisation des résultats. Le recours à cet instrument résulte de la convergence des évolutions qui ont affecté la loi comme nous l'avons évoqué plus haut, l'organisation de l'État, les modalités de gestion des services publics et le mode d'exercice de l'autorité (Tiberghien, 2008). Pour Tiberghien, cette montée en puissance de l'ordre contractuel est, en effet, allée de pair avec la remise en cause de l'exclusivité de la loi, de la prééminence de l'État central qui a vu émerger des légitimités nouvelles et concurrentes de la sienne à la faveur de la décentralisation, de la gestion en régie des services publics et, plus largement, des modes d'action fondés sur le commandement et la contrainte. Ce nouveau registre de l'action politique fondé sur la négociation et le consensus plutôt que sur l'autorité à savoir la contractualisation, a depuis peu fait son apparition au Cameroun. Comme nous le mentionnions dans le paragraphe précédent, aujourd'hui l'État est en quête de l'adhésion des différents acteurs pour établir ce que certains qualifient de coproduction ou co-construction de l'action publique.

Au Cameroun, c'est le contrat de ville qui est introduit à la faveur d'une combinaison de plusieurs facteurs parmi lesquels la faiblesse de l'urbanisation traduite par l'étalement peu contrôlé des villes, le déficit d'organisation des espaces, l'état de dégradation avancé des infrastructures viaires et la paupérisation croissante des populations. À ces éléments, on peut ajouter la promulgation en 2004 de la loi sur la décentralisation et ses implications sur la gestion urbaine, ou encore la mise en place du C2D. Introduit en 2006, ce dispositif vient remplacer les contrats d'objectifs signés le 29 décembre 2003 entre les communautés urbaines de Douala et Yaoundé avec l'administration des finances pour l'apurement des dettes croisées et l'alimentation du compte d'entretien voiries. De l'aveu du ministre en charge de l'urbanisme, « *le contrat de ville a un caractère novateur, en ce sens qu'il constitue une rupture de perception et d'approche. En effet, avec le contrat de ville, on s'éloigne progressivement d'une administration jacobine, dotée d'un centre unique d'impulsion tant politique qu'administratif, vers un processus de contractualisation qui ouvre la voie aux constructions consensuelles, concertées ; en un mot, l'Etat, les communes et les populations représentées par la société civile, préparent ensemble les décisions valables erga omnes* ».

Sur le plan pratique, ce contrat de ville s'illustre par la signature d'une convention-cadre entre la Communauté Urbaine de Nantes et l'Association Communes et Villes Unies du Cameroun et l'Ecole Nationale Supérieure Polytechnique, le 24 janvier 2005, qui vise à terme la création au sein de cette école du Centre de métiers de la ville, dont le rôle sera d'appuyer techniquement les ateliers d'urbanisme susceptibles d'être crées dans les communes. Cet instrument s'impose comme la nouvelle référence de l'État en matière de politique urbaine d'autant plus que le contexte de décentralisation dans lequel le pays s'est résolument engagé plaide en faveur d'une telle démarche contractuelle qui responsabilise les CTD. La construction des chantiers urbains dans ce nouveau dispositif a plus de chance de réussite et permettra d'améliorer les conditions de vie des populations comme il est prévu dans le Document de Stratégie de Réduction de la pauvreté (DSRP) qui s'est vu remplacé par le Document de stratégie pour la Croissance et l'Emploi (DSCE). En effet, comme ce fut le cas avec les plans FIDES à l'époque coloniale, les plans quinquennaux après les indépendances, la nouvelle phase de la planification urbaine sera portée par ces documents que nous avons qualifié de pilote de l'action publique urbaine[146].

Le contrat de ville de Yaoundé prévoit un financement qui s'élève à 23,1 milliards pour auquel vont s'ajouter les ressources du Fonds Routier, le financement de la Banque Africaine de Développement et les ressources PPTE soit un total de 93,1 milliards. Pour ce qui est de Douala, les prévisions initiales s'élèveraient à 170 milliards dont 58,5 milliards pour le C2D et le reste constitué des ressources PPTE et du Programme d'Infrastructures de Douala. Le C2D, instrument de coopération de la France est alors le principal pourvoyeur de fonds dans le cadre de ce processus. Des objectifs ambitieux pour des actions couvrant plusieurs domaines seront arrêtés et vont coordonner le déploiement des différents acteurs dans les villes en étude. Ces objectifs s'appuient sur le DSRP et le DSCE. Le premier contrat de ville de Yaoundé signé entre l'État et la CUD en mars 2006 comprend un programme d'investissement pour la période 2006-2011 évalué à 93 milliards dont 22,6 milliards pour le C2D.

Cet apport financier vient combler les lacunes des précédentes opérations de planification urbaine comme les villes nouvelles qui n'avaient pas pu être menées à terme à cause d'une absence de financement. Il en est de même pour Douala dont la mobilisation de financement porté en grande partie par l'État et le C2D a permis la réalisation de plusieurs chantiers urbains, ceci sous le contrôle de l'ensemble des acteurs à travers un autre instrument qui est le groupe consultatif. Dans le but de permettre aux acteurs locaux de jouer pleinement leur rôle dans la planification urbaine, les autorités ont mis en place dès 2005, un Centre des Métiers de la Ville (CMV). Ce dernier a pour objectif de former prioritairement les agents municipaux dont les institutions sont signataires des contrats des villes. Ce centre s'est transformé en 2013 en Programme National de Formation aux Métiers de la Ville (PNFMV). Il vient appuyer les efforts des autorités dans la promotion de la gouvernance locale qui a été initiée avec l'élaboration d'un guide en 2010. L'idée est de renforcer les capacités des élus locaux dans la maîtrise des techniques de planification

[146] Une expression qui s'inspire des pilotes invisibles de l'action publique de Dominique Lorrain.

urbaine tout en intégrant les populations concernées. La mise à disposition de ces acteurs locaux d'un guide méthodologique de planification régionale et locale va dans ce sens. Tous ces efforts ont conduit à l'élaboration d'un autre instrument plus participatif à savoir le groupe consultatif de contrat de ville de Yaoundé.

2-1-2- Le groupe consultatif de contrat de ville de Yaoundé

C'est un instrument participatif mis en place par un décret de la Communauté Urbaine de Yaoundé. Il rassemble des acteurs de la société civile, des bureaux d'études et d'architecture et est constitué de : Un Président chef de file, deux vice-présidents, des Représentants des groupes thématiques et des Représentants des points focaux. Ses réunions sont convoquées par la CUY une fois par an en vue de rendre compte des avancées réalisées, d'examiner en vue de leur intégration les avis des représentants de la société civile. C'est un dispositif qui se veut un être un cadre d'ouverture et de participation nécessaire pour la transparence et la bonne gouvernance de l'action publique urbaine.

« Au cours de ces rencontres, les membres du groupe consultatif préparent et élaborent les présentations qui feront l'objet des débats lors des comités de pilotage du C2D présidé par le ministre du développement urbain et de l'habitat. D'un autre côté, les groupes thématiques réunissent individuellement selon les chronogrammes d'activité élaborés pour faire le suivi de terrain sur les chantiers de projets lancés, collectent les données sur les réalisations effectives et font l'interpellation et la revendication pour une démocratie active et la mise en œuvre des services de base utiles et adéquats dans les quartiers de la ville de Yaoundé. À travers ce processus, les autorités veulent, selon les responsables de la CUY, assurer la pleine participation de la société civile à l'élaboration et la mise en œuvre d'une stratégie nationale d'animation sociale et urbaine »[147] autour du C2D de Yaoundé. Cet instrument sert de relais entre les autorités et les citoyens et permet de transmettre les avis de ces derniers aux décideurs. Ses actions se déclinent en trois axes, à savoir :

- « l'animation des réunions de réflexion sur les préoccupations des habitants et leurs propositions. Suivi des réalisations sur le terrain et du respect des cahiers de charges des entreprises. Organisation des réunions d'échanges entre organisations de la société civile par Groupe thématique ;

---

[147] **www.ritimo.org**/.../Groupe-Consultatif...e-Ville-de-Yaounde

- la préparation des réunions et exposés des Sessions du Groupe Consultatif par les points focaux thématiques, Organisations des sessions du Groupe Consultatif de suivi. Rédaction et diffusion des rapports ;

- la préparation et Organisation des Comités de Pilotage du C2D de Yaoundé pour le suivi et la présentation du bilan global des projets financés. Cette réunion se tient une fois par an.

En ce qui concerne les axes thématiques, ses actions sont orientées vers les deux objectifs suivants :

- **l'amélioration des conditions de circulation et de mobilité urbaine :** (Aménagement des points critiques du réseau de voirie structurante de la ville de Yaoundé (carrefours et tronçons de voirie).

6,850 km d'artères urbaines en trois lots :

- route de Tongolo ;

- carrefour trois statues - Olézoa ;

- carrefour préfecture.

- **Le désenclavement des quartiers d'habitat populaire de la ville de Yaoundé :**

Il s'agit notamment de l'aménagement de 14 km de voies carrossables secondaires et tertiaires (y compris éclairage public, bornes fontaines, adduction d'eau potable, espaces de jeux, collecte des ordures ménagères) dans les quartiers d'habitat spontané et les lotissements communaux de la ville.

Depuis sa création, le Groupe Consultatif a tenu trois réunions pour le suivi des réalisations et la présentation des bilans des projets financés et leur niveau d'exécution, la redynamisation des structures d'animation du GC, etc. Ces réunions ont vu la participation de plus de trois cents acteurs issus de la société civile, du Gouvernement et du secteur marchand, des chefs et élites de quartier, des représentants des municipalités, etc. Elles ont permis de faire le point sur l'état d'avancement des projets financés sur fonds Contrat C2D, sur les domaines ci-après » : i) Infrastructures (43 % des investissements en cours de réalisation) ; ii) Santé (17 %) ; iii) Éducation (17 %) ; iv) Secteur rural et environnement (17 %) ; v) Gestion et Comité Pilotage (6 %)[148].

Ce mécanisme a permis aux organisations de la société civile de participer à l'action publique urbaine ; même s'il faut le dire ici pour le déplorer, le fait

---

[148] Selon les données fournies par le comité de pilotage du GC. **www.ritimo.org**/.../Groupe-Consultatif...e-Ville-de-Yaounde

que leurs suggestions soient rarement prises en compte comme nous le faisait remarquer Monsieur Jules Nguebou, le coordonnateur général des activités de ASSOAL, lors d'un entretien qu'il nous a accordé.

2-1-3-Le partenariat, un instrument de coopération internationale dans la gestion urbaine au Cameroun

À côté des instruments déjà identifiés plus haut, on peut joindre le partenariat. Celui-ci découle de la coopération qui, depuis l'avènement de la décentralisation, ne cesse de prendre l'ampleur dans le dispositif local de développement urbain. Porté par la décentralisation, le partenariat trouve sa source au Cameroun dans le processus de coopération décentralisée. Il est beaucoup plus question des jumelages/coopérations établis entre les villes des pays industrialisés et leurs homologues du tiers-monde après les indépendances (Petiteville, 1995). Pour ce qui concerne Douala et Yaoundé, c'est un instrument qui lie dans la grande majorité, ces villes aux communes et agglomérations françaises. Au Cameroun, la commune, collectivité officielle de base, constitue généralement l'acteur principal et non unique de la coopération décentralisée. Elle a une mission générale de développement local et d'amélioration du cadre et des conditions de vie de ses habitants suivant l'article 3 alinéa 1, de la loi n° 2004/018du 22 juillet 2004 fixant les règles applicables aux communes. Conformément à la loi de 2004 sur l'urbanisme, ce sont les communautés urbaines qui sont en charge de la planification urbaine au Cameroun et c'est dans ce cadre qu'elles ont procédé à la signature de partenariat avec les villes étrangères.

C'est dans cette dynamique que la CUD a signé un accord de partenariat avec la ville de Bordeaux en France. Cet accord a pour objectif de renforcer les relations entre Bordeaux Métropole, la Ville de Bordeaux et la Communauté Urbaine de Douala, sur la période 2016-2019. En plus du financement de plusieurs actions de solidarité dans les domaines de l'eau et de l'assainissement, des experts de la métropole devraient être associés à divers dispositifs nationaux, comme l'opération « Mobilise your city » financée par l'AFD. Plusieurs autres accords avec la ville de Bordeaux relatifs à l'accompagnement dans la mise en place du plan directeur de Douala ou encore l'aménagement du port autonome de Douala ont été signés. L'objectif ici est d'apporter à la ville de Douala, l'expérience bordelaise dans la gestion portuaire et dans la planification urbaine. La construction du nouveau siège du Port Autonome de Douala (PAD), nécessite l'aménagement de 200 hectares de terres viabilisées par la MAGZI et la ville a sollicité à cet effet, l'accompagnement de Bordeaux. À ce propos, Renaud Picard, directeur suppléant du grand port maritime de Bordeaux, expliquait lors de la signature de l'accord-cadre que :

> « *Par ce partenariat, nous avons des choses à apporter, mais aussi des choses à découvrir avec le port de Douala ; nous avons déjà plusieurs pistes, très concrètes autour du dragage, autour de l'organisation de la capitainerie. Nous avons aussi des échanges commerciaux à développer notamment avec des filières agros viticoles, des problématiques de céréales. Nous avons déjà identifié les chantiers de dragage avec une expertise qui a été menée par le port de Bordeaux sur une expérimentation, sur une numérisation des sédiments, voir comment cette nouvelle technologie pourra être développée au port de Douala* ».

De cet extrait, il ressort clairement que ce partenariat, qui prend les formes d'une assistance technique et d'une coopération gagnant-gagnant, est plus que bénéfique pour les deux parties, d'autant plus qu'il constitue une rupture entre l'intentionnalité des acteurs souvent codifiée dans des textes, et le passage à l'acte qui se veut imminent.

Pour ce qui est de l'assistance dans le plan directeur d'urbanisme adopté en 2012, les acteurs de ce partenariat insistent sur les avantages de ce dernier sur la population de Douala qui est en constante augmentation. Pour le maire adjoint aux partenariats avec l'Afrique subsaharienne, Pierre de Gaétan Njikam, ce partenariat est au service des acteurs économiques et surtout de la population et vise à être totalement vertueux pour ces derniers.

Bien que ces instruments soient un cadre de concertation et de collaboration plus ouvert et participatif que les instruments classiques ou jadis mobilisés par l'État central, certaines préoccupations des populations au quotidien n'ont pas pu être résolues. Ceci a poussé certains acteurs à concevoir des instruments encore plus participatifs dont les principaux acteurs et concepteurs sont les citoyens, reléguant les autorités publiques à l'ultime étape de l'approbation ou du financement de leur mise en œuvre.

2-2-Les instruments participatifs portés par les citoyens-acteurs

Après l'échec des instruments classiques et les difficultés de mise en œuvre des instruments nouveaux comme la ville nouvelle, le choix des autorités s'est porté sur des instruments plus participatifs intégrant l'ensemble des acteurs au processus de planification. Le processus de décentralisation a fait des CTD et l'État les principaux acteurs de la planification. Illustrant de fait la réticence des autorités à se retirer de ce domaine. Aujourd'hui, le discours des politiques urbaines s'articule autour des notions de « vivre ensemble » et de « faire la ville ». Les politiques d'exclusion marquées par les opérations de déguerpissement ont peu à peu cédé la place à une politique d'intégration, d'où la concentration des ressources sur les politiques de restructuration urbaine. Pour mieux prendre en compte les revendications des populations dont la participation dans le processus décisionnel semble encore mitigée malgré l'important dispositif mis en place pour faciliter leur participation, les citoyens se sont organisés pour agir sur leur environnement en mobilisant des instruments participatifs dont le budget participatif et les universités itinérantes.

2-2-1- Le budget participatif (BP) : un instrument de contrôle de la dépense publique

Cet instrument est mis en œuvre grâce aux financements des partenaires du développement, à l'instar de l'UE. Selon elle, « *la participation des citoyens aux processus décisionnels ayant une incidence sur leur vie et l'accès aux mécanismes de responsabilité sont essentiels à la promotion du développement durable et à la réduction de la pauvreté...étant donné qu'ils sont plus proches des citoyens que d'autres institutions publiques, les autorités locales ont la responsabilité de mobiliser les opinions publiques locales tout en agissant en tant que catalyseurs du changement* ».[149]

Cet extrait en appelle à une plus grande responsabilisation du citoyen, du citadin qui doit devenir acteur à part entière dans la planification et la gestion de sa cité. Les structures et mécanismes nés de la décentralisation sont certes efficaces, mais nécessitent un accompagnement pour renforcer leur efficacité. Aussi, pour Mbassi Elong (2010), « *la décentralisation du haut vers le bas constitue un outil utilisé par le gouvernement central pour contrôler le territoire, la population urbaine, et pour assurer la continuité de ses propres structures, sa propre politique ; elle n'est pas un cadre au sein duquel enseigner et responsabiliser les résidents aurait pour but de renforcer les gouvernements locaux indépendants* ».

Ces deux extraits mettent l'accent sur la responsabilité du résident. Une responsabilité qui peut se traduire par son engagement dans le budget participatif qui fait son chemin à Douala et à Yaoundé. Pour Jules Nguebou, le BP est une forme de gouvernance qui vise à atténuer la pauvreté et peut servir de base à la promotion de la démocratie. Lancé à Yaoundé 6 en juin 2012 par l'ONG ASSOAL, son but est de lui attribuer 10 à 15 % du budget municipal. Dans un contexte de rareté des ressources, c'est une réelle alternative pour l'autonomie financière des communes. Il vise à faire

---

[149] Extrait d'une communication de la Commission européenne au Parlement européen, le 15 mai 2003.

participer tous les quartiers de la commune pour éviter les sentiments d'exclusion et de corruption. Le BP offre un cadre aux résidents de se retrouver pour discuter de leurs problèmes et définir les priorités en termes de développement et de les soumettre à la mairie. Ce processus vise également à instaurer un esprit de contrôle citoyen de l'action publique au sein de la population, une sorte de nouveau contrat social liant la mairie à sa population. Le processus d'élaboration et d'adoption de cet instrument nous a été relaté par Achille Noupeou un membre de l'ONG ASSOAL.

Selon lui, la phase préliminaire implique une structuration dans tous les quartiers d'une municipalité visant à adopter le BP, tout comme le lancement de comités d'animation et de développement local (CADEL). Ces comités sont essentiellement composés de personnes qui aident le quartier à s'organiser et à se mobiliser. Ces personnes peuvent être des résidents, les chefs de quartier, les chefs de blocs, les membres des organisations de la société civile et du développement local. Chaque comité reçoit un montant de 150.000 FCFA, soit environ 225 euros représentant les frais d'équipement en matériels nécessaires pour leur déploiement. Les membres de l'ONG ASSOAL participent au processus en tant qu'animateurs ou facilitateurs, en expliquant au maire et à ses conseillers le bien-fondé de cet instrument et l'apport du BP pour la population, le maire et la municipalité. Les attentes ici doivent être réalistes et la communication bonne pour instaurer une confiance mutuelle.

Cette première phase correspond à l'identification des besoins et leur classement par ordre de priorité. Une participative active et massive des populations est requise. Chaque projet fait l'objet de débats et en fonction de sa faisabilité et de ses mérites, des personnes disposant de ressources intellectuelles nécessaires établissent son budget. Les premiers projets sont votés et un groupe est constitué pour aller défendre le projet devant le maire.

Un forum de quartier est organisé chaque année dans toutes les municipalités par le maire et ASSOAL qui adoptent le BP. Ce forum est lui aussi précédé de réunions encore plus restreintes. Au cours d'une assemblée générale qui se tient d'habitude en octobre, les projets prioritaires sélectionnés par les habitants sont présentés devant le maire et chacun dispose d'un droit de vote. Toutefois, l'approbation des projets qui seront financés relève de la compétence du maire qui annonce ainsi le montant qui sera alloué à ce projet.

Dans la deuxième phase qui est celle de la mise en œuvre, ASSOAL qui collabore avec tous les acteurs s'assure que chacun dispose d'articles et de services nécessaires pour la bonne mise en œuvre, mais également que cette distribution des rôles assure aux citoyens un rôle central dans le processus. Cette participation active dans le processus de mise en œuvre peut, de l'aveu de Jules Nguebou, aider à atténuer la pratique traditionnelle de certaines mairies consistant à faire recours à certains entrepreneurs avec lesquels ils ont des liens ou simplement leurs alliés. La participation active contribue donc à dépolitiser l'action publique et à limiter l'emprise du politique sur le processus. Le processus peut s'arrêter si les participants se rendent compte qu'il y a des irrégularités. Pour éviter que cela n'arrive, ASSOAL, les partenaires et les résidents renforcent le système de surveillance pour s'assurer que les promesses seront tenues. Cette crainte fait de la surveillance active de la mise en œuvre du BP, un des éléments les plus importants du processus. De l'aveu de Jules Nguebou, « elle constitue un audit indépendant qui vise à contrer l'inaction et toute sorte aversion à la transparence de la part des dirigeants locaux ».

Cet audit permet de mettre à jour les variations territoriales de la mise en œuvre du BP, empêchant aux concepteurs de concevoir un modèle figé de BP à l'image du plan directeur. Ce dispositif a été mis en place dans les communes de Yaoundé II et VI, ainsi qu'à Douala VI.

Pour mettre en œuvre ces dispositifs d'action publique que nous avons nommés IAP, il a fallu convaincre les populations d'intégrer le processus de fabrique et d'implémentation. Cette dissuasion constitue l'un des blocages pour les instruments participatifs, car la population semble ne pas s'intéresser à l'action publique même lorsqu'il est question du devenir de sa société ou de sa ville. C'est dans le but d'intéresser la population à l'action publique que certains instruments sont élaborés par les acteurs de la société civile appuyés par les partenaires au développement. L'un de ces instruments ou du moins celui qui nous a paru plus pertinent par rapport à la planification urbaine, c'est l'Université Itinérante Citoyenne (UIC).

2-2-2- L'Université Itinérante Citoyenne (UIC), un instrument qui vise à susciter l'engagement

L'UIC est une initiative lancée par ASSOAL depuis 1998 dans le but principal de doter les citoyens de rudiments nécessaires pour jouer pleinement leur rôle dans le processus de la gouvernance urbaine. Déclinée en plusieurs approches avec pour finalité de partager le savoir et l'information avec l'ensemble des citoyens, afin que chacun en connaissance de ses droits, puisse prendre une part active dans le développement du pays.

Ce sont des moments de partage des savoirs entre experts, personnes qualifiées détenant un savoir intellectuel, scientifique ou technique et des citoyens qui connaissent la réalité de leur quartier et qui possèdent bien souvent de réelles connaissances empiriques. Cette rencontre permet de former les personnes-ressources des quartiers défavorisés afin que celles-ci s'engagent dans le processus de développement local. Depuis son lancement, cet instrument se déplace de quartier en quartier et de ville en ville afin de former un grand nombre de citoyens, s'installant parfois dans les lieux publics populaires afin de toucher plus de monde. Afin d'assurer le bon déroulement de ces formations, il a été mis sur pied l'Université Fixe Technique (UFT) qui est une étape intermédiaire visant à former des personnes-ressources originaires des quartiers défavorisés afin de leur permettre d'acquérir des connaissances techniques pour ensuite jouer le rôle d'animateurs-relais, accompagnateur ou encore médiateur dans leur quartier sur des questions spécifiques nécessitant un socle de connaissances de base. Cet outil permet de former les citoyens appelés para-juristes à l'utilisation des outils et à la méthode de médiation foncière notamment.

Cet instrument et son outil appartiennent au champ de l'éducation populaire qui répond à une triple démarche :

- une démarche de savoir, sans hiérarchie entre ces savoirs et ces connaissances ;
- une démarche citoyenne, pour partager et construire ensemble ;
- une démarche d'acquisition et d'exercice de ses pleins droits économiques, sociaux, culturels, politiques et civiques.[150]

Depuis son lancement, plusieurs sessions de formation ont eu lieu dans plus de 16 quartiers de Yaoundé et autant à Douala. C'est un travail qui contribue à renforcer la présence citoyenne dans l'élaboration des instruments de planification urbaine. Nombreux sont les citoyens qui ignorent tout de la planification urbaine. Les entretiens menés avec certains semblent conforter la thèse d'un désintérêt de la population à cette action publique. Cette formation se déroule sur trois jours durant lesquels les citoyens seront édifiés sur les questions relatives au droit foncier, au droit de l'urbanisme, au droit du citoyen ou encore au dispositif public d'aménagement urbain. À la fin de la formation, un plan d'action par quartier est élaboré et celui-ci est issu de l'analyse des données d'une enquête réalisée la veille. En effet, le deuxième jour des UIC, les organisateurs remettent aux participants un tableau sous forme de questionnaire et c'est en fonction des réponses que seront décidées les activités à organiser. Lors de l'UIC de 2010, les activités proposées dans certains quartiers furent par exemple :

- le comité d'animation ;
- l'accompagnement des déguerpis ;
- des rencontres à la chefferie avec les propriétaires qui ont des maisons sur les servitudes ;
- rencontre entre acquéreurs et propriétaires ;
- information, sensibilisation des membres des associations de quartier ;
- demande d'audience auprès du maire ;
- rencontre avec un parlementaire ;
- causeries éducatives ;
- information par le porte-à-porte…

[150] ASSOAL, Acte des UIC, apport des Universités Itinérantes Citoyennes 2010, page 7.

Ces activités constituent une bonne approche pour l'éveil des citoyens et leur implication dans l'action publique urbaine. Ces dispositifs marquent une étape importante dans la gouvernance urbaine au Cameroun et surtout la mise en place d'un instrument efficace qui est le contrôle citoyen de l'action publique.

CONCLUSION DU CHAPITRE 7

Le paradigme de la gouvernance a pu s'imposer dans l'action publique urbaine au Cameroun. Celui-ci a permis de renforcer la décentralisation afin de mieux prendre en compte les problématiques liées à la planification urbaine. L'intervention des partenaires au développement et des bailleurs de fonds, dans cette politique dont l'élaboration et la mise en œuvre rentrent dans les compétences transférées aux CTD, a ainsi consacré une action publique multiniveaux dans laquelle les autorités de l'État central ont un rôle à jouer, notamment dans la prescription et l'approbation des documents d'urbanisme. Alors que les instruments portés par les autorités publiques dans la phase précédente étaient portés par une politique globale de développement que nous avons qualifiée d'instrument de pilotage, ceux de la période dite de planification décentralisée sont portés par les autorités locales, mais aussi les citoyens. Ces dynamiques correspondent à un nouveau rapport gouvernants/gouvernés qui fait la part belle à une collaboration entre autorités et populations. Cette phase est marquée par une prolifération des instruments mobilisés par les citoyens, devenus par la planification participative, des acteurs de l'action publique concernée. En vue de renforcer ce phénomène, il est apparu nécessaire d'interroger les carences de la mise en œuvre de l'action publique de planification urbaine dans le contexte de la co-production de l'action publique au Cameroun et à formuler des propositions d'amélioration. Ces propositions concernent une série d'instruments qu'il a été intéressant de mobiliser ici pour montrer comment ils peuvent non seulement contribuer à une planification urbaine intégrée, mais aussi anticiper sur les manquements des instruments étudiés ici.

CHAPITRE 8 : VERS UNE PLANIFICATION MÉTROPOLITAINE PLUS COLLABORATIVE

Le chapitre précédent nous a montré comment les autorités nationales et locales ont, depuis la fin des années 2004, mis un accent sur les instruments participatifs dans le processus de planification urbaine à Douala et à Yaoundé. Si ce recours à des instruments qui permettent une meilleure prise en compte des avis de l'ensemble des acteurs prenant part au processus est à saluer, c'est au niveau de la mise en œuvre qu'il faut chercher leurs limites. Celles-ci sont à chercher notamment dans la disponibilité des ressources et leur distribution équitable afin de doter les participants des mêmes moyens pour mieux défendre leurs intérêts respectifs. Dans le processus de formulation des propositions pour des meilleurs IAP de planification urbaine, nous avons opté pour une critique constructive de certains instruments élaborés par les autorités et qui devraient, avec une bonne mise en œuvre porter de façon plus efficace la planification urbaine. Ces instruments sont collaboratifs et prennent en compte les dynamiques internes à chaque territoire. Qu'ils soient portés par les autorités publiques ou les bailleurs de fonds, les instruments collaboratifs présentent l'avantage d'avoir une portée plus importante que ceux portés par les citoyens ou les ONG comme ASSOAL.

Dans une deuxième approche, nous formulerons les recommandations en termes de planification urbaine, notamment la gestion foncière ou la répartition des pouvoirs urbains.

SECTION 1 : UN CHOIX CENTRE SUR LES INSTRUMENTS DE COHÉRENCE TERRITORIALE A L'ÉCHELLE MÉTROPOLITAINE

Ces instruments sont anticipatifs, c'est-à-dire qu'ils sont élaborés en prévision de l'occupation du sol et de l'urbanisation du site. Ils se fondent sur les expériences précédentes pour mieux appréhender et mieux gérer certains problèmes. Le passage d'un système d'administration centré sur l'État à un régime de gouvernement centré sur les élus locaux, ne suffit pas à résoudre à lui seul le problème de l'instrumentation de l'action publique de planification urbaine. La rapide augmentation de la population urbaine et les impératifs d'une urbanisation qui prend en compte les questions liées au développement durable et à la préservation de l'environnement incitent à penser la ville autrement. De nos jours, l'occupation des sites interdits à la construction, comme les zones marécageuses et montagneuses ou les ravins, continue de plomber les efforts des autorités en matière d'urbanisation. Il nous a été donné de constater que c'est la volonté de s'installer dans une zone non loin du centre-ville qui encourage souvent les populations à occuper ces lieux en plus de la gratuité ou du coût relativement bas du terrain. Pour surmonter ces obstacles, nous proposons de procéder à une métropolisation des villes de Douala et de Yaoundé dont certains instruments semblent déjà disponibles pour accompagner ce processus.

1 – Une planification à l'échelle métropolitaine

La planification urbaine des villes en étude doit désormais s'opérer au-delà du périmètre des CU. Cela permettra de mieux gérer certains problèmes rencontrés actuellement par les autorités dans le cadre de la planification urbaine. Il s'agit ici de passer à une planification métropolitaine dont le but est la maîtrise du développement urbain qui se produit à une échelle débordant largement les limites des municipalités centrales (Gaudreau 1990, cité par Douay 2007). Cette planification, rappelle Gaudreau (1990), est née du besoin de rationalisation de l'expansion extrêmement rapide des agglomérations urbaines. Il s'agit ici de créer un autre type de collectivité territoriale dont le périmètre englobera la CU et les villes situées dans sa périphérie. C'est cette collectivité que nous désignons métropole ici. Selon la Banque Mondiale, la population des zones urbaines en Afrique doublera pour atteindre plus d'un milliard d'ici 2042. Nous avons vu tout au long de notre recherche comment la forte urbanisation accompagnée d'une augmentation rapide de la population urbaine a profité principalement à deux villes que sont Douala et Yaoundé. La forte pression migratoire qui a alimenté la croissance démographique dans ces villes depuis leur création ne s'est pas estompée. Les projections laissent plutôt voir une continuation du mouvement dans les années à venir. Aujourd'hui, la ville s'étend au-delà des limites fixées dans les documents de planification urbaine. La croissance de ces deux villes commence aujourd'hui à s'étendre vers les limites territoriales des villes satellites qui les entourent poussant ainsi à la métropolisation de Douala et de Yaoundé par le mécanisme d'excentricité et de flux des nouvelles masses urbaines qui cherchent à accéder à la propriété foncière (Assako Assako, 2015) hors du périmètre établi dans les documents de planification. Afin d'anticiper les problèmes tels que l'occupation anarchique des espaces, il est préférable pour les autorités de penser à une planification de ces villes qui va au-delà de leur périmètre actuel et qui intègre les villes qui les entourent. L'exposé des avantages d'une telle procédure, ainsi que l'amélioration des instruments déjà disponible vont nous intéresser dans ce paragraphe.

1-1- Surmonter le double défi de la gestion de l'extension urbaine non contrôlée et la mobilisation des ressources financières

Nous avons vu comment les difficultés d'accès au foncier par les habitants posent de nombreux problèmes depuis la création des villes. Le rapport entre les habitants et la terre est largement influencé par la notion d'autochtonie[151] qui, est source de conflits potentiels[152] dans les deux principales villes du Cameroun. En plus, la mobilisation des ressources financières pour mener à terme les projets urbains devient souvent un handicap pour les magistrats municipaux. Une forme d'organisation de ces territoires en métropole permettra de mieux contourner ces problèmes et de donner une autre dimension à la planification urbaine.

---

[151] Pour en savoir plus sur ce phénomène, voir Carole Bignon, *Légitimités citadines et pratiques foncières à Douala* thèse pour l'obtention du doctorat de géographie, Sorbonne Paris Cité, 2018, Carole Bignon, « Se faire une place en ville en situation autoritaire : les processus de légitimation citadine à Douala », *L'Espace Politique* [En ligne], 35 | 2018-2, mis en ligne le 01 novembre 2018, consulté le 22 octobre 2019. URL : http://journals.openedition.org/espacepolitique/5214 ; DOI : https://doi.org/10.4000/espacepolitique.5214. Daily News Cameroon, *Occupation des terres: Autochtones et allogènes ne font pas bon ménage à Douala,* mis en ligne le 13 février 2017, consulté le 22 octobre 2019. Disponible à l'adresse suivante : https://www.dailynewscameroon.com/occupation-des-terres-autochtones-et-allognes-ne-font-pas-bon-mnage-douala-2/. Voir J. Njoya, « États, peuples et minorités en Afrique sub-saharienne », *Janus* vol. 5, n° 3, p. 12 ; Charles Nach Mback, « La chefferie traditionnelle au Cameroun : Ambigüités juridiques et obstacles à la démocratie », *in CADH*, n° 6–7, mars 2002 : *Ethnicité, identités et citoyenneté en Afrique centrale*, Yaoundé, *PUCAC*, 2002, pp. 245. A. Mpessa, *Essai sur la notion et le régime juridique des biens domaniaux au Cameroun,* Thèse, Université de Paris I Panthéon-Sorbonne, 1998.

[152] Plusieurs fois on a eu des discours xénophobes vis-à-vis des allogènes considérés comme « étrangers » autant à Yaoundé qu'à Douala. Dans le Nord-Ouest du pays et dans le Centre notamment dans la région de Makenéné, des affrontements inter-ethniques pour l'accès et le contrôle du foncier ont fait plusieurs victimes. Craignant qu'un tel scénario se produise dans les grandes villes, le pouvoir met tout en œuvre pour juguler les tensions naissantes. L'un de ses mécanismes étant la politisation de l'aménagement urbain. Celle-ci se caractérise par une politique de tolérance administrative face à la violation des règles d'urbanisme et surtout à une intervention prenant en compte le contexte dans lequel elle se déploie. Une responsable de la CUD nous faisait remarquer que le déguerpissement du bois des singes avait été réporté plusieurs fois et à chaque fois l'ordre venait des autorités centrales demandant aux autorités locales de surseoir à toutes les opérations envisagées. Notre interviewée nous a rapporté que, selon les indiscrétions des responsables du parti au pouvoir, les autorités redoutaient d'éventuels troubles qui pouvaient survenir à la suite de ces opérations souvent à l'approche d'une élection.

1-1-1- La métropole comme cadre de gestion de l'expansion urbaine

Étymologiquement, « métropole » signifie ville-mère, ville fondatrice de colonies. Ensuite, le terme a été utilisé pour désigner la capitale économique et politique d'un État, puis pour désigner une grande agglomération urbaine en fonction de différents seuils de population. La notion de métropolisation est plus récente et tend à s'imposer pour rendre compte de l'évolution contemporaine des territoires (Douay, 2007). Si plusieurs définitions du terme métropole existent, il se dégage cependant un consensus sur le fait que la métropolisation est considérée comme le stade le plus avancé du fait urbain. Pour H. Chombart De Lauwe (1982) et F. Choay (1994), la métropolisation n'est rien d'autre que « *le règne de l'urbain et la mort de la ville* ». Nous situant dans la lignée des travaux de l'école du structuralisme dynamique qui propose une évolution épistémologique dans la façon d'aborder le concept de métropolisation, nous formulons une proposition de transformation des villes de Douala et de Yaoundé dans ce sens. En effet, plusieurs pistes de réflexion ont été dégagées par les tenants de l'école d structuralisme dont Moriconi-Ebrard (1996). Pour les tenants de cette école, la représentation de la chose métropolitaine est une affaire de réseaux et de mobilité et la condition de son développement est la rentabilité financière. Cette mobilité ne cesse de croître parce qu'elle génère des profits financiers qui se conçoivent à l'échelle mondiale. L'accélération du phénomène de mondialisation n'épargne pas la planification urbaine des villes en études, ainsi, il importe aux autorités d'anticiper sur les effets de cette mondialisation du territoire urbain dont la question foncière demeure fondamentale.

L'accès à la terre a durablement influencé le processus de planification urbaine. Il est admis que la logique rentière des autochtones a durablement influencé la planification urbaine de la création de la ville à nos jours. La consécration du droit coutumier par les régimes successifs n'a pas facilité la tâche aux autorités. Ces dernières doivent en effet trouver des moyens pour appliquer des politiques sur des espaces dont elles n'ont pas le contrôle en matière de gestion foncière. Toute politique urbaine donne lieu à une interaction dont le marchandage autour de la cession ou l'acquisition des terres occupe une place importante. Les plans urbains ou les périmètres définis s'étalent sur 15 ou 25 ans. Très souvent, on a observé que l'occupation des sites périurbains a précédé son intégration dans le périmètre urbain réglementé. Ceci s'est fait en dehors de tout contrôle des autorités étant donné que ce sont les propriétaires fonciers qui cèdent le terrain et organisent parfois individuellement son lotissement. Pour éviter ce désordre, il est urgent d'anticiper l'extension de la ville, en intégrant les villes satellites de Douala et Yaoundé dans une stratégie de développement concerté. Cette intégration que nous avons appelée « métropolisation » va faciliter à l'Etat, l'accès au marché foncier. Les terrains situés loin du périmètre urbain sont aujourd'hui cédés à des prix relativement bas. Les autorités peuvent en profiter pour acquérir de vastes étendues de terres. Avec le classement de certaines terres en domaine national conformément aux dispositions de l'ordonnance de 1974, les autorités vont profiter pour se constituer une vaste réserve foncière et anticiper dès lors sur l'occupation des sols. La position stratégique de ces deux villes sur la carte nationale plaide en faveur de cette métropolisation.

Deuxième ville la plus peuplée du pays après Douala, la ville de Yaoundé ne cesse de gagner en importance. Bien que située à l'intérieur du pays, cette ville talonne les grandes villes de l'Afrique subsaharienne qui doivent leur poids, le plus souvent, aux ports commerciaux qu'elles abritent. Pour la ville de Yaoundé, son statut de capitale politique a joué un rôle majeur dans son développement. En effet, cette ville qui concentre l'essentiel des administrations et des missions diplomatiques est le siège des institutions du Cameroun. Depuis quelques années, la ville est devenue un grand carrefour grâce à sa position stratégique au centre d'un vaste réseau de voies de communication reliant plusieurs régions du pays.

Plusieurs grands axes routiers desservant les régions du pays passent par cette ville comme :

- l'axe nord-sud (qui relie la ville de Yaoundé aux villes de Nanga-Eboko, Mbandjock, Obala, Sangmelima, etc.) ;
- l'axe est-littoral (qui relie Yaoundé à Batouri, Bertoua, Abong-Mbang, Ayos, Douala) ;
- l'axe sud-nord-ouest (qui relie Yaoundé à Bafia, Bafoussam et Bamenda)

Cette position stratégique a fait de la ville un pôle d'attraction important qui est appelé à se renforcer dans les années à venir.

Il en est de même pour Douala dont plusieurs projets plaident en cette faveur. Notamment :

- le projet d'extension de l'Université de Douala dans le village Makoula Souza à 5 kilomètres de Bonabéri ;
- la grande trame foncière de Mbanga-Japoma ;
- les projets des pénétrantes ouest et est de la ville ;
- l'extension de son port, etc.

Les villes s'étendent rapidement et il est nécessaire pour les autorités de vite réagir avant que la spéculation foncière ne coïncide avec le développement de la ville. Anticiper sur la gestion foncière est une garantie d'accéder à la gestion foncière sans trop de tracasseries.

Cette entité territoriale sera en charge de la planification urbaine au niveau métropolitain à travers l'élaboration d'un instrument de planification qui est le Schéma Directeur Métropolitain (SDM). Ce dernier devra être à la fois un projet d'aménagement, une stratégie de développement et un document d'urbanisme. Il permettra à ces entités de se constituer une réserve foncière importante dans leur périmètre. Le SDM devra fixer les limites des différentes villes incluses dans le périmètre métropolitain. C'est en ce sens que ce projet permet de limiter l'expansion urbaine dans les communautés urbaines de Douala et de Yaoundé. Ce phénomène est favorisé par l'installation des habitants hors du périmètre de la communauté urbaine et l'absence de ressources des CA situées dans la périphérie de la ville, il gagne même en importance. La coordination des principaux documents de planification dont le PRD, le SDM et le PDU permettra de relever le défi de cohésion territoriale. La hiérarchie de ces documents voudrait que le PRD soit la norme supérieure à laquelle doit correspondre le SDM. Suivant le même schéma, le PDU doit, en ce qui le concerne, correspondre aux grandes orientations du SDM. Sur le plan politique, cette entité sera dirigée par une personnalité élue par les conseillers municipaux des CA formant la métropole et son conseil municipal sera composé des représentants désignés parmi ces CA en plus des maires. La maire de la métropole ne pourra exercer une tutelle ni sur les maires des CU ni sur ceux des CA. À ce niveau, l'intervention de la région dans la planification métropolitaine doit se limiter à un contrôle de conformité des documents de planification avec le PRD.

L'autre avantage de la métropolisation réside dans la mobilisation des ressources qui constituent un des obstacles de la planification urbaine.

1-1-2- La métropolisation comme source de mobilisation de financement

Selon L. Halbert (2009), l'avantage métropolitain est une affaire de mobilisation de ressources multilocalisées par un écosystème où l'économie ne peut être séparée du fonctionnement de la société métropolitaine. C'est une lecture alternative à une ville d'exception fragmentogène qui encourage à repenser les grands leviers de l'action publique en matière de développement territorial que l'auteur nous livre ici. Dans un contexte où le projet urbain tend à s'imposer comme l'instrument de planification urbaine le plus adéquat, les mécanismes de financement de ces projets doivent nous intéresser. La création d'une entité territoriale dépassant le périmètre des communautés actuelles aura comme conséquence l'extension du périmètre de prélèvement de certains impôts. En plus de cela, à l'exemple de la région Ile-de-France, les métropoles de Douala et de Yaoundé devront se doter d'un instrument destiné au financement des projets d'urbanisme, à savoir le fonds d'investissement métropolitain. Celui-ci sera alimenté principalement par les fonds propres issus de l'impôt local, mais aussi par des subventions de l'État central et de la région. En plus de cela, le fonds d'investissement aura, comme les CTD, la possibilité de signer les conventions avec les bailleurs de fonds internationaux tout comme la métropole elle-même.

Dans le même sillage, surmonter ces difficultés permettra de mieux appréhender d'autres défis d'ordre technique à savoir la maîtrise de la planification territoriale et la démarche partenariale.

1-2- Une bonne gestion des défis techniques liés à la planification urbaine

La reterritorialisation de la planification urbaine que l'on semble observer actuellement au Cameroun avec la mise en place effective de la décentralisation augure de lendemains meilleurs pour nos territoires en étude. Cependant, si ces progrès sont à féliciter, il ne faut pas perdre de vue que la main politique n'est pas toujours loin de l'action publique locale bien que territorialisée. À travers la logique sectorielle qui constitue un moyen d'intrusion de l'autorité centrale sur les politiques locales, il est fort à parier que le centralisme puisse s'effacer aussi rapidement. L'instrumentation apparaît alors comme un processus de dépolitisation de l'action publique urbaine. Celle-ci s'appuie sur une combinaison des instruments plutôt techniques comme la planification spatiale et le développement territorial, ainsi que la démarche partenariale.

1-2-1- Une adoption simultanée de la planification territoriale et stratégique

Dans leur étude sur la planification territoriale au niveau des aires métropolitaines en France et au Royaume-Uni, Roelof Verhage et Paul Boino ont démontré que des conflits surviennent souvent entre la planification spatiale et les stratégies de développement, tout comme il existe dans cette relation, des complémentarités. Comment exploiter ces complémentarités dans le cadre d'une combinaison de cette approche dans une planification urbaine métropolitaine au Cameroun ? C'est le questionnement auquel tente de répondre ce segment, afin de doter les décideurs politiques et administratifs camerounais d'un outil d'aide à la décision, ou mieux, un instrument innovant dans l'action publique de planification urbaine.

Une fois la métropolisation consacrée au sens juridique et institutionnel, il deviendra nécessaire pour les autorités de doter ces territoires respectifs, d'une politique de planification urbaine qui emprunte à une logique spatiale ainsi qu'à la logique stratégique. Cette combinaison trouve son fondement dans la crainte d'un développement spatialisé et circonscrit de la ville, créant par ce fait une nouvelle fracture territoriale. Une telle procédure aura des conséquences à la fois sur le plan social et politique. Les logiques communautaires qui orientent l'installation des citadins dans les deux villes, font planer le risque d'une récupération politique à des fins de manipulation ethnique. Ce qui impose la méfiance et recommande d'aborder la question sous un angle plus diversifié. Aussi, il est recommandé ici de s'inspirer de la démarche des autorités de la ville de Manchester en Angleterre en établissant au niveau de la région, un plan territorial stratégique. Ceci permettra aux villes de Douala et de Yaoundé de ne pas s'enfermer dans un plan spatial rigide. Avec le transfert des compétences aux CTD, et la mise en œuvre des instruments participatifs étudiés plus haut, les CTD vont s'affirmer comme de véritables acteurs de la planification urbaine. Les autorités étatiques doivent s'engager à stimuler le développement urbain et laisser le secteur s'auto-réguler par une forme de compétition entre les entités territoriales notamment les communes.

Cette approche va encourager le lancement de plusieurs projets urbains qui à terme feront office de planification territoriale. Cette dernière, sans disparaître doit veiller à l'équilibre entre les différents échelons territoriaux de la planification afin d'éviter une tension entre les différents territoires de la métropole. En réalité, de tels mécanismes semblent se mettre déjà en place notamment dans la ville de Douala comme on le verra dans le paragraphe 2 ci-dessous. La pleine exploitation des potentialités d'une telle démarche nécessite une mise à disposition préalable de certains instruments comme le partenariat.

1-2-2- Une structuration adéquate à la démarche partenariale

Plus haut nous avons évoqué le partenariat public-privé comme un instrument déjà mobilisé dans le cadre de la planification urbaine. À ce niveau, la démarche partenariale dont il est question va au-delà du public et du privé pour concerner également les CTD entre elles. En effet, certains projets urbains, pour ambitieux soient-ils, nécessitent d'énormes ressources financières, matérielles et humaines. En plus, il n'est pas rare de voir certains dépasser le cadre géographique d'une commune. Dans ce cas, il est alors envisagé un partenariat entre plusieurs communes ou entre la CUD et certaines communes. Cette démarche aura l'avantage de répartir les charges entre plusieurs acteurs de même que les rendements. Actuellement, il n'est pas rare de voir des conflits entre la CU et CA dans les villes de Douala et Yaoundé. Il est important de trouver des moyens pour surmonter ces querelles souvent politiques. Dans le cadre d'une métropole camerounaise, la démarche est encore plus salvatrice dans la mesure où elle permettra d'impliquer plusieurs acteurs spécifiques dans un même projet. Ces acteurs spécifiques sont les communautés autochtones établies dans la ville actuelle et autour de la ville. Le conflit entre les autorités de la CUD et les autochtones doualas autour de la mise en œuvre du projet Sawa beach révèle l'importance d'un partenariat qui prenne en compte les aspects spécifiques du territoire d'implémentation d'une politique.

La constitution de grands ensembles régionaux[153] qui est un mouvement très à la mode ces derniers temps contribue également à renforcer la nécessité d'une telle démarche. La démarche partenariale couvre également la coopération entre communes. Les mutualisations institutionnelles relevées ici peuvent concerner les opérations d'investissement comme la création ou réalisation de certains ouvrages ou leur entretien. On parlera dans ce dernier cas de la conservation. Les décisions prises dans le cadre d'une telle démarche sont exécutoires après ratification par les communes participant au processus. Dans les villes de Douala et de Yaoundé, il arrive que la mairie de la ville ancienne communauté urbaine entre en conflit avec la société en charge de la collecte et du ramassage des ordures provoquant la paralysie du service. Ce phénomène très récurrent peut être surmonté par l'intercommunalité. Cette dernière désigne une forme de coopération entre communes qui se regroupent dans le but de gérer en commun les équipements ou les services publics au rang desquels le ramassage des ordures ménagères, l'assainissement ou encore le transport urbain. Il peut s'agir également des projets économiques, de l'aménagement ou de l'urbanisme à l'échelle d'un territoire plus vaste que celui de commune. Dans le cadre du Cameroun, cette forme d'association doit prendre en compte la gestion collective de services de base.

Les propositions formulées ici ont l'avantage d'échapper à la lourde procédure administrative de la coopération décentralisée qui est à la mode aujourd'hui et qui nécessite pour sa mise en place, une approbation préalable du ministre en charge de la décentralisation.

De plus, impliquer plusieurs acteurs d'horizons divers dans un projet a l'avantage d'équilibrer les rapports de force afin d'éviter que le projet ne soit uniquement régulé par le marché ou sous l'influence politique. Il faut également craindre que cette démarche ne débouche sur certaines dérives liées à la recherche de la mixité sociale, les tentatives de corruption ou la domination politique. Cette démarche doit s'appuyer sur des instruments participant à la métropolisation afin d'assurer sa pleine rentabilité.

[153] Depuis plusieurs années, on observe la création d'associations ayant vocation de regrouper les composantes ethniques d'une région au sein d'un vaste mouvement de revendication politique et de développement régional. C'est cette mouvance qui a vu la création des mouvements associatifs tels que le « grand Littoral », « le grand Ouest » ou entre « fédération Ekang-Béti ». Ces groupes revendiquent le contrôle de la gestion politique et économique de leur territoire ainsi qu'une prise en compte de leurs intérêts dans les affaires nationales et régionales.

2 - Des instruments de structuration de la métropolisation

Penser une planification urbaine de Douala et de Yaoundé qui intègre le développement des villes situées à leurs frontières a déjà fait l'objet d'une réflexion par les autorités des communautés urbaines. Toutefois, nous pensons qu'il est important d'améliorer ces instruments pour éviter les pièges passés. Pour ce faire, il est nécessaire de mettre l'accent sur des instruments qui vont participer à la gestion de l'urbanisme sur un plan plus vaste que celui que nous observons aujourd'hui. Pour ce faire, il est préférable selon les estimations sur la base des données collectées dans le cadre de cette, de mobiliser des instruments d'aide à la maîtrise de l'étalement urbain aussi bien à Douala qu'à Yaoundé. Ces instruments ne prennent pas le même sens selon les villes et nécessitent une contextualisation locale en prenant en compte le cadre géographique, social et humain de leur implémentation.

2-1- Une maîtrise de la dynamique de l'étalement urbain

La délimitation du périmètre urbain au Cameroun est régie par la loi n° 2004/003 du 21 avril -2004 qui dispose que : « *La délimitation du périmètre urbain, ainsi que les modifications subséquentes de celui-ci sont déterminées par un arrêté du ministre chargé des domaines, à l'initiative de l'État ou de la commune concernée, après avis des ministres chargés de l'urbanisme ou des questions urbaines selon le cas* ». Il est recommandé à ce niveau de simplifier cette procédure complexe[154] pour pouvoir anticiper sur l'installation anarchique des populations au-delà des limites urbaines actuelles. De plus, certaines conditions préalables à la modification du périmètre urbain comme le nombre d'habitants sont de nature à créer plus de désordre. Le recensement étant complexe, il est préférable de tabler sur les prévisions globales et anticiper à l'installation anarchique de ces populations en modifiant ces limites avant même l'installation des habitants. Il est important de mettre en

---

[154]La modification du périmètre urbain se déroule suivant la procédure suivante : l'initiative de la délimitation vient de l'Etat ou la Commune ;
Le dossier est ensuite transmis au Ministère chargé des domaines ; Le Ministère chargé des domaines saisit le préfet qui réunit une commission de délimitation qui parcourt les limites du centre urbain et établit un plan orienté indiquant l'occupation du sol et signé de tous les membres (art.2 du décret n° 79-189 du 17 mai 1979 réglementant la délimitation des centres urbains) ; après ce passage, le Ministère chargé des domaines demande l'avis du Ministère chargé de l'urbanisme et en cas d'avis favorable, le Ministère chargé des domaines détermine les limites du centre urbain par un arrêté. Cette commission de délimitation est composée : du sous-préfet ou du chef de district de la localité, du maire de la Commune concernée d'un représentant du service local du Cadastre, d'un représentant du service local des Domaines, un représentant du service local de l'Urbanisme, une notabilité locale.

place un mécanisme permettant aux villes de surmonter les obstacles liés à leur croissance spatiale. L'un de ces mécanismes en effet est la métropolisation et, pour y parvenir, il faut mobiliser certains instruments et outils dont le but sera de dépasser les contraintes à la fois techniques, administratives et sociales. Le City Developpement Strategy (CDS) apparaît alors comme la solution mieux adaptée au problème et aux contextes.

2-1-1- Le CDS de Douala : un instrument de régulation des limites urbaines

Envisagé comme un document de planification urbaine de l'avis des responsables[155] de la CUD, le CDS est porteur d'une démarche de développement stratégique et une perspective à long terme. Selon le rapport final de la stratégie de développement de la ville de Douala et de son aire métropolitaine, l'étude qui a précédé la conception de cet instrument avait pour objectif :

> « *d'établir et de valider, à travers un processus participatif en relation avec les parties prenantes locales et les partenaires au développement, une vision à long terme de l'aménagement de la ville et de l'aire métropolitaine, adossée à un programme pertinent d'actions prioritaires à court terme* ».

C'est une stratégie de développement ou de planification qui semble se rapprocher des propositions que nous avons formulées plus, haut sauf qu'à ce niveau, cet instrument n'est pas assez ambitieux et sa projection à court et à moyen terme n'est pas propice pour limiter les effets d'une occupation rapide et anarchique des espaces. La ville s'étend plus rapidement et à chaque fois les instruments de planification urbaine sont en retard sur l'installation des populations. Il est important pour le CDS de définir ses actions sur le long terme et de planifier leur mise en œuvre sur des périodes bien au-delà de 15 ou 20 ans. Selon le document de présentation que nous avons reçu des autorités de la communauté urbaine, cette stratégie se présente sous la forme d'un certain nombre d'axes majeurs d'intervention sur l'aire métropolitaine par les municipalités[156] et les différents partenaires. Ces axes stratégiques sont entre autres :

- le renforcement de l'attractivité et la compétitivité de la ville de Douala, la création des conditions de la croissance d'un pôle

[155] C'est notamment l'avis du conseiller technique numéro 1 de la CUD, M. Priso. Le même avis est partagé par M. Olinga, cadre en service à la CUD.

[156] L'étude a permis de mettre autour d'une même table la CUD et les municipalités des villes environnantes. Une approche qui rejoint ce qui est suggéré plus haut sur l'inter-communalité ou la coopération entre communes.

économique sous-régional compétitif, capable d'attirer les investisseurs et la promotion de nouvelles activités ;
- l'amélioration de la gouvernance urbaine à travers notamment un cadre institutionnel rénové et adapté au contexte ;
- améliorer les conditions de vie des populations pauvres notamment à travers la dynamisation du secteur informel dans le sens d'une augmentation des bénéfices individuels et collectifs qui peuvent en être tirés par des mesures d'accompagnement appropriées.

Ces axes ne font pas la part belle à la planification urbaine qui doit tirer les leçons des problèmes passés. Toutefois, il est mentionné qu'une attention particulière sera portée aux dysfonctionnements qui entravent l'accès des populations à la sécurité foncière et favorisent en conséquence la précarité de l'habitat. Cette disposition doit être inscrite comme une priorité pour ne pas être mise à l'écart par les autorités à cause du manque de ressources. Les questions foncières et de mobilisation des ressources financières devaient faire l'objet d'une attention particulière dans cet instrument. Or, ce n'est pas le cas dans cette stratégie. Il est prévu de procéder à une amélioration de la gouvernance, qui devrait en principe permettre de soulager les autorites en termes de mobilisation financière en mettant en place des instruments comme le budget participatif.

Le CDS avait été conçu dans le cadre de la mise en œuvre du Document de Stratégie pour la Réduction de la Pauvreté II (DSRP). Voilà pourquoi de l'avis de Monsieur Priso, conseiller technique à la CDU, il ne se penche peut-être pas assez sur ces questions. Si le processus de conception du CDS se voulait plutôt participatif et ouvert à l'ensemble des acteurs, il n'a cependant pas surmonté l'épineuse question de l'intervention des citoyens qui sont toujours hésitants lorsqu'il faut participer dans ces processus. Dans le rapport de présentation du CDS, il est mentionné que :

> « *Sur le plan méthodologique, l'approche participative est difficile à mettre en œuvre, surtout dans un contexte administratif et politique où elle n'est pas courante. La participation à des ateliers ou à des consultations ne suffit naturellement pas, Les gens à qui on ne demande presque jamais leur opinion sur le développement qu'ils souhaitent ou sur les projets à développer sont naturellement méfiants à participer activement lors d'ateliers, et ils s'en méfient légitimement du fait que leur avis puisse être utilisé contre eux et leur interdise de changer d'opinion et ainsi d'exploiter d'autres opportunités qui pourraient se présenter* ».

En effet, cet instrument vise d'abord à mieux maîtriser l'étalement urbain de la ville. Il faut dire que la ville entretient une croissance soutenue avec un taux annuel moyen d'environ 6 %, ce qui équivaut au double de la moyenne nationale. De l'aveu des responsables de CUD, la ville compterait 4 100 000 habitants en 2025 selon les estimations du PDU de 2012. Cette population devrait augmenter pour atteindre le triple de la population actuelle en 2035. Ce processus va se développer en même temps qu'une consommation spatiale très impressionnante. Les prévisions des agents techniques en charge de l'urbanisme tablent alors sur une consommation spatiale de la ville qui atteindrait 810 ha/an à l'horizon 2025 pour une consommation globale de 11 000 hectares pour accueillir tous les habitants de la ville. Or, il se trouve qu'au regard des limites naturelles de la ville, il faut désormais l'envisager au-delà de ces obstacles naturels et administratifs. La métropolisation est d'autant plus urgente à Douala que les nouveaux fronts de l'urbanisation se développent à une vitesse impressionnante. À l'est, on peut citer le front Yassa et la Dibamba qui est couvert par la commune de Douala 3e, le front nord situé après le village de Logbessou dans la commune de Douala 5e enfin le front ouest dans l'arrondissement de Douala 4e, au-delà de Bonabéri comme on peut le voir dans la figure 22 ci-dessous. Si les autorités nous ont certifié que les plans de secteur et des lotissements sont en cours dans ces zones, une descente sur le site a permis de remarquer que les transactions se faisaient encore officieusement sans se référer aux règles et normes d'urbanisme. En plus de cela, certains habitants pour des raisons d'exploitations agricoles ou en prévision à l'extension de la ville, ont ouvert un marché foncier au-delà des limites administratives de la ville.

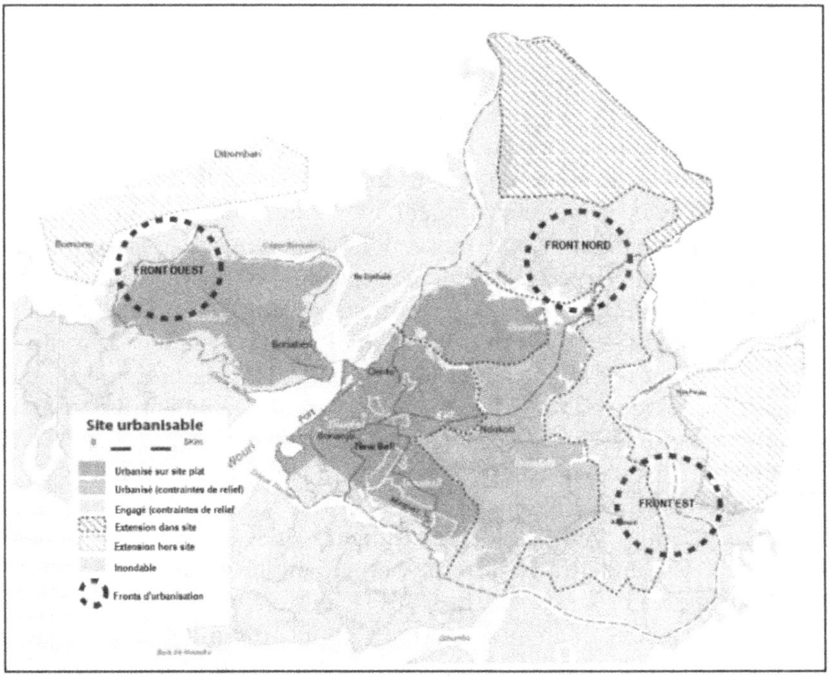

Figure 22 : fronts d'urbanisation de la ville de Douala, Source : CDS

Depuis son lancement, cet instrument a permis de changer la morphologie de la ville de Douala, avec notamment la réhabilitation des routes qui desservent les différents quartiers défavorisés. Le cadre général de la réduction de la pauvreté qui guide ces actions doit s'élargir pour intégrer d'autres problématiques liées à la planification urbaine. C'est ce que vise un projet urbain somme toute moins ambitieux qui est Grand Yaoundé.

2-1-2- Un instrument moins ambitieux : le projet Grand Yaoundé

C'est un projet urbain d'aménagement urbain élaboré dans le cadre du PDU 2008 de Yaoundé. Celui-ci, par ses projections, rentre dans la catégorie des instruments de planification en ce sens qu'il fixe les orientations en termes d'urbanisme opérationnel. C'est principalement sur son périmètre d'action qu'il montre ses limites par rapport aux recommandations que l'on entend formuler dans cette recherche. L'enjeu en ce moment est de dépasser le cadre géographique de la seule ville de Yaoundé pour intégrer les villes satellites ou environnantes comme Mbankomo, Obala, Mfou dans les plans d'urbanisme. La restructuration urbaine reste le seul véritable enjeu de cette opération Grand Yaoundé qui accuse un retard sur la gestion de l'étalement urbain. Plusieurs habitants partent désormais de la ville voisine de Mfou pour venir vaquer à leurs occupations quotidiennes à Yaoundé. Une tendance qui tend à se renforcer ces derniers temps. La pression foncière le long de cette route s'accroit de jour en jour. Il est urgent d'élaborer un plan de développement urbain englobant toutes ces villes et intégrant toutes les dimensions sectorielles d'une vaste métropole. Plusieurs lotissements ont été effectués hors de la ville et leurs promoteurs arguent que l'extension de la ville rejoindra ces nouveaux lotissements. Les transactions foncières se passent le plus souvent dans l'informel avec la crainte de reproduire la même trame urbaine que celle que l'on détruit à coût de millions de fcfa[157] aujourd'hui. Pour l'instant, l'occupation des bas-fonds inondables n'est pas encore à l'ordre du jour. Ceux-ci sont utilisés pour l'agriculture, mais face à la pression foncière qui s'annonce, il est fort à parier que ceux-ci seront également pris d'assaut dans les années à venir. Une descente sur la ville de Mbankomo fait craindre une reproduction du mode d'occupation des sols identique à celui des quartiers précaires de Douala et de Yaoundé.

En matière de mise en place des instruments de métroplisation, Douala, contrairement à Yaoundé, fait figure de bon exemple. Le CDS analysé plus haut donne un aperçu de l'esprit avant-gardiste des responsables en charge de l'urbanisme de cette cité. Yaoundé pourrait s'en inspirer d'autant plus que les réalités sociales sont les mêmes et les défis à relever identiques. Les villes

---

157 Monnaie locale

environnantes de Yaoundé énumérées ici disposent selon les informations recueillies auprès de leurs responsables des plans de développement au niveau communal.

Concernant la ville de Mfou, les autorités ont élaboré un Plan Communal de Développement « *Mfou 2035* » qui vise à faire de cette ville un grand carrefour, doté d'un plan d'urbanisme, des équipements et services sociaux, des infrastructures sociales, routières, industrielles et énergétiques modernes. La ville nourrit l'ambition de devenir un grand pôle de production écotouristique et agropastorale. Ces actions sont envisagées dans le cadre d'une planification stratégique. Cette planification stratégique qui se fait par secteur accorde une place importante à l'habitat et au développement urbain. Les objectifs sont divisés entre objectif supérieur, objectif de développement et objectifs spécifiques. L'objectif supérieur de ce secteur est l'amélioration significative de l'habitat et du cadre de vie des populations de la commune de Mfou. Au niveau de l'objectif de développement qui nous intéresse, il est question de maîtriser le développement urbain, d'améliorer le cadre et les conditions de vie des populations de la commune de Mfou. Pour ce qui des objectifs spécifiques, il s'agit de poursuivre la construction des infrastructures urbaines et la maîtrise de l'occupation des sols et l'habitat urbain.

À Mbankomo, le même plan conçu sur le même modèle accorde un traitement particulier au secteur des domaines et des affaires foncières. L'objectif supérieur ici s'inspirant du DSCE vise à permettre aux populations de satisfaire leurs besoins essentiels, de jouir de leurs droits fondamentaux et d'assumer leurs devoirs. L'objectif sectoriel spécifique qui en découle est la réduction de l'insécurité foncière afin de parvenir à une sécurisation des espaces fonciers érigée ici en objectif spécifique. Un autre secteur en lien avec cette recherche est identifié à Mbankomo à savoir le développement urbain et l'habitat. Son objectif supérieur toujours en lien avec le DSCE est d'assurer l'industrialisation à travers la transformation et la valorisation des matières premières locales et la promotion des exportations. L'amélioration de l'urbanisation et la qualité de l'habitat dans la commune est définie comme l'objectif stratégique, alors que la réduction de la précarité de l'habitat est un des objectifs spécifiques.

À Obala, le plan est conçu pour l'horizon 2025 et le secteur du développement urbain et de l'habitat a comme objectif global d'améliorer durablement l'état de l'habitat et ses objectifs spécifiques sont pour l'essentiel :

- de construire de façon durable les infrastructures urbaines ;
- de maîtriser l'occupation des sols et l'habitat urbain et ;
- de faciliter la modernisation de la ville d'obala.

L'accent est mis ici sur le développement durable. Le secteur des domaines et des affaires foncières entend prendre l'avance sur l'occupation des sols en prévoyant de faire des lotissements préalables à l'occupation des espaces et en même temps de réaliser le plan cadastral de la commune.

Cette revue des politiques de planification urbaine des villes voisines permet de rendre compte de l'intérêt que ces villes moyennes ou petites accordent à ce secteur. La proposition ici est d'élaborer un Schéma Directeur Métropolitain comme c'est le cas à Yaoundé, afin d'assurer une coordination de ces politiques d'urbanisme, mais aussi de garantir une cohésion territoriale. Cette organisation métropolitaine a l'avantage d'avoir déjà quelques instruments de structuration devant faciliter l'implémentation des différents projets. Il s'agit principalement de la mobilité métropolitaine dont l'élaboration d'un plan de mobilité à Yaoundé renforce la proposition de planification métropolitaine formulée plus haut. La métropole de Douala devra aussi s'inspirer de ce mécanisme pour mieux planifier son aire métropolitaine.

2-2- Une organisation de la mobilité métropolitaine

La métropolisation ne doit pas seulement se contenter de la régulation des frontières administratives des villes actuelles. Il faut déjà prendre en compte les difficultés de la vie au quotidien dans cet ensemble humain. L'une de ces difficultés sera sans doute la mobilité urbaine. En effet, cette dernière est une question délicate même pour les métropoles des pays développés. Les instruments déjà mobilisés ici doivent en plus de prendre en compte le caractère dynamique des centres urbains de Douala et de Yaoundé, penser une mobilité fluide à l'échelle de la métropole. Cette partie entend faire ainsi des propositions d'amélioration des instruments existants pour une meilleure adaptation à la suggestion de la métropolisation formulée dans cet ouvrage. Il s'agit du Plan de Mobilité Urbaine de Yaoundé et de Douala.

2-2-1- Le Plan de Mobilité Urbaine Soutenable de Yaoundé : un instrument aux ambitions limitées

Le Plan de Mobilité Urbaine Soutenable (PMUS) qui est envisagé ici comme instrument de planification urbaine est un outil de l'initiative MobiliseYour City (MYC) lancé par l'AFD et certains partenaires du Cameroun en vue d'encourager les politiques d'atténuation des émissions de gaz à effet de serre dues à la mobilité urbaine dans les pays en développement tout en améliorant les conditions de déplacements des populations[158]. Cette initiative vise à rendre la ville de Yaoundé plus inclusive et plus agréable à

[158] Extrait du rapport de synthèse du Plan de Mobilité Urbaine Soutenable pour la communauté urbaine de Yaoundé, version finale, Septembre 2019.

vivre tout en lui permettant de jouer son rôle moteur de la croissance économique. Au vu de cet objectif, il est clair que la ville de Yaoundé est la seule priorité de cet outil. Même si le PMUS vient rendre la circulation plus fiable, il participe à la concentration des activités dans le même centre urbain, ou du moins il est mis en œuvre dans le cadre de cette vision. Or, l'idée qui semble appropriée ici est celle d'un desserrement des fonctions de la ville pour créer autour d'elle, des centres urbains importants pouvant absorber le flux de migration tout comme les activités liées à l'urbanisation et au développement des villes.

Certes, le réseau urbain de la ville a urgemment besoin d'une rénovation en vue de trouver une solution à l'épineux problème des embouteillages que l'on rencontre au quotidien. Toutefois, il est judicieux de procéder à une telle restructuration de la voirie dans le cadre d'une politique plus ambitieuse prenant en compte la mobilité dans une métropole incluant toutes les villes autour de Yaoundé. L'explosion démographique comme on l'a mentionné plus haut a pour conséquence directe dans les grandes villes du Cameroun, une extension urbaine rapide et non maîtrisable. Le manque de ressources qui contribue à amplifier ce phénomène peut comme on l'a démontré ici trouver une solution dans le cadre de la constitution d'une métropole. La mobilité urbaine peut contribuer à résoudre ces problèmes donc la maîtrise de l'extension urbaine.

Les villes comme Mbankomo, Mfou, Obala ou encore Nkolafamba et Bikok sont situées à quelques minutes du centre-ville de Yaoundé. Une bonne organisation de la voirie suivie des transports en commun pourra inciter les habitants à s'y installer et désengorger la ville de Yaoundé. Un tel mécanisme aura pour effet de contrôler l'extension urbaine et mieux organiser l'occupation de la surface habitable de la métropole en construction. Selon le rapport de synthèse du PMUS, les sites de Yaoundé 1, Yaoundé 5 et Yaoundé 6 seraient saturés dès l'horizon 2025. En 2035, il y aurait encore un peu de marge sur Yaoundé 3 notamment dans la partie Sud-Ouest de la ville et beaucoup moins sur Yaoundé. Le rapport précise que les surplus de chacune de ces zones viendraient alimenter les communes alentour.

L'autre critique formulée en l'endroit du PMUS est l'implication des acteurs dans sa conception. Cet instrument de mobilité urbaine a été élaboré en tenant compte du périmètre global de ce qu'ils ont nommé l'aire métropolitaine[159]. Parmi les acteurs ayant pris part aux travaux du comité technique durant tout le processus d'élaboration du PMUS, on ne note pas la participation des responsables communaux ou administratifs de ces

[159] L'aire métropolitaine de Yaoundé selon ces acteurs englobe les communes avoisinantes de Yaoundé au rang desquelles : Lobo et Okola à l'Ouest, Obala et Soa au Nord, Nkolafamba et Mfou à l'Est et au Sud, et enfin Mbankomo et Bikok au Sud-Ouest. Il s'agit au total d'une superficie d'environ 700 km² dont 304 km² dans les limites administratives de la ville de Yaoundé.

communes environnantes pourtant, il faut aussi les inclure dans le projet qui les concerne. Il en est de même des collectivités coutumières environnantes qui n'ont pas été intégrées au projet. Construire un réseau de transport à l'échelle de la métropole nécessite leur implication à cause du problème foncier ou du dédommagement de ceux qui ont leurs habitations ou leurs cultures sur les parcellaires qui seront réquisitionnées pour la construction des voiries métropolitaines.

Ce projet n'est pas assez inclusif et moins ambitieux au niveau de la surface d'implémentation de la politique. Ces mêmes problèmes semblent se retrouver dans la politique de mobilité de la ville de Douala.

2-2-2- Intensifier le réseau de mobilité urbaine à Douala

La voirie de la ville de Douala est au regard des autres secteurs de l'urbanisation, la mal aimée du développement urbain. En effet, cette voirie se concentre principalement dans les zones centrales. Comme indiqué dans le rapport final du programme de politiques de transport en Afrique subsaharienne, dans la périphérie de Douala, seuls sont bitumés quelques radiales et maillages de zones ayant fait l'objet de programmes d'urbanisation (Douala Nord, les cités SIC...) ou de restructuration. Les zones centrales de la ville sont ceinturées par certaines barrières comme le fleuve, la gare ferroviaire de Bessengué, la zone industrielle de Bassa et l'ancien aéroport. Tout comme Yaoundé, la ville de Douala n'a pas encore pensé un système de transport au niveau métropolitain. Il faut dire que les municipalités sont très préoccupées par les nombreux problèmes de transport au niveau de la ville, les empêchant de se penser sur une politique au niveau de l'aire métropolitaine. Certains projets actuellement en cours ou déjà réalisés vont dans le sens de la mise en place d'un réseau de transport métropolitain même s'ils restent limités. C'est le cas des entrées Est et Ouest de la ville de Douala ou encore le deuxième pont sur le Wouri.

Pour ce qui est de la pénétrante Est, ce projet financé par le C2D dessert près des deux tiers de la population de l'arrondissement de Douala 3e l'un des arrondissements le plus mal loti en infrastructures de base et notamment routières, malgré l'importance de sa population. Cette voie concentre 80 % des déplacements au niveau local et interurbain. Si les travaux engagés permettent de désengorger la circulation sur cet axe, du point de vue de la métropolisation, il y a de nombreuses critiques à formuler. Cette entrée ne dispose d'aucun aménagement spécifique adapté au trafic local en transport en commun. Une structuration qui ne permet pas d'organiser la mobilité urbaine métropolitaine en l'absence de la desserte par transports en commun. Cette entrée est beaucoup plus une voie de circulation interurbaine, une sorte de route nationale. L'étalement de la ville vers l'est est de plus en plus important et, depuis la construction du stade dans la localité de Japoma, ce phénomène s'est accéléré avec une consommation importante du foncier.

Pour ce qui est du deuxième pont sur le Wouri, ce projet est aussi limité à la ville de Douala et vise à rendre fluide le transport entre Bonabéri et la ville. Il est le point d'entrée d'importants stocks de marchandises et de vivres de l'Ouest du pays et rejoint le projet du réaménagement de la pénétrante Ouest qui va du carrefour de la commune de Douala 4e à l'échangeur Bekoko. Ce tronçon aurait pu être encore prolongé pour atteindre la ville de Dibombari.

Face à ces limites des instruments de mobilité urbaine, il est suggéré de mettre en place des instruments plus ambitieux se déployant sur le long terme.

SECTION 2 - DES INSTRUMENTS PLUS AMBITIEUX ET PROJETÉS SUR LE LONG TERME

Même si la migration vers les grandes villes ne s'est pas arrêtée, à Douala comme à Yaoundé, on observe une inflexion au profit des villes satellites situées à quelques encablures de ces deux agglomérations. Ceci est la combinaison de plusieurs facteurs dont la proximité du milieu rural qui favorise l'exercice d'activités mixtes, urbaines et rurales[160]. La dilution des petites villes dans les métropoles qui ne cessent de s'étendre semble être un enjeu important pour la prochaine activité de planification urbaine. On s'achemine alors vers une planification urbaine qui prend en compte le phénomène de la périurbanisation, ainsi que l'élaboration des instruments participatifs, afin d'appuyer une démocratie participative qui montre des signes de faiblesse.

1 - La périurbanisation comme enjeu futur de la planification

Les autorités camerounaises doivent penser à mettre en place un mécanisme de planification qui prend en compte le phénomène de la périurbanisation. En effet, celui-ci sera au cœur de la politique urbaine dans les décennies à venir et il est important d'anticiper sur les éventuels défis que l'on pourrait rencontrer plus tard. Ces enjeux sont de deux ordres à savoir : la recherche scientifique et la morphologie urbaine.

[160] Gubry et al. 1996 ; Bruneau 2003, Beauchemin 2002, 2005 ; cités par Aristide Yemmafouo, 2013.

1-1- La périurbanisation comme objet d'étude à venir

Les deux approches ayant orienté les recherches sur les villes en Afrique, notamment celles du Cameroun, sont l'approche développementaliste et l'approche culturaliste. Pour la première qui a orienté les études coloniales et post-coloniales, la ville en Afrique est duale. Elle distingue la ville conçue sur le modèle occidental, symbole de la bonne ville, de la ville qui s'est formée loin des règles d'urbanisme. Cette dernière ne serait qu'un gros village qui côtoie la ville. Le travail des urbanistes et des autorités était alors de transformer ce village africain à l'image de la ville occidentale.

L'approche culturaliste qui s'intéresse au processus de formation des villes soutient que la ville occidentale, fondamentalement différente de la ville africaine est le fruit de la révolution industrielle, alors que celle d'Afrique n'est que le résultat de l'exode rural. À l'image des analyses sur l'État importé, la ville africaine est une mauvaise importation de la ville occidentale, un champ d'affrontement permanent entre tradition et modernité.

Avec le phénomène de la périurbanisation qui s'annonce, c'est une nouvelle perspective d'analyse qui s'ouvre pour les villes d'Afrique en général et camerounaises en particulier. Cette nouvelle forme d'urbanisation va décentrer l'attention des chercheurs sur les grandes villes au profit des petites et moyennes villes souvent situées non loin des premières. Ces villes satellites constituent des laboratoires pour l'étude du processus d'urbanisation à des échelons inférieurs. La multiplication des études sur les petites villes ces dernières années semble attester de ce fait. Citant Bertrand (1993), Yemmafouo a dénombré au moins 1213 références sur cette problématique. L'auteur cite également Pourtier (2001) qui évoque « *le temps des petites villes* ».

La nécessité de spatialisation du phénomène périurbain constitue également une approche enrichissante à explorer. Empruntant aux indicateurs connus de la ville et de la campagne, le périurbain offre un cadre d'étude enrichissant au chercheur. Cette approche morphologique peut également avoir recours à l'approche par les acteurs et intéresser sociologues, psychologues ou encore anthropologues. L'organisation de ce cadre géographique est lui aussi une fenêtre intéressante pour le chercheur qui va s'intéresser à l'étudier du cadre de vie et de l'environnement, tout comme de la gouvernance périurbaine. L'ensemble de ces pistes de recherche doit permettre au Cameroun de mieux saisir le mouvement actuel pour mieux penser son développement urbain et éviter ainsi une copie des procédés occidentaux en la matière.

1-2- La périurbanisation comme desserrement des fonctions urbaines

Deux raisons justifient l'accélération du phénomène de la périurbanisation au Cameroun. Il s'agit de la facilité d'accès au foncier et l'installation des industries dans les zones périurbaines. Dans le premier cas, plusieurs habitants des localités de Mfou, Nkometou et Mbankomo ont révélé que la décision de s'installer dans ces villes situées à 30 minutes du centre-ville a été motivée par les prix de vente des terrains. Ces départs vers les villes satellites sont à encourager, car ils permettent de soulager les autorités notamment dans les opérations de mise à disposition de ces personnes, des habitats décents conformément à leurs engagements avec les bailleurs de fonds ou leurs missions régaliennes. La surpopulation dans ces villes est un véritable défi qui entraîne une pression remarquable sur l'espace naturelle qui se dégrade rapidement.

À Douala, les localités de Bomono, Dibombari ou Yassa sont également le théâtre d'une immigration importante grâce à l'installation de plusieurs industries qui ont préféré laisser la zone industrielle traditionnelle pour les zones périurbaines. Ce décentrement entraîne un déplacement des habitants de la ville vers sa périphérie, ainsi que les entrepreneurs attirés par la floraison d'activités nées de ces mouvements. Qu'ils soient des employés ou des agents économiques exploitant le potentiel de ces nouveaux centres industriels, ces citoyens choisissent de s'installer hors de la ville ou alors partent de la ville chaque matin pour ces petites bourgades. Ce mécanisme participe au desserrement des fonctions de la ville tout en soulageant celle-ci d'une pression migratoire et d'une intense activité industrielle porteuse de pollution qui nuit gravement à l'environnement. Pour Yemmafouo (2013), le péri-urbain est devenu un lieu de vie permanent et stable où s'observent des modes particulières tranchant nettement avec la vie en cité. Pour lui, les modèles de villes denses se sont révélés étouffants pour bon nombre de citadins qui ont décidé de se retrancher à la périphérie. Ce péri-urbain est un pôle de création de la richesse, qui alimentent les villes de Douala et de Yaoundé.

Le développement des activités agricoles en milieu urbain[161] constitue une alternative pour des populations défavorisées. Leur déplacement organisé vers les zones péri-urbaines où les terres arables sont plus disponibles, les permettra de mieux pratiquer leurs activités tout en restant connecté à la zone urbaine.

---

[161] Voir à ce propos : Aristide Yemmafouo, « L'agriculture urbaine camerounaise. Au-delà des procès, un modèle socioculturel à intégrer dans l'aménagement urbain », *Géocarrefour* [En ligne], 89/1-2 | 2014, consulté le 28 août 2020. URL : http://journals.openedition.org/geocarrefour/9413 ; DOI :https://doi.org/10.4000/geocarrefour.9413 ; Prosper Asaa Nguegang, l'agriculture urbaine et périurbaine à Yaoundé : analyse fonctionnelle d'une activité montante en économie de survie, OmniScriptum, 2011.

On retrouve ici une vieille problématique relative à la ségrégation et à la fragmentation métropolitaine développée par l'école de Chicago dès les années 1920 (Graymeyer and Joseph, 1984 ; cités par Douay, 2007). En effet, le renforcement du polycentrisme qui d'un point de vue social s'apparente à un processus de différenciation socio-spatiale ou de division sociale de l'espace accompagne toujours le processus de métropolisation. Ce qui est mis en avant dans ces études, ce sont les logiques de ségrégation pouvant exister entre les groupes sociaux et ethniques dans leur manière d'occuper l'espace, d'autant plus que ceux qui s'installent dans les zones périurbaines viennent des aires culturelles différentes.

Pour les tenants de l'école de Chicago, les logiques de fragmentation s'expriment de deux manières différentes :

- les processus de relégation des populations les plus défavorisées ;
- les processus de mise à l'écart volontaire des populations les plus aisées pouvant conduire à l'avènement de « *gated commuties* »

Ces logiques semblent se vérifier au Cameroun où l'on a pu observer que ceux en périphérie sont issus des couches sociales pauvres, moyennes, et riches.

1-3- Privilégier un urbanisme durable

L'urbanisme durable est une notion qui s'inspire du développement durable et des problématiques liées à la protection de l'environnement. Avec les effets du changement climatique qui se font de plus en plus menaçants pour la sécurité de l'homme notamment dans les grandes villes, il est impératif de réinventer de nouveaux modes d'urbanisme qui tiennent compte de l'environnement et de sa préservation. En effet, l'urbanisme durable recouvre plusieurs dimensions à la fois technique, économique, écologique, sociale et plus largement culturelle. Il est impératif pour les autorités camerounaises de bâtir la ville aujourd'hui en tenant compte de ces dimensions. Cet urbanisme doit s'inscrire dans un processus tel qu'exposé plus haut dans cette étude. Il est une démarche de projet et de progrès qui doit ré-interpeller les pratiques professionnelles, les responsables politiques et les acteurs locaux que sont les habitants. Cette forme d'urbanisme semble d'ailleurs mieux adaptée à la logique territoriale de la planification que l'on observe aujourd'hui au Cameroun avec le renforcement de la décentralisation consécutivement aux dernières réformes en la matière telles que révélées plus haut.

Notre recherche a permis de découvrir que le Cameroun avait d'ailleurs une bonne politique qui semble poser les bases d'une meilleure implémentation de cette politique. Des projets urbains ont déjà été initiés dans ce sens. Il en est du Projet de Développement des villes Inclusives et

Résilientes (PDVIR) qui fait suite au Projet de Développement des Secteurs Urbain et de l'Approvisionnement en Eau (PDUE) qui fut exécuté dans les villes camerounaises de 2008 à 2015. Ces projets portés par plusieurs acteurs dont le gouvernement camerounais et la Banque Mondiale visent à accroître l'accès des populations urbaines en majorité jeunes, notamment celle des quartiers sous-équipés, aux infrastructures et services de base. Pour le PDVIR, l'objectif visé est l'inclusion.

Il faut dire que certaines politiques d'exclusion du gouvernement dont les plus en vue furent les déguerpissements massifs de populations parfois abandonnées à leur sort avaient été beaucoup critiqué par certains partenaires au développement au premier rang desquels la Banque Mondiale, l'Union européenne ou encore ONU-Habitat. Désormais, il était recommandé de privilégier l'inclusion en trouvant sur place, des mécanismes pour fournir aux populations des moyens nécessaires et un cadre propice pour une vie décente et digne conforme aux attentes des partenaires. C'est cette philosophie qui avait déjà guidé le PDUE. Les succès encourageants de cette première aventure, persuadèrent les autorités en relation avec la BM de lancer le PDVIR. Etalé sur une durée de six ans, ce projet visait à agir sur plusieurs questions inclusives telles que :

- l'inclusion spatiale par l'amélioration de l'accès aux services urbains des populations des quartiers sous-équipés ;
- l'inclusion économique en favorisant l'accès à des opportunités économiques, notamment pour les jeunes ;
- l'inclusion sociale par des mécanismes de participation et d'engagement des communautés dans la prise des décisions et la gestion locale.

Les actions à développer devaient être en conformité avec les directives de développement durable incluant à cet effet :

- les politiques de sauvegarde de la BM ;
- les critères de performance de la Société Financière Internationale (SFI) ;
- les directives environnementales, sanitaires et sécuritaires du groupe de la Banque Mondiale ;
- les normes fondamentales du travail de l'Organisation Internationale du Travail (OIT) ;
- la législation environnementale de l'UE et la législation nationale en matière de l'environnement.

Pour ce qui est de la législation nationale en matière de l'environnement, on peut affirmer que ce domaine du droit n'a pas connu la même influence de la coutume et de la triple expérience coloniale sur sa structuration comme les autres. C'est en effet dans la loi n°96/12 du 5 août 1996 portant loi-cadre relative à la gestion de l'environnement et ses textes d'application qu'il faut chercher l'essentiel du droit de l'environnement. Toutefois, cette loi, sans en faire une exclusivité, accorde cependant une place à la coutume. L'article 2 alinéa 2 dispose que la protection et la gestion de l'environnement comportent des aspects sociaux et culturels. Elle dispose également que les communautés de base sont associées à la mise en œuvre de la politique nationale de l'environnement. L'article 9 de ladite loi va encore plus loin en aménageant un espace à l'application de la coutume dans la gestion de l'environnement à travers le principe de subsidiarité.

Ce principe prévoit qu'en l'absence d'une règle de droit écrite, générale ou spéciale en matière de protection de l'environnement, la norme coutumière identifiée d'un terroir donné et avérée plus efficace pour la protection de l'environnement s'applique. Ce mécanisme relègue la coutume au rang de source secondaire du droit. Si cela semble sans importance au regard de l'arsenal juridique nationale en la matière, le bien-fondé d'une telle disposition dans le contexte de l'autonomisation des CTD contribue à renforcer la gouvernance locale. On se retrouve par ce mécanisme dans une sorte d'aller et retour entre la territorialisation marquée par le recul du centralisme étatique et la tutelle administrative sur les CTD, et la sectorisation qui sert de pont pour le retour d'un État toujours très présent dans les politiques locales dont la planification urbaine. Concrètement, sous le prétexte de la mise en application des dispositions légales en matière de protection de l'environnement, les autorités centrales s'assurent d'un contrôle sur les projets urbains relatifs à la planification urbaine. C'est le cas avec le PDVIR. Il ne fait aucun doute que la mise en œuvre de ce projet devait avoir un impact environnemental sur leurs espaces physiques.

Aussi, il a été exigé pour chaque projet, une étude d'impact environnemental et social ainsi qu'un plan d'action de réinstallation en vue de s'assurer de sa conformité aux prescriptions légales requises d'une part, par les lois et règlements du Cameroun et d'autre part, par les instruments de sauvegardes environnementales de la BM. Pour ce qui de la ville de Douala, ce projet a pris la forme d'un ensemble de travaux d'aménagement de certaines voiries et drains structurants dans les arrondissements de Douala 3e et de Douala 5e. À Yaoundé, ce furent les travaux d'aménagement de certaines voiries structurantes dans les communes d'arrondissement de Yaoundé 5e et Yaoundé 7e. Après une étude d'impact environnemental menée par un cabinet spécialisé, le dossier comprenant un rapport détaillé a été transmis au ministre de l'environnement pour validation afin de délivrer aux porteurs dudit projet, une attestation de conformité environnementale comme on peut le voir dans les images 1 et 2 ci-dessous. La délivrance de ce certificat a été précédée par une note du ministre de l'environnement comprenant les remarques sur le projet et ses caractéristiques ainsi que sur le rapport d'étude d'impact environnemental.

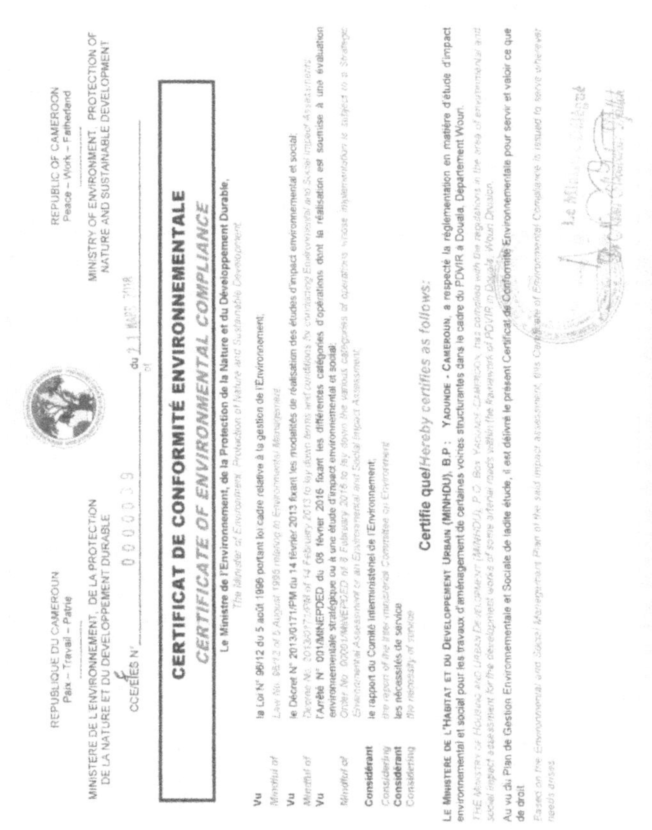
REPUBLIQUE DU CAMEROUN
Paix - Travail - Patrie

MINISTERE DE L'ENVIRONNEMENT, DE LA PROTECTION DE LA NATURE ET DU DEVELOPPEMENT DURABLE

REPUBLIC OF CAMEROON
Peace - Work - Fatherland

MINISTRY OF ENVIRONMENT, PROTECTION OF NATURE AND SUSTAINABLE DEVELOPMENT

CCE/EIES N° 0 0 0 0 0 3 9 du 2 1 MARS 2018
of

CERTIFICAT DE CONFORMITÉ ENVIRONNEMENTALE

CERTIFICATE OF ENVIRONMENTAL COMPLIANCE

Le Ministre de l'Environnement, de la Protection de la Nature et du Développement Durable,
The Minister of Environment, Protection of Nature and Sustainable Development

Vu la Loi N° 96/12 du 5 août 1996 portant loi cadre relative à la gestion de l'Environnement;
Mindful of Law No. 96/12 of 5 August 1996 relating to Environmental Management

Vu le Décret N° 2013/0171/PM du 14 février 2013 fixant les modalités de réalisation des études d'impact environnemental et social;
Mindful of Decree No. 2013/0171/PM of 14 February 2013 to lay down terms and conditions for conducting Environmental and Social Impact Assessments;

Vu l'Arrêté N° 001/MINEPDED du 08 février 2016 fixant les différentes catégories d'opérations dont la réalisation est soumise à une évaluation environnementale stratégique ou à une étude d'impact environnemental et social;
Mindful of Order No. 00001/MINEPDED of 8 February 2016 to lay down the various categories of operations whose implementation is subject to a Strategic Environmental Assessment or an Environmental and Social Impact Assessment;

Considérant le rapport du Comité Interministériel de l'Environnement;
Considering the report of the Inter-ministerial Committee on Environment

Considérant les nécessités de service
Considering the necessity of service

Certifie que/*Hereby certifies as follows:*

LE MINISTERE DE L'HABITAT ET DU DEVELOPPEMENT URBAIN (MINHDU), B.P : YAOUNDE - CAMEROUN, a respecté la réglementation en matière d'étude d'impact environnemental et social pour les travaux d'aménagement de certaines voiries structurantes dans le cadre du PDVIR à Douala, Département Wouri.

THE MINISTRY OF HOUSING AND URBAN DEVELOPMENT (MINHDU), P.O. Box YAOUNDE - CAMEROON, has complied with the regulations in the area of environmental and social impact assessment for the development works of some arterial roads within the framework of PDVIR in Douala, Wouri Division.

Au vu du Plan de Gestion Environnementale et Sociale de ladite étude, il est délivré le présent Certificat de Conformité Environnementale pour servir et valoir ce que de droit.

Based on the Environmental and Social Management Plan of the said impact assessment, this Certificate of Environmental Compliance is issued to serve wherever needs arises.

Le Ministre

Image 1 : Certificat de conformité environnemental pour le projet urbain PDVIR à Douala
Source : ministère de l'Urbanisme et de l'Habitat

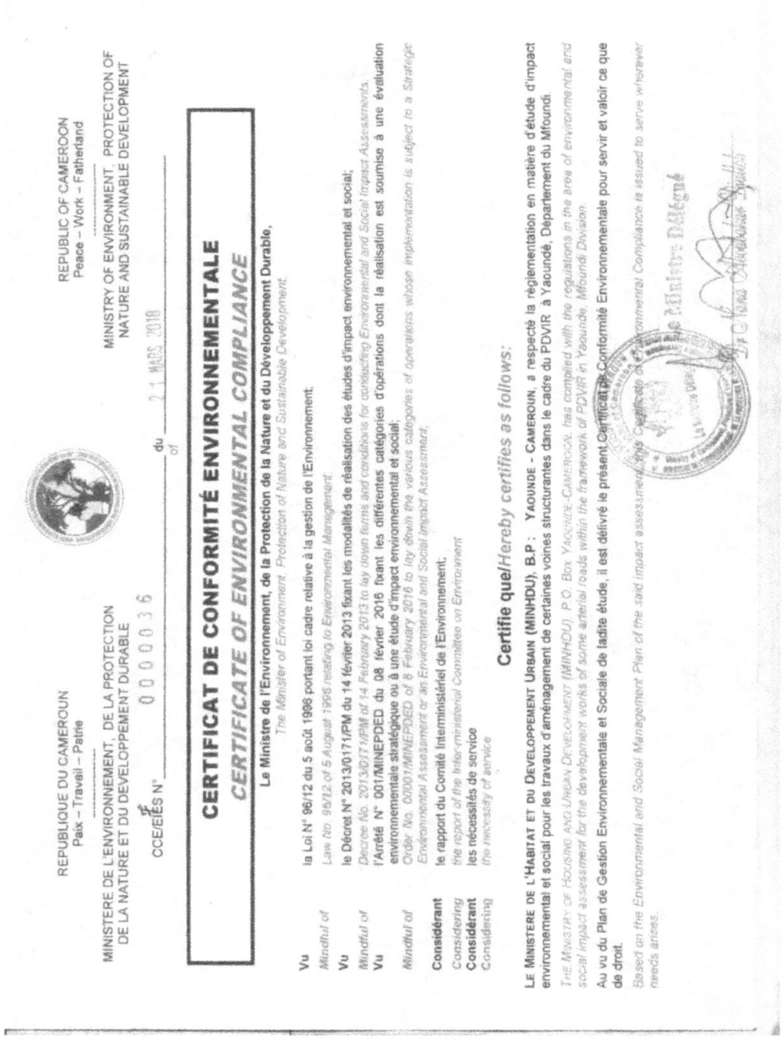

REPUBLIQUE DU CAMEROUN
Paix – Travail – Patrie
MINISTERE DE L'ENVIRONNEMENT, DE LA PROTECTION DE LA NATURE ET DU DEVELOPPEMENT DURABLE

REPUBLIC OF CAMEROON
Peace – Work – Fatherland
MINISTRY OF ENVIRONMENT, PROTECTION OF NATURE AND SUSTAINABLE DEVELOPMENT

CCE/EIES N° 000036 du / of 21 MARS 2018

CERTIFICAT DE CONFORMITÉ ENVIRONNEMENTALE

CERTIFICATE OF ENVIRONMENTAL COMPLIANCE

Le Ministre de l'Environnement, de la Protection de la Nature et du Développement Durable,
The Minister of Environment, Protection of Nature and Sustainable Development,

Vu la Loi N° 96/12 du 5 août 1996 portant loi cadre relative à la gestion de l'Environnement;
Mindful of Law No 96/12 of 5 August 1996 relating to Environmental Management;
Vu le Décret N° 2013/0171/PM du 14 février 2013 fixant les modalités de réalisation des études d'impact environnemental et social;
Mindful of Decree No. 2013/0171/PM of 14 February 2013 to lay down terms and conditions for conducting Environmental and Social Impact Assessments;
Vu l'Arrêté N° 001/MINEPDED du 08 février 2016 fixant les différentes catégories d'opérations dont la réalisation est soumise à une évaluation environnementale stratégique ou à une étude d'impact environnemental et social;
Mindful of Order No. 00001/MINEPDED of 8 February 2016 to lay down the various categories of operations whose implementation is subject to a Strategic Environmental Assessment or an Environmental and Social Impact Assessment;
Considérant le rapport du Comité Interministériel de l'Environnement;
Considering the report of the Inter-ministerial Committee on Environment;
Considérant les nécessités de service
Considering the necessity of service

Certifie que/*Hereby certifies as follows:*

Le Ministere de l'Habitat et du Developpement Urbain (MINHDU), B.P : Yaounde - Cameroun, a respecté la règlementation en matière d'étude d'impact environnemental et social pour les travaux d'aménagement de certaines voies structurantes dans le cadre du PDVIR à Yaoundé, Département du Mfoundi.

The Ministry of Housing and Urban Development (MINHDU), P.O. Box Yaounde-Cameroon, has complied with the regulations in the area of environmental and social impact assessment for the development works of some arterial roads within the framework of PDVIR in Yaounde, Mfoundi Division.

Au vu du Plan de Gestion Environnementale et Sociale de ladite étude, il est délivré le présent Certificat de Conformité Environnementale pour servir et valoir ce que de droit.

Based on the Environmental and Social Management Plan of the said impact assessment, this Certificate of Environmental Compliance is issued to serve wherever needs arises.

Le Ministre Délégué

Image 2 : Certificat de conformité environnemental pour le projet urbain PDVIR à Yaoundé
Source : Ministère de l'Urbanisme et de l'Habitat

Cette forme d'organisation et de gestion des projets urbains semble bénéfique pour les populations et leur cadre de vie et c'est logiquement qu'il est recommandé de l'appliquer plus souvent. Si le recours à certains mécanismes comme le certificat de conformité fait craindre un retour au centralisme étatique très ancré dans les mentalités, il est suggéré ici de mettre en place au niveau local des institutions de relais de la politique environnementale nationale. Ces organismes seront alors sous la supervision d'une entité technique qui veillera au respect non seulement des dispositions légales en matière juridique, mais aussi à la cohérence nationale de cette politique. Rapprocher ces institutions au plus près des populations permettra de mieux déployer les mécanismes d'implémentation de la gouvernance urbaine intégrant l'ensemble des acteurs d'un territoire.

2 - Une nécessaire consécration des instruments collaboratifs contraignants et incitatifs

Après avoir constitué la métropolisation des villes de Douala et de Yaoundé, il est important pour les autorités de doter les acteurs de la planification urbaine des instruments non seulement collaboratifs, mais également contraignants. Il s'agit ici des instruments processuels qui organisent l'activité de planification et qui font de la collaboration entre tous les acteurs une contrainte. Cette dernière vise non seulement l'intégration de l'ensemble des acteurs au processus, mais accorde également un pouvoir plus important aux citoyens lors de ce processus. Il s'agit alors de passer des recommandations aux contraintes dans l'application des principes de la gouvernance urbaine, mais également de l'institutionnalisation du contrôle citoyen de l'action publique urbaine. Cette orientation conduit à suggérer le recours aux instruments collaboratifs et contraignants pour les autorités publiques, et des instruments collaboratifs et incitatifs pour les citoyens.

2-1-Rompre avec les idées centralistes et la primauté de la puissance publique dans l'aménagement urbain

La consécration des instruments collaboratifs ne peut se faire que si leur réappropriation par les acteurs de l'action publique de planification urbaine se fait dans le cadre de procédures contraignantes. Le caractère contraignant des instruments mis en exergue ici doit cibler en priorité l'activité des autorités communales dans le processus de planification urbaine. Cette contrainte concernera la mobilisation des instruments collaboratifs en vue de mieux impliquer l'ensemble des acteurs dans le processus. Ce préalable permettra aussi une exploitation appropriée des ressources du territoire à planifier. Pour ce faire, il importe de mettre sur pied un mécanisme de planification collaboratrice à l'échelle métropolitaine après avoir rendu contraignante l'implication de tous les acteurs au processus de planification.

2-1-1- La collaboration contraignante

Par collaboration contraignante, il est question de suggérer que des mécanismes doivent être trouvés en vue de forcer les autorités en charge de l'action publique de planification urbaine à intégrer l'ensemble des acteurs au processus. Jusqu'ici, les documents d'urbanisme indiquent qu'il faut consulter tous les acteurs en dressant par ce fait une liste des personnes et personnalités à intégrer dans le processus. Cette approche a montré ses limites dans la mesure où l'on observe que, malgré la prescription de mobilisation locale dans le cadre de ces opérations, la planification continue de se faire sans la présence de tous les acteurs, notamment les populations locales. L'article 36 de la loi de 2004 dispose que les associations locales sont consultées pour l'élaboration ou la révision des documents d'urbanisme, mais seulement à leur demande. Cette disposition peut se lire comme une norme non-impérative[162] permettant à l'État de se soustraire aux conditionnalités des bailleurs de fonds, qui exigent l'implication des populations dans l'action publique. Si cette norme a été bien exploitée par certains acteurs, notamment les propriétaires fonciers et les membres de certaines associations qui défendent les intérêts des citoyens victimes d'injustices suite à certaines opérations d'aménagement, cette mesure n'a pas favorisé la participation de tous.

La même loi dispose en son article 49 que « *l'implication des populations, des groupes organisés et de la société civile à la mise en œuvre des règles générales d'urbanisme, d'aménagement urbain et de construction, doit être encouragée.* » Toutefois, il n'existe aucune directive sur les formes d'encouragement de cette participation, ni même ses modalités de mise en œuvre. La conséquence est que les autorités continuent de se passer de cette participation à cause de la réticence des citoyens à participer à l'action

[162] Les normes non impératives sont les normes relevant d'une direction juridique non autoritaire des conduites (Chevalier, 2009, cité par Fouad, 2011). L'auteur ajoute qu'on peut les définir comme : *des normes obligatoires, c'est-à-dire des normes dont il faut nécessairement tenir compte, sans être impératives, ce qui signifie qu'elles peuvent ne pas être pleinement exécutées. Il est obligatoire de tendre à les réaliser, il n'est pas impératif d'y parvenir.* Ce mécanisme vise certainement à contenter les acteurs internationaux qui sont porteurs des prescriptions de mobilisation locale dans le cadre des politiques d'urbanisme. La bonne excuse des autorités est très souvent fondée sur le désintérêt des populations. Mais en laissant cette opportunité, cela a favorisé l'implication de plusieurs acteurs qui interviennent à plusieurs étapes du processus, surtout ceux qui ont des intérêts directs dans les opérations d'urbanisme.

publique. Dans le rapport du CDS de Douala par exemple, il est indiqué que les habitants étaient réticents à l'idée de participer aux concertations en prélude à la conception de cet instrument et, au lieu de trouver les mécanismes pour surmonter cet obstacle, le comité a préféré se passer de leur participation. C'est justement ce genre de procédés qu'il faut combattre, en conditionnant la validation des travaux de ces comités à la participation effective de tous les acteurs. Lors de nos enquêtes de terrain, il a semblé intéressant de savoir pourquoi les citoyens ne s'intéressaient pas à la politique d'aménagement de leur cité et la réponse qui venait régulièrement était liée au caractère très technique des débats. Dans un pays où le poids de l'opinion publique n'a pas encore un impact et les avis sur les politiques publiques sont rares, seuls quelques citoyens acceptent de participer à ces débats.

Les autorités doivent contraindre les planificateurs à trouver des mécanismes permettant de recueillir les avis des citoyens par les enquêtes, les sondages ou les campagnes publiques d'échange et de dialogue. Ils peuvent également recourir à la mobilisation des agents communautaires pour récolter les avis des citoyens et en faire une synthèse pour soumettre l'ensemble aux décideurs de la politique. Ce mécanisme va alors faciliter la mise en œuvre d'une planification collaboratrice dans la mesure où l'on escompte, en effet, une meilleure efficacité des politiques publiques lorsqu'elles sont adossées à la délibération (au sens de l'échange public de points de vue) avec leurs utilisateurs qui ont souvent des connaissances fines dans les domaines comme l'urbanisme (Carrel, 2013).

2-1-2-Une planification métropolitaine complètement collaboratrice

La planification de Douala et de Yaoundé pour plus d'efficacité doit être collaboratrice et intégrer toutes les parties prenantes de la phase de formulation des propositions ou de sélection des projets à son implémentation. Pour que cela soit effectif, il faudra joindre les documents et textes de lois encadrant cette activité par des mesures obligatoires de collaboration. La concentration de la planification urbaine entre les mains des autorités, tout comme le contrôle de légalité qui a remplacé récemment la tutelle préfectorale sur les mairies, n'est pas de nature à garantir aux villes camerounaises l'adoption des bons instruments de planification. La nature variée des intérêts des différents acteurs constitue un obstacle majeur pour la construction des consensus autour des enjeux urbains. Une collaboration partielle ou inexistante sera de nature à compliquer davantage la tâche aux autorités. L'extension de ces agglomérations vers les villes satellites intègre de nouveaux acteurs notamment les propriétaires de droits fonciers et complique davantage l'interaction avec les acteurs étatiques situés loin de leurs lieux de résidence. Rien ne peut se développer sur des terres appartenant à des individus même lorsque, par des mécanismes légaux ceux-ci ont cédé leurs droits à la puissance publique, le contexte traditionnel de l'exploitation de la terre voudrait que le propriétaire donne son accord avant toute mise en valeur.

Pour les riverains d'un projet, la ville ou la métropole demeure leur village, la terre de leurs ancêtres. Savoir négocier avec ces derniers dès le début est une bonne approche pour la réussite du projet urbain en question.

3-Une incitation à l'engagement citoyen

Les mesures contraignantes accompagnant l'élaboration des instruments de planification urbaine doivent être accompagnées des mesures incitatives d'engagement des citoyens. Il est important d'inculquer la notion d'engagement chez les citoyens qui ne se sentent pas très souvent concernés par les initiatives de développement communautaire. Cet esprit d'engagement est un préalable à leur pleine implication dans l'élaboration des instruments de planification urbaine. Les mesures à adopter dans ce sens peuvent être la subvention des comités de développement des quartiers et la consécration juridique du contrôle citoyen de l'action publique.

3-1- La subvention des comités de développement : une incitation à la planification collaboratrice

Selon Fongang (2014), le comité de développement est une organisation à travers laquelle les membres d'une communauté (territorialement parlant) se rencontrent pour réfléchir et poser les actions en faveur de leur territoire. Cette démarche entre dans le cadre d'un dispositif territorial que l'auteur définit comme « *Toute dynamique impliquant des acteurs appartenant à un même territoire, engagé dans un processus de définition à leur échelle, de politique ou de choix concernant le présent et/ou l'avenir du territoire (ce processus peut être cadré par des directives nationales ou globales, ou bien émergeant de la base)* ».

Cette forme d'organisation de l'action collective citoyenne rentre dans le cadre de ce que l'on désigne comme la gouvernance locale. Celle-ci renvoie à la construction d'une comptabilité entre différents acteurs géographiquement proches en vue de la réalisation de projets locaux (Gilly et Perrat, 2002, cité par Fongang, 2014). Selon Fongang (2012), « *A ce niveau de territorialité, la bonne gouvernance se traduirait par une participation active des entités sociales qui se concertent dans un élan de co-construction d'une qualité de vie décente, à la recherche d'un accès à de meilleurs services sociaux pour tous* ». Ce concept permet de porter un regard sur le lien de partenariat qui existerait entre les différents acteurs présents et intervenants à l'échelle locale, notamment entre les comités de développement d'une part et l'administration, les services déconcentrés, la CTD d'autre part.

Ce genre d'organisation peut être d'un apport considérable dans la planification en inculquant l'esprit d'engagement aux membres. La réticence des habitants à intégrer ces associations et la maximisation de leur impact sur la planification urbaine doit bénéficier du soutien des autorités publiques en accordant par exemple les subventions à ces associations. Il faut revoir le fonctionnement et l'organisation des comités de développement pour faire d'eux de véritables pôles de formation citoyenne et un levier pour le développement communautaire. Le plus souvent, pour toucher le maximum de personnes, il faut que ces comités disposent de plus de moyens financiers. Ces moyens financiers permettront également à ces comités d'avoir plus d'impact dans le processus de planification urbaine.

Certains aspects pouvant cependant échapper à l'impact des comités de développement peuvent trouver une solution à travers une institutionnalisation du contrôle citoyen de l'action publique.

3-2- Institutionnaliser le contrôle citoyen de l'action publique

Le contrôle citoyen de l'action publique (CCAP) renvoie au processus qui vise à renforcer la performance des collectivités locales à travers un engagement civique et une participation active des citoyens, afin d'instaurer une culture de la transparence et de l'inclusion et d'amener les élus et les organes de gestion des collectivités locales à rendre compte de leurs décisions. Selon le guide sur le Développement des Droits et la réduction de la pauvreté de la BM, le CCAP peut se définir comme :

> « *Le fait de pouvoir demander aux représentants officiels, aux employeurs privés et aux fournisseurs de services de rendre des comptes, ce qui implique qu'ils doivent répondre de leurs politiques, de leurs actions et de l'utilisation des fonds* ».

Dans le contexte camerounais gangréné par la corruption et les détournements de fonds publics, il est important voire capital d'institutionnaliser le CCAP pour permettre aux citoyens de mieux contrôler les actions publiques en matière de planification urbaine. Cet instrument pose fondamentalement le dialogue entre électeurs et élus, fonctionnaires et citoyens, dépositaires et donneurs de charges publiques, fournisseurs et bénéficiaires de biens et services. Il interpelle tous les acteurs à divers niveaux afin de faire preuve davantage de responsabilité pour assurer une gestion des affaires publiques transparente, démocratique, efficiente, durable et équitable. Sa mise en place doit passer par trois démarches préalables qui sont :

- la conception d'une armature institutionnelle allant jusqu'à la consécration constitutionnelle des principes qui sous-tendent la participation. L'accent doit notamment être mis ici sur la qualité de la décentralisation qui doit permettre aux CTD de jouer pleinement leur rôle ;
- encourager la création des structures qui promeuvent la participation citoyenne et fournir à celles-ci les moyens nécessaires pour le renforcement de leurs capacités. Une collaboration étroite entre l'État, les CTD et les ONG comme ASSOAL qui a déjà une bonne expérience de terrain sur la question est déterminante. Il en est de même des autres ONG comme Era-Cameroun ou monde avenir ;
- enfin, il faut à ce que les citoyens disposent des capacités et des aptitudes nécessaires pour participer au processus décisionnel et avoir une influence sur les décisions concernant leur avenir.

Avec l'aide des bailleurs de fonds internationaux et des partenaires bilatéraux qui sont engagés depuis peu dans une campagne de promotion de la gouvernance participative et des données ouvertes, le contexte semble propice pour la mise en application du CCAP dans la planification urbaine de ces deux villes.

Nous avons vu que la relation gouvernants/gouvernés n'est pas toujours un fleuve tranquille au Cameroun. De la colonisation en passant par la première république et son système répressif, jusqu'à l'avènement de la deuxième république et les événements de 1992, les relations État-société ont toujours été traversées par les tensions et méfiances. Le CCAP permettra de restaurer la confiance entre les deux parties et d'améliorer l'image de l'administration auprès des populations. Pour les gouvernants, c'est un bénéfice en termes de *feedback* social sur les actions entreprises par les autorités, en vue d'agir sur le vécu des citoyens.

L'éclatement des pôles de décision suite à une dynamique de la métropolisation plaide également en faveur de la mobilisation du CCAP. Le centralisme datant ne permet pas de contrôler des territoires aussi vastes aux enjeux divers et impliquant plusieurs acteurs dans une interaction.

CONCLUSION DU CHAPITRE 8

L'instrumentation de la planification urbaine au Cameroun s'oriente vers une prédominance des instruments participatifs. L'expérience de plus de cent années de planification recommande de mettre les acteurs locaux notamment les autochtones au cœur du processus. Face aux nombreux enjeux environnementaux et à une pression migratoire en constante augmentation, nous avons fait la recommandation de penser la planification urbaine des villes de Douala et de Yaoundé au-delà de leur périmètre actuel. Cette extension contrôlée de l'espace urbain, permettra de désengorger la ville et de résoudre ainsi bon nombre de problèmes rencontrés par les autorités. De cette expansion, suivra un processus de métropolisation de ces villes afin de mieux gérer les déplacements des citadins vers le péri-urbain et d'assurer sa bonne gouvernance.

Plusieurs rapports font état d'une accélération de la croissance démographique urbaine dans les années à venir en Afrique et au Cameroun en particulier. Pour mieux faire face aux défis de cette démographie galopante, la gouvernance urbaine doit intégrer la mise en place d'une métropole qui intègre les petites villes avoisinantes. Cette mise en place pour éviter les problèmes passés, doit prendre en compte la participation effective de tous les acteurs notamment ceux qui ont le monopole du foncier urbain et péri-urbain. S'il est admis que gouverner, c'est aussi anticiper, il est important de prendre en compte la gestion des problèmes futurs avant l'installation des populations dans le péri-urbain. Ceci passe notamment par l'activation des mécanismes de prise de contrôle de la gestion foncière.

CONCLUSION DE LA TROISIÈME PARTIE

Cette dernière partie de l'ouvrage a permis de relever les importants projets en cours dans les deux villes. Les instruments mobilisés par les autorités en charge de l'urbanisation visent à résoudre un certain nombre de problèmes. Si ces instruments ne manquent pas d'intérêt, il faut néanmoins dire qu'ils pèchent par leur manque d'ambition. L'extension urbaine sera continue d'autant plus que selon les projections du rapport de l'initiative de la Commission Economique pour l'Afrique (CEA), la population d'une ville comme Yaoundé sera de 4,4 millions et celle de Douala de 4,2 millions en 2030. Cette augmentation de la population urbaine aura un impact considérable sur l'étalement de ces villes comme ce fut le cas dans les années précédentes. Il apparaît urgent de prendre des mesures anticipatives afin d'éviter les imbroglios que l'on peut observer actuellement. Cette dynamique de l'étalement urbain associée à la gestion des problèmes liés à l'hébergement et à la mobilité des citadins commande un renouvellement ou mieux, une innovation en termes d'instruments de planification urbaine. La complexité des acteurs participant au processus et l'imbrication de leurs intérêts nécessitent une redéfinition des modes de gouvernance. Dans cette nouvelle forme de gestion, l'État central doit accepter de perdre le monopole datant au profit des acteurs infra étatiques notamment les municipalités. Les récentes avancées en matière de mise en application de la décentralisation renforcent cette déclinaison.

Avec la transformation des communautés urbaines en mairies dirigées par des maires élus, l'action publique urbaine prend également une nouvelle tournure en renforçant le pouvoir de ces magistrats municipaux. Le transfert de compétences et de ressources qui s'ensuit fait basculer la planification urbaine dans une approche participative.

Sur le plan de l'instrumentation, il faut dire que la collaboration entre les pouvoirs publics et les citadins a connu des avancées notables même si l'intérêt populaire pour la participation à l'élaboration des politiques de planification urbaine reste encore un défi pour les autorités. À l'ère de la métropolisation, il serait important de trouver des mécanismes en vue de susciter une plus grande implication des citoyens. Cette dernière est conditionnée par l'éveil d'un intérêt pour la gestion des affaires publiques et locales auprès des citoyens. C'est donc une grosse activité de pédagogie qui doit d'abord être menée par les acteurs traditionnels de la planification urbaine ici. La planification collaboratrice qui s'impose comme la solution dans ces métropoles en construction doit inclure le volet formation des citoyens aux questions de gestion urbaine. Toutes ces dynamiques renforcent l'intérêt pour l'analyse par les instruments de l'action publique de planification urbaine en ce sens que cette approche permet d'appréhender de façon plus globale l'étude du politique.

CONCLUSION GÉNÉRALE

Cette recherche, qui analyse l'action publique de planification urbaine à partir de ses instruments, a permis d'abord d'apporter des éléments de connaissance sur la planification, urbaine en tant que domaine d'intervention du politique, et sur l'instrumentation, comme mode opératoire. L'étude des instruments mobilisés ici a permis d'établir le lien entre l'évolution de planification urbaine et celle du rapport gouvernants/gouvernés au Cameroun. Au moment de conclure cette étude, il importe de revenir tour à tour sur ces deux aspects de notre étude. Mais avant d'y arriver, il faut dire que l'évolution de la politique foncière qui s'est faite dans une tension permanente entre le droit coutumier et le droit moderne a eu des répercussions importantes sur le processus de planification urbaine. En effet, les résistances face aux tentatives des autorités publiques d'imposer un droit moderne dont les principes en matière de gestion foncière se situent aux antipodes de ceux inspirés du droit coutumier, ont consacré le pluralisme juridique dans le domaine. Ceci a eu comme conséquence, la constitution d'une importante réserve foncière au profit des collectivités coutumières. C'est ainsi que le recours aux procédures informelles de vente des terrains s'est renforcé contribuant ainsi à renforcer le désordre urbain par l'occupation anarchique des sites et surtout la superposition des droits fonciers individuels sur les mêmes espaces.

Les problèmes sociaux nés des carences de la mise en œuvre des politiques urbaines depuis l'indépendance associés à la pression sociale et aux recommandations des bailleurs de fonds, ont permis de remettre la planification urbaine au centre des priorités dans les villes de Douala et de Yaoundé. Après le centralisme des années coloniales et celui des première et deuxième Républiques, la tendance est à l'ouverture depuis le début des années 2000. La multiplication des projets urbains portés par les acteurs d'origines diverses, et s'inspirant des documents d'urbanisme illustre cette volonté d'ouverture des autorités. La nouvelle politique urbaine portée par la loi de 2004 rend compte de la volonté des pouvoirs publics de reprendre la main sur un secteur qui a, pendant longtemps, été relégué au second rang des priorités de développement. La maîtrise de l'occupation de l'espace est désormais une préoccupation majeure. C'est ce qui justifie certainement les efforts accomplis dans le lotissement de vastes terres dans la zone péri-urbaine notamment à Yaoundé. Les efforts en termes de logement sont également à encourager. Plusieurs cités ont vu le jour dans les zones péri-urbaines notamment à Douala. Les instruments classiques de planification urbaine s'appliquent à travers une série de projets urbains impliquant plusieurs acteurs issus de milieux divers. La planification traditionnelle en vogue dans le Cameroun colonial et postcolonial a cédé la place à une planification stratégique.

On peut schématiquement distinguer trois phases dans l'instrumentation de la planification urbaine au Cameroun en lien avec la forme de l'État ou mieux les modalités de gestion de l'État. Cette instrumentation varie en fonction de la conception du rapport entre les autorités publiques et les populations. L'instrument de l'action publique de planification urbaine est le reflet de cette relation et renseigne sur les formes de gouvernement de la société, de même que son contexte d'élaboration. Ainsi, l'époque coloniale qui est marquée par une prolifération des instruments contraignants et coercitifs illustre parfaitement le lien de domination et de répression qui caractérise la relation entre les colonisateurs et les populations indigènes. Cette relation est traversée par une vive tension à cause d'une divergence de perception d'abord sur la nature des relations entre les deux parties, mais aussi et surtout sur les modalités d'utilisation des ressources de l'environnement qui les entourent. L'une des problématiques au centre de cette discorde est la gestion territoriale ou mieux, foncière. En effet, les deux sites sont appréhendés de différentes manières entre les acteurs. Village et habitat naturel pour les indigènes, port commercial en ce qui concerne Douala et Fort militaire ou capitale politique pour ce qui est de Yaoundé, les conceptions des deux villes, dès leur création, s'affrontent et sont source de conflit. Le principal enjeu de cet affrontement étant la gestion foncière. L'inégale répartition des forces entre les acteurs consacrera le triomphe des instruments contraignants et coercitifs destinés à agir sur l'environnement et sur ses occupants contre leur volonté. Enjeu économique pour le colon et enjeu de survie pour les indigènes, les différents instruments vont trancher le débat entre les deux parties et annoncer une planification dite traditionnelle.

La deuxième phase dite de la planification centralisée correspond au régime politique du parti unique marqué par une absence de démocratie. Les instruments de l'action publique reflètent un contexte où le pouvoir central détient le monopole de décision dans l'ensemble des actes de la vie quotidienne y compris la planification urbaine. Si la planification urbaine est toujours traditionnelle, elle a recours, de temps en temps, au projet urbain, faisant intervenir plusieurs acteurs sélectionnés par le pouvoir central. Cette sélection est guidée par des orientations politiques et participe d'une politique de développement du pays.

Enfin, la troisième phase dite de planification décentralisée correspond à l'avènement de la démocratie et de la décentralisation. Cette phase est marquée par un recours massif aux instruments participatifs. Les avis des populations sont de plus en plus pris en compte même si l'État central continue de se déployer pour demeurer l'acteur central dans ce processus.

Plusieurs acteurs ont interagi durant ces étapes dans le processus de planification urbaine avec des rôles différents. Autrefois, le lotissement de ces villes fut le fait des familles autochtones. À Douala, ce furent les familles duala et dans une certaine mesure, les Bassa et les Bakoko situés un peu plus loin de la côte. Aujourd'hui, avec l'intervention d'une multitude d'acteurs, et l'extension de la ville loin du centre urbain d'origine, la question que l'on se pose est de savoir qui des multiples acteurs étatiques (centraux et locaux), des citoyens ou des bailleurs de fonds principaux pourvoyeurs de fonds, construisent la ville de Douala. Ce processus est le même pour Yaoundé et donne à voir une action publique urbaine pluri-acteurs et multi-niveaux.

La morphologie des deux villes a considérablement changé. Les instruments participatifs font progressivement leur entrée et l'on observe que les citoyens accordent de plus en plus d'intérêt à ce processus. Les opérations d'embellissement des deux villes ont permis de susciter une mobilisation citoyenne louable. Dans le même ordre, l'opérationnalisation des documents d'urbanisme continue à travers le lancement de grands projets urbains. Les défis liés à la bonne conduite de cette planification résident dans la mise en place d'une synergie institutionnelle (Assako, 2012) et d'une mobilisation des ressources citoyennes. Ces citoyens sont des acteurs incontournables dans ce processus. De plus, les opérations d'embellissement qui répondent à des logiques de restructuration urbaine ont un coup social important, ce qui suscite de vifs débats dans la sphère publique. Pour certains, ces opérations répondent à une logique fonctionnelle de la ville et ne mettent pas d'accent sur le côté social de celle-ci. Cette perception pousse souvent les autorités à revoir leurs démarches et surtout à adopter une approche plus participative. Appuyée par les bailleurs de fonds, celle-ci vise à passer de la logique d'exclusion par les opérations de déguerpissement à celle d'inclusion en facilitant l'intégration des citoyens dans la ville. Cette divergence d'approche contribue à modifier substantiellement la démarche des autorités et passant le contenu des politiques urbaines.

Depuis quelques années, la tendance est à la privatisation des opérations de planification urbaine. Plusieurs opérations de lotissement du péri-urbain sont réalisées avec l'appui des investisseurs privés. Cette tendance est appelée à s'intensifier, d'autant plus que depuis 2019, le président de la République a signé une loi portant code général des collectivités territoriales décentralisées. Cette loi va donner un nouveau souffle au processus de planification de ces deux villes. Elle permettra de mettre les acteurs locaux au cœur du processus et partant, les citoyens. Les actions des ONG comme ASSOAL ou ERA-Cameroun vont également favoriser la mobilisation des instruments participatifs en permettant aux citoyens de se doter des connaissances nécessaires pour prendre une part active dans la planification de leur ville.

Depuis les élections municipales et législatives du 9 février 2020, la Communauté Urbaine a cédé la place à la mairie. Désormais, à la tête des villes de Douala et de Yaoundé, on a non plus des délégués du gouvernement nommés par le pouvoir central, mais plutôt des maires de ville élus par l'ensemble des conseillers municipaux de la ville. Ce changement ouvre la voie à des réformes intéressantes sur le plan de la planification urbaine avec le transfert de ressources et de compétence qui accompagne la mise en place effective de la décentralisation.

Les instruments élaborés dans le cadre de cette politique sont en lien étroit avec le rapport gouvernants/gouvernés de la société camerounaise. L'analyse sectorielle sur laquelle a porté cette recherche montre une variation du mode d'intervention de l'État en fonction des contextes et des orientations en termes de développement. Si les années coloniales et post indépendances ont été marquées par une forte présence de l'État dans l'élaboration des instruments de politique publique dans la planification urbaine, cette centralité s'est effacée dans les années 80 pour laisser un vide dans ce secteur. En effet, face à la rareté des ressources et confronté aux effets de la crise économique, le sixième plan quinquennal fut interrompu au milieu des années 80. Il faut dire que depuis les indépendances, les opérations de planification urbaine ont été menées dans le cadre d'une planification nationale à travers l'élaboration des plans quinquennaux avec l'État comme acteur principal. Avec la chute du cours mondial du pétrole et des cours des principaux produits agricoles d'exportation au milieu des années 80, le Cameroun va entrer dans une profonde crise économique faisant chuter son Produit Intérieur Brut (PIB) de façon continuelle, avec un taux de croissance moyen annuel de -4,1 % entre 1987 et 1994 (Touna Mama, 2008).

Cette crise va déboucher sur un désengagement ou un retrait de l'État du secteur de la planification urbaine. En l'absence d'une autre alternative concernant notamment les acteurs, celui-ci restera dans l'inertie jusqu'à la fin de la décennie 90 et le début des années 2000. L'ouverture démocratique des années 90 avec la mise en place de la décentralisation apporte des innovations dans l'instrumentation de la planification urbaine. La tendance depuis le début des années 2000 est à une ouverture faisant intervenir d'autres acteurs. Toutefois, en dépit de cette ouverture, la tendance est globalement au retour de l'État qui à travers des aménagements institutionnels, s'assure de rester au centre du processus. L'aménagement institutionnel et son cadrage accordent une place de choix aux acteurs centraux dans l'instrumentation de la planification urbaine. Selon Fred Eboko (2015), les années 2000, à l'inverse des années 1980 et 1990, marquent la réduction du périmètre de l'État, mais aussi, à l'inverse, sa survie et « son retour » au sein de la matrice de l'action publique en Afrique. S'il est vrai que les travaux de ce chercheur se situent dans un secteur autre que le nôtre, il apparaît néanmoins que cette démarche se vérifie également dans la planification urbaine.

Le retrait ou désengagement de l'État dans la décennie 80 est dû à la crise économique. Par contre, celui de la décennie suivante, c'est-à-dire 1990 est le fait des conditionnalités des bailleurs de fonds internationaux pour qui l'État africain doit être réduit à une sorte de service minimum dans les politiques de développement (Hassenteufel, 2006). Cette situation ne permettait pas à l'État de relancer le processus de planification urbaine. Il faudra attendre l'avènement des politiques de lutte contre la pauvreté, qui ont succédé à celles des ajustements structurels achevées vers la fin des années 1990, pour assister au retour de l'Etat dans ce secteur. Celui-ci s'est accompagné de l'assistance des partenaires au développement qui, sous le prétexte de s'assurer de l'efficacité de l'aide, ont donné une nouvelle orientation à l'instrumentation de la planification urbaine, en forçant notamment les acteurs centraux à ouvrir le processus à d'autres acteurs. La relation paternaliste d'antan cèdant alors la place à un autre type de relation, entre ce qu'Eboko (2015) appelle l'« État encadré » et ses partenaires, marquée selon lui par l'obligation de « redevabilité mutuelle » (*mutual accountability*) érigé en fondement de la coopération.

Pendant qu'il était recommandé aux acteurs centraux d'ouvrir le processus, les efforts étaient aussi faits pour inculquer une culture de la participation citoyenne dans l'action publique urbaine.

L'implication des citoyens est une démarche importante dans ce processus et intéresse aussi bien les bailleurs de fonds que les acteurs de l'État central. Pour les partenaires internationaux, la participation des citoyens est un gage de réussite et de succès par rapport aux actions engagées. L'enjeu pour les autorités publiques se situe au niveau de la transparence et des gains politiques. Cette action publique s'est désormais diversifiée en intégrant une hétérogénéité d'acteurs qui se sont renforcés depuis les années 2000. On note un accroissement des acteurs externes et internes qui contribuent à animer un secteur aussi dynamique que la planification urbaine.

La dynamique propre à chaque territoire n'empêche cependant pas d'envisager un recours de plus en plus massif aux instruments participatifs. Les dernières réformes en matière de décentralisation laissent présager des lendemains plutôt encourageants. Les différentes questions liées à l'autochtonie et l'accès foncier connaissent depuis peu des dénouements moins compliqués. Il est cependant intéressant d'envisager dans les prochaines années, la mise en place d'un système de gouvernance urbaine prenant en compte plusieurs variantes de ce concept. La gouvernance étatique et bureautique longtemps en vigueur doivent intégrer dans ce processus la gouvernance communale associant la gouvernance associative (ONG) et dans une certaine mesure celle d'inspiration coutumière.

BIBLIOGRAPHIE

ÉTUDE DU POLITIQUE ET ACTION PUBLIQUE

OUVRAGES

Ashford Douglas Elliott, *Comparing Public Policies : new concepts and methods*, vol. 4, Beverly Hills, Califonia, Sage Publications, 1978.

Badie Bertrand, *L'État importé : essai sur l'occidentalisation de l'ordre politique*, Paris, France, CNRS éditions, 2017.

Balandier Georges, *The Sociology of Black Africa : social dynamics in central Africa*, New-York, Praeger Publishers, 1970.

Bayart Jean-François, *L'Etat en Afrique : La politique du ventre*, Paris, Fayard, 2006.

Bayart Jean-François, *L'historicité de l'État importé*, Paris, France, CERI, Centre d'études et de recherches internationales, Fondation nationale des sciences politiques, 1996.

Bayart Jean-François, *La greffe de l'État*, vol. 2, Paris, Karthala, 1996.

Bayart Jean-François, Ellis Stephen et Hibou Béatrice, The criminalization of the state in Africa, Oxford, Currey, 1999.

Badie Bertrand, *L'état importé : essai sur l'occidentation de l'ordre politique*, Paris, Fayard, 1992.

Darbon Dominique, *La politique des modèles en Afrique : simulation, dépolitisation et appropriation*, Paris, Karthala, 2009.

Dupuy François et Thoenig Jean-Claude., L'administration en miettes, Paris, Fayard, 1985.

Duran Patrice, « Penser l'action publique », *Paris, LGDJ*, 1999.

Eboko Fred, Repenser l'action publique en Afrique. Du sida à la globalisation des politiques publiques, Paris, Karthala, 2015.

Gaudin Jean-Pierre, *L'action publique : sociologie et politique*, Paris, Dalloz-Sirey, 2004.

Grégoire Emmanuel, Kobiané Jean-François et Lange Marie-France, *L'État réhabilité en Afrique réinventer les politiques publiques à l'ère néolibérale*, Paris, Kharthala., France, 2018.

Crousse Bernard, Le bris Emile Le Roy Etienne, *Espaces disputés en Afrique noire : pratiques foncières locales*, Paris, Karthala, 1986.

Gupta Akhil et Ferguson James, *Culture, power, place : Explorations in critical anthropology*, Darham, duke University press, 1997.

Gustave Massiah et Jean-François, Tribillon, *Villes en développement*, Paris, La découverte, 1988.

Halpern Charlotte, Lascoumes Pierre et Le Galès Patrick, *L'instrumentation de l'action publique : controverses, résistances, effets*, Paris, Presses de Sciences Po, 2014.

Hassenteufel Patrick, *Sociologie politique : l'action publique*, *Paris*, Armand Colin, 2008.

Jean-Claude Thoenig et al. (Dir.), *Evaluation des politiques publique*, Paris, L'Harmattan 1998.

Jean-David Naudet, *Trouver des problèmes aux solutions : Vingt ans d'aide au Sahel*, OECD Publishing, 1999.

Jean-François Médard, *États d'Afrique noire : formafion, mécanismes et crises*, Paris, Karthala, 1992.

Jobert Bruno, *L'État en action. Politiques publiques et corporatismes*, Paris, Presses universitaires de France, 1987.

Jobert Bruno et Muller Pierre, *L'État en action, corporatismes et politiques publiques*, Paris, Presses universitaires de France, 1987.

Jouve Bernard, *La gouvernance urbaine en questions*, Paris, Elsevier, 2003.

Knoepfel Peter, Larrue Corinne et Varone Frédéric, *Analyse et Pilotage des Politiques Publiques,* Zurich, Rüegger Verlag, 2006.

Kübler Daniel et De Maillard Jacques, *Analyser les politiques publiques*, Grenoble, Presses universitaires de Grenoble, 2009.

Lascoumes Pierre et Laborier Pascale, *L'action publique comprise comme gouvernementalisation de l'État*, Paris, Presses universitaires de France, 2011.

Lascoumes Pierre et Le Galès Patrick, *Sociologie de l'action publique : domaines et approches*, Paris, Armand Colin, 2012.

Massardier Gilles, *Politiques publiques et actions publiques*, Paris, Armand Colin, 2003.

Massardier Gilles, *Expertise et aménagement du territoire : l'État savant*, Paris, L'Harmattan, 1996.

Max Weber, *Economie et Société*, Paris, Plon, 1956.

Médard Jean François, *États d'Afrique noire : formation, mécanismes et crise*, Paris, Karthala, 1991.

Médard Jean-François, *L'état sous-développé en Afrique noire : clientélisme politique ou néo-patrimonialisme*, Bordeaux, Centre d'étude d'Afrique noire, 1982.
Médard Jean François, *L'État néo-patrimonial en Afrique noire, États d'Afrique noire. Formations, mécanismes et crise*, Paris, Karthala, 1991.
Médard Jean-François, *États d'Afrique Noire Formations Mécanismes et Crise*, Paris, Éditions Karthala, 1991.
Mény Yves (dir.), *Les politiques du mimétisme institutionnel : la greffe et le rejet*, Paris, L'Harmattan, 1993.
Mény Yves et Thoenig Jean-Claude, *Politiques publiques*, Paris, Presses Universitaires de France, 1989.
Michalon Thierry, *Quel État pour l'Afrique ?* Paris, L'Harmattan, 1984.
Morand Charles-Albert, *Le droit néo-moderne des politiques publiques*, vol. 26, Paris, LGDJ, 1999.
Müller Pierre, « Les politiques publiques, Paris, PUF Presses Universitaires de France, Coll. « », *Que sais-je*, 2003.
Muller Pierre et Surel Yves, *L'analyse des politiques publiques*, Paris, Montchrestien, 1998.
Payre Renaud et Pollet Gilles, *Socio-histoire de l'action publique*, Paris, La découverte, 2013.
Petiteville Franck, *La coopération décentralisée : les collectivités locales dans la coopération Nord-Sud*, Paris, L'Harmattan, 1995.
Sindjoun Luc, *L'État ailleurs : entre noyau dur et case vide*, Paris, Economica, 2002
Socpa Antoine, *Démocratisation et autochtonie au Cameroun : Trajectoires régionales différentes*, vol. 1, Münster, Lit Verlag, 2003.

INSTRUMENTS D'ACTION PUBLIQUE ET URBANISME

OUVRAGES

Agier Michel, *Esquisses d'une anthropologie de la ville : lieux, situations, mouvements*, Louvain-la-Neuve, Belgique, Academia Bruylant, 2009.
Ascher François, *Les nouveaux principes de l'urbanisme*, Éditions de l'Aube, 2001.
Bangui Thierry, *La ville, un défi du XXIe siècle : Essai sur les enjeux de développement urbain en Afrique*, Paris, Editions L'Harmattan, 2011.

Belley Serge et Saint-Pierre Diane (dir.), *L'administration des territoires et les instruments de l'action publique*, Québec, Canada, Presses de l'Université du Québec, 2017.

Corbusier Le, *La Charte d'Athènes : suivi d'Entretien avec les étudiants des écoles d'Architecture*, Paris, Éditions de Minuit, 1957.

Corbusier Le, Urbanisme, Paris, *Cres & cie*, 1925.

Crousse Bernard et Hesseling Gerti (dir.), *Espaces disputés en Afrique Noire : pratiques foncières locales*, Paris, Ed. Karthala, 1986.

Derycke Pierre-Henri, *Économie et planification urbaine, théories et modèles*, Paris, PUF, 1982.

Fauveau Gabriel, *Les villes non occidentales : Comprendre les enjeux de la diversité urbaine*, Presses universitaires de Montréal, 2017.

Fechter Anne-Meike et Hindman Heather, *Inside the everyday lives of* Frérot Anne-Marie, *Les grandes villes d'Afrique*, Paris, Ellipses, 1999.

Hatcheu Emil Tchawe, *L'étalement urbain en Afrique : défis et paradoxes*, Paris, L'Harmattan, 2013.

Haumont N., Marie Alain, *Stratégies urbaines dans les pays en voie de développement : politiques et pratiques sociales en matière d'urbanisme et d'habitat*, Paris, L'Harmattan, 1987.

Hayot Alain et Sauvage André, *Le projet urbain : enjeux, expérimentations et professions*, Paris, Éditions de la Villette, 2000.

Hood Christopher, *The tools of government*, Ken Young and Charlie Mason, 1983.

Hood Christopher, The Tools of Government : a guide to the new governance, Oxford, New York, Oxford University Press, 2002.

Ingallina Patrizia, Le projet urbain, 3e éd., Paris, Presses Universitaires de France, *Que sais-je*, 2008.

Lacaze Jean Paul, *La ville et l'urbanisme : un exposé pour comprendre, un essai pour réfléchir*, Paris, Flammarion, 1995.

Lacaze Jean-Paul, *Introduction à la planification urbaine, imprécis d'urbanisme à la française*, Presses de l'école nationale des ponts et Chaussées., Paris, Presses de l'école nationale des ponts et chaussées, 1995.

Lascoumes Pierre et Le Galès Patrick., *Gouverner par les instruments*, Presses de Sciences Po., Paris, 2005.

Le Corbusier, *La charte d'Athènes des CIAM*, Paris, Éditions de Minuit, 1957.

Lefebvre Henri, *La révolution urbaine,* Paris, Gallimard, 1970.

Lefebvre Henri, *Le Droit à la ville*, Paris, France, Éditions Anthropos, 1968.

Lefebvre Henri, *Le Droit à la ville*, 3e éd. Paris, Economica, 2009.

López Trigal Lorenzo, *La red urbana de León*, Colegio Universitario de León, 1979.
Mercier jean & al. Tremblay-Racicot Fanny, Carrier Mario, *Governance and Sustainable Urban Transport in the Americas*, Palgrave, 2018.
Némery Jean-Claude et Thuriot Fabrice (dir.), Les instruments de l'action publique et les dispositifs territoriaux, Paris, France, l'Harmattan, 2016.
Rochefort Michel, *Le défi urbain dans les pays du sud*, Paris, L'Harmattan, 2000.
Sinou Alain, Poinsot Jacqueline et Strenadel J., *Les villes d'Afrique noire : politiques et opérations d'urbanisme et d'habitat entre 1650 et 1960*, Paris, Documentation française, 1989.
Varone Frédéric, *Le choix des instruments des politiques publiques* : une analyse comparée des politiques d'efficience énergétique du Canada, du Danemark, des États-Unis, de la Suède et de la Suisse, P. Haupt, 1998.

ARTICLES

Ascher François, *Les nouveaux principes de l'urbanisme*, Paris, Éditions de l'Aube, 2001.
Franqueville André, « Le paysage urbain de Yaoundé », *Les cahiers d'outre-mer*, 21, Presses Universitaires de Bordeaux, 1968, n° 82, p. 113–154.
Howlett Michael, « Governance modes, policy regimes and operational plans : A multi-level nested model of policy instrument choice and policy design », *Policy Sciences*, 42, Springer, 2009, n° 1, p. 73–89.
Howlett Michael, « Policy instruments, policy styles, and policy implementation : National approaches to theories of instrument choice », *Policy studies journal*, 19, Blackwell Publishing Ltd Oxford, UK, 1991, n° 2, p. 1–21.
Lascoumes, Pierre, « Les instruments d'action publique, traceurs de changement : l'exemple des transformations de la politique française de lutte contre la pollution atmosphérique (1961-2006) ». Politique et Sociétés, 26 (2-3), 2007.
Lascoumes Pierre et Simard Louis, « L'action publique au prisme de ses instruments : Introduction », *Revue française de science politique*, 61, 2011.
Lascoumes Pierre, Simard Louis Et Ravinet Pauline, « L'action publique au prisme de ses instruments : », *Revue française de science politique*, 61, 2011, n° 1, p. 5-103.

Le Galès Patrick, « Du gouvernement des villes à la gouvernance urbaine », *Revue française de science politique*, 1995, p. 57–95.
Linder Stephen et Peters Guy, « Instruments of government : Perceptions and contexts », *Journal of public policy*, 1989, p. 35–58.

URBANISME ET POLITIQUE PUBLIQUE AU CAMEROUN

OUVRAGES

Bayart Jean-François, L'État au Cameroun, Paris, *Presses de la fondation nationale des sciences politiques*. Édition Or, 1985.
Franqueville André, *Une Afrique entre le village et la ville : les migrations dans le sud du Cameroun*, Paris, IRD Editions, 1987.
Franqueville André, *Yaoundé : construire une capitale*, Paris, IRD Editions, 1984.
Gouellain René, Douala : ville et histoire, Paris, Institut d'Ethnologie, musé de l'homme, 1975.
Pondi Jean-Emmanuel, *(Re)découvrir Yaoundé ! une fresque historique et diplomatique de la capitale camerounaise*, Yaoundé, Cameroun, Afric'Eveil, 2012.
Socpa Antoine, *Démocratisation et autochtonie au Cameroun : Trajectoires régionales différentes*, Münster : LIT Verlag, 2003.
Essono Jean-Marie et Laburthe-Tolra Philippe, *L'ancien pays de Yaoundé*, Paris, Maison neuve, 2006.
Kengne Fodouop et Bobda Athanase, *Un demi-siècle de recherche urbaine au Cameroun,* Réseaux inter africains d'études urbaines au Cameroun (RIEUCAM), Yaoundé, Presses universitaires de Yaoundé, 2000.
Mainet Guy, Douala : ville principale du Cameroun, Paris, ORSTOM, 1981.
Ondoua Biwole Viviane Madeleine, « Processus de décentralisation et gouvernance urbaine au Cameroun : leçons d'une enquête in situ », *Les politiques de la ville en question. À la recherche d'une meilleure gouvernance urbaine en Afrique subsaharienne*, Yaoundé, L'Harmattan, 2018.
Tchumtchoua Emmanuel et Dikoume Albert (dir.), *Douala : histoire et patrimoine*, Yaoundé, Édition clé, 2014.
Soulillou Jacques (dir.), *Rives coloniales : architectures, de Saint-Louis à Douala*, Paris, Editions Parenthèses, 1993.

Tassou André, *Urbanisation et décentralisation au Cameroun*, Paris, L'Harmattan, 2013.

DROIT DE L'URBANISME ET DROIT FONCIER

OUVRAGES

Abdullah Bayi Bayi, *Le Droit de l'urbanisme au Cameroun,* Edilivre, 2018.
Boris Barraud. L'anthropologie juridique. La recherche juridique, Paris, L'Harmattan, 2016.
Boris Barraud. La sociologie du droit. La recherche juridique, Paris, L'Harmattan, 2016.
Deschamps Hubert, *Les Institutions Administratives des États Francophones d'Afrique Noire* sous la direction de Gérard CONAC (1979), Paris, Ed. Economica, p. VIII
Gurvitch Georges, « Problèmes de sociologie du droit », in Traité de sociologie, tome II, Presses Universitaires de France, 1968.
Poulet-Gibot Nadine Leclerc, *Droit administratif : sources, moyens, contrôles*, 4e édition, Breal, 2011.
Neméry Jean-Claude, *De la liberté des communes dans l'aménagement du territoire,* Tome II, Paris, Librairie de Droit et de jurisprudence, 1981.
Njiako André Tientcheu, *Droits fonciers urbains au Cameroun*, Presses Universitaires d'Afique, 2003.
Olowale Elias, *La nature des droits coutumiers africains*, présence africaine, 1961.
Tchantchou Henri, *Droit du contentieux foncier au Cameroun,* l'Harmattan, 2018
TJOUEN Alexander Dieudonné, *Droit domaniaux et technique foncières en droit camerounais,* (Étude d'une réformation législative) éd. Economica, Paris 1981

ARTICLES

Briefing, « Droits fonciers des peuples autochtones au Cameroun : progrès accomplis et perspectives d'avenir », Droit, Acquisition des terres et droits fonciers, 2017, https://pubs.iied.org/sites/default/files/pdfs/migrate/17448FIIED.pdf.

Binet Jacques, « Droit foncier coutumier au cameroun », extrait du *Monde non Chrétien,* n°18, Paris, 1951.
Melone Stanislas. « Les juridictions mixtes de droit écrit et de droit coutumier dans les pays en voie de développement. Du bon usage du pluralisme judiciaire en Afrique : l'exemple du Cameroun ». In : *Revue internationale de droit comparé*. Vol. 38 N°2, Avril-juin 1986. Études de droit contemporain. Contributions françaises au 12e Congrès international de droit comparé (Sydney-Melbourne, 18-26 août 1986) pp. 327-346
Gurvitch Georges, « L'expérience juridique et la philosophie pluraliste du droit », Pedone, 1935.
LE ROY Étienne, « Pourquoi et comment la juridicité des communs s'est-elle imposée dans nos travaux fonciers ? Récit d'une initiation, Regards sur le foncier no 8, Comité technique *Foncier & développement*, AFD, MEAE, Paris, décembre 2019.
Ngando Sandjè Rodrigue, « Le droit des minorités et des peuples autochtones au Cameroun »: une lecture actuelle et éventuelle", *Droit et cultures*, 66 | 2013, 149-178.
Nkou Mvondo Prosper, « Le régime foncier camerounais face à l'exigence constitutionnelle de préservation des droits des populations autochtones », *Verfassung und Recht in Übersee / Droit et politique en Afrique, Asie et Amérique latine,* Vol. 31, n ° 3 (3. Quartal 1998), pp. 343-370.
TEPI Samuel, « L'ineffectivité de la représentation des coutumes devant les juridictions de droit traditionnel au Cameroun », *gouvernance en Afrique,* 2001
Alaux Christophe. *L'impact des instruments des politiques publiques environnementales sur les processus de décision du consommateur : l'achat de voitures à faibles émissions de carbone.* Thèse en Gestion et management, Université Paul Cézanne, Aix-Marseille III, 2011.
Bignon Carole, *Légitimités citadines et pratiques foncières à Douala* thèse pour l'obtention du doctorat de géographie, Sorbonne Paris Cité, 2018.
Douay Nicolas, *La planification urbaine à l'épreuve de la métropolisation : enjeux, acteurs et stratégies à Marseille et à Montréal. Montréal,* Thèse en cotutelle présentée en vue de l'obtention des grades de : PhD en Aménagement de l'Université de Montréal et Doctorat en urbanisme et aménagement de l'espace de l'Université Paul Cézanne, 2007.
Delville Philippe Lavigne, *Vers une socio-anthropologie des interventions de développement comme action publique*, mémoire pour l'habilitation à diriger des recherches.

Ferguson Yann, *Politiser l'action publique : le cas du programme Constellation : une approche par les instruments*, Thèse de doctorat sociologie, Université Toulouse-Jean Jaurès, 2014.
Jacquot Sophie, *L'action publique communautaire et ses instruments. La politique d'égalité entre les femmes et les hommes à l'épreuve du gender mainstreaming*. Thèse de doctorat science politique, Sciences Po, CEVIPOF (2006).
Michelon Benjamin, *Planification urbaine et usages des quartiers précaires en Afrique : étude de cas à Douala et à Kigali*, Thèse de l'Ecole Polytechnique Fédérale de Lausanne, 2012.
Ngomsik-Kamgang J., *Évolution dans la région de l'Afrique centrale des règles foncières et d'urbanisme : l'exemple du Cameroun*, thèse de droit public, Limoges, Université de Limoges, 2012.
Ngono Tsimi Landry, *l'autonomie administrative et financière des collectivités territoriales décentralisées : l'exemple du Cameroun*. Thèse de l'Université Paris-Est, 2010.
Perret Sylvain, *Vers une nouvelle approche instrumentale des politiques publiques de protection de l'environnement*, Genève, thèse de sciences politique, Université de Genève, 2009.
Rabilloud Stéphane, *De la planification au projet : ruptures et continuités des modes d'action publique*, thèse de doctorat de géographie, Aménagement et Urbanisme, Université Lumière Lyon 2, 2007.
Rivelois Jean, *La dimension sociale de la planification urbaine*, thèse pour l'obtention du grade de Docteur, école des hautes études en sciences sociales, 1987.

TABLE DES MATIÈRES

Structures éditoriales du groupe L'Harmattan

L'Harmattan Italie
Via degli Artisti, 15
10124 Torino
harmattan.italia@gmail.com

L'Harmattan Hongrie
Kossuth l. u. 14-16.
1053 Budapest
harmattan@harmattan.hu

L'Harmattan Sénégal
10 VDN en face Mermoz
BP 45034 Dakar-Fann
senharmattan@gmail.com

L'Harmattan Cameroun
TSINGA/FECAFOOT
BP 11486 Yaoundé
inkoukam@gmail.com

L'Harmattan Burkina Faso
Achille Somé – tengnule@hotmail.fr

L'Harmattan Guinée
Almamya, rue KA 028 OKB Agency
BP 3470 Conakry
harmattanguinee@yahoo.fr

L'Harmattan RDC
185, avenue Nyangwe
Commune de Lingwala – Kinshasa
matangilamusadila@yahoo.fr

L'Harmattan Congo
67, boulevard Denis-Sassou-N'Guesso
BP 2874 Brazzaville
harmattan.congo@yahoo.fr

L'Harmattan Mali
ACI 2000 - Immeuble Mgr Jean Marie Cisse
Bureau 10
BP 145 Bamako-Mali
mali@harmattan.fr

L'Harmattan Togo
Djidjole – Lomé
Maison Amela
face EPP BATOME
ddamela@aol.com

L'Harmattan Côte d'Ivoire
Résidence Karl – Cité des Arts
Abidjan-Cocody
03 BP 1588 Abidjan
espace_harmattan.ci@hotmail.fr

Nos librairies en France

Librairie internationale
16, rue des Écoles
75005 Paris
librairie.internationale@harmattan.fr
01 40 46 79 11
www.librairieharmattan.com

Librairie des savoirs
21, rue des Écoles
75005 Paris
librairie.sh@harmattan.fr
01 46 34 13 71
www.librairieharmattansh.com

Librairie Le Lucernaire
53, rue Notre-Dame-des-Champs
75006 Paris
librairie@lucernaire.fr
01 42 22 67 13

www.ingramcontent.com/pod-product-compliance
Lightning Source LLC
LaVergne TN
LVHW011135061026
849535LV00003B/500
* 9 7 8 2 3 4 3 2 4 9 8 6 5 *